云南师范大学学术精品文库
云南师范大学文学院资助出版

胡 彦 著

周易
六十四卦
象数集解

上

中华书局

图书在版编目(CIP)数据

周易六十四卦象数集解/胡彦著. —北京:中华书局,2022.10
(2024.9 重印)
ISBN 978-7-101-15838-0

Ⅰ.周⋯ Ⅱ.胡⋯ Ⅲ.《周易》-研究 Ⅳ.B221.5

中国版本图书馆 CIP 数据核字(2022)第 157622 号

书　　名	周易六十四卦象数集解(全二册)	
著　　者	胡　彦	
责任编辑	石　玉	
封面设计	毛　淳	
责任印制	陈丽娜	
出版发行	中华书局	
	(北京市丰台区太平桥西里 38 号　100073)	
	http://www.zhbc.com.cn	
	E-mail:zhbc@zhbc.com.cn	
印　　刷	大厂回族自治县彩虹印刷有限公司	
版　　次	2022 年 10 月第 1 版	
	2024 年 9 月第 3 次印刷	
规　　格	开本/880×1230 毫米　1/32	
	印张 35⅛　插页 4　字数 698 千字	
印　　数	4001-5000 册	
国际书号	ISBN 978-7-101-15838-0	
定　　价	138.00 元	

自 序

易道广大而精微,高明而中庸,天地人三才之道,尽在其中。

《周易》是天人之学,讲述的是天文、地理与人文之间存在的"同声相应,同气相求"的辩证统一关系。其中,天文是天地万物的本源,地理是天地万物的母体,生活于天地之间的人类,乃至万物,其生命轨迹都遵循天地运行的基本规律与法则。人法地,地法天,天法道,道法自然,这是宇宙的铁律,亦是天人之学的基本内涵。

《周易》对天人之学的讲述极为特殊:"观象系辞",这是《周易》成书的基本方法。这里的"象"有两层含义:其表层义是指八卦之象,其深层义则是指天地之象。至于"辞",则是指《周易》六十四卦的卦爻辞。这些文字是《周易》作者通过对六十四卦卦爻象的解读,揭示其所蕴含的天地运行的基本规律与法则,以及这种规律与法则对人生的影响与制约。若能读懂《周易》,我们不仅能够知晓"天地之心",而且能够运用《周易》的思想指导现实的人生实践,做到"可以无大过矣"。

　　但自古以来，《周易》都以"天书""绝学"著称，读《易》不易，知《易》更难。其原因有三：一是《周易》的"象"虽然有八卦基本取象作为基础，但天地之象变化万千，所观之"象"自然亦是如杂花生树般千姿百态，令人眼花缭乱、莫衷一是。二是《周易》六十四卦卦爻辞本身即是佶屈聱牙、高硬生冷的模样，不仅如此，它们都是因象而生的；对这些古奥生僻的文字的意思，哪怕我们从训诂学的层面都弄得清清爽爽了，但只要没有弄清"辞"与"象"之间的内在逻辑关系，对《周易》而言，我们依然只能是个门外汉。三是《周易》一书虽然是"观象系辞"之作，但它的作者对怎样"观象"、为什么这样"取象"、"系辞"的依据和内涵是什么等诸如此类的问题全然没有说明，这是一部没有思辨的过程、没有推理论证的奇绝之书。其象其辞，已将天地的秘密、人事的吉凶囊括无遗，就看你有没有一双慧眼，有没有一颗灵心，能否悟得"一阳初动处，万物未生时"的天机。

　　自有《周易》以来，有关《周易》一书的注解文字、专门著述，可谓卷帙浩繁，汗牛充栋。其中，又有"象数易"与"义理易"之分。对《周易》的初学者来说，找到正确的治学门径，就显得极为重要了，否则，一入《易》门深似海，终其一生，恐怕亦难摆脱"乱花渐欲迷人眼"的窘境。

　　汉代的经学研究，极为重视"师法"与"家法"。本书的撰写，旨在为《周易》六十四卦的解读，提供去古未远、学有渊源的"师法"与"家法"。我这里所说的"师法"与"家法",自然是以虞翻、来知德、张惠言、尚秉和的象数《易》注为准的。无它,诚如尚秉和先生在《周易尚氏学·说例》中所言:"汉儒以象数解《易》,与春秋士大夫合,最为正轨。"

由象数《易》注入手,这是学《易》的不二门径。入得门来,若要登堂入室,悟得"夫子之言性与天道"的玄机,就必须恪守"述而不作,信而好古"的古训。在汇集四家《易》注之余,笔者不揣谫陋,在师法先贤的基础上,以"按语"的方式,对《周易》六十四卦卦爻辞与卦爻象之间的关系作了全面、系统、完整的还原。这种还原,是否符合《周易》本义,尚祈方家指教!

是为序。

胡 彦

2022 年 1 月 9 日于昆明四玩斋

目　录

上册

绪论 ………………………………………………… 1

一　《周易》的作者与成书方式 ………………… 2

二　易象与易理 …………………………………… 9

三　师法与家法 …………………………………… 14

四　象数易例 ……………………………………… 19

凡例 ………………………………………………… 1

周易上经 …………………………………………… 1

一　乾卦 …………………………………………… 1

二　坤卦 …………………………………………… 30

三　屯卦 …………………………………………… 59

四　蒙卦 …………………………………………… 81

五　需卦 …………………………………………… 100

六　讼卦 …………………………………………… 115

七　师卦 …………………………………………… 133

八　　比卦 ……………………………………… 150

九　　小畜卦 …………………………………… 167

一〇　履卦 ……………………………………… 184

一一　泰卦 ……………………………………… 200

一二　否卦 ……………………………………… 219

一三　同人卦 …………………………………… 233

一四　大有卦 …………………………………… 250

一五　谦卦 ……………………………………… 264

一六　豫卦 ……………………………………… 279

一七　随卦 ……………………………………… 294

一八　蛊卦 ……………………………………… 309

一九　临卦 ……………………………………… 324

二〇　观卦 ……………………………………… 335

二一　噬嗑卦 …………………………………… 349

二二　贲卦 ……………………………………… 364

二三　剥卦 ……………………………………… 379

二四　复卦 ……………………………………… 393

二五　无妄卦 …………………………………… 410

二六　大畜卦 …………………………………… 426

二七　颐卦 ……………………………………… 442

二八　大过卦 …………………………………… 458

二九　坎卦 ……………………………………… 475

三〇　离卦 ……………………………………… 494

下册

周易下经 …………………………………………… 509

三一　咸卦 ……………………………………… 509

三二　恒卦 ……………………………………… 526

三三　遁卦 ……………………………………… 542

三四　大壮卦 …………………………………… 557

三五　晋卦 ……………………………………… 572

三六　明夷卦 …………………………………… 588

三七　家人卦 …………………………………… 606

三八　睽卦 ……………………………………… 620

三九　蹇卦 ……………………………………… 639

四〇　解卦 ……………………………………… 654

四一　损卦 ……………………………………… 670

四二　益卦 ……………………………………… 688

四三　夬卦 ……………………………………… 709

四四　姤卦 ……………………………………… 726

四五　萃卦 ……………………………………… 742

四六　升卦 ……………………………………… 758

四七　困卦 ……………………………………… 771

四八　井卦 ……………………………………… 790

四九　革卦 ……………………………………… 806

五〇　鼎卦 ……………………………………… 823

五一　震卦　…………………………………………… 842

五二　艮卦　…………………………………………… 860

五三　渐卦　…………………………………………… 874

五四　归妹卦　………………………………………… 892

五五　丰卦　…………………………………………… 911

五六　旅卦　…………………………………………… 931

五七　巽卦　…………………………………………… 947

五八　兑卦　…………………………………………… 961

五九　涣卦　…………………………………………… 974

六〇　节卦　…………………………………………… 988

六一　中孚卦　………………………………………… 1002

六二　小过卦　………………………………………… 1018

六三　既济卦　………………………………………… 1038

六四　未济卦　………………………………………… 1053

后　记　………………………………………………… 1069

绪　论

在中国古代典籍中,《周易》是一部具有奠基性、系统性和未来性的著作。它的奠基性表现为中华民族的世界观、人生观和价值观滥觞于此;它的系统性,则体现在《周易》是以天人合一的思维方式来看待天地所生万物之间的存在关系的;《周易》不仅是一部"历史典籍",而且还是一部"未来之书"。它蕴含未来性的内在品质,成为中国思想、中国智慧的"源头活水"。它的生生不息的宇宙观为我们理解过去、认识现在、预知未来提供了源源不竭的思想动力。某种程度上可以说,《周易》是中国思想的本源、中国文化的渊薮、中国智慧的宝藏,上及天文,下至地理,中通人事,天地人三才之道尽在其中。

但《周易》难读,向来被人们视为"天书""绝学"。其实"天书"并非邈不可及,高不可攀。"绝学"未必不可以登堂入室、拜师问道。只要找到"天梯",找到治学的正确门径,我们就可以藉此进入广大精微、意蕴丰富、智慧无穷的《周易》世界。

一　《周易》的作者与成书方式

研究《周易》，首先得了解《周易》是谁写的，这是一部什么样性质的书。《周易》通行本是由"经""传"两个部分构成的。其中"经"又包括两个部分：一是在八卦基础上重叠而成的六十四卦画，二是专门解释六十四卦画的卦爻辞。"传"是指《彖传》（上下）《象传》（上下）《文言传》《系辞传》（上下）《说卦传》《序卦传》《杂卦传》这七种十篇专门解释《周易》本经的文字，古人称为"十翼"，又称《易传》。我们通常所说的《周易》指的就是由"经""传"两个部分组成的古代典籍，它位于"群经之首"，被人们誉为"大道之源"。

八卦的作者，《周易·系辞下》有明确的说法：

> 古者包牺氏之王天下也，仰则观象于天，俯则观法于地，观鸟兽之文与地之宜，近取诸身，远取诸物，于是始作八卦，以通神明之德，以类万物之情。

包牺氏就是伏羲，上古三皇之一，被后人誉为华夏的人文始祖。伏羲创作出八卦，八卦两两重叠在一起就形成了六十四卦画。由八卦到六十四卦，同样存在一个创作的过程，那么是谁完成了由八卦到六十四卦画的飞跃？唐代的孔颖达对这个问题作了如下讨论：

> 然重卦之人，诸儒不同，凡有四说。王辅嗣等以

为伏牺画卦，郑玄之徒以为神农重卦，孙盛以为夏禹重卦，史迁等以为文王重卦。其言夏禹及文王重卦者，案《系辞》，神农之时已有，盖取益与噬嗑，以此论之，不攻自破。其言神农重卦亦未为得，今以诸文验之。案《说卦》云：“昔者圣人之作《易》也，幽赞于神明而生蓍。”凡言作者，创造之谓也。神农以后便是述修，不可谓之“作”也。则幽赞用蓍，谓伏牺矣。故《乾凿度》云：“垂皇策者牺。”《上系》论用蓍云：“四营而成《易》，十有八变而成卦。”既言圣人作《易》，十八变成卦，明用蓍在六爻之后，非三画之时，伏牺用蓍，即伏牺已重卦矣。①

他列举了四种重卦说：王弼认为是伏羲重卦，郑玄认为是神农重卦，孙盛认为是夏禹重卦，司马迁认为是周文王重卦。孔颖达依据“四营而成《易》，十有八变而成卦”的思想，支持王弼的伏羲重卦说。清代的王先谦在《汉书补注》这本书中也讨论了重卦的作者问题，他的观点是支持王弼的伏羲重卦说②。

六十四卦画由三百八十四爻构成，加上乾坤两卦的“用九”“用六”两爻，共三百八十六爻。每一卦都有专门解

---

① 孔颖达：《周易正义》卷首，阮元校刻：《十三经注疏》，北京：中华书局，1980年影印本，第8—9页。

② 王先谦：《汉书补注》（陆），上海师范大学古籍整理研究所整理，上海：上海古籍出版社，2008年，第2906—2907页。

释卦象的文字,这类文字被称为"卦辞";每一爻都有专门解释爻象的文字,这类文字被称为"爻辞"。如果说伏羲完成了八卦及六十四卦的创作,那么这些解释六十四卦三百八十六爻的文字的作者是谁?要回答这个问题,我们可以从司马迁说过的一句话中得到启示:"昔西伯拘羑里,演《周易》。"①很显然,司马迁认为周文王是《周易》的作者。他的这一观点,被孔颖达作了进一步的解说,认为卦辞是周文王创作的,爻辞是周文王的儿子周公所作。周公的爻辞传达了周文王的思想,因为"父统子业"的缘故,为了尊崇周文王,人们就统一将《周易》卦爻辞的作者归于文王了②。

至于《易传》的作者,司马迁明确指出:

> 孔子晚而喜《易》,序《彖》《系》《象》《说卦》《文言》。读《易》,韦编三绝。曰:"假我数年,若是,我于《易》则彬彬矣。"③

司马迁认为《易传》的作者是孔子。他的这一观点,虽然得到了班固、孔颖达等人的支持,但从古至今,有关《易传》的作者问题颇多争议。一般认为《易传》不是一人所为。近

---

① 〔日〕泷川资言:《史记会注考证》(捌),杨海峥整理,上海:上海古籍出版社,2015 年,第 4322 页。
② 参见孔颖达:《第四论卦辞爻辞谁作》,《周易正义》卷首,《十三经注疏》,第 10 页。
③ 〔日〕泷川资言:《史记会注考证》(伍),第 2466 页。

年来,随着马王堆帛书《易传》的出现,为孔子与《周易》之间的关系提供了更加有力的证据。李学勤、廖名春、丁四新等先生均认为孔子与《易传》有不解之缘①。《易传》传述了孔子的思想,这是毫无疑问的。

关于《周易》一书的作者,班固认为"《易》道深矣,人更三圣,世历三古",孟康注:"伏羲为上古,文王为中古,孔子为下古。"②伏羲代表的是上古易,周文王代表的是中古易,孔子代表的是下古易。《周易》作者的归属问题,在没有确凿无疑的证据可以一锤定音地解决有关争议的情况下,我们不妨尊重古人崇圣的传统,依照班固的看法,将八卦及其重叠而成的六十四卦的作者归为伏羲,视六十四卦画为"伏羲易";将六十四卦卦爻辞的作者归为周文王,视六十四卦卦爻辞为"文王易";将《易传》的作者归为孔子,视"十翼"为"孔子易"。

明确了《周易》的作者问题,我们就可以来讨论《周易》的成书方式及其特点了。

八卦的来源及创作方法,《周易·系辞下》说得很清楚:"古者包牺氏之王天下也,仰则观象于天,俯则观法于

---

① 参见李学勤:《周易溯源》,成都:巴蜀书社,2006 年,第 379 页;廖名春:《〈周易〉经传与易学史新论》:济南:齐鲁书社,2001 年,第 283—284 页;丁四新:《周易溯源与早期易学考论》,北京:中国人民大学出版社,2017 年,第 171 页。
② 王先谦:《汉书补注》(陆),第 2906—2907 页。

地,观鸟兽之文与地之宜,近取诸身,远取诸物,于是始作八卦。"伏羲通过仰观天文、俯察地理画出的八卦,是天地万物的拟象。八卦构成的象征符号不是书斋式的抽象思辨与面壁虚构,它是对日出日落、周而复始的天道运行规律的描画,代表的是天地万物的类象,其中蕴含的象意即是天地宇宙运行变化的秘密。

伏羲易没有文字,只有由阴阳爻组合而成的六画卦,它代表的是上古时代的"无字天书"。这部"无字天书"传到中古时代的商朝,有一个叫姬昌的诸侯西伯,因为为人仁厚,得到百姓的拥戴,后来被小人谗言中伤,于是被商纣王派人抓捕,囚禁在羑里这个地方。姬昌在监狱里发愤研读伏羲留下的"无字天书",思考周人部落的命运,他将自己研读六十四卦画的学习心得记录下来,于是伏羲创作的"无字天书"就有了文字的说明与解释。姬昌是周朝的奠基人,人们尊称他为周文王。《周易》这部经典的命名,显然和他有关。

由卦爻辞构成的文王易是对伏羲所发明的"无字天书"的智慧开显。借助文王易的文字开示,后学者可以由辞识象、观象见意,藉此领悟伏羲易所蕴含的天地的秘密、自然的真理、人事的吉凶。周文王创作的卦爻辞是建立在对卦爻象的理解和认识的基础之上的,它们是"观象系辞"的产物。这些文字因象而生、为象而作。因此,要准确理解、科学认识《周易》卦爻辞的内涵,就必须具备"观象明意"的能力。对《周易》卦爻辞的解读必须与对卦爻象的理解结合起来。用什么标准来衡量这种解读是准确的、科学的？标准只有一个，就是要看这种解读是否符合八卦取象的原则，是否符合天地阴阳变化的规律。

文王观伏羲所画八卦，悟得了天地人三才之道相与为一的机理，用文字的形式发现天路，表彰天意，在天人之间搭建了"文明"的桥梁。这座"文明"的桥梁通向的不是"未来"，而是"开端"。这个开端即是屈原所追问的"遂古之初"①。

古代圣人著述有一个显著的特点，就是他们留下来的典籍都是由结论性的简约话语构成的，推理、论证、思辨的过程在书中被省略了。伏羲留下来的仅仅是由八卦图像构成的"无字天书"，这些"无字天书"是如何反映天地宇宙运行的秘密的，他没有作进一步的解释。周文王为什么要用"元亨利贞""潜龙勿用"等等卦爻辞来解释六十四卦，他也没有作进一步的说明。于是"为往圣继绝学，为万世开太平"②，就成为春秋时期孔子的学术抱负之所在。孔子一生的学问都凝聚在"述而不作，信而好古"③这八个字当中。"好古"是孔子思想的尺度与终极的归宿。这个"古"的根

---

① 洪兴祖：《楚辞补注》，白化文等点校，北京：中华书局，2002 年，第 85 页。
② 黄宗羲：《横渠学案上》，《宋元学案》，全祖望补修，陈金生、梁运华点校，北京：中华书局，1986 年，第 664 页。
③ 程树德：《论语集释》（一），第 431 页。

本义,段玉裁一语道破:"《逸周书》:天为古,地为久。"①
"好古"就是尚友天地,以天地为师。孔子虽然伟大,但却
从不认为自己是"作者"。"作者曰圣"②,"作"是圣人的
事业。天地已开,人类岂可离开天地这个大宇宙另外筑
造一间自己的屋子?"述者曰明"③,"述"是人师的事情,
通经明道,接续斯文。孔子"述而不作",定位于"述者",
所以他撰写的《易传》重在"述经",是对《周易》的世界
观、人生观、价值观、方法论的系统解说。孔子遵循天地
自然变化的规律与特点,从《周易》的"自然之道"中引申
出"人文之道"。因为有了孔子传述的《易传》,我们就拥
有了通往《周易》世界的桥梁,就拥有了通经明道、接续斯
文的可能。

　　掌握了《周易》一书的构成方式、构成内容和构成特
点,我们就会明白对《周易》的阅读、理解、研究,首要的任
务就是要搞清楚卦爻辞与卦爻象之间的内在关系,搞清楚
卦爻象与天地阴阳变化的逻辑联系;对《周易》的研究,需
要将卦爻辞还原为卦爻象,需要将卦爻象还原为天地之
象,需要在天地之象的变化中感悟阴阳升降浮沉的消息,
领悟"人事有代谢,往来成古今"④的不易真理。

──────────

① 段玉裁:《说文解字注》,北京:中华书局,2013 年影印本,第 89 页上。
② 范文澜:《文心雕龙注》,北京:人民文学出版社,1998 年,第 15 页。
③ 范文澜:《文心雕龙注》,第 15 页。
④ 佟培基:《孟浩然诗集笺注》,上海:上海古籍出版社,2005 年,第 19 页。

二　易象与易理

《左传》昭公二年记载鲁昭公二年春天,晋平公派大臣韩宣子出访鲁国,在掌管图书的官员大史氏那里,韩宣子见到了两本书:

> 观书于大史氏,见《易象》与《鲁春秋》。①

这两本书,一本是《易象》,一本是《鲁春秋》。这里所说的《易象》和《周易》是什么样的关系? 它们是同一本书吗? 李学勤先生认为《易象》是《易传》形成以前专门讲卦象的书籍,它积累了若干代筮人的解卦知识,是专门用来阐释《周易》、解读筮例的,《易象》也是后来《易传》的来源与基础②。我认为,李学勤先生的看法是可信的,符合春秋易学的实际。尚秉和先生指出:"汉儒以象数解《易》,与春秋士大夫合,最为正轨。"③也就是说,春秋士大夫是从象数的角度来解释《周易》的。什么是象数?《左传》僖公十五年有明确的解释:

> 龟,象也;筮,数也。物生而后有象,象而后有滋,滋而后有数。④

---

① 杨伯峻:《春秋左传注》(四),北京:中华书局,2011 年,第 1226 页。
② 李学勤:《周易溯源》,第 63 页。
③ 尚秉和:《周易尚氏学·说例》,张善文点校,北京:中华书局,2016 年,第 18 页。
④ 杨伯峻:《春秋左传注》(一),第 365 页。

象数有两层含义,第一层是指龟卜筮占;第二层是指通过龟卜筮占排衍出的易象,易象即是事物的表象与气数。春秋太史通过对易象的解读,领悟其所代表的事物的表象与气数,藉此对事物的未来发展趋势作出预测与判断。从《左传》《国语》所记载的筮例来看,春秋太史对《周易》的引用与解读是以《易象》作为阐释的依据的。之所以要从"易象"的角度来阐释《周易》,是因为《周易》不是面壁虚构、闭门造车的著述,《周易》乃是先圣"仰观天文,俯察地理"而来的"观象系辞"之作。这就需要基于"易象"来解读《周易》,而不能随心所欲、主观臆断。所以尚秉和先生评价春秋易学"最为正轨"。要阅读、理解《周易》,必须懂得"易象",由此就引发出了这样的问题:什么是易象? 它来源于何处?

易象的特点与分类,在《周易·说卦传》中有具体的说明,后人若要读懂《周易》,自然必须以《周易·说卦传》作为解卦依据。这里我们要讨论的是易象的来源与范畴,只有搞清楚易象的来源问题,掌握其涵盖的范围,我们才能对《周易》作出准确的释读。若要回答什么是易象,首先得解释什么是"易"。许慎解释"易"字:"蜥易,蝘蜓,守宫也。象形。《祕书》说曰:日月为易,象阴阳也。"①许慎认为"易"是一个象形字。他首先将"易"解释为蜥蜴,蝘蜓、

---

① 段玉裁:《说文解字注》,第 463 页下。

守宫是蜥蜴的别称；又引用汉代的纬书将"易"解释为日月，表象阴阳。许慎为什么要用"蜥蜴""日月""阴阳"这三个概念来解释易字，他这样解释的道理何在，这是我们需要进一步追问的问题。蜥蜴属于爬行类动物，其种属甚多，变色龙即是蜥蜴中的一种。变色龙的生活习性是因时因地而变的。如果我们将蜥蜴理解为在大地上生存的物类的代称，那么许慎用"日月""阴阳"来解释"易"字，其内在的逻辑就变得很清楚了。以蜥蜴为代表的在大地上生存的物类，其生命都受到日月运行的影响与制约，日月的运行决定了春夏秋冬四季的轮回，春夏秋冬四季的轮回，其实质是阴阳之气在作升降浮沉的周期性节律运动；受此影响，就有了大地上草木的荣枯、人事的代谢。根据许慎的解释，"易"其实有三层含义：第一层"易"为物象，泛指大地上生长的物类；第二层"易"为天象，实指日月的运行；第三层"易"为天道，表现为阴阳之气升降浮沉的周期性节律运动。用"日月"来解释"易"字，在东汉道士魏伯阳的《周易参同契》一书中得到了充分的体现。自古以来，修道的道士们多是以《周易参同契》为指引，寻求尽性致命之大道。《周易参同契》的基本理论就是建立在"日月为易"这一思想观念之上的："坎戊月精，离己日光，日月为易，刚柔相当。"①

---

① 　章伟文译注：《周易参同契》，北京：中华书局，2014年，第30页。

"易者象也,悬象著明莫大乎日月。"①将"易"理解为日月的运行、周而复始的运动,这种思想渊源甚古,其来有自。"广大配天地,变通配四时,阴阳之义配日月"②,说明"遂古之初",中国古代的圣贤就确立了通过观察天象、把握日月的运行规律来理解人类置身的世界的科学思想。天地万物生命的来源是日月,"在天成象,在地成形"③,日月的运行决定着天地万物的生生死死,死死生生。

明确了易象的来源与范畴,接下来我们要讨论易象与易理之间的关系,对易理的来源与内涵作出说明。许慎对"易"字的解释包涵了三层递进关系:第一层"在地成形",是说包括蜥蜴在内的一切在大地上生长的物类构成了易象的表层;第二层"在天成象""日月为易"构成了易象的中层,是说易象的本源是日月的运行,天文决定地理,大地上生长的物类,其生命是由日月的运行所决定的;第三层"象阴阳也"构成了易象的深层,也就是说易象是由阴阳之气的变化所生成的。世间万象千姿百态、纷繁复杂,决定其基本面貌、基本像态的不过是阴阳变化之理。易象呈现出事物的象数,其中"象"是指事物的具体形态,"数"是指事物的气数、命数。象数的形成,说到底,是阴阳变化之易理在发挥作用。譬如十月怀胎,一朝分娩,婴儿呱呱坠地,有了

---

① 章伟文译注:《周易参同契》,第34页。

② 孔颖达:《周易正义》,《十三经注疏》,第79页。

③ 孔颖达:《周易正义》,《十三经注疏》,第76页。

生命的形象,这个生命的形象蕴含了十个月的气数,没有十月这个气数的孕育、生长,就不会形成婴儿的形象。但婴儿形象的形成,从根本上来说,又是父母的受精卵在起作用,这个受精卵是生命的本源,是生命得以生成的道理。易理是决定易象生成的先天道理,易象则是易理的后天呈现。

《周易·系辞下》言:"《易》之为书也,广大悉备。有天道焉,有人道焉,有地道焉。兼三材而两之,故六。"《周易》这部经典的创作包罗万象,涵盖了天地人三才之道。三才之道是由六爻组成的六画卦表现出来的,初、二两爻表示地道,三、四两爻表示人道,五、上两爻表示天道。据此我们可以明确地说:易象是由天文之象、地理之象、人文之象这三部分内容构成的。

既然天文、地理、人文构成了易象的基本范畴,那么《周易》这部经典的易理就是对天文、地理、人文的运行规律与特点的揭示与总结。《周易·说卦传》有言:"昔者圣人之作《易》也,将以顺性命之理,是以立天之道曰阴与阳,立地之道曰柔与刚,立人之道曰仁与义。兼三才而两之,故《易》六画而成卦。""《易》六画而成卦",六爻构成卦象,这就是易象。"立天之道曰阴与阳,立地之道曰柔与刚,立人之道曰仁与义",这就是易象所蕴含的易理。天道由阴阳构成,地道由柔刚构成,人道由仁义构成。"将以顺性命之理",是说学习《周易》的目的在于:人生于天地之间,只有敬天顺地,道法自然,才能够与天地自然和谐共存。

阅读、理解《周易》，必须具备"观象以尽意"的能力。对易象的观察、分析必须考虑天文、地理、人文这三个方面，缺一不可。对易理的理解、把握也必须考虑天道、地道、人道这三个方面，缺一不可。只有这样，对《周易》的研究才不会陷入盲人摸象、各执一端的偏颇与片面。

三　师法与家法

清代经学家皮锡瑞在论述汉代学术时指出：

> 前汉重师法，后汉重家法。先有师法，而后能成一家之言。师法者，溯其源；家法者，衍其流也。师法、家法所以分者，如《易》有施、孟、梁丘之学，是师法；施家有张、彭之学，孟有翟、孟、白之学，梁丘有士孙、邓、衡之学，是家法。家法从师法分出，而施、孟、梁丘之师法又从田王孙一师分出者也。①

所谓"师法"，就是治《易》者所师承的对象，其易学思想与治《易》方法即来源于此。所谓"家法"，即是从师法演变而来的专门用以解《易》的一家之言、一家之学。皮锡瑞有关"师法"与"家法"的论述，为《周易》研究指明了治学门径：必须遵循"师法"，注重"家法"。有关《周易》经传文字的注解汗牛充栋、浩如烟海，如果没有明师的指引，如果不能找到解《易》的正确方法，我们就会坠入文字的迷障当中，

---

① 皮锡瑞：《经学历史》，周予同注释，北京：中华书局，2004 年，第 91 页。

失去通向《周易》大道的机会。

宋代诗歌批评家严羽曾经说过：

> 夫学诗者以识为主：入门须正，立志须高；以汉魏
> 晋盛唐为师，不作开元天宝以下人物。……故曰，学
> 其上，仅得其中；学其中，斯为下矣。①

严羽虽然论及的是学诗的方法与门径，但其识见同样适用
于《周易》的学习与研究。入门要正，立志要高，而且更重
要的是，必须尚友古人，以古人为师。

从象数的角度注解《周易》的著作当首推唐人李鼎祚
编撰的《周易集解》。这部书是象数《易》注的集大成之作，
收集了30多家汉魏古注，其中尤以虞翻为著。严格来说，
李鼎祚的《周易集解》不是个人的专门之学，而是具有资料
汇编性质的象数易学文献，但这部书对后世象数易学的影
响是巨大的。潘雨廷先生评价说：

> 故《周易集解》之辑，又有保存古文献之功。且成
> 书之时，在孔疏百余年之后，全书之内容，上及魏易百
> 余年前之汉易。由汉易直继《易经》十二篇之旨，庶可
> 窥见通贯三古之易理。故李氏此书，犹继往圣之绝
> 学，无他书可与媲美。②

---

① 郭绍虞：《沧浪诗话校释》，北京：人民文学出版社，1998年，第1页。
② 李道平：《周易集解纂疏·前言》，潘雨廷点校，北京：中华书局，1994年，第7页。

《周易集解》的巨大贡献是对汉代古《易》注的收集、保存。汉代古《易》的一个显著特点就是依象数注解《易经》,这是符合春秋易学的解《易》方法的。尚秉和先生有言:"韩宣子适鲁,见《易象》与《鲁春秋》。夫不曰见《周易》,而曰见《易象》,诚以《易》辞皆观象而系。"①张朋先生认为:"就春秋时期来讲,本卦和之卦之中四个八卦的八卦取象,是《周易》爻辞的解说根据,而且很可能是唯一的全部的根据。"②以象解《易》,这是春秋易学的精髓所在。由汉易溯源而上,不仅可以"直继《易经》十二篇之旨",而且"庶可窥见通贯三古之易理"。

　　遗憾的是,汉代象数易学家个人注解《周易》经传的文字没有系统、完整地流传下来。《周易集解》收集的汉魏古注多达 38 家,全书共集《易》注 2700 余节,李氏本人案语108 节③。庄子有言:"夫道不欲杂,杂则多,多则扰。"④虽然从象数《易》注入门,必须以李鼎祚的《周易集解》为宗,但《周易集解》道出多门,令人莫衷一是。

　　所幸的是,在《周易集解》所辑录的古注中,汉代虞翻

---

① 　尚秉和:《周易尚氏学·说例》,第 13 页。
② 　张朋:《春秋易学研究——以〈周易〉卦爻辞的卦象解说方法为中心》,上海:上海人民出版社,2012 年,第 59 页。
③ 　王丰先:《点校前言》,李鼎祚:《周易集解》,王丰先点校,北京:中华书局,2016 年,第 6—7 页。
④ 　郭庆藩:《庄子集释》(一),王孝鱼点校,北京:中华书局,1997 年,第 134 页。

一家有近1300节，几乎占了全书的一半①。刘大钧先生指出："虞氏易学乃是明圣人阴阳消息之教、探两汉易学之真传的必由之途。"②徐芹庭先生称赞"虞氏承孟氏之真传，为孔子田何一脉相承之正统。又博览马郑荀宋与诸儒之易，故能集象数之大成"③。由此看来，从象数《易》注入门研究《周易》，当首拜虞翻为师。

明代来知德以一己之力，积近30年之功，"以象数为方法，以义理为旨归"④撰成《周易集注》一书，"自成一说，当时推为绝学"⑤。徐芹庭先生明确指出："来氏之象，多取于是。其错卦，即虞氏旁通也。其书中称虞翻者三次，其用虞义以注经者尤多。"⑥因此，要通象数古易，又必以来知德为师。

虞翻的《易》注在传抄的过程中多有散逸、缺漏，其著述是不完备的。但虞翻的易学思想与注《易》体例从已有的《易》注中已得到彰显，所以到了清人张惠言这里，他完全承继虞翻的易学思想与注《易》方法撰成《周易虞氏义》。

----

① 王丰先：《点校前言》，李鼎祚：《周易集解》，第8页。
② 刘大钧：《点校说明》，张惠言：《周易虞氏义》，刘大钧校点，北京：北京大学出版社，2012年，第1页。
③ 徐芹庭：《汉易阐微》（下），北京：中国书店，2010年，第580页。
④ 王丰先：《点校说明》，来知德：《周易集注》，王丰先点校，北京：中华书局，2019年，第3页。
⑤ 纪昀：《四库全书总目提要》（壹），石家庄：河北人民出版社，2000年，第136页。
⑥ 徐芹庭：《来氏易经象数集注》，北京：中国书店，2010年，第15页。

该书不仅对现存虞注作了疏解，而且依据虞翻的易学思想补足其缺漏部分。至此，《周易》之"虞氏义"始得完备。清人阮元评价此书："始于'幽赞神明'，终于'乾元用九而天下治'。盖自仲翔以来，绵绵延延千四百余载，至今日而昭然复明。"①梁启超对张惠言的易学研究有如是评价："他的长处在家法明了，把虞仲翔一家学问，发挥尽致。"②因此，要通虞氏易学，必以张惠言为师。

近代易学家尚秉和先生曾言："诚以《易》辞皆观象而系，《上系》云圣人观象系辞焉而明吉凶是也。故读《易》者，须先知卦爻辞之从何象而生，然后象与辞方相属。"③尚秉和先生据此思想撰成《周易尚氏学》。于省吾先生对尚著有如是评价："先生的绝大发明则在乎象，解决了旧所不解的不可胜数的易象问题，可以说，先生对易象的贡献是空前的。"④尚秉和先生的《周易尚氏学》与虞翻、来知德、张惠言均有不解之缘。《周易尚氏学》一书提到虞翻有 179 次，来知德有 3 次，张惠言有 1 次。尽管尚秉和先生对虞翻的注解颇多批评，但他的《易》注采纳虞氏《易》合理的部分也是显而易见的，其对来氏《易》注、张氏《易》注的借鉴同样是有据可查的。《周易尚氏学》是近现代象数易学的集

---

① 张惠言:《周易虞氏义·阮元序》，第 4 页。
② 梁启超:《中国近三百年学术史》，上海：东方出版社，1996 年，第 223 页。
③ 尚秉和:《周易尚氏学·说例》，第 13 页。
④ 尚秉和:《周易尚氏学·前言》，第 7 页。

大成之作，后人于《周易》若要登堂入室，尚秉和先生的著作不可不读。

从象数《易》注入手研究《周易》，虞翻、来知德、张惠言、尚秉和是绕不开的关键人物。他们的易学思想一以贯之，体现了《周易》著述"观象系辞"这一本质特点。四家《易》注既学有渊源，又一脉相承，相互影响，若能贯通四家《易》注，扬长避短，综合集成，就必定能找到登临《周易》的天梯。

四 象数易例

四家《易》注在注重"师法"的同时，也发展并形成了各自解《易》的专门之学，这就是被称之为"家法"的注《易》条例。要读懂四家《易》注，必须对虞翻、来知德、尚秉和注《易》的原则、方法、术语有专门的了解，兹解说如下：

（一）虞注条例

1. 卦气说

古人认为，天地之间，万事万物的变化都是阴阳之气在发挥决定性的作用。易理即是阴阳变化之理，易道即是阴阳变化之道，易象即是阴阳变化之象。可以用卦象反映天地之间阴阳之气升降浮沉的变化，这就是卦气说。虞翻依据卦气说的思想注解《周易》。

①消息盈虚

坤卦卦辞："元亨，利牝马之贞。"虞注："谓阴极阳生，

乾流坤形,坤含光大,凝乾之元,终于坤亥,出乾初子,品物
咸亨,故'元亨'也。"复卦卦辞:"复,亨。"虞注:"阳息坤,
与姤旁通。"虞翻认为,阴极阳生,阳气孕育于坤体,坤卦生
出复卦,复卦一阳生为"息"。丰卦《象传》:"天地盈虚,与
时消息。"虞注:"五息成乾为盈。"乾卦阳气充满为"盈"。
天地之间,阳气从孕育、滋生到充盈的状态可用卦象来表
示:坤卦☷→复卦☳→临卦☳→泰卦☳→大壮卦☳→夬卦
☱→乾卦☰。坤卦是阳气滋生的母体,从复卦一阳生到乾
卦六阳充实,表示阳气从滋生至盈满的状态,这六个卦被
称为"息卦"。

　　姤卦卦辞:"姤,女壮。"虞注:"消卦也,与复旁通。"虞
翻认为,阳极阴生,阴气孕育于乾体,乾卦生出姤卦,姤卦
一阴生为"消"。丰卦《象传》:"天地盈虚,与时消息。"虞
注:"四消入坤为虚。"阴气生长至充满的状态为"虚"。天
地之间,阴气从孕育、滋生到充盈的状态可用卦象来表示:
乾卦☰→姤卦☴→遁卦☶→否卦☷→观卦☴→剥卦☶→
坤卦☷。乾卦是阴气滋生的母体,从姤卦一阴生到坤卦六
阴齐备,表示阴气从滋生至盈满的状态,这六个卦被称为
"消卦"。

　　②四时与十二消息卦

　　天地之间,阴阳之气的升降浮沉形成了春夏秋冬四季。
归妹《象传》言:"归妹,天地之大义也。"虞注:"震东兑西,离
南坎北,六十四卦,此象最备四时正卦,故'天地之大义

也'。"归妹卦䷵下卦兑为秋、为西,上卦震为春、为东,九二爻与九四爻互卦为离,离为夏、为南,六三爻与六五爻互卦为坎,坎为冬、为北。震卦、离卦、兑卦、坎卦这四个卦分别表示春夏秋冬、东南西北,所以虞翻称之为"四时正卦"。

　　春夏秋冬周而复始的运行形成了一年十二个月。十二消息卦又称十二辟卦,是指用十二个卦象配上十二地支来表示一年十二个月阴阳之气的升降沉浮。《周易·系辞上》言:"变通配四时。"虞注:"变通趣时,谓十二月消息也。泰大壮夬配春,乾姤遁配夏。否观剥配秋,坤复临配冬。谓十二月消息相变通,而周于四时也。"十一月建子复卦䷗为仲冬,十二月建丑临卦䷒为季冬,正月建寅泰卦䷊为孟春,二月建卯大壮卦䷡为仲春,三月建辰夬卦䷪为季春,四月建巳乾卦䷀为孟夏,五月建午姤卦䷫为仲夏,六月建未遁卦䷠为季夏,七月建申否卦䷋为孟秋,八月建酉观卦䷓为仲秋,九月建戌剥卦䷖为季秋,十月建亥坤卦䷁为孟冬。

　　2. 卦变说

　　虞翻认为,《周易》六十四卦之间存在相互影响、相互转化的关系。所谓"卦变",就是指一个卦是从另一卦变化而来。潘雨廷先生总结虞氏卦变的通例有四:

　　　　一、一阴一阳卦及反复不衰卦中,除乾坤外之六卦皆来自乾坤。

　　　　二、二阴二阳卦除可从二卦来者,皆从临观遁大壮来。

　　三、可从二卦来之二阴二阳卦，皆来自反复不衰卦。

　　四、三阴三阳卦皆来自泰否。①

"反复不衰卦"是指乾卦、坤卦、坎卦、离卦、颐卦、大过卦、中孚卦、小过卦。这八个卦的卦象上下颠倒都不会发生变化，虞翻称之为"反复不衰"。"反复不衰卦"有其卦变特例。根据阴极阳生的原则，乾卦自复卦变来；根据阳极阴生的原则，坤卦自姤卦变来。其他六卦虽然都是二阴或二阳之卦，因为与乾坤同为"反复不衰"，所以可由乾坤阴阳变化得来，就不在二阴二阳卦例之列。虞翻的卦变思想其实来源于十二消息卦，他由乾卦、坤卦、复卦、姤卦、临卦、观卦、遁卦、大壮卦、泰卦、否卦这十个消息卦的变化推导出其他卦象的来源，并据此原则来注解《周易》。

　　3. 纳甲说

　　所谓"纳甲"，就是为八卦配上天干。乾纳甲壬，坤纳乙癸，震纳庚，巽纳辛，艮纳丙，兑纳丁，坎纳戊，离纳己。东汉道士魏伯阳在其炼丹名著《周易参同契》中解释"日月为易"，认为日月的运行代表了阴阳之气的升降沉浮，观察月相的晦朔弦望就可以了解阴阳之气升降浮沉的规律。魏伯阳是用八卦来表示阴阳之气运行的规律的，这就使得

---

① 　潘雨廷：《周易虞氏易象释　易则》，张文江整理，上海：上海古籍出版社，2009 年，第 505—506 页。

不可见的阴阳之气的运行变得有象可观了：

> 故《易》统天心。复卦建始初，长子继父体，因母
> 立兆基。消息应钟律，升降据斗枢。三日出为爽，震
> 庚受西方；八日兑受丁，上弦平如绳；十五乾体就，盛
> 满甲东方。蟾蜍与兔魄，日月炁双明，蟾蜍视卦节，兔
> 者吐生光。七八道已讫，曲折低下降。十六转受统，
> 巽辛见平明，艮直于丙南，下弦二十三，坤乙三十日，
> 东方丧其明，节尽相禅与，继体复生龙。壬癸配甲乙，
> 乾坤括始终。七八数十五，九六亦相应，四者合三十，
> 阳炁索灭藏。八卦布列曜，运移不失中。①

魏伯阳的这一思想深深影响了虞翻，成为他注《易》的理论
来源之一。《周易·系辞上》言"悬象著名莫大乎日月"，虞
注："谓日月悬天，成八卦象。三日暮，震象出庚；八日，兑
象见丁；十五日，乾象盈甲；十七日旦，巽象退辛；二十三
日，艮象消丙；三十日，坤象灭乙。晦夕朔旦，坎象流戊；日
中则离，离象就己，戊己土位，象见于中。'日月相推而明
生焉'，故'悬象著明，莫大乎日月'者也。"这里，虞翻直接
援引了魏伯阳的纳甲思想作注。

4. 旁通

"旁通"一词，出自乾卦《文言传》："六爻发挥，旁通情

---

① 朱元育：《参同契阐幽　悟真篇阐幽》，北京：华夏出版社，2009 年，第 20—
23 页。

也。"虞翻借助这一概念，发明了阴阳相对的注《易》条例。坎卦卦辞"习坎，有孚"，虞注："乾二五之坤，与离旁通。"即是说坎卦与离卦阴阳相对为"旁通"。

5. 反卦

反卦又称覆卦，意思是说将卦象上下颠倒，就成了与之相反的另一卦。虞注泰卦："反否也。"意思是说泰卦上下颠倒就变成了否卦。

6. 互卦

互卦的思想来源于《周易·系辞下》："若夫杂物撰德，辨是与非，则非其中爻不备。……二与四同功而异位。……三与五同功而异位。"意思是说六画卦的中间四爻可以构成另外的卦象。具体来说，互卦有以下几种情况：

①三连互：六画卦二至五爻中的任何一爻可以和临近的两爻合成一个八卦之象。屯卦䷂初九爻辞"磐桓"，虞注："震起艮止，'动乎险中'，故'磐桓'。""艮止"是指屯卦的六三爻与九五爻互卦为艮，艮为止，所以系辞为"艮止"。

②四连互：六画卦相临的四爻可以在三连互的基础上合成一个新的六画卦。随卦䷐九四爻辞"贞凶"，虞注："失位相据，在大过，死象，故'贞凶'。"随卦六三爻与九五爻互卦为巽、为下卦，九四爻与上六爻为兑、为上卦，下巽上兑合成大过卦，大过像坎，所以有死象，虞翻据此言"在大过，死象"。

③五连互:六画卦相临的五爻可以在三连互的基础上合成一个新的六画卦。蒙卦《象传》:"蒙以养正,圣功也。"虞注:"体颐,故'养'。"蒙卦䷃九二爻与六四爻互卦为震、为下卦,上卦艮为山、为上卦,下卦震上卦艮合成颐卦䷚,所以虞注"体颐,故'养'"。

7. 半象

"半象"其实就是相临的两爻构成一个八卦之象。需卦䷄九二爻辞"小有言",虞注:"震为言,兑为口,四之五,震象半见,故'小有言'。"需卦九二爻与六四爻互卦为兑,兑为口,九三爻与六四爻互卦为半象震,针对九五爻而言,所以虞注"四之五,震象半见"。

8. 三才之位

六画卦由六爻构成,六爻各有各的位置。初二爻为地位,三四爻为人位,五上爻为天位。六爻位置的划分来源于《周易·说卦传》:"是以立天之道曰阴与阳,立地之道曰柔与刚,立人之道曰仁与义。兼三才而两之,故《易》六画而成卦。"乾卦九五爻辞:"飞龙在天,利见大人。"虞注:"五在天。"即是说九五爻位于天位,所以有"在天"之象。

9. 既济定位

既济卦䷾,阳爻居阳位,阴爻居阴位,六爻的位置初三五为阳位,二四上为阴位,阳爻居阳位为正位,阴爻居阴位为正位,反之则为不正。正位不动,不正就需要变正。虞翻依据既济定位的思想注《易》。屯卦《象传》"雷雨之动满形",虞注:"震雷坎雨,坤为形也。谓三已反正,成既济,坎水流坤,故'满形'。"屯卦䷂六三爻阴居阳位不正,变正之后,变为既济卦䷾,所以虞注"谓三已反正,成既济"。

10. 贵贱之位

六爻位置分贵贱,此说来源于《易纬·乾凿度上》:"初为元士,二为大夫,三为三公,四为诸侯,五为天子,上为宗庙。"虞翻据此注《易》。大有卦䷍九三爻辞:"公用亨于天子,小人弗克。"虞注:"天子谓五。三,公位也。"即是说九三爻为三公位,六五爻为天子位。

11. 吉凶之位

六爻的位置有吉凶之分,此说来源于《周易·系辞下》:"二与四同功而异位,其善不同,二多誉,四多惧,近也。柔之为道,不利远者。其要无咎,其用柔中也。三与五同功而异位,三多凶,五多功,贵贱之等也。其柔危,其刚胜邪。"虞翻据此注《易》。蒙卦䷃六三爻辞"无攸利",虞注:"失位多凶,故'无攸利'也。"蒙卦六三爻阴爻居阳位,所以虞翻说"失位多凶"。比卦䷇九五爻辞"显比",虞注:"五贵多功,得位正中。"比卦九五爻即是根据"五多功"的观点来作注。

12. 中与不中

二爻的位置为下卦之中,五爻的位置为上卦之中,其他爻的位置则为不中。比卦䷇九五爻辞"显比",虞注:"五贵多功,得位正中。"九五爻居中正位,所以虞注言"得位正中"。晋卦䷢六二爻辞"贞吉",虞注:"得位处中,故'贞吉'也。"晋卦六二爻居中正之位,所以虞翻言"得位处中"。

13. 乘与承

阳爻居阴爻之上为"乘",阴爻居阳爻之下为"承",若阴阳位置颠倒则有凶。《周易·系辞上》:"天尊地卑,乾坤定矣。卑高以陈,贵贱位矣。"天上地下,阳上阴下,贵贱有别。虞翻据此观点注《易》。临卦䷒六三爻辞"无攸利",虞注:"失位乘阳,故'无攸利'。"六三爻在九二爻之上,阴乘阳,违背阴承阳的原则,所以"无攸利"。噬嗑卦䷔六三爻辞"小吝",虞注:"失位承四,故'小吝'。"六三爻阴居阳位不正,但因为顺承九四爻,所以仅得"小吝"。

14. 相应与不应

《易纬·乾凿度上》言:"易气从下生。动于地之下,则应于天之下;动于地之中,则应于天之中;动于地之上,则应于天之上。初以四,二以五,三以上,此之谓应。"意思是说初爻与四爻、二爻与五爻、三爻与上爻之间存在感应的关系,若两爻之间为阴阳爻,则为"相应",或称"相与";若两爻阴阳属性相同,同性相斥,则为"不应",或称"敌应""不相与"。虞翻据此原则注《易》。屯卦䷂六二爻辞"匪寇婚媾",虞注:"寇谓五。坎为寇,盗应在坎,故'匪寇'。"六二爻与九五爻阴阳相应,所以虞翻言"盗应在坎"。师卦䷆六三爻辞:"师或舆尸,凶。"虞注:"失位,乘刚无应。""无应”是指六三爻与上六爻同为阴爻，同性相斥，所以“无应”。

15. 隔

尽管六爻之间存在相应的关系，若与之临近的一爻阴阳相同，那么相应的两爻就会存在障碍，这种情况，虞翻称之为“隔”。随卦䷐六二爻辞：“系小子，失丈夫。”虞注：“承四隔三，故‘失丈夫’。”六二爻与九五爻阴阳本相应，但六二爻不仅顺承九四爻，而且六三爻在上，“隔三”，同性相斥，这样就失去了与九五爻“相应”的机会，所以“失丈夫”。

16. 往来

六画卦下卦为内，上卦为外，爻自内卦升至外卦为“往”，自外卦降至内卦为“来”。无妄卦䷘初九爻辞“往吉”，虞注：“谓应四也。”无妄卦初九爻应升至外卦九四的位置，所以为“往吉”。复卦䷗卦辞“七日来复”，虞注：“刚来反初。”即是说复卦初九爻在内卦为“刚来”。

17. 之正、动、发

凡是阳爻居阴位、阴爻居阳位为不正，不正就需要变正，虞翻称之为“之正”“动”“发”。复卦䷗六三爻辞：“频复，厉，无咎。”虞注：“三失位，故‘频复，厉’。动而之正，故‘无咎’也。”六三爻阴居阳位不正，六三爻阴变阳，所以系辞为“动而之正”，“之正”，方得“无咎”。蒙卦䷃初六爻辞：“发蒙，利用刑人。”虞注：“发蒙之正，初为蒙始，而失其位。发蒙之正以成兑，兑为刑人。”初六爻阴居阳位不正,阴变阳,下卦变为兑,所以系辞为"发蒙之正以成兑"。

18. 伏象

所谓"伏象",其实就是旁通,是指可见的爻象之下潜伏着与之相反的另一爻象。蒙卦䷃九二爻辞:"纳妇,吉。"虞注:"震刚为夫,伏巽为妇。"蒙卦九二爻与六四爻互卦为震,震与巽旁通,震为夫,巽为妇,所以虞翻说"伏巽为妇"。观卦䷓初六爻辞:"小人无咎,君子吝。"虞注:"阴,小人;阳,君子。初位贱,以小人乘君子,故'无咎'。阳伏阴下,故'君子吝'矣。"观卦初六爻之下潜伏着初九爻,所以虞翻言"阳伏阴下"。

19. 易位

是指相应的上下爻居位都不正,需要上下易位变正。损卦䷨上九爻辞:"弗损,益之,无咎,贞吉。"虞注:"损上益三也。上失正,之三得位,故'弗损,益之,无咎,贞吉'。"损卦上九爻与六三爻阴阳相应,两爻均居位不正,需要上下易位变正,所以虞翻言"上失正,之三得位"。

20. 五行

虞翻的易学思想吸纳了金木水火土五行观念,这在他的《易》注中有具体的体现。《周易·系辞上》"五位相得而各有合",虞注:"五位谓五行之位。甲乾、乙坤相得合木,谓'天地定位'也。丙艮、丁兑相得合火,'山泽通气'也。戊坎、己离相得合土,'水火相逮'也。庚震、辛巽相得合金,'雷风相薄'也。天壬、地癸相得合水,言'阴阳相薄'而'战于乾'。故'五位相得而各有合'。或以一六合水,二七合火,三八合木,四九合金,五十合土也。"

(二)来注条例

1.在《说卦》之外,来知德总结出如下几种卦画取象方式:

①卦情之象:这是根据卦画的情理来取象。如乾卦☰本来乾为马,但取象为龙,是因为乾道变化,而龙属变化之物,所以以"龙"象言乾。又如咸卦䷞下卦艮为少男,上卦兑为少女,少男少女相感生情,所以爻象言"拇"言"腓"言"股",又言"憧憧""脢""辅颊舌",这是以身体上下的部位取象,喻示男女因感应而生情。

②卦形之象:这是根据卦画的形态来取象。如剥卦䷖取象为"宅""床""庐",是因为五阴在下,列于两旁,一阳覆盖在上,如同宅、床、庐的形状。

③大象之象:这是根据卦画与八卦之间的形态联系来取象。凡是阳爻在上位者都取象为艮巽,在下位者都取象为震兑,阳爻在上下位都取象为离,阴爻在上下位都取象为坎。如益卦䷩初九爻与九五爻合成离象,所以六二爻辞有"十朋之龟"象,这是因为离卦取象为"龟"。颐卦䷚整个卦象像离卦,所以初九有"舍尔灵龟"之象。

④中爻之象:如渐卦䷴九三爻有"妇孕不育"之象,这是以中爻六二与六四爻合成坎象,坎中满,所以取象为"妇

孕";九五爻"三岁不孕",是以中爻九五与九三爻合成离象,先天八卦离数为三,离中虚,所以系辞为"三岁不孕"。

⑤错卦之象:如履卦☰卦辞"履虎尾",之所以有"虎"象,是因为下卦兑与艮相错,艮为虎。

⑥综卦之象:如井卦☵与困卦☱相综,井卦卦辞"改邑不改井",是因为困卦颠倒过来变成井卦,困卦上卦兑变为井卦下卦巽,巽为市邑,所以系辞为"改邑不改井"。

⑦阴阳取象:如乾为马,坎与震亦取象为马,这是因为坎卦与震卦得乾卦一阳爻,所以有马象。坤为牛,离亦为牛,这是因为离卦得坤卦一阴爻,所以有牛象。

⑧相因取象:这是根据逻辑推理来取象。如革卦☲九五爻言"大人虎变",上六爻言"君子豹变",上卦兑错艮,艮为虎,虎在前,豹在后,所以先有"虎变",然后才有"豹变"。

2. 错卦

所谓"错卦",就是阴阳相对之卦,虞翻称为"旁通"。八卦相错,乾错坤,乾为马,所以坤有"利牝马之贞",坤为牝马。履卦兑错艮,艮为虎,所以有"履虎尾"之象。中爻相错之象,如小畜卦☰有"密云不雨"之象,是因为九五爻与九三爻互卦为离,离错坎,坎为雨,离为"不雨"。

3. 综卦

所谓"综卦",就是卦象上下颠倒,变成另外一个卦。来氏所言的综卦,即是虞氏眼中的"反卦"。如夬卦☱与姤卦☴相综,夬卦九四爻有"臀无肤"之象,姤卦九三爻亦有

"臀无肤"之象,这是因为夬卦的九四爻即是姤卦的九三爻,所以二爻皆有"臀无肤"之象。

4. 变爻

所谓"变爻",就是阳爻变阴爻,阴爻变阳爻。来知德通过变爻来解释卦爻辞。例如渐卦䷴九三爻辞"夫征不复,妇孕不育",来注:"若以变爻论,三变则阳死成坤,离绝夫位,故有夫征不复之象。既成坤,则并坎中之满通不见矣,故有妇孕不育之象。"以坎中满为"妇孕",九三爻阳变阴,阳死成坤,故有"夫征不复"之象。阳变成坤,坎中满消失,所以有"妇孕不育"之象。

5. 中爻

"中爻"一词出自《周易·系辞下》:"若夫杂物撰德,辨是与非,则非其中爻不备。"所谓中爻,是指六画卦中的二、三、四、五爻,这四爻可以合成一卦。来氏所说的"中爻"即是互卦。例如渐卦䷴九五爻辞"妇三岁不孕",来注:"妇指二,中爻为离中虚,空腹不孕之象也。离居三,三岁之象也。"九五爻与九三爻互卦为离,离数为三,所以取象为"三岁";离中虚,取象为"不孕"。

6. 八卦正位

震位在初爻,坤位在二爻,离位在二爻,艮位在三爻,巽位在四爻,乾位在五爻,坎位在五爻,兑位在六爻。如屯卦䷂初九爻辞"磐桓",来注:"八卦正位震在初。"下卦震,初九爻居正位,所以来注"震在初"。

7. 先天八卦数

乾一、兑二、离三、震四、巽五、坎六、艮七、坤八。来氏据先天八卦数注《易》。如渐卦☴九五爻辞"妇三岁不孕",来注:"离居三,三岁之象也。"

8. 后天八卦与五行数

坎:一为生数,六为成数,五行属水;离:二为生数,七为成数,五行属火;震巽:三为生数,八为成数,五行属木;兑乾:四为生数,九为成数,五行属金;艮坤:五为生数,十为成数,五行属土。如损卦☶六五爻辞"或益之十朋之龟",来注:"十者,土之成数。中爻坤,十之象也。"

(三)尚注条例

1. 阳遇阳阻,阳遇阴通

大壮卦☳初九爻辞"征凶",尚注:"又二三亦阳,阳遇阳则窒,故征凶。"初九爻上承九二、九三阳爻,阳遇阳不通,所以为"征凶"。随卦☶初九爻辞"出门交有功",尚注:"出门则有交接,阳遇阴则通,故有功。"初九爻上承六二、六三爻为阴爻,阳遇阴为通,所以"有功"。

2. 阴遇阴阻,阴遇阳通

屯卦☵六二爻辞"屯如邅如",尚注:"阴遇阴得敌,故屯邅不进。"六二爻上承六三、六四阴爻,阴遇阴不通,所以"不进"。讼卦☰六三爻辞"食旧德,贞厉。终吉",尚注:"三承重阳,故曰食旧德。失位,故贞厉。承阳有应,故终吉。"六三爻上承九四、九五阳爻,阴遇阳为通,所以"终吉"。

3. 卦名由卦象而生

屯卦☳☵尚注："上坎为险,下震为动,动乎险中,故名曰屯。屯,难也,止也。"

4. 覆象

即虞翻所说的反卦,来知德所说的综卦。将一卦颠倒过来即成覆象。如大过卦☱☴九五爻"枯杨生华",尚注："兑为反巽,故仍曰枯杨。"上下卦颠倒过来,上卦兑即成巽卦,兑为秋,巽为木,所以取象为"枯杨"。

5. 伏象

即虞翻所说的旁通卦,来知德所说的错卦。如大过卦☱☴九五爻"老妇得其士夫",尚注："伏艮为士夫,故曰老妇得其士夫。"上卦兑为老妇,与艮旁通,艮为士夫,所以说"老妇得其士夫"。

6. 半象

像虞翻一样,尚氏也采用半象注《易》。如既济卦☵☲六二爻辞"勿逐",尚注："震为逐,半震,故勿逐。"即是说六二爻与初九爻构成半个震象。

7. 纳甲

像虞翻一样,尚氏同样采用纳甲说注《易》。如蛊卦☶☴卦辞"先甲三日,后甲三日",尚注："乾元为甲。"巽卦☴☴九五爻辞"先庚三日,后庚三日",尚注："震纳庚。"

8. 十二辟卦

十二辟卦即是十二消息卦。尚氏同样采用十二消息

卦注《易》。如乾卦☰初九爻辞"潜龙勿用",尚注:"阳息
初,复,一阳伏群阴之下,故曰潜。……复子,时当冬至,一
阳初生,伏藏地下,故曰勿用。"乾卦初九爻来源于复卦,所以
尚氏言"阳息初,复"。

9. 大象

所谓"大象",和来知德所言的"大象之象"相同,是指六
画卦与某个八卦相似,于是根据八卦取象来解卦。如大过卦
☱卦辞"栋桡",尚注:"大过本大坎也,坎以中爻为栋,大过
以三四为栋。"大过卦的卦象像坎卦,所以尚氏依坎象解卦。

10. 中爻

像来知德一样,尚氏也用中爻注《易》。如需卦☵九二
爻辞"需于沙,小有言",尚注:"二至四伏艮,艮为沙。……
兑为小,故小有言。"九二爻与六四爻互卦为兑,兑为口、为
言、为小,所以系辞为"小有言"。

11. 爻数

尚氏发明爻数以注《易》。如需卦☵上六爻辞"有不速
之客,三人来",尚注:"乾为人,上应在三,故曰三人来。"即
是以下卦乾九三爻数为"三人"。

12. 爻位

初爻为震位,二爻为离位,三爻为艮位,四爻为巽位,
五爻为坎位,六爻为兑位。和来知德的八卦正位同理。如
坤卦☷初六爻辞"履霜",尚注:"初震爻,故曰履。"初六爻
居震位,所以取象为"履"。

　　掌握虞翻、来知德、尚秉和注《易》的"家法",是读懂象数易的关键。需要指出的是,读懂四家《易》注,对《周易》研究来说,尚只是"其思过半",并不意味着就可以完全通晓《周易》。若要达到"于《易》则彬彬矣"的境界,就需要对四家《易》注的得失短长作出判断、抉择。四家《易》注既各有所长,也各有所短,他们对《周易》的注解尚有诸多需要改进、完善的地方,如虞翻以卦变、半象注《易》,取象迂曲、繁琐,来知德注《易》时有违背《易》理、发挥义理过甚的地方,张惠言"疏不破注",对虞翻《易》注少有质疑,尚秉和有时训诂冗长,过于"求异""求新"。对待四家《易》注,我们既要师从,又不能盲从,需要扬其所长,避其所短,吸纳其合理的地方。在四家《易》注的基础上,以《易传》为依据,以"《易》与天地准"为圭臬,我们是能够对《周易》作出符合经典原义的解释的。

凡　例

一、《周易》经传以 1980 年中华书局影印阮元校刻《十三经注疏》为底本；虞翻《易》注以 2016 年中华书局出版、王丰先点校、〔唐〕李鼎祚撰《周易集解》为底本；来知德《易》注以 2019 年中华书局出版、王丰先点校、〔明〕来知德撰《周易集注》为底本；张惠言《易》注以 2012 年北京大学出版社出版、刘大钧校点、〔清〕张惠言著《周易虞氏义》为底本；尚秉和《易》注以 2016 年中华书局出版、张善文点校、尚秉和著《周易尚氏学》为底本。

二、按照依经附注的原则，将四家《易》注汇集在相应的经文之下，四家《易》注原文顺序有所改变，标点略有调整，个别注释对理解经文意义不大，不予收录。有时，张惠言、尚秉和对虞翻《易》注有所解释或校正，亦尽量加以收录，读者根据上下文自可分辨。

三、在汇集四家《易》注的基础上，以"按语"的形式提出本人的注解与看法。

四、恪守依《传》解《易》的原则。《彖传》是对《周易》六十四卦卦辞的解释，《大象传》是对六十四卦卦象的解释,《小象传》是对六十四卦爻辞的解释。本书对六十四卦的注解,以《彖传》《大象传》《小象传》为依据。

周易上经

一　乾卦

乾上乾下

乾：

　　来知德：乾，卦名。乾者，健也。阳主于动，动而有常，其动不息，非至健不能。奇者，阳之数；天者，阳之体；健者，阳之性，如火性热，水性寒也。六画皆奇，则纯阳而至健矣，故不言"天"而言"乾"也。

　　张惠言：阳盈象天，与坤旁通，候在四月，爻变成既济。

　　尚秉和：《说卦》："乾，健也。"

　　按："乾"是卦名，卦象由上下两个乾卦构成，取象为天。六爻纯阳，表示天是由纯阳之气凝聚而成的。《周易·说卦传》言："乾，健也。"是说乾卦的性质为刚健。天体的运动是以太阳的周年视运动为标志的，太阳东升西降，周而复始，散发出光和热，这就是阳气存在的见证，所以卦象被命名为"乾"。《周易·序卦传》言："有天地，然后万物生焉。"万物生于天地之间，天是万物的本源，阳气是天的本源，太阳是阳气的本源。

乾卦与坤卦旁通。

元亨利贞。

来知德：元亨利贞者，文王所系之辞，以断一卦之吉凶，所谓彖辞也。元，大；亨，通；利，宜；贞，正而固也。元亨者，天道之本然，数也；利贞者，人事之当然，理也。《易经》理数不相离，因乾道阳明纯粹，无纤毫阴柔之私，惟天与圣人足以当之，所以断其必大亨也。故数当大亨，而必以贞处之，方与乾道相合。若其不贞，少有人欲之私，则人事之当然者废，又安能元亨乎？故文王言筮得此卦者，大亨而宜于正固。此则圣人作《易》开物成务，冒天下之道，教人以反身修省之切要也。学者能于此四字潜心焉，传心之要不外是矣。此文王占卜所系之辞，不可即指为四德。至孔子《文言》纯以义理论，方指为四德也。盖占卜不论天子，不论庶人，皆利于贞。若即以为四德，失文王设教之意矣。

张惠言：《子夏传》云："元，始也。亨，通也。利，和也。贞，正也。"《文言》注云："乾始开通，以阳通阴，故始通。"义与《子夏传》同。乾始者，谓《易》出复初，探赜索隐，万物资始，故曰"元"。以阳通阴，六阳消息，二、五利见，故曰"亨"。"利"谓坤来入乾，以成万物，美利利天下。当位曰正，二、四、上失位，变而之正，则"云行雨施，天下平也"。

尚秉和：《子夏传》：元，始也；亨，通也；利，和也；贞，正也。盖天之体以健为用，而天之德莫大于四时。元亨利贞，即春夏秋冬，即东南西北。震元离亨，兑利坎贞，往来循环，不忒不穷。《周易》之名，即以此也。后儒释此者，莫过于《太玄》。《玄文》云：罔直蒙酋冥。罔，北方也，冬也，未有形也。直，东方也，春也，直而未有文也。蒙，南方也，夏也，物之修长也。酋，西方也，秋也，物皆成象而就也。有形则复于无形，故曰冥。故万物罔乎北，直乎东，蒙乎南，酋乎西，冥乎北。罔舍其气，直触其类，蒙极其修，酋考其就，冥反其奥。罔蒙相极，直酋相敕，出冥入冥，新故代更。将来者进，成功者退，已用则贱，当时则贵。按《太玄》阐发此四字之理，至矣尽矣。除《象传》外，无此深奥明晰之解释也。其所谓直蒙酋，即震春离夏兑秋，即元亨利也。所谓罔冥，即坎冬，即贞也。必以二字拟贞者，盖以子复为界。子复者冬至也，故由亥坤至子复为冥，由子复至泰寅为罔。罔，不直也。冬至以后，万物虽柱屈，不能见形于外，然阳气已生，与冬至前之冥然罔觉者异矣，故曰罔舍其气。舍者，蓄也，养也，即《象传》所谓保合太和也。

或曰《象传》释此，纯指天道。然《象》不曰春夏秋冬，必曰元亨利贞者，何也？曰：乾之德无所不统，无所不包。言元亨利贞，则天时人事，尽括于其中。

惟此四字，义蕴宏深，非一解所能尽。《彖传》《象传》皆释贞为正。而大贞、小贞、不可贞、贞吝、贞凶、不利君子贞,义皆不通。而《彖》《象传》遇此皆不释,似委为不知而阙疑者。《文言》曰:贞固足以干事。又释贞为固。然于贞凶、贞吝等辞,仍不能通。此《彖》《象传》与《文言》不同也。

尤异者,乾《彖传》以万物资始释元义,以云行雨施品物流形释亨义,以大明终始六位时成释利义,以天道变化各正性命释贞义,是以四德平列也。而于屯随之元亨利贞,则释曰:大亨贞。于临、无妄、革之元亨利贞,则释曰:大亨以正。舍利不言,只为二德。是《彖传》与《彖传》所释不同也。《文言》曰:元者,善之长;亨者,嘉之会;利者,义之和;贞者,事之干。是以四德平列,尤为显著。乃下又曰:乾元者,始而亨者也;利贞者,性情也。则以元亨为一义,利贞为一义,亦为二德。此又《文言》与《文言》所释不同也。昔儒以《彖》《象传》释贞字,与《文言》不同,疑《十翼》非出一手。愚谓《彖传》当为一人作矣,而前后所释不同;《文言》当为一人作矣,而前后所诂仍异。此无他,乾健之德,不可名言,似必再三释,方能毕其义蕴也。

然则元亨利贞四字,究以何解为当乎?曰:其在乾则确为四德,《彖传》之所释,宏深透辟,于四德各有推阐。而以"天道变化,各正性命,保合大和"释贞之原理,尤幽隐难识。故《文言》曰:君子行此四德。盖四德缺一,即不成为天时,不成为人事。故《太玄》以罔直蒙酋冥拟之,并著其义曰春夏秋冬,指其方曰东西南北,则亦以元亨利贞为四德也。

至于贞吝、贞凶、不利君子贞，其义与乾元亨利贞之贞绝不相同。案《周礼·春官·天府》：季冬陈玉，贞来岁之媺恶。注：贞，谓问于龟卜。郑司农曰：贞，问也。《易》曰：师，贞丈人吉。又《左传》哀十七年：卫侯贞卜。《国语》：贞于阳卜。皆以贞为卜问。而师，贞丈人吉，前郑引以解《周礼》。是以贞为卜问，已有先例。愚以为大贞、小贞、贞吝、贞凶、不利君子贞，皆宜诂作卜问，与乾元亨利贞之贞，判然为二义，不得混同。《五经》字同而义异者多矣，不独此也。盖贞有正义，又有贞固、贞定二义。朱子兼采之，曰贞，正而固也。岂知兼二义，仍不能尽通？近儒王陶庐先生又以全《易》贞字皆释作卜问，于文理可通矣。然若乾之利贞亦释作卜问，则乾德不全矣，似不尽协也。

盖元亨利贞，合之为乾德，分之为八卦之德，故即为六十四卦之根本。《彖》或曰亨，或曰元亨，或曰贞，或曰利贞，或曰亨利贞，或曰利贞亨，或曰元亨利贞。似以此四德为衡量卦德之准的者。然如无妄，凶卦也，亦曰元亨利贞，则似别有标识，而非论卦德。端木国瑚曰：《易》遇东南方春夏之卦，则曰元亨；遇西北方秋冬之卦，则曰利贞。由其言推之，屯下震春也，故曰元亨；上坎冬也，故曰利贞。随下震春也，故曰元亨；上兑秋也，故曰利贞。临下互震，故曰元亨；上坤下兑，故曰利贞。无妄下震，故曰元亨；上乾为冬，故曰利贞。革下离互巽，故曰元亨；上兑为秋，互乾为冬,故曰利贞。其余虽不尽当,然大概如是也。

总之,元亨利贞,春夏秋冬,东南西北,仁义礼智,一二三四,兹数者,合之一之,混之同之,融会贯通,遗貌御神,天人不分。陶冶既久,然后知此四字已括尽易理,非言诠所能尽。而能申其义者,前惟《象传》,后惟扬子云。

按:"元亨利贞"是对乾卦的解释。乾卦阳气具有四种德性:"元"具有"始"的特点,"亨"具有"通"的特点,"利"具有"和"的特点,"贞"具有"正"的特点。

阳气所具有的这四种德性是通过太阳春夏秋冬四季的运行来彰显它们自身的存在的。从天时来说,元为"春",亨为"夏",利为"秋",贞为"冬"。

四时的变化会反映在各自所对应的空间方位上,所以就地理而言,元为"东",亨为"南",利为"西",贞为"北"。

人生天地之间,天人合一,天地人三才之道一以贯之。从人道的角度来说,元为"仁",亨为"礼",利为"义",贞为"智","信"贯穿"仁义礼智"的始终。

乾卦表示天道。天道运行的规律与特点就体现在"元亨利贞"这四个字上。天道运行的规律是周而复始、往来不穷,这个规律是通过阳气的升降浮沉表现出来的。阳气的升降浮沉表现为太阳春夏秋冬四季的运行,春夏阳气升浮,秋冬阳气降沉。这就是天道运行的特点。

《彖》曰:大哉乾元,万物资始,乃统天。

来知德:乾元亨利贞者,文王所系之辞,《彖》之经也。

此则孔子赞经之辞,《彖》之传也。故亦以"《彖》曰"起之。彖者,材也,言一卦之材也。后人解"彖者,断也",又解彖走悦,又解为茅犀之名,不如只依孔子"材"之一字可也。下文"象曰""象"字亦然。《易》本占卜之书,曰元亨利贞者,文王主于卜筮以教人也。至于孔子之传,则专于义理矣,故以元亨利贞分为四德。此则专以天道发明乾义也。大哉,叹辞。乾元者,乾之元也。元者,大也,始也。始者,物之始,非以万物之始即元也。言万物所资以始者,乃此四德之元也。此言气而不言形,若涉于形,便是坤之资生矣。统,包括也。乾元乃天德之大始,故万物之生,皆资之以为始。又为四德之首,而贯乎天德之始终,故统天。天之为天出乎震,而生长收藏不过此四德而已,统四德则统天矣。资始者,无物不有也。统天者,无时不然也。无物不有,无时不然,此乾元之所以为大也。此释元之义。

张惠言:阳称"大"。资,取也。荀氏云:"六十四卦,万有一千五百二十策,皆受始于乾也。"统,本也。乾元,立天之本。

尚秉和:《系辞》云:彖者,材也。材、财通。《孟子》:有达财者。而财与裁通。泰《传》:后以财成天地之道。汉人上书,伏惟裁察,每作财察。然则材即断也,即裁度也。元亨利贞者,彖辞也。此则释彖者,先儒名曰《彖传》,《十翼》之一也。自太史公、扬子云、班固,皆以为孔子作。乾元者,乾之元气也,于时配春,故曰资始。统,《说文》纪也。

《史记·乐书》乐统同。注:统,领也。统天者,言乾元之德统领万物,总治一切。《九家》释统为继,谓乾德统继天道。后诸家又有训统为始、为本、为合者,皆非也。按此释元义。

按:"彖"是指《彖传》,专门解释卦辞的文字。这句话是对"元"字的解释。

阳气位居天上,尊贵无比,故为"大"。乾元阳气是天地万物的生生之本,阳气构成天体,统领天道的运行,所以系辞为"大哉乾元,万物资始,乃统天"。

云行雨施,品物流形。

虞翻:已成既济,上坎为云,下坎为雨,故"云行雨施"。乾以云雨流坤之形,万物化成,故曰"品物流形"也。

来知德:有是气即有是形,资始者气也,气发泄之盛,则云行雨施矣。品者,物各分类。流者,物各以类而生生不已,其机不停滞也。云行雨施者,气之亨;品物流形者,物随造化以亨也。虽物之亨通,而其实乾德之亨通。此释乾之亨。施有二义:平声者,用也,加也,设也;去声者,布也,散也,惠也,与也。此则去声之义。

张惠言:坤为形。

尚秉和:此释亨义。于时配夏。乾交坤成坎,坎为云为雨,故曰云行雨施。坤为品物,乾入坤,故曰流形。乾施坤受,和而为雨。品物润泽,万物洁齐,相见乎离,亨之义也。

　　按:这句话是对"亨"字的解释。

　　阳气在天上变为云气,云气遇冷化为雨水,所以系辞为"云行雨施"。

　　大地因为有了来自天上的雨水的滋润,于是就有了万物的蓬勃生长,这是大地上万物的亨通,所以系辞为"品物流行"。

大明终始,六位时成,时乘六龙以御天。

　　来知德:大明者,默契也。终谓上爻,始谓初爻,即"初辞拟之,卒成之终","原始要终以为质"也。观下句"六位"二字可见矣。六位者,六爻也。时者,"六爻相杂,惟其时物"之"时"也。爻有定位,故曰六位。六龙者,潜与亢之六龙,六阳也,阳有变化,故曰六龙。乘者,凭据也。御者,"御车"之"御",犹运用也。上文言统者,统治纲领,"统天"之"统",如身之统四体。此节言御者,分治条目,"御天"之"御",如心之御五官。六位时成者,如位在初时,当为潜;位在上时,当为亢也。御天者,行天道也。当处之时,则乘潜龙;当出之时,则乘飞龙;时当勿用,圣人则勿用;时当知悔,圣人则知悔也。乘龙御天,只是时中。乘六龙,便是御天。谓之曰乘龙御天,则是圣人一身常驾驭乎乾之六龙,而乾之六龙常在圣人运用之中矣。学者当观其时成时乘,圣人时中变化,行无辙迹之妙可也。然言天道而配以圣人,何也? 盖天下之理得而成位乎中,则参天地者惟圣人也。故颐卦曰"圣人养贤以及万民",咸卦曰"圣人感人心而天下和平",恒卦曰"圣人久于其道而天下化成",皆此意。

言圣人默契乾道六爻终始之理,见六爻之位各有攸当,皆以时自然而成,则六阳浅深进退之时,皆在吾运用之中矣。由是时乘六龙,以行天道,则圣即天也。上一节专赞乾元,此一节则赞圣人知乾元六爻之理,而行乾元之事,则泽及于物,足以为万国咸宁之基本矣,乃圣人之元亨也。

张惠言:坎为月,离为日。《乾凿度》曰"日月终始万物",故曰"大明终始"。六位,六爻之位。初阳出震,二息兑,震春,兑秋。二、四、上正,坎冬,离夏。故曰"六位时成"。"六龙",六阳也。御,行也。六阳消息,周三百六十五日成岁四时,乘六位以行乎天,故曰"时乘六龙以御天"。以言亨也。

尚秉和:此释利义。于时配秋。乾为日,故曰大明。日始于离,终于坎,以成昼夜,积昼夜以成四时。六位者六爻,爻各有时。时而至秋,万物成熟,故曰时成。《太玄》拟之曰:酉,西方也,秋也,万物皆成象而就。释时成之义也。《文言》曰:利,义之和也。兑正秋,兑悦,故和,秋成故利也。然乾之六时,果何属乎?六龙者六阳,乾阳卦,故其所乘之时皆阳时,即子寅辰午申戌。《乾凿度》所谓乾贞十一月子,左行阳时六是也。言乾而乾三子可知。若坤之所乘,则六阴时。《乾凿度》所谓坤贞六月未,右行阴时六是也。时乘六龙以御天,即言乾乘六阳时以统御天道。自汉以来,不知时乘六龙,即乾乘六阳时,笼统解说。与上句六位时成无以异,而传义愈晦矣。

按:这句话是对"元亨"二字的合释。

乾为日、为大明,太阳周而复始、往来不穷地运行,这就是天道运动的规律,所以系辞为"大明终始"。

"六位"是指六爻的位置。六爻的位置是由天、地、人上下六个位置构成的,这六个位置的形成是由阳气的升降浮沉、春夏秋冬四时的往来变化所决定的。阳气上升、处在春夏之时则居上位,阴气下降、处在秋冬之时则居下位,所以系辞为"六位时成"。

春夏秋冬四时的更替,其实质是阳气在天地之间上下六个位置升降浮沉。"六龙"是指阳气在上下六位之间流转。所以系辞为"时乘六龙以御天"。

乾道变化,各正性命,保合大和,乃利贞。

来知德:变者化之渐,化者变之成。各者,各自也,即一物原来有一身,各有族类,不混淆也。正者,不偏也。言万物受质,各得其宜,即一身还有一乾坤,不相倚附妨害也。物所受为性,天所赋为命。保者常存而不亏,合者翕聚而不散。太和,阴阳会合冲和之气也。各正者,各正于万物向实之初。保合者,保合于万物向实之后。就各正言,则曰"性命",性命虽以理言,而不离乎气;就保合言,则曰"太和",太和虽以气言,而不离乎理,其实非有二也。

言乾道变化不穷,固品物流形矣,至秋则物皆向实,各正其所受,所赋之性命;至冬则保全其太和生意,随在饱足,无少缺欠。凡资始于元、流形于亨者,至此告其终,敛其迹矣。虽万物之利贞,实乾道之利贞也,故曰"乃利贞"。

张惠言:以乾通坤曰"变",以坤凝乾曰"化"。乾为"性",巽为"命"。"大和",乾元也。既济定,刚柔位当,阴阳合德,故"各正性命,保合大和,乃利贞"矣。

尚秉和:此释贞义。于时为冬。万物自有而入无,由动而之静,故曰变化。《太玄》拟贞为冥,曰有形则复于无形,故曰冥。又曰:冥者,明之藏也,出冥入冥,新故代更。入冥者变,出冥者变后而化也。变化者,天道必然之理也。性命者精神。太和者元气。正者,定也。《周礼·天官·宰夫》:令群吏正岁会,正月要。注:正,定也。各正性命者,言万物入冬而形气定也。保合者,固也。保合太和,言万物静定而无为,正所以养育其生命也。各正性命,保合太和,略如人入夜寝息,休养神明。《系辞》云:尺蠖之屈,以求信也;龙蛇之蛰,以存身也;精义入神,以致用也。正谓此也。贞者,元之本。元者,贞之著。下文曰首出庶物,即贞下启元之义也。后儒舍冬义,以既济定说贞者,皆未当也。

按:这句话是对"利贞"二字的合释。

"乾道"即是天道。"乾道变化"即是说天道的运行不是一成不变,而是有变化的。天道运行的特点是春夏阳气上升,秋冬阳气下降,所以系辞为"乾道变化"。

天地所生万物秉受的阳气为万物之"性",万物的生长同时又是阳气的消耗,当阳气消耗殆尽,万物的生命就走向了终结,这就是万物之"命"。天地所生万物顺应天道的变化,在春夏时节盛开,在秋冬时节退隐,所以系辞为"各正性命"。

经历了由夏入秋的阴阳之变,到冬天的时候,阳气从天上下沉到地下,这个时候万物就完全处于含藏状态了。"潜龙勿用"是为了培根固本、涵养生命的元气,以待来年"当春乃发生"。冬天是叶落归根、万物回归生命本源的时候。这个时候阴阳未分,生命的元气处在孕育、涵养的状态,所以系辞为"保合大和,乃利贞"。

首出庶物,万国咸宁。

来知德:乘龙御天,乃圣人王道之始,为天下开太平。至此,则惟端拱首出于万民之上,如乾道变化,无所作为,而万国咸宁,亦如物之各正保合也。乘龙御天之化,至此成其功矣。此则圣人之利贞也。咸宁之宁,即各正保合也。其文武成康之时乎?汉文帝亦近之。如不能各正保合,则纷纭烦扰矣,岂得宁?

张惠言:乾为"首",震为"出"。"物",阴阳之总名。坤为"国",为众,为安。谓阳出震而阴静。《易》以阴从阳,故于此首发其义。

尚秉和:元亨利贞,相循环者也。贞非寂灭无为也,乃所以植元亨之基。故夫冬尽春来,贞久元至。首出庶物者,元也。言又复始也。春生震仁,故曰咸宁。万国咸宁者,言如圣君当阳首出,万邦有庆也。

乾《象传》简括宏深,自非圣于《易》者,不能为也。自汉以来,除《太玄》外,无有明其义者。而诂六龙为六位,利贞为既济定,尤谬误之大者。首出庶物二语,解者皆不误矣,而皆不知于元亨利贞之后再缀此语者,乃所以示四德循环之义。朱子云:不贞则无以为元。又曰:四德循环无端。知此义矣,乃讫未明指再缀此语之故。岂知六龙与六位无别,则六龙句为赘语。首出庶物与万物资始理同,而不疏其循环之义,则首出句又为赘语。乌乎可哉?揆厥原因,皆由不确知"元亨利贞"即春夏秋冬,即东南西北。《象传》与《文言》虽未明言,固皆本此为义。特义奥语文,后儒遂歧于索解。及扬子云揭出春夏秋冬、东南西北二义,然后知《象传》所言者,皆元亨利贞之原理及其所以然,义遂明彻。然罔直蒙酋冥之演元亨利贞,除范望、司马温公外,他儒无言者。于此知《太玄》之难读,等于《易》也。

按:这句话是对"元亨利贞"四字大义的最后总结。

"首出庶物"是对"元亨"二字的解释。乾元阳气有开天辟地、创生万物之功,有了乾元阳气,就有了大地上万物的生生不息,所以系辞为"首出庶物"。

"万国咸宁"是对"利贞"二字的解释。大地上万物的生长是有节制的。到了夏至一阴生的时节,盛开的万物就停止了生长的节奏,开始进入收敛、下沉的状态。冬天到来,大地上的万物返本归源、清静无为,进入含藏的状态,所以系辞为"万国咸宁"。"万国咸宁"并不是生命的死寂。"咸宁"是"保合大和"的守贞状态。回到生命的根源处,贞下起元,一阳复生,天地之间,冬去春来,生生不息。这就是"元亨利贞"的大义之所在。

《象》曰:天行健,

来知德:象者,伏羲卦之上下两象,周公六爻所系辞之象也,即《象辞》之下,即以"象曰"起之是也。天行者,天之运行一日一周也。健者,运而不息也。其不息者,以阳之性至健,所以不息也。

张惠言:阳出震为"行"。《传》曰:"君子尚消息盈虚,天行也。"不曰乾而曰"健",就天行言之。

尚秉和:《系辞》云:象者,像也,像此者也。先儒以其推阐一卦之义,谓为《大象》,亦《十翼》之一。王引之云:《尔雅》,行,道也。天行健,谓天道健也,与地势顺为对文。按《左传》襄九年:晋伐郑,杞人从赵武斩行栗。注:行,道也。由是以推,蛊、剥、复,《象传》皆曰天行,皆天道也。

按:这里的"象"是指《大象传》,专门解释卦象大义的文字。

"天行健"是从天文学的角度解释卦象。乾为天,天由纯阳之气构成,阳气主动升降于天地之间,周而复始,无始无终,所以系辞为"天行健"。

君子以自强不息。

虞翻:"君子"谓三。乾健故强。天一日一夜过周一度,故"自强不息"。老子曰"自胜者强"。

来知德:以者,用也,有所因而用之之辞,即"箕子以之"之"以"也。体《易》而用之,乃孔子示万世学者用《易》之方也。自强者,一念一事莫非天德之刚也。息者,间以人欲也。天理周流,人欲退听,故自强不息。若少有一毫阴柔之私以间之,则息矣。强与息反,如公与私反。自强不息,犹云"至公无私"。天行健者,在天之乾也。自强不息者,在我之乾也。上句以卦言,下句以人事言。诸卦仿此。

张惠言:人道体天,故谓三。胜,任也。

尚秉和:凡《大象》专以人事言。言天道强健不息,君子法之也。

按:"君子以自强不息"是从"天行健"引申出来的人文思想。

能够效法天道的人被称为"君子"。如何效法天道?就是遵循太阳的运行规律与特点,做到"日出而作,日落而息",这就是"君子以自强不息"的大义所在。

初九:潜龙勿用。

来知德:此周公所系之辞,以断一爻之吉凶,所谓爻辞也。凡画卦者,自下而上,故谓下爻为初。初九者,卦下阳爻之名也。阳曰九,阴曰六者,《河图》《洛书》五皆居中,则五者数之祖也,故圣人起数止于一二三四五。参天两地而倚数,参天者,天之三位也,天一、天三、天五也。两地者,地之二位也,地二、地四也。倚者,依也。天一依天三,天三依天五,而为九,所以阳皆言九。地二依地四而为六,所以阴皆言六。一二三四五者,生数也。六七八九十者,成数也。然生数者,成之端倪;成数者,生之结果。故止以生数起之,过揲之数皆以此九、六之参两,所以爻言九、六也。潜,藏也,象初。龙,阳物,变化莫测,亦犹乾道变化,故象九。且此爻变,巽错震,亦有龙象,故六爻即以龙言之,所谓"拟诸形容,象其物宜"者,此也。勿用者,未可施用也。象为潜龙,占为勿用,故占得乾而遇此爻之变者,当观此象而玩此占也。诸爻仿此。

《易》不似别经,不可为典要。如占得潜龙之象,在天子则当传位,在公卿则当退休,在士子则当静修,在贤人则当隐逸,在商贾则当待价,在战阵则当左次,在女子则当愆期,万事万物莫不皆然。若不知象,一爻止一事,则三百八十四爻止作得三百八十四件事矣,何以弥纶天地? 此训象、训字、训错综之义,圈外方是正意。三百八十四爻仿此。

初九阳气方萌,在于卦下,盖龙之潜藏而未出者也,故有潜龙之象。龙未出潜,则未可施用矣,故教占者勿用,养晦以待时可也。

张惠言:乾为"龙",阳精变化之象。《文言》注云:"坤乱于上,君子勿用,隐在下位。"

尚秉和:九者,老阳之数,动之所占。潜,隐也。阳息初,复,一阳伏群阴之下,故曰潜。物莫神于龙,故借龙以喻阳气。复子,时当冬至,一阳初生,伏藏地下,故曰勿用。

又卦位初为士,未出世之君子,德亦如是也。

按:"初"是指从下往上数的第一爻,"九"是指初爻的性质为老阳之数。

初九爻来源于复卦䷗,时当十一月冬至,冬至一阳生。

"龙"是与时变化的动物。《说文·龙部》言:"鳞虫之长。能幽能明,能细能巨,能短能长;春分而登天,秋分而潜渊。"这里借"龙"象征阳气。初九爻位居地下,阳气潜藏,所以系辞为"潜龙"。

复卦初九爻上承五阴,阴气浓盛,阳气微弱,需要含藏固本,韬光养晦,不可轻举妄动,所以系辞为"勿用"。

《象》曰:"潜龙勿用",阳在下也。

来知德:阳在下者,阳爻居于下也。阳故称龙,在下故勿用。此以下举周公所系六爻之辞而释之。乾初曰"阳在下",坤初曰"阴始凝",扶阳抑阴之意见矣。

尚秉和:初阳伏在下。

按:这里的"象"是指《小象传》,专门解释爻辞的文字。"阳在下也"是对"潜龙勿用"的解释。

初九爻阳气位居地下,所以系辞为"阳在下也"。

九二:见龙在田,利见大人。

来知德:二谓自下而上第二爻也。九二非正,然刚健中正,本乾之德,故旧注亦以正言之。见者,初为潜,二则离潜而出见也。田者,地之有水者也。以六画卦言之,二于三才为地道,地上即田也。大人者,大德之人也。阳大阴小，乾卦六爻皆阳，故为大。以三画卦言之，二于三才为人道，大人之象也，故称大人。所以应爻九五，亦曰大人。二五得称大人者，皆以三画卦言也。利见大人者，利见九五之君，以行其道也。如仕进则利见君，如杂占则即今占卜利见贵人之类。此爻变离，有同人象，故利见大人。

九二以阳刚中正之德，当出潜离隐之时，而上应九五之君，故有此象，而其占则利见大人也。占者有是德，方应是占矣。

张惠言：阳息至二，兑为"见"，故称"见龙"。《易》有三才，初、二地道，地上，故"在田"。"大人"谓二，有君德，当升坤五，时舍于田，之正体离，物皆相见，与五同义。

尚秉和：初、二于三才为地，二在地上，故称田。乾为大人，二虽不当位而居中。利见者，言大人宜于此时出见也。郑康成谓利见九五之大人，非。五无应也。阳息至二，临，阳出地上，由潜而显。大人亦如此也。

按：九二爻来源于临卦䷒，时当十二月。

《周易·杂卦传》言："兑见而巽伏也。"临卦下卦兑为"见"，九二爻位居地上，阳气浮出地面，所以系辞为"见龙在田"。

九二爻与六四爻互卦为震，震为长子，居中位，取象为"大人"。君子宜结束韬光养晦的状态，有所作为，所以系辞为"利见大人"。

《象》曰："见龙在田"，德施普也。

来知德：德即刚健中正之德。出潜离隐，则君德已著，周遍于物，故曰"德施普"。施字，如《程传》作去声。

张惠言：阳为"德"，息至二，"善世不伐"，故"施普"。

尚秉和：德施普，言阳和之德，普及万物也。下，音户。《诗·邶风·凯风》：爰有寒泉，在浚之下。有子七人，母氏劳苦。下音户，与苦韵。此亦同也。

按："德施普也"是对"见龙在田"的解释。

乾元阳气有生生之德，九二爻阳气浮出地面，大地上万物复苏，所以系辞为"德施普也"。

九三：君子终日乾乾，夕惕若厉，无咎。

虞翻：谓阳息至三，二变成离。离为日，坤为夕。

来知德：君子指占者。以六画卦言之，三于三才为人道，以乾德而居人道，君子之象也，故三不言龙。三变则中爻为离，离日在下卦之中，终日之象也。下乾终而上乾继，乾乾之象，乃健而不息也。终日是昼，夕则将夜。惕，忧也。变离错坎，忧之象也。若，助语辞。夕对日言。"终日乾乾，夕惕若"者，言终日乾乾，虽至于夕，而兢惕之心犹夫终日也。厉者，危厉不安也。九，阳爻；三，阳位，过刚不中，多凶之地也，故言厉。无咎者，以危道处危地，操心危，虑患深，则终于不危矣。此不易之理也，故无咎。

九三过刚不中，若有咎矣，然性体刚健，有能朝夕兢惕不已之象，占者能忧惧如是，亦无咎也。

张惠言：三四人道，故不称"龙"。三得位，故曰"君子"。三终下体，故曰"终日"。乾成泰尽，否道将反，三体复初，接乾生乾，故曰"乾乾"。体坎为"惕"。"厉"，危也。泰否之际，阳道危，故"夕惕若厉"。正位，故"无咎"。

尚秉和：乾为君子，为大明，故为日。晋：顺而丽乎大明，大明谓离日也，故乾亦为日。《易林》困之泰云：阴云四方，日在中央。以泰上坤为云，下乾为日也。又蹇之咸云：日月并居。以咸上兑为月，互乾为日。余证尚多，皆详《焦氏易诂》中。三居下卦之终，故曰终日，曰夕。惕，忧思也。厉，危也。忧危，故无咎。阳息至三，泰，万物思奋，人事亦如是。三四于三才为人爻，人居天地之中，宜乾惕有为也。厉，许慎作裔，后易家多从之。而《文言》作厉，并以危释厉义。注莫古于《十翼》，似当从也。

按：九三爻来源于泰卦䷊，时当正月。

马振彪《周易学说》引《淮南子》言："'终日乾乾'，以阳动也。'夕惕若厉'，以阴息也。因日以动，因夜以息，惟有道者能行之。"[1]下卦乾为君子、为日，上卦坤为地，太阳沉入地下，取象为"终日"。九三爻与六五爻互卦为震，震为旭日东升。太阳东升西降，健行不息，君子效法太阳，自强不息，所以系辞为"君子终日乾乾"。

上卦坤为夕，九三爻与六五爻互卦为震，震动为惕，小

---

[1]　马振彪：《周易学说》，张善文整理，广州：花城出版社，2002 年，第 4 页。

心翼翼的意思。"若厉",好像有危险来临的意思。夜幕降临,九三君子因天道变化而退隐,战战兢兢,如履薄冰,所以系辞为"夕惕若厉"。

九三爻阳居阳位为正,互卦为震,震为动,阳气通畅,所以系辞为"无咎"。

《象》曰:"终日乾乾",反复,道也。

虞翻:至三体复,故"反复道",谓"否、泰反其类也"。

来知德:反复犹往来。言君子之所以朝夕兢惕,汲汲皇皇,往来而不已者,无非此道而已。动循天理,所以处危地而无咎。道外无德,故二爻言德。

张惠言:乾息至三成泰,泰成则反否。三乾,乾体复初,反其复道,所以贞泰。

尚秉和:乾盈则反巽,坤盈则复震。乾坤者,震巽之终;震巽者,乾坤之始。

按:"反复,道也"是对"终日乾乾"的解释。

阳气升至九三爻的位置,泰卦形成。下卦乾,上卦坤,天道在上而居下,地道在下而居上,天地反复,上下无常,交泰往来,这就是天道运行的基本规律,所以系辞为"反复,道也"。

九四:或跃在渊,无咎。

来知德:或者,欲进未定之辞,非犹豫狐疑也。或跃在渊者,欲跃犹在渊也。九为阳,阳动,故言跃。四为阴,阴虚,故象渊。此爻变巽为进退、为不果,又四多惧,故或跃在渊。

九四以阳居阴，阳则志于进，阴则不果于进，居上之下，当改革之际，欲进未定之时也，故有或跃在渊之象。占者能随时进退，斯无咎矣。

张惠言：四失位，之正承五，体坎为"渊"。震足动为"跃"。失位疑之，故曰"或"。得正，故"无咎"。

尚秉和：《易林》《九家》、荀爽皆以乾为江河，故乾亦为渊。跃，起也。四居上卦之下，故曰跃渊。或者，言事不一定，可则为之，慎审而行，故无咎也。阳息至四，大壮，百果草木甲坼之时也。

按：九四爻来源于大壮卦䷡，时当二月。

九四爻阳居阴位不正，可上可下，迟疑未定，这就是"或"的意思。上卦震为动，取象为"跃"。九四爻在二阴之下，阴虚为渊，取象为"在渊"。九四爻居位不正，是上是下，迟疑未定，所以系辞为"或跃在渊"。

上卦震为动，阳气生发，通途呈现，所以系辞为"无咎"。

《象》曰："或跃在渊"，进，无咎也。

来知德：量可而进，适其时则无咎，故孔子加一"进"字以断之。

张惠言："进"谓之正承五。

尚秉和：跃，《释文》云：上也。初与四相上下，初潜渊底，故曰或跃在渊。言由初跃四也。时可进，故无咎。

按：“进，无咎也”是对“或跃在渊”的解释。

阳气升至九四爻的位置，上卦震为动，春天阳气生发，所以系辞为“进，无咎也”。

九五：飞龙在天，利见大人。

虞翻：谓四已变，则五体离，离为飞，五在天，故“飞龙在天，利见大人”也。谓若庖牺观象于天，造作八卦，备物致用，以利天下，故曰“飞龙在天”。天下之所利见也。

来知德：五，天位，龙飞于天之象也。占法与九二同者，二、五皆中位，特分上下耳。利见大人，如尧之见舜，高宗之见傅说是也。下此如沛公之见张良，昭烈之见孔明，亦庶几近之。六画之卦五为天，三画之卦五为人，故曰天、曰人。

九五刚健中正，以圣人之德居天子之位，而下应九二，故其象占如此。占者如无九五之德位，必不应利见之占矣。

张惠言：《文言》注云：“日出照物，物皆相见。”《象》曰“大人造也”，故举庖牺言之，《系》注云“文王书经，系庖牺于乾五”是也。

尚秉和：五于三才为天位，又为天子位，贵而得中，故曰飞龙在天。大人于此，居极尊之位，履万物之上，向明而治，圣人作而万物睹，故亦曰利见大人。九五阳息至五，夬，万物繁荣，相见之时也。

按：九五爻来源于夬卦☱☰，时当三月。

阳气升至天位，所以系辞为“飞龙在天”。

夬卦上卦兑为“见”。九五爻与九三爻互卦为乾，乾为大人。九五爻居中正之位,所以系辞为"利见大人"。

《象》曰:"飞龙在天",大人造也。

来知德:造,作也,言作而在上也,非"制作"之"作"。大人,龙也。飞在天,作而在上也。"大人"释"龙"字,"造"释"飞"字。此止言"飞龙在天",下"同声相应"一节则言"利见大人","上治"一节方言大人之事,"乃位乎天德"一节则见其非无德而据尊位。四意自别。

张惠言:造,作也。

尚秉和:五天位,故曰在天。聚,原作造。《释文》云:刘歆父子皆作聚。聚与《文言》云从龙、风从虎义合。且向、歆所据皆中秘古文,必无误,故从之。

按:"大人造也"是对"飞龙在天"的解释。

阳气升至九五天位,居中守正,圣人出世,天下安泰,所以系辞为"大人造也"。

上九:亢龙有悔。

来知德:上者,最上一爻之名。亢以户唐切,人颈也;以苦浪切,高也。吴幼清以人之喉骨刚而居高,是也。盖上而不能下、信而不能屈之意。阴阳之理,极处必变,阳极则生阴,阴极则生阳,消长盈虚,此一定之理数也。龙之为物,始而潜,继而见,中而跃,终而飞。既飞于天,至秋分又蛰而潜于渊。此知进知退、变化莫测之物也。九五飞龙在天,位之极中正者,得时之极,乃在于此。若复过于此,则极而亢矣。以时则极,以势则穷,安得不悔?

上九阳刚之极,有亢龙之象,故占者有悔。知进知退,不与时偕极,斯无悔矣。伊尹之"复政厥辟",周公之"罔以宠利居成功",皆无悔者也。

张惠言:穷高曰"亢"。四已变,体巽为高。"震无咎者,存乎悔",明当之正也。《系》注云:"乾盈动倾,故有悔。"

尚秉和:王肃曰:穷高曰亢。上九居卦之极,故曰穷。在六爻之上,故曰高。高则易危,穷则事尽,故有悔。按乾盈于巳,盈则亏,满则损,乃天道之自然。《太玄》云:成功者退。又《中》首次六云:月阙其抟,不如开明于西。是其理也。

按:阳气升至上九爻,乾卦☰形成,时当四月。

上九爻居天极之位,阳气盈满,所以系辞为"亢龙"。

上九爻阳居阴位不正,阳极阴生,阳气下降,阴气上升,这是天道运行的自然规律,所以系辞为"有悔"。

《象》曰:"亢龙有悔",盈不可久也。

来知德:此阴阳盈虚一定之理。盈即亢。不可久,致悔之由。

张惠言:乾盈当变。

尚秉和:阳在上乾盈,盈则必亏,故曰不可久。

按:"盈不可久也"是对"亢龙有悔"的解释。

阳气升至上九天极之位,阳气盈满,不可持久,所以系辞为"盈不可久也"。

用九:见群龙无首,吉。

来知德:此因上九"亢龙有悔"而言之。"用九"者,犹言处此上九之位也。上九"贵而无位，高而无民，贤人在下位而无辅"，动而有悔矣，到此何以处之哉？惟"见群龙无首"，则"吉"。"群龙"者，潜、见、飞、跃之龙也。"首"者，头也。乾为首。凡卦，初为足，上为首，则上九即"群龙"之"首"也。不见其首，则阳变为阴，刚变为柔，知进知退，知存知亡，知得知丧，不为穷灾，不与时偕极，乃见天则，而天下治矣，所以无悔而吉。此圣人开迁善之门，教占者用此道也。故阳极则教以"见群龙无首，吉"，阴极则教以"利永贞"。盖居九而为九所用，我不能用九，故至于"亢"；居六而为六所用，我不能用六，故至于"战"。惟"见群龙无首""利永贞"，此"用九""用六"之道也。乾主知，故言"见"；坤主能，故言"利永贞"。用《易》存乎人，故圣人教之以此。昔王介甫常欲系用九于"亢龙有悔"之下，得其旨矣。

张惠言：爻不正则道有变动，乾坤用九六，所以立消息，正六位也。乾二、四、上失正，用九变成既济，离为"见"，坤为"群"，乾为"龙"、为"首"，乾坤交离，乾象不见，故"见群龙无首"。"乾道变化，各正性命"，故吉也。六十四卦皆乾坤用九、用六，通乎二篇之爻也。

尚秉和：此文王以筮例示人也。《易》之本为六七八九，七九阳，八六阴。今遇阳，胡以只言九，不言七？则以《周易》以九为用，与二易殊也。用者，动也，变也。用九者，言遇九则动，遇七则不动。若作用舍诂，则《周易》竟不用七八矣。不用七八，则揲蓍时常不遇九六，将何以为占？盖九六占爻，七八占象之义，治《易》者十六七皆忽之，故其义常晦。见群龙无首，吉者，申遇九则变之义也。九何以必变？阳之数九为极多，故曰群。阳极反阴，乃天地自然之理。乾为首，以阳刚居物首，易招物忌，变坤则无首，无首则能以柔济刚，故吉。无，《说文》云奇字。王育谓天屈西北为无。

此节自古说者常有数蔽。见说吉即疑为占辞，不知其申用九之义，一蔽也。见说群龙，即疑群龙指上六爻，不知其言九，二蔽也。见说群龙无首，即疑六爻全变，不知其指揲蓍之三变成一爻言，三蔽也。甚至以此为爻辞，四蔽也。笼统浮泛，铨释乾健大义，五蔽也。岂知六十四卦，六爻之后，独乾坤二卦有此赘语者，诚以乾坤者阴阳，六十四卦皆乾爻坤爻所积而成？乃乾卦只言九不言七，坤只言六不言八，不申明其故，揲蓍者胡所遵循？故于乾坤六爻之后，申曰用九、用六。复恐人不解用九、用六之义，又曰见群龙无首，吉，利永贞也。其详说皆在《周易古筮考》中。

按：六十四卦一共有三百八十四爻。乾坤两卦六爻之外，多出"用九""用六"两爻。圣人"观象系辞"，于乾坤两卦格外关注、特别点醒，是要提示天地之间，无非是乾坤阴阳之气在发生作用。"九"是太阳之数，阳极而生变。"用九"即是说天地之间，大千世界，芸芸众生，生生死死，死死生生,无非是阳气的变化在发生作用。

因为有了阳气的变化,就有了太阳的东升西降,就有了寒暑昼夜的交替,就有了春夏秋冬四时的往来,就有了天地间万物的向阳而生,欣欣向荣。天地间万物生即是阳气现身在场的"见群龙"。"群龙无首"说的是"万类霜天竞自由",各得其所,各得其宜,这就是"吉"。所以系辞为"用九,见群龙无首,吉"。

"用九",天德不可为首也。

来知德:"天德"二字,即"乾道"二字。首,头也,即"见群龙无首"之"首"也。言周公爻辞"用九,见群龙无首,吉"者,何也? 以天德不可为首而见其首也。盖阳刚之极,亢则有悔,故用其九者,刚而能柔,有群龙无首之象,则吉矣。"天行"以下,先儒谓之《大象》;"潜龙"以下,先儒谓之《小象》。后仿此。

张惠言:天道变化,莫测其端也。

尚秉和:阳极则变,不变则刚柔不能相济,凶之道也,故无首吉。

按:"天德不可为首也"是对"用九"的解释。

乾卦的纯阳之气凝聚而成的天道有开天辟地、创生万物之功,所以被称之为"天德"。天德不显山露水、露才扬己,而是隐匿在大千世界的千姿百态之中,所以系辞为"天德不可为首也"。

二　坤卦

☷☷坤上坤下

坤：

　　来知德：偶者，阴之数也。坤者，顺也，阴之性也。六画皆偶，则纯阴而顺之至矣，故不言地而言坤。

　　张惠言：阴虚象地，与乾旁通，候在十月，卦取息乾，爻变成观。

　　按："坤"是卦名，卦象由上下两个坤卦构成，取象为地。六爻纯阴，表示地是由纯阴之气凝聚而成，其性质为柔顺。《周易·说卦传》言："坤，顺也。"虽然阴气凝聚为地，但阴气的来源却是与天象直接相关的。坤字的造型"从土从申"。"申"的意思，《说文·申部》解释得很清楚："七月，阴气成。"意思是说阴气形成于七月。《诗经·豳风·七月》言："七月流火，九月授衣。"即是说七月份的时候大火星向西运行，阳气渐渐减少，阴气渐渐增加，天气开始由热转凉。阴气的性质是重浊下沉的，所以阴气凝聚成土。坤字的造型"从土从申"，其蕴含的根本义即是说阴气来源于天时的变化，阴气是以大地为归宿的。《周易·序卦传》言："有天地，然后万物生焉。"万物生于天地之间，地是万物的母体，阴气是地的本源，太阳西行是阴气的来源。

　　坤卦与乾卦旁通。

元亨，利牝马之贞。

虞翻：谓阴极阳生，乾流坤形，坤含光大，凝乾之元，终于坤亥，出乾初子，品物咸亨，故"元亨"也。坤为牝，震为马，初动得正，故"利牝马之贞"矣。

来知德：马象乾，牝马取其为乾之配。牝马属阴，柔顺而从阳者也。马能行，顺而健者也，非顺外有健也，其健亦是顺之健也。坤利牝马之贞，与乾不同者，何也？盖乾以刚固为贞，坤以柔顺为贞，言如牝马之顺而不息，则正矣。牝马地类，安得同乾之贞？此占辞也，与乾卦"元亨利贞"同，但坤则贞利牝马耳。程子泥于四德，所以将"利"字作句。

张惠言："元亨"，皆乾为之。易者乾阳，地道资生，与天合德，故义取凝乾出震也。六爻皆息乾。"利贞"独言初者，乾之元也。坤不成既济，爻位不正。

尚秉和：元亨，谓二五也。乾元亨，二五独吉，坤亦然。元亨并无阴阳之分。虞仲翔谓坤含光大，凝乾之元，终于坤亥，出乾初子，故元亨。案《象传》曰：至哉坤元。是坤亦言元，不专属乾。坤六五云：黄裳元吉。是其证。乾为马，坤为牝。贞，卜问也。利牝马之贞，即利牝马之占也。牝马柔顺，言阴必顺阳也。

按：坤卦的卦辞亦有"元亨利贞"四字，这说明阴气和阳气一样，贯通天地之间，同样具有创生万物的功德，所不同的是，坤卦卦辞出现了"牝马"的意象。牝马就是母马，母马是跟随公马在大地上行走的。坤卦的"元亨"是有前提的,这个前提就是"利牝马之贞"。乾为马,坤为牝马。坤卦的正道是坤从乾、地法天、阴顺阳。地道是顺应天道的,只有顺应天道,效法四时,才可能有大地上万物的生长,这就是"元亨,利牝马之贞"的大义所在。

君子有攸往,先迷,后得,主利。

来知德:迷者,如迷失其道路也。坤为迷,故曰迷。言占者君子先乾而行,则失其主而迷错;后乾而行,则得其主而利矣。盖造化之理,阴从阳以生物,待唱而和者也。君为臣主,夫为妻主,后乾即得所主矣,利孰大焉?其理本如此。观《文言》"后得主而有常",此句可见矣。

张惠言:"君子"谓初乾。往,上息也。初正则上息。乾为"先",阴性迷,乾灭入坤,故"先迷"。震为"后",为"主",震出坤,故"后得主"。

尚秉和:君子有攸往,言具坤德之君子有所行也。惠栋、端木国瑚泥于坤为小人之象,谓君子指阳,非也。地道无成,故不可先,先则迷而失道。惟随阳之后,以阳为主,则靡不利也。

按:这句话是从"元亨,利牝马之贞"引申出来的人文思想。

凡是在大地上生存的物类都是以"利牝马之贞"为真理的。具有坤卦品质的君子立身行事绝不会逆天而行,逆天而行就会陷入泥潭当中,所以系辞为"先迷"。

君子顺应天道,后天而动,所以系辞为"后得"。

顺应天道,遵循春夏秋冬四季的运行法则,就会得到上天的护佑,元亨利贞,无往不利,所以系辞为"主利"。

西南得朋,东北丧朋。

来知德:西南、东北,以文王圆图卦位言,阳气始于东北而盛于东南,阴气始于西南而盛于西北,西南乃坤之本乡,兑、离、巽三女同坤居之,故为得朋;震、坎、艮三男同乾居东北,则非女之朋矣,故丧朋。

张惠言:震西兑南,阳息则利,谓初"履霜"。

尚秉和:西南得朋,东北丧朋,旧解以朋字、类字诂,故鲜得解者。马融、荀爽以阴遇阴为朋,虞翻谓失之甚矣,乃用《参同契》月三日出庚震象,八日见丁方兑象,兑二阳为朋,庚西丁南,故曰西南得朋;三十日坤象,月灭乙癸,癸北乙东,故曰东北丧朋。苦心搜索,以求朋象。岂知兑之为朋,以阴遇阳,非以二阳。阳遇阳,同人谓之敌刚;阴遇阴,中孚谓之得敌,然则虞说与马、荀背易理等耳。然支离穿凿,则过于马、荀矣。复曰:朋来无咎;蹇九五曰:大蹇朋来;解九四曰:朋至斯孚。皆以阴得阳为朋。而坤逆行,消息卦自西而南阳日增,自东而北阳递减,增则得朋,减则丧朋。

按:这句话是对坤卦所属地理方位以及坤道运行规律和特点的解释。

后天八卦坤卦位于西南方,"西南"应当理解为自西向南运行,西方为阴气开始凝结的地方,南方为阳气旺盛的地方,自西向南运行,阳气日益增加,阴遇阳,所以系辞为

"西南得朋"。

"东北"应当理解为自东向北运行,东方为阳气开始形成的地方,北方为阴气旺盛的地方,自东向北运行,阳气日益减少,阴气日益增加,阴遇阴,所以系辞为"东北丧朋"。

"西南得朋""东北丧朋"是从地理位置的分布来说明阴顺阳、地法天的道理。

安贞吉。

来知德:阴从其阳谓之正,惟丧其三女之朋,从乎其阳,则有生育之功,是能安于正也。安于其正,故吉。

张惠言:坤灭乙癸,阳消之时,安以牝阳,则初正而吉,谓上"龙战"。

尚秉和:而坤道无成,故安静贞定则吉也。

按:这句话是对坤卦所代表的地道及大地上生长的物类吉祥原因的解释。

"安贞吉"从字面上解释就是"安于正道则吉"的意思。那么什么是坤卦的正道? 坤卦的正道就是阴顺阳、地法天。大地上生长的一切物类如果能够遵循阴顺阳、地法天的原则,它们就能够得到上天的护佑,吉祥如意。

《彖》曰:至哉坤元,万物资生,乃顺承天。

来知德:至者,极也。天包乎地,故以"大"赞其天,而地止以"至"赞之。盖言地之至,则与天同,而大则不及乎天也。元者,四德之元,非乾有元而坤复又有一元也。乾以施之,坤则受之,交接之间,一气而已。始者气之始,生者形之始。万物之形,皆生于地,然非地之自能为也,天所施之气至则生矣,故曰"乃顺承天"。乾健,故一而施;坤顺,故两而承。此释卦辞之"元"。

张惠言:至,凝一之意。惠征士云:"乾坤相并俱生,合于一元,故万有一千五百二十策,皆受始于乾,由坤而生也。"明凝乾元。

尚秉和:何休《公羊传》元年注云:元者,气也。万物资坤元以生,坤元实顺天以行。

按:这句话是对"元"字的解释。

"至"字甲骨文写作"𝕝",表示箭矢从天而降坠落地面。《说文·至部》解释为"鸟飞从高下至地也。从一,一犹地也"。许慎将箭矢解释为"鸟"显然不妥,但言"至"是"从高下至地也",释义可谓准确。"至哉坤元"意思是说坤元阴气的源头来自上天,阴气下降凝聚成形,形成了大地。

"万物资生"意思是说万物以大地为母体。

"乃顺承天"意思是说大地之所以能够有生育之德,乃是因为地法天、阴顺阳,上天的阳气灌注于土地之中,从而使大地获得了生机。

坤厚载物,德合无疆;含弘光大,品物咸亨。

来知德:坤厚载物以德言,非以形言。德者,载物厚德,含弘光大是也。无疆者,乾也。含者,包容也。弘则是其所含者无物不有,以蕴畜而言也。"其静也翕",故曰"含弘"。光者,昭明也。大则是其所光者无远不届,以宣著而言也。"其动也辟",故曰"光大"。言"光大"而必曰"含弘"者,不翕聚则不能发散也。咸亨者,"齐乎巽,相见乎离"之时也。此释卦辞之"亨"。

张惠言:其德合天,无有穷竟。宏,扩也。阳德光大,坤含而宏之。明受乾亨。

尚秉和:万物皆孕毓于地,故曰含弘。万物皆成长于地,故曰光大。光大则咸亨矣。

按:这句话是对"亨"字的解释。

大地广厚,无物不载,其生养之德因为顺应了天道,所以能够生生不息。这就是"坤厚载物,德合无疆"的意思。

大地广博,能够承纳所有来自上天的阳光雨露,因此孕育、生养万物,千姿百态,姹紫嫣红。这就是"含弘光大,品物咸亨"的大义所在。

牝马地类,行地无疆,柔顺利贞。

来知德:地属阴,牝阴物,故曰"地类";又行地之物也,行地无疆,则顺而不息矣,此则柔顺所利之贞也,故"利牝马之贞"。此释卦辞"牝马之贞"。

张惠言:震藏坤中,故亦"地类"。阳虽在地,周流不息,故"行地无疆"。消息卦自谦至鼎,自豫至革是也。坤以柔顺承乾,故初出之正而息。

尚秉和:阴阳合为类。乾为马,故马与地类,而牝马尤与地类。

按:这句话是对"利牝马之贞"的解释。

　　乾为马,坤为牝马。牝马就是母马。牝马等动物是以大地为根本的,所以系辞为"牝马地类"。

　　牝马之所以能够在大地上健行不止,就是因为牝马具有柔顺的品质,跟随公马行动。这句话形象地阐明了大地上生长的物类的德性。大地上生长的物类所秉持的正道就是阴顺阳、地法天,只有这样才可能像天道的运行一样,周而复始,生生不已。这就是"行地无疆,柔顺利贞"的大义所在。

君子攸行,先迷失道,后顺得常。

　　来知德:君子攸行,即文王卦辞"君子有攸往",言占者君子有所往也。失道者,失其坤顺之道也。坤道主成,成在后。若先乾而动,则迷而失道。得常者,得其坤顺之常,惟后乾而动,则顺而得常。

　　夫惟坤贞利在柔顺,是以君子有所往也。先则迷,后则得。

　　张惠言:阳称"道"。震为"常",阴从阳,理之常。

　　尚秉和:君子攸行者,谓柔顺利贞之德为君子所法也。《九家》谓乾来据坤,为君子攸行,失传旨。

　　按:这句话是对"君子有攸往,先迷,后得,主利"的解释。

　　具有坤德的君子,其立身行事的法则是像大地一样以天道为先导,应天而动,顺天而行;逆天而行,先天而动,谓之"先迷失道"。

　　阴顺阳,地法天,人法地,这就是人间正道。君子能够秉持人间正道,所以系辞为"后顺得常"。"后顺得常"自然能够天长地久。

"西南得朋",乃与类行。

虞翻:谓阳得其类。月朔至望,从震至乾,与时偕行,故"乃与类行"。

来知德:西南虽得朋,不过与巽、离、兑三女同类而行耳,未足以为庆也。

尚秉和:夫曰行曰终,乃自西而南、自东而北而逆行也。非以西南、东北相对待也,明矣。消息卦自西而南阳日增,故曰西南得朋。阴以阳为类,故曰乃与类行。

按:"乃与类行"是对"西南得朋"的解释。

阴气形成于西方,阳气旺盛于南方,从西向南运行,阴遇阳,相遇为类,所以系辞为"乃与类行"。

"东北丧朋",乃终有庆。

虞翻:阳丧灭坤,坤终复生。谓月三日震象出庚,故"乃终有庆"。此指说易道阴阳消息之大要也。谓阳。月三日,变而成震出庚;至月八日,成兑见丁,庚西丁南,故"西南得朋"。谓二阳为朋,故兑"君子以朋友讲习"。《文言》曰:"敬义立而德不孤。"《象》曰:"乃与类行。"二十九日,消乙入坤,灭藏于癸,乙东癸北,故"东北丧朋"。谓之以坤灭乾,坤为丧故也。马君云:"孟秋之月,阴气始著,而坤之位,同类相得,故'西南得朋'。孟春之月,阳气始著,阴始从阳,失其党类,故'东北丧朋'。"失之甚矣。而荀君以为阴起于午,至申三阴,得坤一体,故曰"西南得朋"。阳起于子,至寅三阳,丧坤一体,故曰"东北丧朋"。就如荀说,从午至申,得坤一体,故曰"西南得朋"。阳起于子,至寅三阳,丧坤一体,故曰"东北丧朋"。就如荀说,从午至申,经当言南西得朋;子至寅,当言北东丧朋。以乾变坤,而言丧朋,经以乾卦为丧耶? 此何异于马也?

来知德: 若丧乎三女之朋,能从乎阳,则有生物之功矣,终必有庆也。

张惠言: 所谓余庆。"法象莫大乎日月",月受阳光,阴阳消息之最著者,故以为候焉。庖牺观变而放八卦谓此也。月三日生明,昏见于庚震,一阳之象。月上弦之时,昏见于丁兑,二阳之象。由西而南。月光尽灭,平旦入东方乙地。晦朔,天地之合。由东而北。马以西南为申,东北为寅。阴得其类,不可谓"利"。就阳不可谓"丧"。故云失之甚矣。

尚秉和: 消息卦自东而北阳递减,故曰东北丧朋。夫事有终必有始,丧朋之地始于巳,终于亥。坤行至亥,阳丧尽而为纯坤,乃反曰有庆者,何也? 则以《周易》之位,乾原居亥,纯坤与纯乾相遇,天地合德,万物由此出生,故曰有庆。《易》凡言有庆者,皆谓阴遇阳。大畜、晋、睽六五,皆上承阳,故皆曰往有庆。《易林》中孚之坤云:符左契右,相与合齿;乾坤利贞,乳生六子。《太玄·玄文》云:入冥出冥,新故代更。皆说有庆之故也。后儒皆承用虞氏解,谓坤行至西南,月又将生明为有庆。是不知终为何处也。终者艮象亥方。《周礼·宰夫》及《大司徒》岁终注,皆曰周季冬也。周季冬为亥月。又《尔雅·释天》云:月在壬曰终。壬亦亥方。是终指亥方甚明。《说卦》云:艮成终。终于亥也。故夫洞明易理者,莫过于焦延寿与扬子云也。(《焦氏易诂》有详说,可参阅。)

按:"乃终有庆"是对"东北丧朋"的解释。

阳气生于东,终于北,从东向北运行,阳气渐渐减少,阴气渐渐增加,阴遇阴,相遇为敌,这就是"东北丧朋"的意思。

东北方位,阴极阳生,贞下起元,一阳来复,所以系辞为"乃终有庆"。

安贞之吉,应地无疆。

虞翻: 坤道至静,故"安";复初得正,故"贞吉"。震为应。阳正于初,以承坤阴,地道应,故"应地无疆"。

来知德: 何也?盖柔顺从阳者,乃坤道之安于其正也。能安于其正,则阳施阴受,生物无疆,应乎地之无疆矣,所以"乃终有庆"也。此释卦辞"君子有攸往"至"安贞吉"。

张惠言: 所以丧朋犹吉。

尚秉和: 坤道主静,故曰安。《易林》云:乾坤利贞,乳生六子。安贞即利贞,利贞即天地合德,合则相感,故曰应地无疆。

按:这句话是对"安贞吉"的解释。

地道安静，顺天而动，吉祥止止。春生、夏长、秋收、冬藏，周而复始，无有穷尽，所以系辞为"安贞之吉，应地无疆"。

《象》曰：地势坤，

虞翻：势，力也。

来知德：西北高，东南低，顺流而下，地之势本坤，顺者也，故曰"地势坤"。且天地间持重载物，其势力无有厚于地者，故下文曰"厚"。天以气运，故曰"天行"；地以形载，故曰"地势"。

张惠言：载物故云力。

尚秉和：王弼曰："地形不顺，其势顺。"是王弼之本，作地势顺也。宋衷曰：地有上下九等之差，故以形势言其性。夫曰性，则亦读为顺也，而皆未引《说卦》坤顺为诂。是愈证宋、王本之皆作地势顺，故不引《说卦》为证。盖坤古文作巛，而巛为顺之假字，故宋、王皆读巛为顺。自《正义》改作坤，而顺字遂无由识。至清儒王引之等，据《说卦》乾健坤顺之文，谓天行健即天行乾，地势顺即地势坤。夫乾坤之为天地，不惟《说卦》言之，《彖》《象传》并言之，故以天代乾，以地代坤。今不从宋、王注，以坤为顺之讹字（若作巛则不讹），谓天行健即天行乾，地势顺即地势坤，是天行天、地势地也，尚可通乎？王又谓巛即川字，川与坤、顺声近，故借川作坤。是尤不安。夫坤古作巛，是古文作巛也。隶书原以变古文之繁重，若巛字本即简易，故隶书常因而不改。《大戴礼·保傅篇》:《易》之乾巛。《家语·执辔篇》:此乾巛之美。《后汉·舆服志》:尧舜垂裳,盖取诸乾巛。《北史》太和三年,巛德六合殿成。又坤字之见于汉碑者,无不作巛。再征之金文,周《师訇敦铭》云:用作巛宫宝。王陶庐云:巛即坤字。由此证巛即坤,非有所借也明矣。引之谓顺因川而得声。愚以为顺因巛而得声。推之训、驯、巡、紃等字皆然。引之盖泥于《说文》坤下无重巛之文,谓巛非坤本字。王陶庐云:《玉篇》巛下注曰古文坤字。《广韵》亦曰古文以坤为巛,二书皆胚胎于《说文》。据此,《说文》必有巛字,后夺之耳,不然二书不敢臆造。又云:《释文》原云巛本又作坤,坤今字,今改为坤本又作巛,巛今字,文理谬戾已极。是皆因孔氏改巛作坤,后人遂并《释文》而亦改矣。按王说是也。《诗·周颂》有夷之行,《释文》云:巛,苦魂反,字亦作坤。此处《释文》应同。然则坤本作巛,征之金石传记无不然。汉本《易》之作地势顺,征之宋注、王注亦无不然。然今本《易》何以讹作地势坤?则以汉本《易》坤原作巛,乃借巛为顺也。何言之?顺既因巛而得声,在古文例常假借。如大壮卦以易为埸,夬以次且为趑趄,小畜以血为恤,皆因其得声之字而假借。今以巛假顺,正其例耳。孔氏知巛即坤,不知巛为顺之假字,遂竟改作坤矣。若宋、王则皆读作顺也,以宋、王本皆作巛也,作巛则人易知为顺矣。其以《说卦》为解者,于字之沿革,尽失其义。

　　又《易》以巛为大川,《焦氏易林》以巛为水、为江河淮济。《九家》注蛊亦以坤地为水，邵子坤水之象之所本也。盖巛即川字，即水字，故《易林》复以坎为土，邵子复本之。疑古以水土为一物，能合而不能分。比曰地上有水，师曰地中有水，证以古文，稽之卦象，而益信矣。（金文水作𡿺，两旁画不连。刘涧琴云：效鼎涉作𣲳，殷契衍作𣲳，困作𡿺。又永字从水，而金文作𣲲。是皆水字两旁画皆不断，可证巛、川、水三字，古文皆同。）

按："地势坤"是从地理学的角度解释卦象。

大地有高山丘陵、江河平原的高低错落，起伏跌宕，这就是"地势"。地势虽然不同，但它们共同的特点就是顺应天道。因此，"地势坤"即是说"地势顺"。

君子以厚德载物。

虞翻：君子谓乾，阳为德，动在坤下，"君子之德车"，故"厚德载物"。老子曰："胜人者有力也。"

来知德：厚德载物者，以深厚之德容载庶物也。若以厚德载物体之身心，岂有他道哉？惟体吾长人之仁也。使一人得其愿，推而人人各得其愿，和吾利物之义也；使一事得其宜，推而事事各得其宜，则吾之德厚，而物无不载矣。此则孔子未发之意也。

张惠言：胜，任也。

尚秉和：厚德载物者坤，君子取以为法。虞仲翔必谓君子为乾，亦非。

按:"君子以厚德载物"是从"地势坤"引申出来的人文思想。

地道顺应天道,所以有万物的生养、繁衍。君子效法地道,所以有海纳百川、有容乃大的胸襟与气度。

初六:履霜,坚冰至。

来知德:六,详见乾卦初九。霜,一阴之象。冰,六阴之象。方履霜而知坚冰至者,见占者防微杜渐,图之不可不早也。《易》为君子谋,乾言"勿用",即复卦"闭关"之义,欲君子之难进也;坤言"坚冰",即姤卦"女壮"之戒,防小人之易长也。

张惠言:乾在西北,为"坚冰"。坤为暑。纯坤在亥,微阳入凝,则露为霜,荀氏曰"霜者乾之命令"是也。震为足,故称"履霜"。阳震出坤,顺致纯乾,故"坚冰至"。

尚秉和:阳进阴退,阳顺阴逆,故阳自七进九为老阳,阴自八退六为老阴。阴极则变,故《易》用六也。于卦为姤,时当夏至,一阴初生。初震爻,故曰履。阴微,故以霜为喻。乾为冰为坚,坤行至上当亥方,与乾相遇,故曰坚冰。言五月微阴初见,驯至亥月而极寒,必然之势,当惕然悟也。干宝以五月无霜,谓阴气既动,则必至于履霜,必至于坚冰者,非也。霜即喻此微阴,微阴见,故曰履霜,非有待于后也。其待者乃"坚冰"也。

按:"六"是指初爻的性质为老阴之数。初六爻来源于姤卦䷫,时当五月夏至。

夏至一阴生。姤卦下卦为巽。《周易·说卦传》：“巽，入也。”初六阴爻，取象为“霜”。姤卦卦象表示盛夏时节，虽然天气非常炎热，但阴气已经悄然潜入阳体，所以系辞为“履霜”。

“坚冰”是指一阴滋生的姤卦，发展的趋势是阴消阳，变卦为坤☷☷。坤卦时当十月。这个时候，天气已进入寒冬，所以有坚冰之象。从五月一阴始生的姤卦到十月阴气盈满的坤卦，阴气是渐生渐长的。“履霜”而至“坚冰”，这是自然的规律，天道的必然。

《象》曰：“履霜，坚冰”，阴始凝也。驯致其道，至坚冰也。

来知德：《易举正》“履霜”之下无“坚冰”二字。阴始凝而为霜，渐盛必至于坚冰。小人虽微，长则渐至于盛。驯者，扰也，顺习也。道者，“小人道长”之“道”也，即上六“其道穷也”之“道”。驯习因循，渐致其阴道之盛，理势之必然也。

张惠言：阳称“道”。《九家易》曰：“驯，犹顺也。”

尚秉和：乾为坚冰。言阴生于午，至亥纯坤与纯乾相遇，故曰至。

按：“阴始凝也”是对“履霜，坚冰”的解释。

姤卦阴气开始滋生，所以系辞为“阴始凝也”。

“驯致其道，至坚冰也”是对“坚冰至”的解释。

从姤卦发展变化为坤卦，阴气的滋生由量变到质变，天气严寒，大地凝结为坚冰之象，所以系辞为"驯致其道，至坚冰也"。

六二：直方大，

来知德：直字，即"坤至柔而动也刚"之"刚"也。方字，即"至静而德方"之"方"也。大字，即"含弘光大"之"大"也。孔子《彖辞》《文言》《小象》皆本于此，前后之言皆可相证。以本爻论，六二得坤道之正，则无私曲，故直；居坤之中，则无偏党，故方。直者，在内所存之柔顺中正也。方者，在外所处之柔顺中正也。惟柔顺中正，在内则为直，在外则为方，内而直，外而方，此其所以大也。不揉而直，不矩而方，不恢而大，此其所以不习也。若以人事论，直者内而天理为之主宰，无邪曲也；方者外而天理为之裁制，无偏倚也；大者无一念之不直，无一事之不方也。

张惠言：《文言》注云："阳称'直'。'乾，其动也直'。'方'谓辟。'坤，其动也辟'。"则谓六二之动，阳见兑丁，体临，故"大"也。

尚秉和：二为坤本位，坤二之利，与乾五之利同也。后人泥于乾动为直，及小往大来之文，必以直大属之乾，于是经义遂迂曲而不得解。岂知直方大皆谓坤，《象传》《文言》所释至明。《文言》云：直其正也。正谓二，二得位中正，故曰直"。《象传》云："含弘光大。"大谓坤，坤万物资生，焉得不大？盖方者地之体，大者地之用，而二又居中直之位，故曰直方大。后儒见《象传》未言大，便疑大为衍文。然陆德明时,汉魏六朝本具在,从无谓大字衍者,况《文言》引亦有大字乎!

按:六二爻来源于遁卦☶,时当六月。

六二爻居中正之位,与九四爻互卦为巽,巽为绳直,所以系辞为"直"。

六二爻居地上,天圆地方,所以系辞为"方"。

上卦乾为天、为大,下卦地法天,亦为大。六二爻连天接地,所以系辞为"直方大"。

不习,无不利。

来知德:不习无不利者,直者自直,方者自方,大者自大,不思不勉而中道也;利者,"利有攸往"之"利",言不待学习而自然直方大也。盖八卦正位乾在五,坤在二,皆圣人也。故乾刚健中正,则飞龙在天;坤柔顺中正,则不习无不利。占者有是德,方应是占矣。

张惠言:习,重也。坎为"习"。乾二以变坎为正,三时发,嫌二失正非利,故云"不习,无不利"。六爻独此言"利"者,明"利西南得朋"六二当之。

尚秉和:阴消至二遁,前承重阳,得主有利,故不习,无不利。《文言》释曰:不疑其所行。正谓二承阳也。

按:"习",甲骨文写作𦏆,从羽从𡆧。羽,《说文·习部》解释为"鸟的羽毛",这是不正确的。根据徐中舒《甲骨文字典》对"习"字的解释,羽当识读为彗星的"慧"。𡆧即是"日"。"习"是由彗星与太阳组合而成的会意字。彗星与太阳都是行星，彗星动则为凶，太阳动则为吉。习的本义应当是指蕴含了吉与凶的行动。《周易·系辞下》："吉凶悔吝者，生乎动者也。"凡是行动、实践，就会有吉凶悔吝之忧。"不习"就是静止不动的意思。遁卦下卦艮，艮为止，系辞为"不习"。

"不习"为什么"无不利"？六二爻居中正之位，上承九三，九三爻与九五爻互卦为乾，乾为天。六二爻阴顺阳，地法天，地道以天道为本，顺天而行，所以系辞为"不习，无不利"。

《象》曰：六二之动，直以方也；

来知德："以"字即"而"字。言直方之德，惟动可见，故曰"坤至柔而动也刚"。此则承天而动，生物之机也。若以人事论，心之动直而无私，事之动方而当理是也。

尚秉和：六二与九五相上下，故曰动。

按："六二之动，直以方也"是对"直方大"的解释。

遁卦六二爻与九四爻互卦为巽，巽为风，为进退。大地上生长的物类应风而动，万物得以生长化收藏，这就是"六二之动，直以方也"的大义所在。

"不习，无不利"，地道光也。

来知德："地道光"者，六二之柔顺中正，即地道也。地道柔顺中正，光之所发者自然而然，不俟勉强，故曰"不习，无不利"。光，即"含弘光大"之"光"。

张惠言：阳动至二，万物化光。地道动而交阳，非失位也。

尚秉和：阴顺阳，故曰地道光。

按："地道光也"是对"不习，无不利"的解释。

六二爻与九五爻阴阳相应，六二爻静以顺阳，沐浴着来自上天的阳光雨露，"阳春布德泽，万物生光辉"，所以系辞为"地道光也"。

六三：含章可贞，

虞翻：贞，正也。以阴包阳，故"含章"。三失位，发得正，故"可贞"也。

来知德：坤为吝啬，含之象也。刚柔相杂曰文，文之成者曰章。阳位而以阴居之，又坤为文章之象也。

张惠言：坤含乾，三又阳位，故特明此象。章，美也。发，即动也。二言动，三言发者，阴阳位异。

尚秉和：坤为文，故曰章；坤闭，故曰含章。阴消至三否，正君子俭德避难之时，故虽有文章，含而不露，贞静自守。荀、虞谓三阳位，以阴据其上，故曰含章。后儒多从之，非也。《文言》释章为美，仍坤象，非谓阳位也。

按：六三爻来源于否卦䷋，时当七月。

否卦下卦坤，《周易·说卦传》言："坤为吝啬，为文。"大地上万物生长，千姿百态，争奇斗艳，这就是自然的"文章"，但大地的德行却是不显山露水，光华内敛，所以系辞为"含章"。

上卦乾为天，下卦坤为地，大地上所有的物华天宝都是来自上天的阳光雨露，地法天，阴顺阳，这就是"含章可贞"的意思。

或从王事，无成有终。

虞翻：谓三已发成泰，乾为王，坤为事，震为从，故"或从王事"。"地道无成而有终"，故"无成有终"。

来知德：三居下卦之终，终之象也。或者，不敢自决之辞。从者，不敢造始之意。

三居下卦之上，有位者也，其道当含晦其章美，有美则归之于君，乃可常久而得正。或从上之事，不敢当其成功，惟奉职以终其事而已。爻有此象，故戒占者如此。

张惠言：三虽体乾，不敢当王，故别自取震象。乾《文言》九四注"非其位，故疑之"，此亦然，故曰"或"也。

尚秉和：否上乾为王，三承重阳，故曰从王事。三不当位，故或之，与或跃在渊义同，言慎审也。阴顺阳，故无敢成。成，法也，式也。言不敢作法也。阴始姤，代乾终事，故曰有终。

纯坤无乾，王事之象何来乎？须知乾息从复始，坤消从姤始，故复姤亦为小父母。坤消至三，上乾如故也，故曰从王事。彼夫讼三曰从王事，履三曰武人为于大君，皆以上承阳，兹与之同。观初爻曰履霜，坚冰至，言阳将以次消也。故卦虽无乾，爻辞皆视乾而系也。先儒坐不明此理，又鲜能以《易》解《易》，故说王事皆无著。

按：否卦上卦乾为王；《周易·说卦传》言："致役乎

坤。"所以下卦坤取象为"事"。六三爻阴居阳位不正,需要小心谨慎,这就是"或"的意思。六三爻上承乾卦,所以系辞为"或从王事"。意思是说小心谨慎地为君王做事。

坤卦《文言传》有言:"地道也,妻道也,臣道也。地道无成而代有终也。"六三爻代君王从事,功成不在我,所以得以善始善终。这就是"无成有终"的意思。

《象》曰:"含章可贞",以时发也;

来知德:以时发者,言非终于韬晦,含藏不出,而有所为也。

张惠言:三为泰时,四即否时,故"以时发"。

尚秉和:时不可,故俟时而发。

按:"以时发也"是对"含章可贞"的解释。

否卦六三爻与九五爻互卦为巽,巽为风,风为天之号令,大地上的生物四方风动,因时而发,所以系辞为"以时发也"。

"或从王事",知光大也。

来知德:或从王事,带下一句说,孔子《小象》多是如此。知光大者,正指其无成有终也。盖含弘光大,无成而代有终者,地道也,地道与臣道相同。六三"或从王事,无成有终"者,盖知地道之光大当如是也。

张惠言:乾为"知"。三体乾成,故"知光大"。光大,乾坤之合,所谓"王事"也。

尚秉和:或从王事,知时至矣,故曰光大。

按:"知光大也"是对"或从王事"的解释。

否卦下卦坤为地、为臣,上卦乾为天、为知、为光、为大。六三爻顺承上天,谨慎从事,敬天顺地,所以系辞为"知光大也"。

六四:括囊,

虞翻:括,结也。谓泰反成否,坤为囊,艮为手,巽为绳,故"括囊"。

来知德:坤为囊,阴虚能受,囊之象也。括者,结囊口也。四变而奇,居下卦之上,结囊上口之象也。

张惠言:阳息至四,乾有龙德,故四能体坎,坤不能,故反成否。四既否时,故"括囊"。不动,则五正否成观也。否坤。

尚秉和:坤为囊。扬子《方言》:括,关闭也。坤闭,故曰括囊。阴消至四,八月观,天地将闭塞矣。阴在三否,阴阳平均,故或从王事。至四则阴盛阳衰,时不可矣,故括囊。

按:六四爻来源于观卦☷☴,时当八月。

六四爻以下是坤体,大地含藏万物,像个口袋,所以取象为"囊"。六四爻是巽卦的初爻,巽为绳,用绳子把口袋扎起来就是"括囊"。

无咎无誉。

虞翻:在外多咎也。得位承五,"系于包桑",故"无咎"。阴在二多誉,而远在四,故"无誉"。

来知德：四近乎君,居多惧之地,不可妄咎妄誉,戒其作威福也。盖誉则有逼上之嫌,咎则有败事之累,惟晦藏其智,如结囊口,则不害矣。

六四柔顺得正,盖慎密不出者也,故有括囊之象,无咎之道也。然既不出,则亦无由称赞其美矣,故其占如此。

张惠言：四多惧,即"多咎"。四不动,故"得位"。

尚秉和：言无所表著也。无与于世,故无咎誉。

按：六四爻阴居阴位为正,顺承九五之君,所以系辞为"无咎"。

六四爻居艮卦中爻,静止不动,所以系辞为"无誉"。

《象》曰："括囊,无咎",慎不害也。

来知德：括囊者,慎也。无咎者,不害也。

张惠言：坤为"害"。艮为"慎"。四慎承五,故"不害"。

尚秉和：慎故无咎,不害即无咎也。

按："慎不害也"是对"括囊,无咎"的解释。

六四爻居艮卦中央,艮为止,取象为"慎"。小心驶得万年船,所以系辞为"慎不害也"。

六五：黄裳,元吉。

来知德：坤为黄、为裳,黄裳之象也。黄,中色,言其中也。裳,下饰,言其顺也。"黄"字从"五"字来,"裳"字从"六"字来。

六五以阴居尊,中顺之德充诸内而见诸外,故有是象,而其占则元吉也。刚自有刚德,柔自有柔德,《本义》是。

张惠言:谓五动体观,坤为帛,巽为股,帛在股为"裳"。地色黄,故"黄裳"。自有乾元,非自外至,故"元吉"。

尚秉和:坤为裳,色黄,故曰黄裳。坤为下,裳者下饰,五位正中,黄者中色,故曰黄裳,元吉。元者善之长,五位极尊,故曰元。元谓五。大有、鼎皆曰"元吉",皆谓六五。毛奇龄谓五降二承乾为元吉,以元专属乾,非也。

按:六五爻来源于剥卦☷☶,时当九月。

六五爻与六三爻互卦为坤,坤为土,六五爻居中,黄色居中,所以取象为"黄"。六五爻上承上九爻,阳在上为"衣",阴在下为"裳",所以系辞为"黄裳"。

"黄"为中,"裳"为下,"黄裳"意思是说六五爻虽然居君王显赫的位置,但守中谦下,敬天顺地,所以系辞为"元吉"。

《象》曰:"黄裳,元吉",文在中也。

来知德:坤为文,文也;居五之中,在中也。文在中,言居坤之中也,所以"黄裳,元吉"。

张惠言:独阴不能为文,坤含阳,故坤象为"文"。《文言》曰"美在其中",注云"美谓阳也"。

尚秉和:坤为文,黄裳文饰。言所以吉者,以居中位也。

按:"文在中也"是对"黄裳,元吉"的解释。

坤为文,六五爻居中,所以系辞为"文在中也"。要理解"文在中也"的准确含义,关键要理解"中"字的本义。甲骨文"中"写作🏴。冯时先生指出:"商代甲骨文和早期金文的'中'字作'🏴',或作'🏴',又省作'中',其字形无疑再现了一种最古老的辩方正位的方法,这便是立表测影。"①据此而言,"中"字的本义应当是指古代的天文测量工具圭表。《说文·丨部》对"中"字的解释是:"内也。从口。丨,上下通。""口"是指圭表定位所立的地基,"丨"则是指圭表,"上下通"意指通过圭表测影,将天文与地理贯通为一个整体。因此,冯时先生精辟地指出:"'中'字不仅强调了日影取正的本义,从而建立起古人对于空间取正与时间取正的联系,而且成为中国传统文化核心观念的渊薮。"②立身行事以顺应天道与地道为正,这就是"中"字的文化内涵。有天文,有地理,能够贯通天文地理,敬天顺地,这就是"文在中也"的大义所在。

上六:龙战于野,其血玄黄。

来知德:六阳为龙,坤之错也,故阴阳皆可以言龙。且变艮综震,亦龙之象也。变艮为剥,阴阳相剥,战之象也。战于卦外,野之象也。血者,龙之血也。坚冰至者,所以防龙战之祸于其始。龙战野者,所以著坚冰之至于其终。

---

① 冯时:《文明以止:上古的天文、思想与制度》,北京:中国社会科学出版社,2018 年,第 49 页。

② 冯时:《文明以止:上古的天文、思想与制度》,第 50 页。

上六，阴盛之极，其道穷矣。穷则其势必争，至与阳战，两败俱伤，故有此象，凶可知矣。

张惠言：龙谓坤尽兼乾阳，故曰"龙"。野，戌亥之间，乾坤交位也。乾象既盈，坤道至盛，阳功既讫，当反入坤中，出震牝乾，坤德乃备，故上象"龙战"也。《说卦》曰"战乎乾，言阴阳相薄也"，注云"薄，入也。坤十月卦，乾消剥入坤"，谓此也。震为"玄黄"，坎为"血"。坎者坤之精。乾未成震，则血而已。具有震气，天地合居，故"玄黄"也。

尚秉和：阴至上六，坤德全矣，故万物由以出生。然孤阴不能生也。荀爽云：消息之位，坤在于亥，下有伏乾。阴阳相和，故曰龙战于野。坤为野，龙者阳。《说文》壬下云：《易》曰龙战于野，战者接也。《乾凿度》云：乾坤合气戌亥。合气即接。《九家》云：玄黄，天地之杂。言乾坤合居。夫曰相和，曰合气，曰合居，则战之为和合明矣，皆与许诂同也。而万物出生之本由于血，血者天地所遗氤氲之气。天玄地黄，其血玄黄者，言此血为天地所和合，故能生万物也。《易林》说此云（中孚之坤）：符左契右，相与合齿。乾坤利贞，乳生六子。夫曰符契，曰合齿，则乾坤接也，即龙战于野也。消息卦，坤亥下即震子出，故曰乳生六子。《象传》云：乃终有庆。庆此也。惟荀与《九家》，皆以血为阴，仍违《易》旨。《易》明言天地杂，则血非纯阴可知，纯阴则离其类矣，胡能生物？至侯果谓阴盛似阳，王弼、干宝谓阴盛逼阳，阳不堪，故战，以战为战争。后孔颖达、朱子因经言战又言血,疑阴阳两伤者,皆梦呓语也。清儒独惠士奇用许说,谓战者接也,阴阳交接,卦无伤象,识过前人远矣。

按:上六爻来源于坤卦䷁,时当十月。

坤为"野",上六爻为极阴之象,阴极阳生,阳气在极阴之体中孕育,所以系辞为"龙战于野"。这里"战"不是战斗的意思,而是交合的意思。

天玄地黄,阴阳之气浑然一体,密不可分,所以系辞为"其血玄黄"。

《象》曰:"龙战于野",其道穷也。

来知德:极则必穷,理势之必然也。

张惠言:阳道穷尽,不入坤中,无以息震。

尚秉和:阴至上六而极,故曰穷。穷,尽也。

按:"其道穷也"是对"龙战于野"的解释。

这个"道"是指阴道,阴气盛极而衰,所以系辞为"其道穷也"。

用六:利永贞。

来知德:用六与用九同。此则以"上六:龙战于野"言之,阴极则变阳矣,但阴柔恐不能固守,既变之后,惟长永贞,而不为阴私所用,则亦如乾之无不利矣。

张惠言:乾用九以交坤,坤用六以交息阳。阳以得位为正,阴以从阳为正。永,长也。四利"括囊",上反"龙战",知有此用,则可长正,故坤为"永"也。

尚秉和:此亦明筮例也。八六皆阴,今遇阴。胡以只言六不言八？则以六为用而变七也。利永贞，申用六之故也。六何以必变？六为老阴，阴极不返则太柔矣。《文言》曰：贞固足以干事。永贞，则健而阳矣。故《象》曰以大终，大者阳，言阴极则变阳也。

按：六十四卦一共有三百八十四爻。乾坤两卦六爻之外，多出"用九""用六"两爻。圣人"观象系辞"，于乾坤两卦格外关注、特别点醒，是要提示后人，天地之间，无非是乾坤阴阳之气在发生作用。"用六"即是说阴气是如何发挥作用的。"利永贞"即是说阴气要发挥作用利在永远恪守正道。这个正道即是阴顺阳，地法天。

《象》曰："用六永贞"，以大终也。

来知德：此美其善变也。阳大阴小，大者阳明之公，君子之道也；小者阴浊之私，小人之道也。今始阴浊而终阳明，始小人而终君子，何大如之？故曰"以大终也"。

张惠言：阳称"大"。动与不动，皆阳道，地道代终，故"以大终"。

尚秉和：阳大阴小。以大终者，言阴极必返阳也。旧解因不知用六义意，故说大终，无有当者。

按："以大终也"是对"用六永贞"的解释。

"大哉乾元"，天为大，阳为大。地法天，阴极阳生，阴道灭尽，阳道始生，所以系辞为"以大终也"。

三　屯卦

坎上震下

屯：

来知德：屯者，难也。万物始生，郁结未通，似有险难之意。故其字从中，中音彻，初生草穿地也。《序卦》："有天地，然后万物生焉。盈天地之间者唯万物。屯者，盈也，物之始生也。"天地生万物，屯，物之始生，故次乾、坤之后。

张惠言：消息卦，乾坤会于离坎，而出屯鼎。屯，玄黄之杂也。鼎通之，二五交则息复，故屯鼎旁通。鼎五应乾五，谓屯也。屯者盈也。牝马行地，盈乎地中，故名曰"屯"。内卦候在十一月，外卦十二月。屯有乾德，故初正而既济定。

尚秉和：上坎为险，下震为动，动乎险中，故名曰屯。屯，难也，止也。

按：有了天，有了地，伴随乾坤阴阳二气的交合作用，于是就有了天地之间万物的化生。《周易·序卦传》言："盈天地之间者唯万物，故受之以屯。屯者，盈也；屯者，物之始生也。"屯卦上卦坎为水，下卦震为木、为万物。天地之间，万物在水中孕育而生；坎为险，震为动，万物的生长，处处充满险难，所以卦象被命名为"屯"。"屯"有充盈、艰险的意思。

屯卦与鼎卦旁通。

元亨利贞。

虞翻：坎二之初，刚柔交震，故"元亨"；之初得正，故"利贞"矣。

来知德：乾坤始交而遇险陷，故名为屯。所以气始交未畅曰屯，物勾萌未舒曰屯，世多难未泰曰屯，造化人事皆相同也。震动在下，坎陷在上，险中能动，是有拨乱兴衰之才者，故占者元亨。

张惠言：二阳四阴之卦，非临则观来，此消息卦，故不从此例也。乾由离入坎，合坤生震，所谓"其血玄黄"者，故以坎二之初。凡贞有二义，失位者以之正为贞，得位者以不动为贞，各随其象言之。"利贞"言初者，下云"勿用有攸往"，是即初贞之义。

尚秉和：诸家皆以乾通坤为元亨，三之正成既济为利贞。按以乾通坤为元亨，初五得位，乾元以通是也。以三之正成既济为利贞非也。利贞者，利于贞定也。勿用有攸往，申其义也。端木国瑚谓遇春夏卦，即曰元亨；秋冬卦，即曰利贞。《易》本以时为主，说颇胜于旧解。屯由震春以至坎冬，一年气备，故曰元亨，又曰利贞。

按：屯卦卦辞亦有"元亨利贞"四字，但屯卦的"元亨利贞"和乾坤两卦的"元亨利贞"具有源与流、本与末、干与枝的区别。乾坤两卦的"元亨利贞"是本、是源、是干，屯卦的"元亨利贞"则是末、是流、是枝。有了乾坤阴阳二气，有了天,有了地,才可能有万物的发生。因此,屯卦的"元亨利贞"描述的是有了天地之后万物孕育而生的状态。

屯卦的下卦是震卦,震为春,上卦是坎卦,坎为冬,由春到冬,四时流行,万物由生到死,循环反复,所以系辞为"元亨利贞"。

勿用有攸往,利建侯。

虞翻:之外称往。初震得正,起之欲应,动而失位,故"勿用有攸往"。震为侯,初刚难拔,故利以建侯。老子曰:"善建者不拔也。"

来知德:然犹在险中,则宜守正,而未可遽进,故"勿用有攸往"。勿用者,以震性多动,故戒之也。然大难方殷,无君则乱,故当立君以统治。初九阳在阴下,而为成卦之主,是能以贤下人,得民而可君者也。占者必从人心之所属望,立之为主,斯利矣,故利建侯。建侯者,立君也。险难在前,中爻艮止,勿用攸往之象。震一君二民,建侯之象。

张惠言:凡旁通之卦,皆刚柔相易,唯屯、鼎、蒙、革各自坎、离来,不由爻往。嫌初当之四,四降鼎初,故曰"勿用有攸往"。震未出坤,体乾初潜龙"确乎其不可拔"。

尚秉和:乾初勿用,往遇险,故曰勿用有攸往。侯,君也,主也。震为君,初临万民,五居尊位,故曰利建侯。

按:下卦震为动,上卦坎为险,六三爻与九五爻互卦为艮,艮为止,妄动就会遭遇风险,君子见险即止,所以系辞为"勿用有攸往"。

　　下卦震为侯,当险难之时,君子不可轻举妄动,要扎稳根基,巩固地盘,所以系辞为"利建侯"。

《彖》曰:"屯",刚柔始交而难生。

　　虞翻:乾刚坤柔,坎二交初,故"始交"。"确乎难拔",故"难生"也。

　　来知德:以二体释卦名,又以卦德、卦象释卦辞。刚柔者,乾坤也。始交者,震也。一索得震,故为乾坤始交。难生者,坎也,言万物始生,即遇坎难,故名为屯。

　　张惠言:谓元。拔,拔出地也。微阳专确,盈而后发,故曰"难生"。谓通鼎二五,然后息复,难故盈也。

　　尚秉和:始交为初,五也。前乾坤二卦,皆纯阳纯阴,莫能交。屯下震以乾交坤初,上坎以乾交坤中,以其次纯乾纯坤之后,刚柔杂始见,故曰始交。难,谓坎也。蹇《传》云:蹇,难也。即指上坎。动而遇险,故曰难生。

　　按:"刚柔始交而难生"是对"屯"字的解释。

　　乾为刚,坤为柔,下卦初九爻与坤卦相交成震为"刚柔始交",上卦坎为难,为"难生"。"刚柔始交而难生"意谓天地之间万物的创生是一个艰难的过程,人生处处充满险难。

动乎险中,大亨,贞。

　　来知德:动乎险中者,言震动之才,足以奋发有为,时当大难,能动则其险可出,故大亨。然犹在险中,时犹未易为,必从容以谋,其出险方可,故利贞。

张惠言:动,震。险,坎。屯,物未生。未生之时,不可为象,由其动则"亨贞"矣。云雷动则雨,建侯则宁,皆动而亨贞之义。

按:这句话是对"元亨利贞"的解释。

下卦震为动,上卦坎为险,所以系辞为"动乎险中"。

下卦震为春,上卦坎为冬,春始冬终,四时流行,万物化生,所以系辞为"大亨"。

天地之间,万物的创造、人生的旅途都是在险难当中艰难跋涉的。"动乎险中"即是人世风景的底色。人生不易,要做到"元亨利贞",关键在于顺应天道,应时而动,春生夏长秋收冬藏,这就是正道,所以系辞为"贞"。贞,就是恪守正道的意思。只有恪守正道,才能"元亨利贞"。

雷雨之动满盈。

虞翻:震雷坎雨,坤为形也。谓三已反正,成既济,坎水流坤,故"满形"。谓"雷动雨施,品物流形"也。

来知德:雷,震象。雨,坎象。

张惠言:既济下坎象雨,本卦坎唯象云。初既动正,则必大通,体乾之称,"成既济"也。三正成坎,水下于地,故曰"流坤"。与乾"云行雨施,品物流形"同义。物出屯,然后有形也。

尚秉和:下雷上雨,坤为多,故曰满盈。

按:这句话是从天文学的角度解释"元亨利贞"。

　　下卦震为雷，上卦坎为雨，天地之间，万物之所以能够生长，是因为有春雷发动，有雨水润泽，所以系辞为"雷雨之动满盈"。

天造草昧，宜建侯而不宁。

　　虞翻：造，造生也；草，草创物也；坤冥为昧，故"天造草昧'"。成既济定，故曰"不宁"，言宁也。

　　来知德：天造者，天时使之然，如天所造作也。草者，如草不齐。震为蕃，草之象也。昧者，如天未明。坎为月，天尚未明，昧之象也。坎水内景，不明于外，亦昧之象也。雷雨交作，杂乱晦冥，充塞盈满于两间，天下大乱之象也。当此之时，以天下则未定，以名分则未明，正宜立君以统治。君既立矣，未可遽谓安宁之时也，必为君者忧勤兢畏，不遑宁处，方可拨乱反正，以成靖难之功。如更始既立，日夜纵情于声色，则非不宁者矣。此则圣人济屯之深戒也。动而雷雨满盈，即"勿用攸往"。"建侯而不宁"，即"利建侯"。然卦言"勿用攸往"，而《象》言"雷雨之动"者，勿用攸往非终不动也，审而后动也。屯之元亨利贞，非如乾之四德，故曰"大亨贞"。

　　张惠言：天谓乾。乾生物于坤中。三之反正，由初贞也。

　　尚秉和：造，始也；草，杂乱；昧，冥昧。坤为茅茹、为乱，故曰草；地黑，故曰昧。《易林》艮之晋云：釜甑草土。即以晋下坤为草、为釜。天造草昧者，言天地之运始于草昧。故宜建侯于此时,使万物有主也。

诸家皆用虞翻说,谓刚柔始交,为坎二交初,如是穿凿,又何不可谓萃四交初?盖虞氏不知始字承前两卦乾坤而言,而以为指屯初、二,故误解若是。后阅道光间卜斌《周易通解》,亦谓始交指初、五,然则此义百年前已发之。

按:这句话是从地理学的角度解释"元亨利贞"。

上卦坎为天雨,下卦震为万物。天降甘霖,才会有大地上的万物生。初九一阳生为"天造",潜伏于三阴之下,三阴为坤,取象为"草昧"。生命的源头来自上天,生命的创造却是在大地的母体中孕育完成,所以系辞为"天造草昧"。

下卦震为动、为侯,上卦坎水流动,所以系辞为"宜建侯而不宁"。意思是说,天地之间,阴阳交合,造物不止,生生不息。

《象》曰:云雷,屯;

来知德:《彖》言"雷雨",《象》言"云雷",《彖》言其动,《象》著其体也。上坎为云,故曰"云雷屯";下坎为雨,故曰"雷雨解"。

张惠言:雷雨生物,云雷未雨,难生之时。

按:"云雷,屯"是从天文学的角度解释卦象。

上卦坎水在天为云,下卦震为雷,虽然听见打雷声,但云在天上还没有化为雨水,大地上的万物还处在艰难的孕育状态,所以系辞为"云雷,屯"。

君子以经纶。

来知德：经、纶，皆治丝之事。草昧之时，天下正如乱丝，经以引之，纶以理之，俾大纲皆正，万目毕举，正君子拨乱有为之时也，故曰"君子以经纶"。

张惠言："君子"谓乾初。坎为"经"，震为讲论。万物冥昧，当论经法以正之，如雷雨之动物。

尚秉和：经纶，据《释文》：王弼本作经论。今本作经纶者，乃孔本也。因将王注亦改之矣。《释文》又云：黄颖曰：经纶，匡济也，本亦作伦。案《释名》云：纶，伦也。为之有伦理也。《论语正义》引郑玄云：论者，纶也，理也。然则纶、伦、论，字微异，义则同也。若以卦象言，震为言，初至五正反震，似论于易象较切。若《正义》所云刘表、郑玄作沦，似不合矣。

按："君子以经纶"是从"云雷，屯"引申出来的人文思想。

能够效法屯卦的人被称为"君子"。上卦坎为经，下卦震为论。君子效法屯卦，开国立家，建章立制，结束草昧状态，开创文明教化的时代，所以系辞为"君子以经纶"。

初九：盘桓，利居贞，利建侯。

虞翻：震起艮止，"动乎险中"，故"盘桓"。得正得民，"利居贞"。谓"君子居其室"，慎密而不出也。

来知德：盘，大石也，"鸿渐于盘"之"盘"也。中爻艮，石之象也。桓，大柱也，《檀弓》所谓"桓楹"也。震阳木，桓之象也。张横渠以"盘桓"犹言"柱石"，是也。自马融以盘旋释"盘桓"，后来儒者皆如马融之释，其实非也。八卦正位震在初，乃爻之极善者，国家屯难，得此刚正之才，乃倚之以为柱石者也，故曰"盘桓"，唐之郭子仪是也。震为大涂，柱石在于大涂之上，震本欲动而艮止不动，有柱石欲动不动之象，所以居贞，而又利建侯，非难进之貌也。故《小象》曰"虽盘桓，志行正也"。曰心志在于行，则欲动不动可知矣。

九当屯难之初，有此刚正大才，生于其时，故有盘桓之象。然险陷在前，本爻居其正，故占者利于居正以守己。若为民所归，势不可辞，则又宜建侯，以从民望，救时之屯可也。居贞者，利在我；建侯者，利在民，故占者两有所利。

张惠言：初刚难拔，触艮而止，故"震起艮止"。艮为宫，坤为阖户，在坤艮下，"不出户庭"。《上系》引节"不出户庭"云："是以君子慎密而不出也。"彼注云："二动，坤为密，体屯，'磐桓，利居贞'，故不出也。"

尚秉和：磐桓，《释文》云：旋也。《尔雅·释水》：钩盘。郭注：水曲如钩，流盘桓不直前也。《禹贡》：西倾因桓是来。注：桓，陇阪名，其道盘旋，曲而上旋。即不能直前也。盘、磐通。《释文》云：本亦作盘。马又作槃。又或作般。皆以音同通用。外坎，故利居贞不动。震为主，建侯则坤民有主，故利。

按："磐桓"是停止不前的意思。六三爻与九五爻互卦为艮，艮为石，为盘；下卦震为木，为桓；树木的生长被大石头压制住了，所以系辞为"磐桓"。

初九爻阳居阳位为正，恪守"潜龙勿用"的训诫，才是正道，所以系辞为"利居贞"。

"利居贞"并不是无所作为。下卦震为侯，一阳在三阴之下，阳为侯王，三阴互卦为坤，坤为民众。初九爻据守正位，大得民心，所以系辞为"利建侯"。

《象》曰：虽"磐桓"，志行正也。

来知德：当屯难之时，大才虽磐桓不动，然拳拳有济屯之志，行一不义，杀一不辜，而得天下不为。既有救人之心，而又有守己之节，所以占者利居贞而守己也。盖居而不贞则无德，行而不正则无功。周公言"居贞"，孔子言"行正"，然后济屯之功德备矣。

张惠言：初虽"盘桓"，居正则使五体皆正。坎为"志"，震为"行"。

按："志行正也"是对"磐桓，利居贞"的解释。

下卦震为志行，初九爻阳居阳位为正，所以系辞为"志行正也"。

以贵下贱，大得民也。

来知德：阳贵阴贱，以贵下贱者，一阳在二阴之下也。当屯难之时，得一大才，众所归附，更能自处卑下，大得民矣，此占者所以又利建侯而救民也。

张惠言：阳贵阴贱。坤为"民"。初正居下，四阴归之，建侯之义。阳居下则得民,阴乘刚则班踬,各自为义。

尚秉和:坤为民,阴贱阳贵,阳在下,故曰以贵下贱。阳为大,初阳临群阴,故曰大得民。

按:"以贵下贱,大得民也"是对"利建侯"的解释。

阳为贵,阴为贱;阳为大,阴为民;震为侯;初九爻以侯王之身甘居三阴之下,众望所归,所以系辞为"以贵下贱,大得民也"。

六二:屯如,邅如,乘马班如,

虞翻:屯邅、盘桓,谓初也。震为马作足,二乘初,故"乘马"。班,踬也。马不进,故"班如"矣。

来知德:屯、邅皆不能前进之意。班,与《书》"班师",并"岳飞班师""班"字同,回还不进之意。震于马为馵足、为作足,班如之象也。

张惠言:取象马者,所以行也。阴柔凝阳乃生,下乘则逆,上承则顺。屯,阳始交阴,发承阳之义,不以爻位之应为正,故三阴爻同象乘马。二求初,故"乘马"。初屯邅,故"班如"。

尚秉和:阴遇阴得敌,故屯邅不进。《释文》云:邅,马行不进之貌。班,《子夏传》相牵不进貌。郑作般。般、盘同,亦盘桓不进也。又震为马,坤、坎皆为马,马多,故曰班如。言行列不前也。吴先生曰:《汉书》车班班,往河间,义同此也。

按:"屯如""邅如""班如"都是徘徊不前的意思。下卦震为马,六二爻阴乘阳,所以取象为"乘马"。六二爻与六四爻互卦为坤,坤虚乏力,难以前行,所以系辞为"屯如,邅如,乘马班如"。

匪寇婚媾。

虞翻:匪,非也。寇谓五,坎为寇,盗应在坎,故"匪寇"。阴阳得正,故"婚媾"。

来知德:应爻为坎,坎为盗寇之象也,指初也。妇嫁曰婚,再嫁曰媾,婚媾指五也。

张惠言:下不得初,则上将求五,故止之。言所求者,非此寇也。谓三之正,二承之,阴阳德正,为"婚媾"也。

尚秉和:五坎为寇,二与五应,故曰匪寇,曰婚媾。

按:上卦坎为寇盗,六二爻与九五爻阴阳相应,所以系辞为"匪寇婚媾"。意思是说来的不是强盗,九五爻是来向六二爻求婚的。

女子贞不字,十年乃字。

虞翻:字,妊娠也。三失位,变复体离,离为女子、为大腹,故称"字"。今失位为坤,离象不见,故"女子贞不字"。坤数十,三动反正,离女大腹,故十年反常乃字,谓成既济定也。

来知德:变兑为少女,女子之象也。字者,许嫁也。礼,女子许嫁,笄而字。此女子则指六二也。贞者,正也。不字者,不字于初也。乃字者,乃字于五也。中爻艮止,不字之象也。中爻坤土,土数成于十,十之象也。若以人事论,光武当屯难之时,窦融割据,志在光武,为隗嚣所隔,"乘马班如"也;久之终归于汉,"十年乃字"也。

六二柔顺中正,当屯难之时,上与五应,但乘初之刚,故为所难,有屯邅班如之象,不得进与五合,使非初之寇难,即与五成其婚媾,不至十年之久矣。惟因初之难,六二守其中正,不肯与之苟合,所以不字,至于十年之久,难久必通,乃反其常而字,正应矣,故又有此象也,占者当如是则可。

张惠言:复,反也。"女子"由离象而有,故知"婚媾"当谓三。虞氏例不以阴阳爻为男女。四求婚媾,亦以体离也。地癸数。

尚秉和:乃二前为三四所阻,下为初阳所牵,体又为坤,坤虚,故不字。字,妊育也。震为孕。《左传》昭元年,武王邑姜方震太叔,是也。故震为妊育。王引之力辟宋耿南仲、朱子以字为许嫁之非,其说是也。今河北尚呼牝牛为字牛,义本此也。坤为年,数十,故曰十年乃字。言二五应与虽难,然究为正应,久必合也。

按:六二爻与六四爻互卦为坤,坤为女子,坤象阴虚,不孕之象。六二爻居中正之位,所以系辞为"女子贞不字"。意思是说六二女子守贞不孕。

《周易·系辞上》言:"天九,地十。"坤为地,地数十。下卦震为长子,所以系辞为"十年乃字"。意思是说六二女子十年之后才会孕育生子。

《象》曰：六二之难，乘刚也。

来知德：六二居屯之时，而又乘刚，是其患难也。乘者，居其上也，故曰"六二之难"。

张惠言：难，难生也。

尚秉和：此难字，与《象传》"难生"难字不同。彼指坎，此谓乘刚字难也。说者多混而同之，非。乘刚势逆，故字难。

按："六二之难，乘刚也"是对"女子贞不字"的解释。

六二爻在初九爻之上，阴乘阳，所以系辞为"乘刚也"。

"十年乃字"，反常也。

来知德：反常者，二五阴阳相应，理之常也，为刚所乘，则乖其常矣。难久必通，故十年乃字，而反其常。

张惠言：阳，正位为常。阴，从阳为常。

按："反常也"是对"十年乃字"的解释。

初九爻与六四爻互卦为复，复卦卦象一阳来复，有怀孕生子、恢复生育常态之象，所以系辞为"反常也"。

六三：即鹿无虞，惟入于林中，

虞翻：即，就也。虞谓虞人，掌禽兽者。艮为山，山足称麓。麓，林也。三变体坎，坎为丛木，山下，故称"林中"。坤为兕虎，震为麋鹿，又为惊走，艮为狐狼，三变，禽走入林中，故曰"即鹿无虞，惟入林中"矣。

来知德：即者，就也。鹿，当作"麓"为是，旧注亦有作"麓"者。盖此卦有麓之象，故当作"麓"，非无据也。中爻艮为山,山足曰麓,三居中爻艮之足,麓之象也。虞者,虞人也。三四为人位,虞人之象也。入山逐兽,必有虞人发纵指示。无虞者,无正应之象也。震错巽,巽为入,入之象也。上艮为木坚多节,下震为竹,林中之象也。言就山足逐兽,无虞人指示,乃陷入于林中也。

张惠言:古"鹿""麓"通,三体艮下。本位艮下,虽变,尚有山下象。皆三未变时象。坤、震、艮皆入坎。田猎惟有虞人掌禽兽乃不惊走。三应上,为三虞者上也。上乘五不及三,故"无虞",当"惟入林中"而已。惟,思也。坎为思。上在山外,坎为入为内,故虞人矣。

尚秉和:鹿,虞翻、王肃皆作麓。鹿、麓古通。《诗》:瞻彼旱麓。《周语》作旱鹿。韦注:麓,山足也。三为艮初,正山足也。即鹿者,言至山足而从禽也。即,就也。虞,备虞也。《孟子》曰:有不虞之誉。义同此也。言田猎而无备虞,焉能有禽?震为木,艮亦为木,故曰林中。坤虚,故空入林中。

按:"鹿"与"麓"相通,"麓"为山足,"虞"是指猎人。下卦震为鹿,六三爻与九五爻互卦为艮,艮为山,六三爻位居山脚。六三爻为坤卦的中爻,坤象空虚无人,所以系辞为"即鹿无虞"。意思是说追逐猎物到了山脚下,却没有猎人作为向导。

下卦震为木,坤为众,六三爻居林中空地,所以系辞为"惟入于林中"。意思是说追逐猎物若没有猎人的帮助,只会空入林中，一无所获。

君子几，不如舍，往吝。

虞翻：君子谓阳，已正位。几，近；舍，置；吝，疵也。三应于上，之应历险，不可以往，动如失位，故不如舍之，往必吝穷矣。

来知德：坎错离明，见几之象也。"舍"者，舍而不逐也，亦艮止之象也。

六三阴柔，不中不正，又无应与，当屯难之时，故有"即麓无虞，入于林中"之象。君子见几，不如舍去，若往逐而不舍，必致羞吝。其象如此，戒占者当如是也。

张惠言：辞也。之外曰"往"。六十四卦中，多有已动正复变之应者，以未能定既济也。嫌三宜然，三动成既济，屯所以成亨也。阳始动，唯专乃直。三初即鹿阴体也，唯无系应，故能之正。若往求之，则必穷矣。

尚秉和：几者，事之先见者也。舍，去也。言君子见几而去也。上无应，故往吝。艮为君子。《淮南子》说此云：夫施薄而望厚者，未之有也。又《三国志·陈琳传》：《易》称即鹿无虞，夫微物尚不可欺，夫所谓欺，即无备虞也。王弼云：虽见其禽而无其虞，徒入于林中。亦诂虞为备虞。乃孔疏忽谓虞为虞官，失王义矣。《左传》隐五年：不备不虞，不可以师。正与此无虞义同。

按：下卦震为"君子"。《周易·系辞下》言："几者，动之微。"下卦震为动，六三爻与九五爻互卦为艮，艮为止，六三爻处于动静之间,需要见机行事,心领神会,所以系辞为"君子几"。

艮为止,所以系辞为"不如舍"。意思是说追逐猎物到了山脚下,因为没有猎人帮助,所以不如放弃。

上卦坎为险,若固执前行,就会遭遇陷阱,所以系辞为"往吝"。

《象》曰:"即鹿无虞",以从禽也。

来知德:孔子恐后学不知"即鹿无虞"之句,故解之曰"乃从事于禽也",则"鹿"当作"麓"也,无疑矣。

张惠言:因无虞而求上,是"从禽",非初之行正也。

尚秉和:从禽,义与即鹿同。

按:"以从禽也"是对"即鹿无虞"的解释。

"从"与"纵"相通。"以从禽也"是放过追逐的猎物的意思。六三爻逐鹿至山下,见险而止,所以系辞为"以从禽也"。

君子舍之,往吝,穷也。

来知德:舍则不往,往则必吝。吝穷者,羞吝穷困也。

尚秉和:吝、遴古通。《说文》:行难也。三无应得敌,故行难。吝字初见。《说文·口部》引作吝,云:恨惜也。辵部引又作遴,云:行难。愚以为凡言往吝者,宜从行难义。只言吝者,宜从恨惜义。此曰往吝,即行难也。

按:"穷也"是对"君子舍之,往吝"的解释。

上卦坎为险难,有穷途末路之象,所以系辞为"穷也"。

六四:乘马班如,

虞翻:乘三也。谓三已变,坎为马,故曰"乘马"。马在险中,故"班如"也。或说乘初,初为建侯,安得乘之也?

来知德:坎为马,又有马象。

张惠言:初"不拔"则不应四,故"安得乘之"。

尚秉和:坎、坤皆为马,故亦曰班如。

按:下卦震为马,六四爻居下卦之上,所以取象为"乘马"。上卦坎为陷阱,六四爻虽然有"乘马"之象,但陷入泥潭,行动不便,所以系辞为"乘马班如"。

求婚媾,往吉,无不利。

虞翻:之外称"往"。

来知德:求者,四求之也。往者,初往之也。自内而之外曰往,如"小往大来""往蹇来反"是也。本爻变,中爻成巽,则为长女,震为长男,婚媾之象也,非真婚媾也。求贤以济难,有此象也。旧说阴无求阳之理,可谓不知象旨者矣。

六四阴柔,居近君之地,当屯难之时,欲进而复止,故有乘马班如之象。初能得民,可以有为,四乃阴阳正应,未有蒙大难而不求其初者,故又有求婚媾之象。初于此时,若欣然即往,资其刚正之才,以济其屯,其吉可知矣。而四近其君者,亦无不利也。故其占又如此。

张惠言:言四当求五为"婚媾",疑屯时不利有攸往,故解之。

尚秉和：艮为求，四与初本为正应，婚媾而已，然必求者，以二三为阻也。知其阻而求之，故往吉也。四上承阳，下有应，故曰无不利。

按：六四爻居艮卦中爻，艮为求，六四爻与初九爻阴阳相应，初九当升至六四所在的位置，所以系辞为"求婚媾，往吉"。

六四爻居正位，下有初九"求婚媾"，上可顺承九五，所以系辞为"无不利"。

《象》曰：求而往，明也。

虞翻：之外称往。体离，故明也。

来知德：求者，资济屯之才，有知人之明者也。往者，展济屯之才，有自知之明者也。坎错离，有明之象，故曰"明"。

张惠言：谓三已变，四体离明，故自往求不如二之"不字"。

尚秉和：艮火，故曰明，艮阳在上亦明。自艮火、艮明象失传，诸家皆以三变互离为明矣。岂知旅九三云：焚其次。《易林》大壮之遁云：火烂销金。皆以艮为火。说详《焦氏易诂》中。

按："求而往，明也"是对"求婚媾，往吉，无不利"的解释。

六四有"乘马班如"的困境，所以有摆脱困境的需求。六四与初九阴阳相应，六四"求"初九，初九感应前"往"六四,上下交通,欣欣向荣,这是显而易见的事情,所以系辞为"求而往,明也"。

九五:屯其膏,

虞翻:坎雨称膏。《诗》云"阴雨膏之",是其义也。

来知德:膏者,膏泽也。以坎体有膏泽沾润之象,故曰"膏"。《诗》"阴雨膏之"是其义也。本卦名屯,故曰屯膏。

尚秉和:坎水,故曰膏;坎陷,故屯其膏。盖五虽下履重阴,然坤民三分之二为初所有,四又应初,五虽君位,实无一民,故膏泽无所施也。

按:上卦坎为水,天上之水囤积,尚未化为雨水润泽天下,所以系辞为"屯其膏"。

小贞吉,大贞凶。

来知德:阳大阴小,六居二,九居五,皆得其正,故皆称"贞"。小贞者,臣也,指二也。大贞者,君也,指五也。故六二言"女子贞",而此亦言"贞",六爻惟二、五言"屯"。

九五以阳刚中正居尊,亦有德有位者。但当屯之时,陷于险中,为阴所掩,虽有六二正应,而阴柔不足以济事,且初九得民于下,民皆归之,无臣无民,所以有屯其膏,不得施为之象。故占者所居之位,如六二为臣,小贞则吉;如九五为君,大贞则凶也。

张惠言:小,阴也。小正谓四,四求五,三变离明,故吉。大,阳也。大正谓三,君膏屯而臣满形,非五之光,凶道也。

尚秉和：小谓二,五应二,阴得阳应,故吉。大谓五,五虚拥尊位,威柄下移,孤露无辅,故大贞凶。震为威,坤为柄,贞,卜问也。诸家强以贞正说之。夫正而有大小,已不词矣;大正而凶,益悖理矣。惠士奇知其不安,又以固为说,其不协与正无异也。

按:六二爻居中正之位,与九五爻阴阳相应,所以系辞为"小贞吉"。

九五爻虽然亦居中正之位,但阳陷阴中,有大凶之象,所以系辞为"大贞凶"。

《象》曰:"屯其膏",施未光也。

虞翻：阳陷阴中,故"未光也"。

来知德：阳德所施本光大,但陷险中,为阴所掩,故未光。

尚秉和：坎为隐伏,故曰未光。

按:"施未光也"是对"屯其膏"的解释。

上卦坎为隐伏,九五爻阳陷阴中,光芒被遮蔽,未能照耀天下,所以系辞为"施未光也"。

上六:乘马班如,

虞翻：乘五也。坎为马,震为行,艮为止,马行而止,故"班如"也。

来知德：六爻皆言"马"者,震、坎皆为马也。皆言"班如"者,当屯难之时也。

按:坎为水,水流奔腾不息,所以取象为"马"。上六阴乘九五之阳,有"乘马"之象。坎为陷阱。上六虽然有"乘马"之象,但却寸步难行,所以系辞为"乘马班如"。

泣血涟如。

虞翻:谓三变时,离为目,坎为血,震为出,血流出目,故"泣血涟如"。

来知德:坎为加忧、为血卦、为水,泣血涟如之象也。才柔不足以济屯,去初最远,又无应与,故有此象。

张惠言:涟如,泣貌。三不应上,故上泣。

尚秉和:坎为血,坎水,故曰涟如。《诗·卫风》:泣涕涟涟。《释文》:泣貌。坎忧惧,下无应,故有是象。

按:上卦坎与离旁通,离为目,坎为忧、为泣血,上六居"龙战于野,其血玄黄"之位,穷途末路,所以系辞为"泣血涟如"。

《象》曰:"泣血涟如",何可长也。

虞翻:柔乘于刚,故不可长也。

来知德:既无其才,又无其助,丧亡可必矣,岂能长久?

张惠言:二四承阳,则不乘刚矣。

尚秉和:上六居卦之极,故曰不长。

按:"何可长也"是对"泣血涟如"的解释。

上六爻阴乘九五之阳,违背天道,逆天者亡,所以系辞为"何可长也"。

四　蒙卦

☶ 艮上坎下

蒙：

来知德：蒙，昧也。其卦以坎遇艮，山下有险，艮山在外，坎水在内，水乃必行之物，遇山而止，内既险陷不安，外又行之不去，莫知所往，昏蒙之象也。《序卦》："屯者，物之始生也。物生必蒙，故受之以蒙。"所以次屯。

张惠言：消息卦。坤入中宫，以刚接柔，而为蒙、革。巽生姤成，故蒙、革旁通，犹屯、鼎也。阴巽将生，乾阳蒙昧，故曰"蒙"。候在正月。蒙接阴，故不成既济。初发二五正，为观，否道也。

尚秉和：艮少，坎隐伏不明，故名曰蒙。蒙，稚也，不明也。

按："蒙"是卦名，卦象由上艮下坎构成。《周易·序卦传》言："物生必蒙，故受之以蒙。蒙者，蒙也，物之稚也。"下卦坎为水，九二爻与六四爻互卦为震，震为木、为万物，坎为暗昧，艮为止，生命在黑暗中孕育，在艰难险阻中成长，所以卦象被命名为"蒙"。

蒙卦与革卦旁通。

亨。

虞翻：艮三之上。亨谓二。震刚柔接，故"亨"。"蒙亨以通,行时中也"。

来知德:蒙亨者,言蒙者亨也,不终于蒙也。

张惠言:此亦消息卦,故不从临、观来。艮者物之成终始,取乾九三下坎,以刚接柔,之革成巽,故从艮来而旁通革。消息取九二伏巽,故二特言"纳妇吉"。虞不言旁通革者,阙也。二取震体以接巽,震刚巽柔。乾坤交乃亨。

尚秉和:二得中有应,故亨。

按:下卦坎为冬,上卦艮为立春,冬去春来,万物得以亨通,所以系辞为"亨"。

匪我求童蒙,童蒙求我。

虞翻:童蒙谓五,艮为童蒙。我谓二也。震为动起,嫌求之五,故曰"匪我求童蒙"。五阴求阳,故"童蒙求我",志应也。艮为求,二体师象,坎为经,谓"礼有来学,无往教"。

来知德:"匪我求童蒙"二句,正理也。

张惠言:师"容民畜众",亦师傅象。经,六经。经,法也。

尚秉和:艮为童蒙,为求,而二至上正反艮,自二言若求五,自五言若求二,有互相求之象。然二阳也,阳大明;五阴也,阴迷。我谓二。匪我求童蒙,童蒙求我者,言二不必求五,五自来应二也。《传》曰志应,言二五相应与,相上下也。旧解诂实匪字,定谓二不应五者,非也。

按:上卦艮为童蒙、为求,下卦坎为水,"知者乐水",九二爻为"我",指的是先生。《礼记·曲礼上》有言:"礼闻来学,不闻往教。"童蒙小子要开蒙启智,需执弟子礼向先生求教,而不是先生去求学生来学,所以系辞为"童蒙求我,匪我求童蒙"。

初筮告,再、三渎,渎则不告。

来知德:再指四,阳一阴二,二再则四矣。三指三。渎者,烦渎也。初筮者,初筮下卦,得刚中也。比卦坎之刚中在上卦,故曰再筮。告者,二告乎五也。不告者,二不告乎三、四也。凡阳则明,阴则暗,所以九二发六五之蒙。

张惠言:《系辞》曰"问焉而以言,其受命也如向",注云:"乾二五之坤,成震巽,震为言、问,谓问于蓍龟。巽为命,震为响,故'受命'。同声相应,故'如向'。"然则震巽相应,有筮义也。"初筮",谓初问于二也。初承二,顺于师,初发成兑,为口说,故"告"也。"再三",谓三、四。三逆乘,非正也。四远实,故"渎"也。渎,污亵之意。坎为渎。初已发,师象不见,故"不告"也。

尚秉和:坎为圣,为通,故为筮。比曰原筮,亦以坎为筮。震为言,故曰告。而二至上正反震,言多,故曰渎。渎,亵渎也。震反为艮,艮止,故不告。昔贤说此,总不知再三渎之故何在,由正覆象并用之义失传故也。又筮象亦失传,故初筮不知何所指。岂知坎在下故曰初筮,专指九二。

按:下卦坎为水,水有流通之性,贯穿天地之间,所以取象为"筮"。筮字的构形从竹从巫,用蓍草演卦以预测吉凶祸福的人被称为"筮者"。巫师是能沟通天地人三才之道的智者。"初"指初六爻,九二爻为筮者,九二爻与六四爻互卦为震,震为"告"。初六和九二之间的关系是阴顺阳,初六这个"童蒙"小子懂得尊师之道,虚心向九二先生求教,先生感其心诚,于是为他解卦释疑,这就是"初筮告"的来历。"初筮告"说明最早的教学活动起源于卜筮,巫师就是最早的教师。

"再"是指六三爻,"三"是指六四爻。六三爻阴乘九二之阳,六四爻远离九二筮者,这两爻都有亵渎、轻慢师道的意思。下卦坎为渎、为暗昧,上卦艮为止、为不告。六三、六四亵渎、轻慢筮者,筮者就没有必要为他们答疑解惑,所以系辞为"再、三渎,渎则不告"。

利贞。

虞翻:二五失位,利变之正,故"利贞"。"蒙以养正,圣功也"。

来知德:利贞者,教之以正也。

尚秉和:艮坎皆冬日卦,故曰利贞。

按:下卦坎为冬、为含藏,上卦艮为止、为静。万物静以养阳,涵养天地正气,所以系辞为"利贞"。

《彖》曰:蒙,山下有险,险而止,蒙。

来知德:以卦象、卦德释卦名,又以卦体释卦辞。险而止,退则困于其险,进则阻于其山,两无所适,所以名蒙也。

张惠言:侯果曰:"险被山止,止则未通,蒙昧之象。"

按：这句话是对"蒙"字的解释。

上卦艮为山、为止，下卦坎为险，所以系辞为"蒙，山下有险，险而止，蒙"。

"蒙，亨"，以亨行，时中也。

来知德：以者，用也。以亨者，以我之亨通也。时中者，当其可之谓。愤悱启发，即志应也。言我先知先觉，先以亨通矣，而后以我之亨行时中之教，此蒙者所以亨也。

张惠言：江承之云："谓艮三时行则行，二由艮三下，故'以亨行，时中也'。"

按："以亨行，时中也"是对"蒙，亨"的解释。

蒙卦之所以为"亨"，关键在于懂得"行时中也"的道理。下卦坎为冬，上卦艮为止，冬天应该恪守含藏之道，潜龙勿用，这就是"行时中"。下卦坎为冬，上卦艮为立春，冬去春来，应时而动，这亦是"行时中"。所谓"行时中"，就是出处语默顺应天道，因时而动。

"匪我求童蒙，童蒙求我"，志应也。

来知德："匪我求童蒙，童蒙求我"，乃教人之正道也，何也？"礼闻来学，不闻往教"，童蒙求我，则彼之心志应乎我，而相孚契矣，此其所以可教也。

张惠言："志"谓二。坎为志，五求二应，志相通。

尚秉和：志应，言二五互求也。

按："志应也"是对"匪我求童蒙，童蒙求我"的解释。

下卦坎为志，上卦艮为求，九二爻与六五爻阴阳相应，师生心意相通,所以系辞为"志应也"。

"初筮告",以刚中也。

来知德：初筮则告者,以刚中也。我有刚中之德,而五又以中应之,则心志应乎我而相孚契矣,所以当告之也。"初筮"二字只作下卦二字,指教者而言,观比卦"再筮"可见矣。

张惠言：谓二发蒙。

按："以刚中也"是对"初筮告"的解释。

九二爻阳为刚,居中位,所以系辞为"以刚中也"。九二爻告知初六爻"以刚中也"。所谓"以刚中也",就是人生在世,身处险难,如何才能获得亨通？只有顺应天道,因时而动,才能畅通无阻,这就是"以刚中也"的大义所在。

"再、三渎,渎则不告",渎,蒙也。

来知德：盖三则应乎其上,四则隔乎其三,与刚中发蒙之二不相应与,又乘阳不敬,则心志不应乎我,而不相孚契矣。既不相孚契而强告之,是徒烦渎乎蒙矣,亦何益哉？

张惠言：蒙自渎,非二之过。

按："渎,蒙也"是对"再、三渎,渎则不告"的解释。

六三爻、六四爻之所以愚昧无知,是因为他们阴乘阳,下凌上,亵渎师道。下卦坎为暗昧,上卦艮为止,六三、六四童蒙小子止步于暗昧,没有智慧,看不到光明,所以系辞为"渎,蒙也"。

蒙以养正,圣功也。

虞翻：体颐,故"养"。"五多功",圣谓二,二志应五,变得正而亡其蒙,故"圣功也"。

来知德:教之利于正者,幼而学之,学为圣人而已。圣人之所以为圣者,正而已矣。入圣之域虽在后日,作圣之功就在今日。当蒙时,养之以正,虽未即至于圣,圣域由此而渐入矣,此其所以利贞也。发蒙即养蒙。圣功,乃"功夫"之"功",非"功效"之"功"。

尚秉和:坎为圣,故曰圣功。

按:"蒙以养正,圣功也"是对"利贞"二字的解释。

上卦艮为止、为静,下卦坎为冬、为养、为圣、为正,所以系辞为"蒙以养正,圣功也"。意思是说启蒙教育要从培养学生的天地正气开始,这就是"利贞"的意思。怎样培养学生的天地正气?下卦坎为圣。圣人是怎样成就的?坎为险难。九二爻阳陷阴中,矢志不渝地恪守中道,艰难困苦,玉汝于成,所以系辞为"圣功也"。教育是成就圣人之道,这就是"圣功也"的大义所在。

《象》曰:山下出泉,蒙;

虞翻:艮为山,震为出,坎泉流出,故"山下出泉"。

来知德:泉乃必行之物,始出而未通达,犹物始生而未明,蒙之象也。

张惠言:"山下出泉",刚柔相通。宋均注《礼斗威仪》云:"蒙,小水也。"小水可以灌注,犹童蒙可以作圣。

按:"山下出泉,蒙"是从地理学的角度解释卦象。

上卦艮为山,下卦坎为水,山下流出的泉水被大山阻挡住了,处于蒙蔽的状态,所以系辞为"山下出泉,蒙"。

君子以果行育德。

虞翻:君子谓二。艮为果,震为行。育,养也。二至上有颐养象,故"以果行育德"也。

来知德:果行者,体坎之刚中,以果决其行,见善必迁,闻义必徙,不畏难而苟安也。育德者,体艮之静止,以养育其德,不欲速,宽以居之,优游以俟其成也。要之,果之育之者,不过蒙养之正而已。是故杨墨之行非不果也,而非吾之所谓行;佛老之德非不育也,而非吾之所谓德,所以蒙养以正为圣功。

张惠言:艮为贤人。果,决也,艮时行,故为"果"。

尚秉和:艮为君子,为坚,为果,震为行,故曰果行。果行者,言坚定不易也。《传》曰:致果为毅,是其义也。震为生,为德,故曰育德。以者,法也。言君子法蒙象,而果毅其行,养育其德也。

按:"君子以果行育德"是从"山下出泉,蒙"引申出来的人文思想。

能够效法蒙卦的人被称为"君子"。下卦坎为险难。九二爻与六四爻互卦为震,震为果行,九二爻与六五爻互卦为复,复为一阳来复,所以系辞为"育德"。在艰难困苦的环境中,君子矢志不渝,涵养天地正气,所以系辞为"君子以果行育德"。

初六：发蒙。

虞翻：发蒙之正，初为蒙始，而失其位。

来知德：蒙者，下民之蒙也，非又指童蒙也。发蒙者，启发其初之蒙也。初在下，近比九二刚中之贤，故有启发其蒙之象。

张惠言：发，动也。

尚秉和：发，启也。

按：下卦坎为愚昧。初六爻居地下之位，阴居阳位不正。人生伊始，懵懂无知，所以需要启蒙发智，步入正道，这就是"发蒙"的意思。

利用刑人，用说桎梏。

虞翻：发蒙之正以成兑，兑为刑人，坤为用，故曰"利用刑人"矣。坎为穿木，震足艮手，互与坎连，故称"桎梏"。初发成兑，兑为说，坎象毁坏，故曰"用说桎梏"。

来知德：刑人者，以人刑之也。刑罚立而后教化行，治蒙之初，故利用刑人，以正其法。桎梏者，刑之具也。坎为桎梏，桎梏之象也。在足曰桎，在手曰梏。中爻震为足，外卦艮为手，用桎梏之象也。因坎有桎梏，故用刑之具，即以桎梏言之，非必主于桎梏也。朴作教刑，不过夏、楚而已。本卦坎错离，艮综震，有噬嗑折狱用刑之象，故丰、旅、贲三卦有此象，皆言狱。说者，脱也。用脱桎梏，即不用刑人也。变兑为毁折，脱之象也。然发蒙之初，利用刑人以正其法，庶小惩而大诫，蒙斯可发矣。

张惠言：二用之也。二变在坤初，"子克家"。江承之云："上四爻，皆待二'发蒙'，下系于二，故云'互与坎连'。"说，读如脱。江承之云："二用初，脱上四爻之桎梏。"

尚秉和：《诗·大雅·思齐篇》曰：刑于寡妻。《左传》襄十三年：一人刑善，数世赖之。注皆训刑为法。是刑与型同。利用刑人者，言宜树之模型，使童蒙有所法式，得为成人，永免罪辟也。坎为桎梏，《说文》：桎，足械。梏，手械。

按："刑"与"型"相通，"利用刑人"有两层意思：一是以罪人为戒，一是以榜样为效法的对象。初六上承九二爻，九二爻深陷阴中，为牢狱中的犯人；九二爻与六四爻互卦为震，震为君子、为榜样。初六爻不能像坎卦中的犯人一样，步入犯罪的道路，而应该以震卦君子为榜样，涵养天地正气，步入阳光大道，这就是"利用刑人"的大义所在。

"说"与"脱"相通，"用说桎梏"是"利用刑人"的目的。下卦坎为牢狱，九二爻与六四爻互卦为震，震为足，上卦艮为手，手足都被加上了刑具，所以系辞为"桎梏"。初六爻以罪犯为警戒，是为了避免走向犯罪道路；初六爻以君子为榜样，是为了走向阳光大道。能够做到这两点，就可以避免牢狱之灾，这就是"用说桎梏"的意思。

以往吝。

虞翻：之应历险，故"以往吝"。吝，小疵也。

来知德：往者，往发其蒙也。吝者，利之反。变兑，则和悦矣,和悦安能发蒙? 故吝。若舍脱其刑人,惟和悦以往教之,蒙岂能发哉? 吝之道也。故其象占如此,细玩《小象》自见。

张惠言:四当求初,初不当往四,若历险以往,必吝。

尚秉和:四无应,故往吝。《说文》引作遴,云行难也。吝、遴古通。《汉书·鲁安王传》:晚节遴。《王莽传》:性实遴啬。义皆为吝。以往,王安石、朱震、王宗传、朱子皆训为以后,大误。

按:下卦坎为险,上卦艮为止,初六若没有人生导师指导,贸然前往,动则遇险,所以系辞为"以往吝"。

《象》曰:"利用刑人",以正法也。

虞翻:坎为法,初发之正,故"正法也"。

来知德:教之法,不可不正,故用刑惩戒之,使其有严惮也。

尚秉和:正,平也。坎为平,故曰正法。言以法则示人,俾童蒙有所则效,即释刑人之义也。

按:"以正法也"是对"利用刑人"的解释。

坎为法,初六爻顺承九二爻,阴变阳为正,所以系辞为"以正法也"。

九二:包蒙,吉。

虞翻:坤为包。应五据初,一与三四同体,包养四阴,故"包蒙,吉"。

来知德:包者,裹也。妇人怀妊,包裹其子,即"胞"字也。凡《易》中言"包"者,皆外包乎内也。泰曰"包荒",否曰"包承""包羞",姤曰"包鱼",皆外包乎内。包蒙者,包容其初之象也。曰包,则有含弘之量,敷教在宽矣。初曰"刑"者,不中不正也。上曰"击"者,上过刚也。此爻刚中,统治群阴,极善之爻,故于初曰"包",于三、四、五曰"纳",于五曰"克家"。

九二以阳刚为内卦之主,统治群阴,当发蒙之任者,其德刚而得中,故有包蒙之象。占者得此固吉矣,然所谓吉者,非止于包容其初之象也。凡三、四、五之为蒙者,二皆能以刚中之德化之,如新纳之妇有谐和之吉,承考之子有克家之贤,其吉其贤皆自然而然,不待勉强谆谆训诲于其间,如此而谓之吉也。故其占中之象又如此。

张惠言: 同体师。二自包四阴,三四自为渎。

尚秉和: 阳居阴中,故曰苞蒙。

按:九二爻阳居阴中为"包蒙"。

九二爻居中位,与六四爻互卦为震,震为通畅,所以为"吉"。

纳妇吉,子克家。

虞翻: 震刚为夫,伏巽为妇,二以刚接柔,故"纳妇,吉"。二称家,震,长子主器者。纳妇成初,故有"子克家"也。

来知德: 纳妇吉者,新纳之妇有谐和之吉也。中爻坤顺在上,一阳在下,纳受坤顺之阴,纳妇之象也。子克家者,能任父之事也。坎为中男,有刚中之贤,能干五母之蛊,子克家之象也。"纳妇吉"字与上"吉"字不同,上"吉"字,占者之吉也;下"吉"字,夫妇谐和之吉也。坤顺,故吉。

张惠言:革,革坤成乾,二巽姤下,由蒙二接之,故九二有伏巽,巽长女,故为震妇。不以五为妇,五艮少男,非女也。"纳妇"与"包蒙"不属,故各言吉。《乾凿度》曰"二为大夫",大夫称家。谓初已发之正,二伏巽出,使初成震为子。

尚秉和:五阴来应,故曰纳妇吉。震为子,艮为家。五艮体,二应之,故曰子克家。克者,能也,言能任家事也。

按:九二爻与六四爻互卦为震,震为长子、为夫,六三爻与六五爻互卦为坤,坤为妇,九二爻与六五爻阴阳相交,所以系辞为"纳妇吉"。

上卦艮为家,九二爻能够承担起家室的重任,所以系辞为"子克家"。

《象》曰:"子克家",刚柔接也。

来知德:二刚五柔,二有主蒙之功,五之信任专,所以二得广布其敷教之才,亦如贤子不待训诲,自然而克家也,所以占者有子克家之象。周公爻辞以刚中言,孔子《象辞》并应与言。

张惠言:明二纳巽,初乃成震。

尚秉和:接与"龙战于野"战字义同,言交接也。

按:"刚柔接也"是对"子克家"的解释。

九二爻为刚,六五爻为柔,九二与六五阴阳相应,所以系辞为"刚柔接也"。

六三:勿用取女。

虞翻:谓三。诫上也。

来知德:变巽,女之象也。

张惠言:"女"谓三也。三应上,"取女"者,上也。

尚秉和:取、娶同。坤为女。

按:六三爻与六五爻互卦为坤,坤为女,六三爻与上九爻阴阳相应,有婚娶之象。上卦艮为止,上九爻不可娶六三女子,所以系辞为"勿用取女"。

见金夫,不有躬,无攸利。

虞翻:金夫谓二。初发成兑,故三称"女"。兑为见,阳称金,震为夫,三逆乘二阳,所行不顺,为二所淫;上来之三,陟阴,故曰"勿用娶女,见金夫"矣。坤身称躬,三为二所乘,兑泽动下,不得之应,故"不有躬"。失位多凶,故"无攸利"也。

来知德:九二阳刚,乾爻也。乾为金,金夫之象,故称金夫。金夫者,以金赂己者也。六三正应在上,然性本阴柔,坎体顺流趋下,应爻艮体常止,不相应于下。九二为群蒙之主,得时之盛,盖近而相比,在纳妇之中者,故舍其正应而从之。此"见金夫,不有躬"之象也。且中爻顺体震动,三居顺动之中,比于其阳,亦不有躬之象也。若以蒙论,乃自暴自弃,昏迷于人欲,终不可教者。因三变长女,故即以女象之,曰"勿用取""无攸利",皆其象也。

六三阴柔,不中不正,又居艮止坎陷之中,盖蒙昧无知之极者也,故有此象。占者遇此,如有发蒙之责者,弃而不教可也。

张惠言:乾为金。坎为"淫",兑逆说之,故"为二所淫"。上九所以谓二寇也。二刚中养蒙,而于三义取"金夫"者,以正为求,以邪为淫,取义无常,其道一也。历坤,故曰"用"。坤为"身"。泽性就下,震又动之,故失坤体。

尚秉和:见金夫,不有躬,申勿用之故也。金夫者美称。《诗》:有匪君子,如金如锡,如圭如璧。《左传》:思我王度,式如玉,式如金。皆以金喻人之美。艮为金,为夫。人徒知乾为金,不知艮坚亦为金。《易林》随之屯云:金玉满堂。以屯之互艮为金也。人徒知震有夫象,不知三男皆为夫。比曰:后夫凶。以艮为夫也。《易林》复之剥云:夫亡从军。以剥上艮为夫也。三与上艮应,故曰见金夫。坤为躬。三体震,震为行而决躁,故见金夫而亟欲往上,不顾四五之阻,故曰不有躬。女行如此不顺,故无所利也。

按:"见金夫,不有躬,无攸利",是解释"勿用取女"的原因。

九二爻与六四爻互卦为震,震为金夫,坎与离旁通,离为目,六三爻与九二爻亲近,所以系辞为"见金夫"。

六三爻与六五爻互卦为坤,坤为妇,失身之象,所以系辞为"不有躬"。

下卦坎为陷阱。上九爻若娶六三女子,就会陷入困境,所以系辞为"无攸利"。

《象》曰:"勿用取女",行不顺也。

虞翻:失位乘刚,故"行不顺也"。

来知德:妇人以顺从其夫为正,舍正应之夫而从金夫,安得为顺?

尚秉和:坤为顺,震躁动,故不顺。案此爻旧解,虞翻以阳为金,谓三为二所淫。朱子谓金夫,盖以金赂己而挑之,若鲁秋胡之事。均堪喷饭。若夫王弼以金夫为刚夫,毛大可、惠栋等用卦变,又以兑阳为金,皆非。故夫卦象一失传,无论若何揣测,皆不能当,其关系之重若是。

按:"行不顺也"是对"勿用取女"的解释。

六三阴居阳位不正,阴乘阳,九二爻与六四爻互卦为震,震为行,六三爻违背阴顺阳之道,行为不端,所以系辞为"行不顺也"。

六四:困蒙,吝。

来知德:困蒙者,困于蒙昧而不能开明也。六四上下既远隔于阳,不得贤明之人以近之,又无正应贤明者以为之辅助,则蒙无自而发,而困于蒙矣,故有困蒙之象。占者如是,终于下愚,故可羞。

张惠言:远于二,故"困蒙,吝"。

尚秉和:四无应,承乘皆失类,故曰困。

按:下卦坎为暗昧,上卦艮为止,六四居上下卦之间,四周阴气弥漫,进退失据,所以系辞为"困蒙,吝"。

《象》曰:困蒙之吝,独远实也。

来知德:阳实阴虚,实谓阳也。六四上下皆阴,蒙之甚者也。欲从九二则隔三,欲从上九则隔五,远隔于实者也,故曰"独远实"。独者,言本卦之阴皆近乎阳,而四独远也。

张惠言:阳为"实"。

尚秉和:实为阳。初三五皆近阳,四独否,故曰独远实。

按:"独远实也"是对"困蒙之吝"的解释。

阴虚阳实。六四被阴气环绕,远离九二、上九爻所代表的阳刚之气,所以系辞为"独远实也"。

六五:童蒙,吉。

虞翻:艮为童蒙,处贵承上,有应于二,动而成巽,故"吉"也。

来知德:童蒙者,纯一未散,专心资于人者也。艮为少男,故曰童。匪我求童蒙,言童之蒙昧也。此则就其纯一未散,专听于人而言。盖中爻为坤顺,五变为巽,有此顺巽之德,所以专心资刚明之贤也。

六五以顺巽居尊,远应乎二,近比乎上,盖专心资刚明之贤者,故有童蒙之象。占者如是则吉也。

张惠言:言"承上"者,为动巽而言,非五求上发蒙。

尚秉和:艮为童蒙。上承阳,下应二,虽不当位而居中,故吉。

按：上卦艮为小子、为童蒙，六五爻居中位，上顺上九，下与九二爻阴阳相应，所以系辞为"童蒙，吉"。

《象》曰：童蒙之吉，顺以巽也。

来知德：中爻为顺，变爻为巽。仰承亲比上九者，顺也；俯应听从九二者，巽也。亲比听从乎阳，正远实之反，所以吉。

张惠言：坤为"顺"。

尚秉和：上承阳，顺阳而行，下与二相上下，故曰顺以巽。

按："顺以巽也"是对"童蒙之吉"的解释。

六五爻上承上九为"顺"；六五爻与九二爻阴阳相应，阳升阴降，上下易位，变为观卦：☷☶→☴☷。观卦《象传》言"顺而巽"，下卦坤为顺，上卦巽为风，所以系辞为"顺以巽也"。六五童蒙小子上承上九"顺天"，下应九二"敬师"，所以系辞为"顺以巽也"。

上九：击蒙，不利为寇，利御寇。

虞翻：体艮为手，故"击"。谓五已变，上动成坎称寇，而逆乘阳，故"不利为寇"矣。御，止也。此寇谓二，坎为寇，巽为高，艮为山，登山备下，顺有师象，故"利御寇"也。

来知德：击蒙者，击杀之也。应爻坎为盗，错杂为戈兵，艮为手，手持戈兵，击杀之象也。三与上九为正应，故击杀之也。寇者，即坎之寇盗也。二"寇"字相同。不利为寇者，教三爻在下，蒙昧之人也。利御寇者，教上九在上，治蒙之人也。六三在本爻为淫乱，在上九为寇乱，蒙昧之极可知矣。

上九与三之寇盗相为正应，过刚不中，治蒙太猛，故有击蒙之象。圣人教占者，以占得此爻者，若乃在下蒙昧之人，则不利为寇，为寇则有击杀之凶矣；占得此爻者，若乃在上治蒙之人，惟利御止其寇而已，不可即击杀之。圣人哀矜愚蒙之人，故两有所戒也。

张惠言：上体艮，亦为蒙。言上不可变。三应上，为二所淫，上不变而御二则利也。取师象者，明当御之于早。

尚秉和：艮手为击，亦启发之意。上应在三，三坎为寇，道穷于上，故不利为寇。然艮为坚为守，下拥群阴势众，故利御寇。坎《象传》云：王公设险以守其国。守谓互艮也，能守故利。

按：上卦艮为手、为击，下卦坎为蒙，上九与六三阴阳相应，上下易位，驱除六三的蒙昧，所以系辞为"击蒙，不利为寇"。

上九爻与六三爻上下易位，变为升卦：䷭→䷭。下卦坎变为巽，九三爻与六五爻互卦为震，震为正道，寇盗被上九爻驯服，走上正道，所以系辞为"利御寇"

《象》曰：利用御寇，上下顺也。

虞翻：自上御下，故"顺"也。

来知德：上九刚止于御寇，上之顺也。六三柔随其所止，下之顺也。艮有止象，变坤有顺象，渐卦利御寇，《小

《象》亦曰顺相保,可见矣。

尚秉和:君子守其前,小人随其后,故利御寇。上下顺者,言坤民顺上也。

按:六三爻与上九爻居位不正,上下易位,各得正位,变为升卦后,升卦上卦坤为顺,下卦巽亦为顺,所以系辞为"上下顺也"。

五 需卦

坎上乾下

需:

来知德:需者,须也,有所待也。理势不得不需者,以卦象论,水在天上,未遽下于地,必待阴阳之交,薰蒸而后成,需之象也;以卦德论,乾性主于必进,乃处坎陷之下,未肯遽进,需之义也。《序卦》:"蒙者,物之稚也。物稚不可不养也。需者,饮食之道也。"养物以饮食,所以次蒙。

张惠言:大壮息卦,阳至大壮,过盛失正,为阴所伤,义宜需养,故名为"需"。内卦候在正月,外卦二月,爻变成既济,乾道也。大壮息阳,故上别取终乾。

按:"需"是卦名,卦象由上坎下乾构成。《周易·序卦传》言:"物稚不可不养也,故受之以需。需者,饮食之道也。"需卦上卦坎为水,下卦乾为天,水在天上为云,云要化为雨水,还需要等待时机,所以卦象被命名为"需"。

需卦与晋卦旁通。

有孚,光亨,贞吉。

虞翻:大壮四之五。孚谓五,离日为光,四之五,得位正中,故"光亨,贞吉",谓"壮于大舆之辐也"。

来知德:需虽有所待,乃我所当待也,非不当待而待也。孚者,信之在中者也。坎体诚信充实于中,孚之象也。光者,此心光明,不为私欲所蔽也。中爻离,光明之象也。亨者,此心亨泰,不为私欲所窒也。坎为通,亨通之象也。贞者,事之正也。八卦正位坎在五,阳刚中正,为需之主,正之象也。皆指五也。

张惠言:四阳二阴例。阳在二、五称"孚"。坎为"孚"。"贞"谓五正。辐,当为"腹"。大壮九四"壮于大舆之腹",彼注云:"四失位,之五得正。坤为'大舆'为'腹',四之五折坤,故'壮于大舆之腹'。"正此需五也。壮,伤也。四在大壮,为阴所伤,之五还伤坤也。

尚秉和:乾为行,行而遇险,故曰需。需,待也。《归藏》作溽。坎、兑皆水,故溽。溽,湿也。而溽与濡音义并同。杨氏《古音》云:溽,人余切。《归藏易》需卦作溽,同濡。案《孟子》:是何濡滞也。是溽有迟义。古文多省笔,疑需为古文濡字,与《归藏》同。且濡滞亦有须义,与《象传》不背。《周易》本因二《易》而作,溽、濡、需不过字形之辗转耳,音义并同也。卦辞皆指九五。五上下皆阴,故有孚。互离,故光;得位,故亨。贞吉者,卜问则吉也。

按：上卦坎，九五爻居坎卦之中，坎中满，所以系辞为"有孚"。

九五爻与九三爻互卦为离，离为日、为光，九五爻居坎卦之中，处险难之时，内心实诚，以太阳为信，与天道相通，所以系辞为"光亨"。

九五爻居中正之位，所以系辞为"贞吉"。

利涉大川。

虞翻：谓二失位，变而涉坎，坎为"大川"，得位应五，故"利涉大川"。

来知德：坎水在前，乾健临之，乾知险，涉大川之象也。又中爻兑综巽，坎水在前，巽木临之，亦涉大川之象。详见颐卦上九。孚贞者，尽所需之道。光亨吉利者，得所需之效。需若无实，必无光亨之时。需若不正，岂有吉利之理？

言事若有所待，而心能孚信，则光明而事通矣。而事又出于其正，不行险以侥幸，则吉矣，故利涉大川。

尚秉和：坤为水、为大川。《易林》贲之损云：龙蛇所聚，大水来处。以损互震为龙蛇，互坤为水。又师之复：渊泉堤防，水道利通。亦以复坤为泉为水。此外《九家》说蛊之利涉大川云：此卦乾天有河，坤地有水，二爻升降，出入乾坤，利涉大川也。亦以坤为大川。利涉谓五，言五居坤中，孚于上下而利也。故《象传》以位乎天位，往有功释之。而虞翻谓往指二，二失位，变阴涉坎，故利涉。夫以坎为大川，涉之而利，则不必需矣，是背卦义也。彼夫蹇无坤也，而曰利西南，以塞五居坤中也。需五亦居坤中，坤为大川，当位而尊，上下皆孚，故曰往有功。五居外，故曰往。非必内卦往外卦方谓往也。此卦只五爻能利涉，他爻无利者。自坤水象失传，不知五所涉者为坤水，为大川，必以坎为大川，于是《易》之利涉大川，无一得解者。

按：上卦坎为水、为大川，九五爻居中正之位，做到"有孚，光亨，贞吉"，自然能够脱离坎险，所以系辞为"利涉大川"。

《彖》曰：需，须也，险在前也。刚健而不陷，其义不困穷矣。

来知德：以卦德释卦名，以卦综释卦辞。需者，须也，理势之所在，正欲其有所待也，故有需之义。险在前，不易于进，正当需之时也。乾临之，毅然有守，不冒险以前进，故不陷于险。既不陷于险，则终能出其险，其义不至于困穷矣，所以名需。需、讼二卦同体，文王综为一卦，故《杂卦》曰"需，不进也；讼，不亲也"。

张惠言：须，待也，养也。险，坎。卦以外为"前"。《杂卦》曰"需，不进也"，注云"险在前，故不进"。

尚秉和：须，待也。待则不陷于险中，故不困穷，释需之故也。

按：这句话是对"需"字的解释。

"需"有等待的意思。为什么需要等待？因为上卦坎为险难，所以系辞为"需，须也，险在前也"。

下卦乾为刚健,上卦坎为陷。九五爻居中正之位,虽然身陷困境,但九五君子效法天道,自强不息,所以系辞为"刚健而不陷,其义不困穷矣"。

"需,有孚,光亨,贞吉",位乎天位,以正中也。

来知德:位天位以正中者,讼下卦之坎往居需之上卦九五,又正而又中也,五为天位,因自讼之地位往居之,故曰"位乎天位"。如在讼下卦,止可言"中",不可言"正"矣。正则外无偏倚,中则心无夹杂,所以"有孚,光亨,贞吉"。

张惠言:谓五。

尚秉和:位乎天位,往有功,皆谓九五。

按:"位乎天位,以正中也"是对"需,有孚,光亨,贞吉"的解释。

九五爻居天位,居中守正,所以系辞为"位乎天位,以正中也"。

"利涉大川",往有功也。

虞翻:五多功,故"往有功也"。

来知德:"往有功",与渐、蹇、解三卦《象辞》"往有功"同,言讼下卦往而居需之上卦九五正中,所以有利涉大川之功也。

张惠言:之外称"往",谓二。

尚秉和:谓九五居坤水之中,上下皆孚。有功,即利涉。虞翻以二当之,失《象传》旨矣。

按:"往有功也"是对"利涉大川"的解释。

上卦坎为劳,九五爻在外为往。九五君子效法天道,刚健有为,化解险难,所以系辞为"往有功也"。

《象》曰:云上于天,需;

来知德:云气蒸而上升,必得阴阳和洽然后成雨,故为需待之义。

张惠言:天须云降雨以养物。

尚秉和:坎为云,故曰云上于天。

按:"云上于天,需"是从天文学的角度解释卦象。

上卦坎为云,下卦乾为天,云在天上,要化为甘霖润泽大地,还需要等待,所以系辞为"云上于天,需"。

君子以饮食宴乐。

虞翻:君子谓乾。坎水兑口,水流入口为饮;二失位,变体噬嗑为食,故"以饮食"。阳在内称"宴";大壮震为乐,故"宴乐"也。

来知德:君子事之当需者,亦不容更有所为,惟内有孚,外守正,饮食以养其气体而已,宴乐以娱其心志而已,此外别无所作为也。曰"饮食宴乐"者,乃居易俟命、涵养待时之象也,非贞必饮食宴乐也。若伯夷、太公需待天下之清,穷困如此,岂能饮食宴乐哉?

张惠言:宴,安,在内安也。由乐而有饮食,故取震也。

尚秉和:二四兑,兑口,故曰饮食。兑悦,故曰宴乐。乾为君子。言君子饮食宴乐,从容以俟也。

按:"君子以饮食宴乐"是从"云上于天,需"引申出来的人文思想。

能够效法需卦的人被称为"君子"。上卦坎为酒水,九二爻与六四爻互卦为兑,兑为口、为悦,天降甘霖,君子仰口承受,所以系辞为"君子以饮食宴乐"。

初九:需于郊,利用恒,无咎。

来知德:郊者,旷远之地,未近于险之象也。乾为郊,郊之象也。故同人、小畜皆言"郊"。需于郊者,不冒险以前进也。恒者,常也。安常守静以待时,不变所守之操也。利用恒,无咎者,戒之也。言若无恒,犹有咎也。

初九阳刚得正,未近于险,乃不冒险以前进者,故有需郊之象。然需于始者,或不能需于终,故必义命自安,恒于郊而不变,乃其所利也。戒占者能如此,则无咎矣。

张惠言:初需四,"郊",谓四也。乾为野,坎为邦。险,城隍也。乾之前,故"于郊"。恒,久也,乾为久。二变坤为"用",五用之也。初之应险远,宜久需二变而后应也。

尚秉和:乾为郊。初临重阳,阳遇阳得敌,不能行,故利用恒。恒,久也,常也。言潜龙勿用,守常不变也。守常不动,故无咎。阳遇阳行难,需而不进,故《象》曰不犯难行。大畜初九曰:有厉利已。厉与难皆指二三。此与鼎九二慎所之,大有初九曰无交,大壮初九曰征凶,夬初九曰往不胜,姤九三曰其行次且,皆因阳遇阳。乃二千年说者,皆以需坎为难,谓初不取四,为不犯难。岂知难为二三。二三皆阳,阳遇阳行难,故不取四而用恒,非以坎为难而不取也。故夫同性相敌、异性相感之理不明，则《易》本立失。此不犯难及有厉利已等辞，所以永不得解也。

按：后天八卦乾位西北，下卦乾为郊，所以系辞为"需于郊"。

乾为恒，初九需要长久耐心等待，恪守"潜龙勿用"的训诫，所以系辞为"利用恒"。

初九阳居阳位为正，所以系辞为"无咎"。

《象》曰："需于郊"，不犯难行也。

来知德：不犯难行者，超然远去，不冒犯险难以前进也。

张惠言：坎险，故"难"。初不进，需之。

尚秉和：阳遇阳得敌。需而不进，故曰不犯难行。难指二三。

按："不犯难行也"是对"需于郊"的解释。

上卦坎为险难，初九爻与六四爻阴阳相应，固执前行，就会遭遇险难，所以系辞为"不犯难行也"。

"利用恒，无咎"，未失常也。

来知德：未失常者，不失需之常道也。需之常道不过以义命自安，不冒险以前进而已。

张惠言：阴从阳，正也。来而后往，故未失常。

按："未失常也"是对"利用恒，无咎"的解释。

下卦乾为天道，天道有升有降，有显有隐，初九恪守"潜龙勿用"的训诫，所以系辞为"未失常也"。

九二：需于沙，小有言，终吉。

虞翻：沙谓五，水中之阳称沙也。二变之阴，称小。大壮震为言，兑为口，四之五，震象半见，故"小有言"。二变应之，故"终吉"。

来知德：坎为水，水近则有沙，沙则近于险矣。渐近于险，虽未至于患害，已小有言矣。小言者，众人见讥之言也。避世之士，知前有坎陷之险，责之以洁身。用世之士，知九二刚中之才，责之以拯溺也。中爻为兑口舌，小言之象也。终吉者，变爻离明，明哲保身，终不陷于险也。

二以阳刚之才而居柔守中，盖不冒险而进者，故云有需于沙之象。占者如是，虽不免小有言，终得其吉也。

张惠言：二需五也。二未变，在兑属半震。正位，故吉。

尚秉和：沙近水，二较初略进，故曰需于沙。二至四伏艮，艮为沙。有言者，争讼也。乾为言，见《左传》。兑口亦为言，见《易林》。乃兑言向外，与乾言相背，故争讼。夬四之闻言不信，即如此取象也。兑为小，故小有言。有言不吉，然而吉者，《象》曰衍在中，以居沙衍之中也。《穆天子传》：天子遂东征，南绝沙衍。盖水中有沙曰衍，故曰衍在中，以象中位也。《象》曰虽小有言，以吉终者，明有言本不吉，然而吉者，以得中位也。虞翻用半象，谓三四震象半见，为小有言，穿凿之说也。凡《易》云有言，及闻言不信，有言不信者，皆争讼也，非言之有无也。《左传》昭五年以谦为谦，首发其义；《焦氏易林》畅述其旨。于是二千年有言误解，尽行暴露，与利涉大川同。说详《焦氏易诂》中。

按：九二爻与六四爻互卦为兑，兑与艮旁通，兑为小、为言，艮为沙，九二爻靠近水边，所以系辞为"需于沙，小有言"。

兑与艮旁通，艮为终，虽然"小有言"，但九二爻恪守中道，所以系辞为"终吉"。

《象》曰："需于沙"，衍在中也。

虞翻：衍，流也。中谓五也。

来知德：水行朝宗曰衍，即水字也。凡江河，水在中而沙在边。衍在中者，言水在中央也。

张惠言：五有中德，泽流于二。

尚秉和：解见前。

按："衍在中也"是对"需于沙"的解释。

已经到了水边的沙地，九二爻以刚居中，所以系辞为"衍在中也"。

虽"小有言"，以吉终也。

来知德：沙在水边，则近于险矣，虽近于险而小有言，然以刚中处需，故不陷于险而以吉终也。

尚秉和：解见前。

按："以吉终也"是对"小有言"的解释。

兑与艮旁通，艮阴终阳始，所以系辞为"以吉终也"。

九三：需于泥，致寇至。

来知德：泥逼于水，将陷于险矣，寇之地也。坎为盗在前，寇之象也。

九三居健体之上,才位俱刚,进不顾前,迩于坎盗,故有需泥寇至之象。健体敬慎惕若,故占者不言凶。

张惠言:三需上也。上入坎深,故"于泥"。离为"戎"。大壮五上伤阳,四上之五,折三入离,上为戎首,致之者谓上"入于穴"。"致戎",旧读"致寇",郑、王肃皆作"致戎"。

尚秉和:震九四云:震坠泥。以坎为泥也。九三去险益近,故曰需于泥。坎为寇,三近坎,故曰致寇至。

按:九三爻与上卦坎水比邻,近水之处为"泥",所以系辞为"需于泥"。

上卦坎为寇盗。九三爻近水而居,招致强盗,所以系辞为"致寇至"。

《象》曰:"需于泥",灾在外也。

来知德:外谓外卦。灾在外者,言灾已切身而在目前也。

张惠言:谓上坎为"灾"。

尚秉和:坎为灾。灾在外,明尚未罹灾。

按:"灾在外也"是对"需于泥"的解释。

上卦坎为外卦,坎为灾,所以系辞为"灾在外也"。

自我致寇,敬慎不败也。

虞翻:离为戎,乾为敬,阴消至五,遁,臣将弑君;四上壮坤,故"敬慎不败"。

来知德:灾在外而我近之,是致寇自我也。敬慎不败者,三得其正,乾乾惕若,敬而且慎,所以不败于寇也,故占者不言凶。

张惠言：消息之卦，遁反大壮，大壮乾四失位，为阴所伤，遂进不需，则阴消至五，而反遁矣。四上之五，折坤为坎，"壮于大舆之腹"，则不反遁。上来终乾，"敬慎不败"。

尚秉和：致寇至，明寇尚未至也。致之故在我，我能敬慎则不至矣。不至则不败。乾为惕，故曰敬慎。

按："自我致寇，敬慎不败也"是对"致寇至"的解释。

九三爻与坎卦比邻而居，是靠近强盗，所以系辞为"自我致寇"。

九三爻恪守"君子终日乾乾，夕惕若厉"的训诫，战战兢兢，如履薄冰，小心驶得万年船，所以系辞为"敬慎不败也"。

六四：需于血，出自穴。

来知德：坎为血，血之象也。又为隐伏，穴之象也。偶居左右上下皆阳，亦穴之象也。血即坎字，非见伤也。出自穴者，观上六"入于穴""入"字，此言"出"字即出、入二字自明矣。言虽"需于血"，然犹出自穴外，未入于穴之深也。需卦近于坎，致寇至；及入于坎，三爻皆吉者，何也？盖六四顺于初之阳，上六阳来救援，皆应与有力；九五中正，所以皆吉也。凡看周公爻辞，要玩孔子《小象》，若以血为杀伤之地，失《小象》顺听之旨矣。

四交于坎，已入于险，故有需于血之象。然四与初为正应，能顺听乎初，初乃乾刚，至健而知险，惟知其险，是出自穴外，不冒险以进，虽险而不险矣，故其象占如此。

张惠言：四需初也。坎为"血"。二已变，初在重坎之下，故"于血"。四在两坎中为"穴"。本大壮震为"出"，故"出自穴"。

尚秉和：血，洫之省字。古文如此者，不可胜数。且沟洫亦坎象也。诸家以坎有血象，便作需于血，不辞甚矣。兑为穴。《易林》乾之咸云：反得丹穴。豫之兑云：秋蛇向穴。皆以兑为穴。言四之所处，前临沟洫，故曰需于洫。而居兑穴之上，故曰出自穴。毛奇龄、惠栋、焦循等皆以坎为穴，用象既误。故于出义不合也。（只姚配中诘出字得解。）

按：上卦坎为血，六四居坎卦初爻，所以系辞为"需于血"。

六四爻与九二爻互卦为兑，兑为穴，所以系辞为"出自穴"。

《象》曰："需于血"，顺以听也。

来知德：坎为耳，听之象也。听者，听乎初也。六四柔得其正，顺也。顺听乎初，故入险不险。

张惠言：坎为耳。二变重坎，为聪。四顺听于初也。

尚秉和：四阴宜顺五阳。坎为耳，故曰听。听，从也。

按：上卦坎为耳、为听，六四爻阴居正位，顺从九五之阳，所以系辞为"顺以听也"。

九五：需于酒食，贞吉。

来知德：坎水，酒象。中爻兑，食象。详见困卦。酒食,宴乐之具。需于酒食者,安于日用饮食之常,以待之而已。贞吉者,正而自吉也,非戒也。

九五阳刚中正,居于尊位,盖优游和平,不多事以自扰,无为而治者也。故有需于酒食之象,其贞吉可知矣。占者有是贞,亦有是吉也。

张惠言:而之应成噬嗑,"酒食"之象。"贞"谓二也。

尚秉和:坎为酒。食,实也。颐自求口实,郑作食,是食实可通用。坎中实,故坎为食。《易林》履之蹇云:天下饶食。谦之坎:食非其任。皆以坎为食。酒食在上,兑口承之,故曰需于酒食。贞吉者,卜问吉也。

按:坎为酒食,所以系辞为"需于酒食"。

九五爻居中正之位,所以系辞为"贞吉"。

《象》曰:"酒食,贞吉",以中正也。

来知德:即《彖》"正中"。

张惠言:五中正,故二变应之。

尚秉和:五位中正,释贞吉之故也。

按:"以中正也"是对"酒食,贞吉"的解释。

九五爻居中守正,所以系辞为"以中正也"。

上六:入于穴,有不速之客三人来,敬之,终吉。

来知德:阴居险陷之极,入于穴之象也。变巽为入,亦入之象也。下应九三,阳合乎阴,阳主上进,不召请而自来之象也。我为主,应为客,三阳同体,客三人之象也。入穴穷困,望人救援之心甚切,喜其来而敬之之象也。终吉者,以三阳至健,知险可以拯溺也。

上六居险之极,下应九三,故其象如此,占者之吉可知矣。

张惠言:就三也。伏入坎下,故"入于穴"。诚三也。自外为"来"。"不速之客",谓坤体三爻也。上为戎主,故牵率坤爻以就三。大壮盈阳,坤既就乾,则终息乾体,乾为"敬",故"敬之,终吉"。

尚秉和:互兑为穴。上来应三,则入于兑穴矣。而阳必上升,故曰不速之客。马云:速,召也。乾为人,上应在三,故曰三人来。坎为畏惧,故曰敬之。言阴宜顺阳也。上居卦终,故曰终吉。

按:上卦坎为陷阱,所以系辞为"入于穴"。

上六与九三阴阳相应,九三阳爻当升至上六的位置,所以系辞为"有不速之客三人来"。

上六爻与九三爻上下易位,变为中孚卦☰,阳上阴下,阴顺阳,所以系辞为"敬之"。中孚卦六三爻与九五爻互卦为艮,艮为终,所以系辞为"终吉"。

《象》曰:"不速之客来,敬之,终吉",虽不当位,未大失也。

来知德:位者,爻位也。三乃人位,应乎上六,故曰人来。初与二皆地位,上六所应者乃人位,非地位,今初与二皆来,故不当位也。以一阴而三阳之来,上六敬之,似为失身矣,而不知入于其穴,其时何时也。来救援于我者,犹择其位之当否，而敬有分别，是不知权变者矣。故初与二虽不当位，上六敬之，亦未为大失也。曰"未大失"者，言虽失而未大也。若不知权变，自经于沟渎，其失愈大矣。《易》中之时正在于此。

张惠言：终乾则二、四、上失位，故曰"不当位"。阳体盈，故"未大失"。

尚秉和：《象》明曰不速之客来，来而不当位，言三升上不当位也，非谓上六本不当位。王弼不明升降之理，便谓初上无位，真妄说也。苟爽云：上退居三，虽不当位，承阳有实，故未大失。固的解也。

按："虽不当位，未大失也"是对"不速之客来，敬之，终吉"的解释。

上六当位，但阴乘阳，处于险难的境地，所以需要与九三爻换位。上六爻下降至九三爻的位置，阴居阳位，虽然不当位，但天地自然秩序恢复，生机重现，所以系辞为"虽不当位，未大失也"。

六　讼卦

☰☵乾上坎下

讼：

来知德：讼者，争辨也。其卦坎下乾上，以二象论，天运乎上，水流乎下，其行相违，所以成讼；以卦德论，上以刚陵乎下，下以险伺乎上，以一人言内险而外健，以二人言己险而彼健，险与健相持，皆欲求胜，此必讼之道也。《序卦》："饮食者，人之大欲存焉。"既有所需，必有所争，讼所由起也，所以次需。

张惠言：遁消卦，次无妄。遁消乾，无妄明乾元非消例。消卦始于讼，阳与阴争，故曰"讼"。候在三月。卦辞"利见大人"，唯二正还成否时行也。爻成既济，明五救遁乾元也。

尚秉和：乾阳上升，坎水下降。乃乾即在上，坎即在下，违行，气不交，故曰讼。

按："讼"是卦名，卦象由上乾下坎构成。《周易·序卦传》言："饮食必有讼，故受之以讼。"讼卦上卦乾为天，下卦坎为水，天在上，水在下，上下不交，引发争斗、打官司，所以卦象被命名为"讼"。

讼卦与明夷卦旁通。

有孚，窒惕，中吉，

虞翻：遁三之二也。孚谓二。窒，塞止也。惕，惧，二也。二失位，故不言贞。遁将成否，则子弑父，臣弑君。三来之二，得中，弑不得行，故"中吉"也。

来知德：有孚者，心诚实而不诈伪也；窒者，窒塞而能含忍也；惕者，戒惧而畏刑罚也；中者，中和而不狠愎也。人有此四者，必不与人争讼，所以吉。

张惠言：四阳二阴例。坎为"孚"。止遁不成否。坎为"惕"。

尚秉和：二阳居阴中，故有孚。坎中实，故窒。坎忧，故惕。二虽不当位，居中，故吉。

按：九二爻一阳居二阴之中，坎中满，内心诚实有信，所以系辞为"有孚"。

下卦坎为忧，九二爻被二阴包围，心生警惕，所以系辞为"窒惕"。

九二爻居中不偏，与九四爻互卦为离，离为光明，所以系辞为"中吉"。

终凶。

虞翻：二失位，终止不变，则"入于渊"，故"终凶"也。

来知德：若可已不已，必求其胜而终其讼，则凶。

尚秉和：二无应遇敌，故终凶。

按：九二爻如果沾沾自喜于"中吉"，不知变通，那么最终仍然无法摆脱坎险，所以系辞为"终凶"。

利见大人，不利涉大川。

来知德：利见大人者，见九五以决其讼也。不利涉大川者，不论事之浅深，冒险入渊以兴讼也。九二中实，有孚之象。一阳沉溺于二阴之间，窒之象。坎为加忧，惕之象。阳刚来居二，中之象。上九过刚，终之象。九五中正以居尊位，大人之象。中爻巽木下坎水，本可以涉大川，值三刚在上，阳实阴虚，遇巽风，舟重遇风，则舟危矣，舟危岂不入渊？故《象辞》曰"入渊"，不利涉之象也，与"栋挠"同。文王卦辞，其精妙至绝。

　　张惠言："大人"谓五,中正在上,离在其下,二利之正应之,故"利见大人"。谓二不变"终凶"。五将变应之,成未济,坎为"大川",故"不利涉大川"。

　　尚秉和：九五中正,故利见大人。坤为大川,二入之不当位,无应与,不能出。(若解则能出。)沉沦于坤水之中,故曰不利涉大川。

　　按：九二爻居地上之位,与九四爻互卦为离,离为明、为见,乾卦九二爻辞为"见龙在田,利见大人",所以系辞为"利见大人"。

　　下卦坎为大川,九二爻如果沉溺其中,就无法摆脱坎险,所以系辞为"不利涉大川"。

《象》曰：讼,上刚下险;险而健,讼。

　　来知德：以卦德、卦综、卦体、卦象释卦名、卦辞。险、健详见前卦下。若健而不险,必不生讼;险而不健,必不能讼,惟二者俱全,所以名讼。

　　张惠言：刚、健,乾。险,坎。

　　按：这句话是对"讼"字的解释。

　　上卦乾为刚,下卦坎为险,所以系辞为"讼,上刚下险"。

　　明明知道有危险,还要一意孤行,就会有争斗的事情发生,所以系辞为"险而健,讼"。

"讼,有孚,窒惕,中吉",刚来而得中也。

　　来知德：刚来得中者,需讼相综,需上卦之坎来居讼之下卦,九二得中也。前儒不知《序卦》《杂卦》,所以依虞翻以为卦变,刚来居柔地得中,故能有孚、能窒、能惕、能中、终者,极而至于成也。

张惠言:谓二自三来。

尚秉和:刚来得中,谓二也。

按:"刚来而得中也"是对"有孚,窒惕,中吉"的解释。

九二爻以阳刚居阴柔之中,所以系辞为"刚来而得中也"。

"终凶",讼不可成也。

来知德:讼已非美事,若讼之不已,至于其极,其凶可知矣。

张惠言:阳不与阴成争。

按:"讼不可成也"是对"终凶"的解释。

九二爻当上升"利见大人",摆脱险难处境,所以系辞为"讼不可成也"。

"利见大人",尚中正也。

来知德:尚者,"好尚"之"尚",主也,言九五所主,在中正也。惟中正,所以能辨人是非。

张惠言:唯五正中,能通坤。

尚秉和:中正,谓五也。

按:"尚中正也"是对"利见大人"的解释。

九五爻居中正之位,所以系辞为"尚中正也"。

"不利涉大川",入于渊也。

来知德:入渊者,舟重遇风,其舟危矣。故入渊与冒险兴讼,必陷其身者,一而已矣。

张惠言:坎为"渊",为"入"。失位而讼,徒成阴长。

尚秉和:坤为渊。《易林》震之复云:藏匿渊底。言复阳居坤下,故曰藏匿渊底。是以坤为渊也。今二入居坤中,故曰入于渊。而上无应不能出,沉溺渊中,故曰不利。

按:"入于渊也"是对"不利涉大川"的解释。

坤为渊,九二爻潜入坤体,所以系辞为"入于渊也"。

《象》曰:天与水违行,讼;

来知德:天上蟠,水下润;天西转,水东注,故其行相违。

张惠言:天行健,坎行险,故皆以行言之。天西水东,相违错,讼始于相违也。

尚秉和:需水上乾下,故气交。反之则背道而驰,愈去愈远,故曰违行。行,道也。违行,言异道而行也。

按:"天与水违行,讼"是从天文学、地理学的角度解释卦象。

天道的运行是自东向西,地面上水流的方向是自西向东,天道与水流的运行方向相反,所以系辞为"天与水违行,讼"。

君子以作事谋始。

虞翻:君子谓乾。三来变坤为作事,坎为谋。"乾知大始",故"以作事谋始"。

来知德:谋之于始,则讼端绝矣。作事谋始,工夫不在讼之时,而在于未讼之时也。与其病后能服药,不若病前能自调之意。天下之事莫不皆然。故曰曹、刘共饭,地分于匕箸之间。苏、史灭宗,衅起于谈笑之顷。苏逢吉、史弘文俱为令,见《五代史》。

张惠言:遁倾否,故云"乾三",非艮爻也。不以上乾为君子者,三来讼遁,为卦主。坤为"事"。明讼为乾德。

尚秉和:坎为谋,坤为事,二居坤中,故曰作事。二无应,故入不能出,若慎始则免矣。卦气以下为始。王弼云:凡讼之起,契之不明。孔疏:由于初时契要之过。慎始制契,则讼端绝。按乾坎皆为信,契要者信也。王注优于各家。

按:"君子以作事谋始"是从"天与水违行,讼"引申出来的人文思想。

能够效法讼卦的人被称为"君子"。上卦乾为天,"天行健",取象为作事。下卦坎为水,"知者乐水",坎取象为谋始。要避免纠纷、争讼,做事之前一定要考虑周全,防患于未然,这就是"君子以作事谋始"的意思。

初六:不永所事,小有言,终吉。

虞翻:永,长也。坤为事,初失位而为讼始,故"不永所事"也。"小有言",谓初、四易位成震言,三"食旧德",震象半见,故"小有言"。初变得正,故"终吉"也。

来知德:不永所事者,不能永终其讼之事也。小有言者,但小有言语之辨白而已。变兑为口舌,言之象也。应爻乾为言,亦言之象也。因居初,故曰小。终吉者,得辨明也。

初六才柔,位下不能永终其讼之事,虽在我不免小有言语之辨,然温柔和平,自能释人之忿怨,所以得以辨明,故其象如此,而占者终得吉也。

张惠言:讼家阳讼阴,初遁坤弑父之党,二救之,故"不永所事"。谓弑事也。由初以刚失位,阳来讼之,其始易明,故即能变正。《象》曰:"其辩明也。"

尚秉和:事,讼事也。讼始于初,然初有应,初四相上下成中孚,各当位,则讼事息矣,故曰不永所事。坎上下兑口相背,故有言,有言即讼也。不永,故曰小有言。有应,故终吉。

按:初六爻阴居阳位不正。坤卦初六爻言:"履霜,坚冰至。"初六已有"履霜"之患,不可任其发展,招致"坚冰"之祸,所以系辞为"不永所事"。

初六爻与九四爻阴阳相应,上下易位,变为中孚卦:☲→☳,中孚卦下卦兑为小、为言,所以系辞为"小有言"。

初六爻与九四爻上下易位,各自回归正位,中孚卦六四爻居艮卦之间,艮为终,所以系辞为"终吉"。

《象》曰:"不永所事",讼不可长也。

来知德:讼不可长,以理言也。言虽是初六阴柔之故,然其理亦如此。长、永二字相同。

张惠言:初不正则讼长。

按:"讼不可长也"是对"不永所事"的解释。

初六居位不正,所以产生了讼事。讼事不可持久,所以系辞为"讼不可长也"。

虽"小有言",其辩明也。

来知德:虽不免小有言语之辨,然终因此言辩明。

张惠言:谓三二变成离,故"明"。

尚秉和:兑口多,故曰辩明。

按:"其辩明也"是对"小有言"的解释。

中孚卦下卦兑口为辩,六三爻与九五爻互卦为艮,艮为明,所以系辞为"其辩明也"。

九二:不克讼,归而逋。

虞翻:谓与四讼,坎为隐伏,故"逋"。乾位刚在上,坎濡失正,故"不克"也。

来知德:克,胜也。自下讼上,不克而还,故曰归。逋,逃避也。坎为隐伏,逋之象也。

张惠言:谓二与四俱讼阴,故皆言"不克",非讼四也。当遁之时,三、四逼于阴,故讼。阴方浸长,敢与阳讼,阳"不克"也。在坎为"逋",未之正。乾位刚,宜居五,今在坎,失正。濡,读如耎弱也。坎为濡。

尚秉和:坎为隐伏,故曰逋。上无应,故不克讼。不克讼,故逋。逋,逃也。

按:九二爻与九四爻互卦为离,离为戈兵,九二爻以下犯上,与九四爻硬碰硬,打官司不成功,所以系辞为"不克讼"。

下卦坎为隐伏。"逋"是逃避的意思。九二爻打官司不成,回来隐伏起来称为"归而逋"。

其邑人三百户，无眚。

虞翻：眚，灾也。坎为眚。谓二变应五，乾为百，坤为户，三爻，故"三百户"。坎化为坤，故"无眚"。

来知德：邑人，详见谦卦。中爻为离，坎错离，离居三，三百之象也。二变，下卦为坤，坤则阖户之象也。三百，言其邑之小也。言以下讼上，归而逋窜，是矣。然使所逋窜之邑为大邑，则犹有据邑之意，迹尚可疑，必如此小邑藏避，不敢与五为敌，方可免眚。需、讼相综，讼之九二即需之九五，曰"刚来而得中"，曰"归而逋"，皆因自上而下，故曰"来"、曰"归"，其字皆有所本，如此玄妙，岂粗浮者所能解。坎为"眚"，变坤则"无眚"矣。

九二阳刚，为险之主，本欲讼者也，然以刚居柔之中，既知其理之不当讼，而上应九五之尊，又知其势不可讼，故自处卑小，以免灾患，故其象如此。占者如是，则无眚矣。

张惠言：四亦变成坤。

尚秉和：逃归何处乎？二居坤中，坤为邑、为百、为户。茹敦和曰：坎数三，故曰其邑人三百户。言二逃于坤邑之中也。坎为眚。二遁坤中，孚于上下，故无眚。眚，《释文》：马云灾也。

按：九二爻居坤体之中，坤为邑，九二爻与九四爻互卦为离，先天八卦离数为三，离为光明，所以系辞为"其邑人三百户，无眚"。意思是说九二爻逃回家乡，含藏不动，就可以消除灾难。

《象》曰：“不克讼”，“归逋”，窜也。

来知德：归逋窜者，不与之讼也。

按：“窜也”是对“不克讼”“归逋”的解释。

下卦坎为隐伏，九二爻躲在二阴之中，所以系辞为“窜也”。

自下讼上，患至掇也。

来知德：掇者，拾取也。自下讼上，义乖势屈，祸患犹拾而自取。此言“不克讼”之故。

张惠言：“掇”当依郑为“惙”，忧也。“下”谓阴，“上”谓阳。遁二阴上之三讼阳，二忧患至，坎为忧也。《象辞》谓之“惕”。

尚秉和：上谓五，五刚，二与为敌，故曰自下讼上。吴先生曰：掇，借为辍，止也。愚按，《集韵》：掇音辍，读若朵。《逸周书》曰：绵绵不绝，蔓蔓若何；毫末不掇，将成斧柯。不掇，即不辍。言毫末虽微，长而不止，即成斧柯。然则掇、辍古通用。又河北方言谓人避事曰掇避，正与此同。掇或作躲。《玉篇》：身也，无避匿之义，非也。归而逋，即辍讼矣。辍之故，因不克讼而有患也。《释文》：郑作惙，忧也。近师俞樾又作缀，言祸患之来，联缀不已也。但《小象》原以释经文，作惙、作缀于逋义皆无涉。若作辍，则正释逋义也。逋而辍讼，讼止，故无眚。

按：“自下讼上，患至掇也”是对“不克讼”的进一步解释。

　　"掇"是拾取的意思。九二爻与九四爻打官司,硬碰硬,会招致祸患,所以系辞为"自下讼上,患至掇也"。

六三:食旧德,贞厉,终吉。

　　虞翻:乾为旧德,食谓初、四。二已变之正,三动得位,体噬嗑食。四变食乾,故"食旧德"。三变在坎,正危贞厉,得位,故"终吉"也。

　　来知德:德与"秽德彰闻""闺门惭德"之"德"同,乃恶德也。德乃行而有得,往日之事也,故以"旧"字言之。凡人与人争讼,必旧日有怀恨不平之事。有此怀恨,其人之恶德藏畜于胸中,必欲报复,所以讼也。食者,吞声不言之意。中爻巽综兑,口食之象也。

　　张惠言:乾为"德",遁时故"旧"。三本遁爻,居乾位,故"食旧德"。从上而吉。虽正而危,是"贞厉"也。

　　尚秉和:乾为旧、为德,坎为食。三承重阳,故曰食旧德。失位,故贞厉。承阳有应,故终吉。

　　按:下卦坎为食,上卦乾为旧德,六三爻上承乾卦,有吞噬阳体之象,所以系辞为"食旧德"。

　　六三爻阴居阳位不正,下卦坎为险,所以系辞为"贞厉"。

　　六三爻与上九爻阴阳相应,上下易位,变为大过卦☰☱,上卦兑为悦,所以系辞为"终吉"。

或从王事,无成。

　　虞翻:乾为王,二变否时,坤为事,故"或从王事"。"道无成而代有终"，故曰"无成"。坤三同义也。

来知德：王事者，王家敌国忿争之事，如宋之与虏是也。变巽不果，或之象也。中爻离日，王之象也。应爻乾君，亦王之象也。无成者，不能成功也。下民之争讼主于怯，王家之争讼主于才。以此食旧德之柔，处下民之刚强敌国则可，若以此处王国之刚强敌国，是即宋之于虏，柔弱极矣，南朝无人，稽首称臣，安得有成？

六三上有刚强之应敌，阴柔自卑，故有食人旧德，不与争辩之象。然应与刚猛，常受侵陵，虽正，亦不免危厉矣。但六三含忍不报，从其上九，与之相好，所以终不为己害而吉也。如此之人，柔顺有余而刚果不足，安能成王事哉？故占者乃下民之应敌则吉，或王事之应敌则无成而凶。

张惠言：谓三未动，二化坎为坤则成否，而三"从王事"。先言"食旧德"，故此言"或"。当云"地道"，写脱"地"字。坤三发成泰，乾为"王"，坤为"事"，震为"从"，"地道无成而代有终"，故曰"或从王事，无成有终"。坤三以泰"从王事"，此以否"从王事"，皆为地道，故义同。彼发而从王事，故"有终"。此未动，故但言"无成"，变而终吉，则亦有终也。四已易，二未正，三亦有震象。

尚秉和：三承乾，乾为王，故曰从王事。坤柔，故无成。义详坤六三前释。

按：下卦坎为劳，上卦乾为王，六三爻上承乾卦，小心翼翼地为君王做事，所以系辞为"或从王事"。

六三爻与九五爻互卦为巽,巽为不果,所以系辞为"无成"。

《象》曰:"食旧德",从上吉也。

来知德:从上者,从上九也。上九刚猛,六三食其旧日刚猛侵陵之恶德,相从乎彼,与之相好,则吉矣。

张惠言:"上"谓五。三变阳为"吉"。

尚秉和:从上即承乾。

按:"从上吉也"是对"食旧德"的解释。

六三爻与上九爻阴阳相应,上下易位,变为大过卦䷛,上卦兑为悦,所以系辞为"从上吉也"。

九四:不克讼,复即命渝,安贞吉。

虞翻:失位,故"不克讼"。渝,变也。"不克讼",故复位,变而成巽,巽为命令,故"复即命渝"。动而得位,故"安贞吉"。谓二已变坤,安也。

来知德:即,就也。命者,天命之正理也。不曰理而曰命者,有此象也。中爻巽,四变亦为巽,命之象也。渝,变也。四变,中爻为震,变动之象也。故随卦初爻曰"渝安贞"者,安处于正也。复即于命者,外而去其忿争之事也。变而安贞者,内而变其忿争之心也。心变则事正矣,吉者虽不能作事于谋始之先,亦能改图于有讼之后也。九二、九四皆不克讼,既不克矣,何以讼哉?盖二之讼者,险之使然也,其不克者,势也。知势之不可敌,故归而逋逃,曰归者,识时势也。四之讼者,刚之使然也,其不克者,理也。

知理之不可违，故复即于命。曰复者，明理义也。九四之"复"即九二之"归"，皆以刚居柔，故能如此。人能明理义，识时势，处天下之事无难矣。学者宜细玩之。

九四刚而不中，既有讼之象，以其居柔，故又有"复即命渝，安贞"之象，占者如是则吉也。

张惠言：即，就也。与初易位体复，故"复即命渝"。

尚秉和：阳遇阳则窒，故不克讼。巽为命。即，就也，安也。初有应，言复初而安命也。渝，变也。讼则争，争则不安，不讼则变而为安贞矣，故吉也。

按：九四爻与九二爻互卦为离，离为火，下卦坎为水，水火不容，所以系辞为"不克讼"。

九四爻与初六爻阴阳相应，上下易位，变为中孚卦：䷗→䷼。九四爻回到中孚卦初九正位，上卦巽为命，九四爻的命运发生好转，所以系辞为"复即命渝"。

九四下降到初六爻的位置，初六爻上升到九四爻的位置，阳居阳位，阴居阴位，各自安于正道则吉，所以系辞为"安贞吉"。

《象》曰："复即命渝，安贞"，不失也。

来知德：始而欲讼，不免有失，今既复渝，则改图而不失矣。

张惠言：讼不可成，不失其正。

尚秉和：失与轶通。《荀子·哀公篇》：其马将失。即其马将轶也。轶，突也，过也。《左传》隐九年：惧其侵轶我也。《说文》：车相出也。即从后出前也。不轶即不前出也，释安贞之义也。与随初、比二、小畜初同。

按："不失也"是对"复即命渝，安贞"的解释。

九四爻下降到初六的位置，回归正位，所以系辞为"不失也"。

九五：讼，元吉。

来知德：九五为讼之主，阳刚中正，以居尊位，听讼而得其平者也。凡讼占者遇之，则利见大人，讼得其理而元吉矣。

张惠言：能讼阴者，五也，故"讼元吉"。

尚秉和：五位极尊，故曰元。五中正，故讼吉。

按：九五爻居中正之位，不偏不倚，能够解决讼事，所以系辞为"讼，元吉"。

《象》曰："讼，元吉"，以中正也。

来知德：中则听不偏，正则断合理，所以利见大人而元吉。

尚秉和：有中而不正者，有正而不中者。中且正，无不吉。

按："以中正也"是对"讼，元吉"的解释。

九五爻居中正之位，以中正的态度断案，所以系辞为"以中正也"。

上九：或锡之鞶带，

虞翻：锡谓王之锡命。鞶带，大带，男子鞶革。初四已易位，三二之正，巽为腰带，故"鞶带"。

来知德：或者，设或也，未必然之辞。鞶带，大带命服之饰；又绅也。男鞶革，女鞶丝。乾为衣，又为圜，带之象也。乾君在上，变为兑口，中爻为巽，命令锡服之象也。故九四曰"复即命"。

张惠言：二正，初四易，上有巽象，时三未变，"三"盖衍字。乾为王，巽为命。上亦讼阴者，在巽上位，尊象，讼而受其锡也。

尚秉和：《说文》：鞶，大带也。锡，命也。上应三。三巽为带，乾大，故曰鞶带。

按："或"通"惑"，疑惑、不确定的意思。"锡"通"赐"。"鞶带"是指古代官员佩戴的皮制腰带。乾为天，天道循环，引申为"鞶带"。上九爻居天极之位，与六三爻阴阳相应，有"亢龙有悔"之象。高处不胜寒。在这个位置上得到的官位，恐怕保不住，所以系辞为"或锡之鞶带"。

终朝三褫之。

虞翻：位终乾上，二变时，坤为终，离为日，乾为甲，日出甲上，故称"朝"。应在三，三变时，艮为手，故"终朝三褫之"。使变应己，则去其鞶带，体坎乘阳，故《象》曰"不足敬也"。

来知德：中爻离日，朝日之象也。离日居下卦，终之象也。又居三，三之象也。褫，夺也。坎为盗，褫夺之象也。命服以锡有德，岂有赏讼之理？乃设言也，极言讼不可终之意。

上九有刚猛之才,处讼之终,穷极于讼者也。故圣人言人肆其刚强,穷极于讼,取祸丧身,乃其理也。设若能胜,至于受命服之赏,是亦仇争所得,岂能长保?故终一朝而三见褫夺也。即象而占之,凶可知矣。

张惠言:"终"以上言。"终"又以三言。谓四本乾,四已变,三动体离。四已变,三为艮手。变乃扰上。三使上变应己。自三至五三爻,故"三"。

尚秉和:乃巽为陨落,故终朝三褫之。褫,夺也。坤为夜,乾为朝,上居乾终,故曰终朝。与乾三终日同义。上应三,三体离,离卦数三,(此数失传。只《易林》《洞林》邵子用之。)故曰三褫。先儒不知巽为陨落,(象本《左氏》,后只《易林》用之。)褫之故,全在巽,故无得解者。岂知中孚初九云:有它不燕。以应四巽也。姤九四包无鱼,鼎九四鼎折足,大过九四有它吝,皆以应初巽也,例甚明也。《释文》:褫,郑本作扡。惠氏栋据《淮南·人间训》:盗扡其衣被,高诱注云:扡,夺也。是仍与褫同。乃宋项安世《周易玩辞》引郑注曰:三扡,三加之也。后杨慎、臧琳、朱芹等颇祖述其说,谓三扡其绅,以为夸耀,故《象》曰不足敬。但《论语》之拖绅,因孔子病卧,君来视,故加绅于朝服,以为敬。今非病卧,曰束绅、垂绅皆可,曰拖绅似不合也。

按:乾为朝,上九爻处乾卦之终,所以有"终朝"之象。上九爻与六三爻阴阳相应,六三爻与九五爻互卦为巽,巽为陨落;六三爻居离卦中爻,先天八卦离数为三,上九爻所处的高位三次被剥夺,所以系辞为"终朝三褫之"。

《象》曰:以讼受服,亦不足敬也。

虞翻:服谓鞶带。终朝见褫,乾象毁坏,故"不足敬"。

来知德:纵受亦不足敬,况褫夺随至,其不可终讼也明矣。

张惠言:乾为"敬"。言讼非息乾之道。

尚秉和:乾为敬。旋得旋失,故不足敬。

按:"以讼受服,亦不足敬也"是对上九爻辞"或锡之鞶带"的解释。

上九爻居讼卦上爻,地位显赫。因为争讼而得来的显赫地位,是不值得炫耀、不能持久的,这就是"以讼受服,亦不足敬也"的意思。

七　师卦

䷆坤上坎下

师:

来知德:师者,众也。其卦坎下坤上,以卦象论,地中有水,为众聚之象;以卦德论,内险而外顺,险道以顺,行师之义也;以爻论,一阳居下卦之中,上下五阴从之,将统兵之象也。二以刚居下,五柔居上而任之,人君命将出师之象也。《序卦》:"讼必有众起。"师兴由争,故次于讼。

张惠言:消息卦,谦三降二,与同人旁通。阳出征阴体坎,王于出征,故名曰"师"。候在四月。卦"贞大人",为比微阳之著也。爻取通同人,九二一爻之用也。上反乾为坤,正五之比也。剥复之际,君子谨之,其辞备。

尚秉和:师,众也。坤舍于坎,俱居子方,坤坎皆为众,故曰师。犹乾舍于离,俱居午,为同人也。

按:"师"是卦名,卦象由上坤下坎构成。《周易·序卦传》言:"讼必有众起,故受之以师。师者,众也。"师卦上卦坤为众,九二爻与六四爻互卦为震,震为出征,所以卦象被命名为"师"。

师卦与同人卦旁通。

贞,丈人吉,无咎。

来知德:贞者,正也。丈人者,老成持重,练达时务者也。凡人君用师之道,在得正与择将而已。不得其正,则师出无名;不择其将,则将不知兵。故用兵之道,利于得正,又任老成之人,则以事言,有战胜攻取之吉;以理言,无穷兵厉民之咎矣。戒占者当如是也。

张惠言:"大人"谓二,体乾九二"见龙在田",故曰"大人"。二当升五为比,故"正大人,吉,无咎"。

尚秉和:贞,卜问也。大人,《正义》作丈人。《子夏传》作大人。崔憬、李鼎祚从之,是也。此与困贞大人吉同,皆谓二。乾九二云:利见大人。利见,故吉。陆绩、郑、王等皆读为丈,谓震为长子,丈者长也,故曰丈人。岂知二得中,临御万民,大人之事。以二为大人,于象方合。丈人则于卦名不类矣。陆谓丈人为圣人,王谓丈人为庄严之称,皆曲说也。且《子夏传》为韩婴所作,(臧庸据《七略》,谓婴字子夏。今按《艺文志》有韩氏二篇,注曰名婴,其篇数与隋、唐志《子夏传》卷数同,疑即《子夏传》。)与田何同时,皆秦遗老,其所据当无误也。

按:九二爻居中位,所以系辞为"贞"。

九二爻与六四爻互卦为震,震为丈人。九二爻与上六爻互卦为复,一阳来复,所以系辞为"丈人吉,无咎"。

《彖》曰:师,众也;

虞翻: 坤为众。

来知德: 以卦体、卦德释卦辞。众者,即《周官》自五人为伍,积而至于二千五百人为师也。

张惠言: 此明消息大义也。剥穷于上,乾五反三为谦,谦三为复息成履,谦三降二为师,师二为复息成同人,师二升五为比,比五为复息成大有,乾坤乃合于离,故谦旁通履,师旁通同人,比旁通大有,于爻次谦为师,师为比,故二变之五为比也。

按:"众也"是对卦名"师"的解释。

九二爻驾驭众阴,所以系辞为"众也"。

贞,正也。能以众正,可以王矣。

虞翻: 谓二失位,变之五为比,故"能以众正",乃"可以王矣"。

来知德: 正者,即王者之兵,行一不义,杀一不辜,而得天下不为,如此之正也。以者,谓能左右之也,一阳在中而五阴皆所左右也。左右之,使众人皆正,樵苏无犯之意,则足以宣布人君之威德,即王者仁义之师矣。故可以王以众正,言为将者可以王;言命将者能正即可以王,故师贵贞也。

尚秉和:震为帝为王,故曰可以王。

按:这句话是对"贞"字的解释。

九二爻居中为正,所以系辞为"贞,正也"。

九二爻与六四爻互卦为震,震为诸侯,与六五爻阴阳相应,有"飞龙在天,利见大人"之象,九二爻以正道统领军队,可以成为王者之师,所以系辞为"能以众正,可以王矣"。

刚中而应,行险而顺,以此毒天下而民从之,吉,又何咎矣?

来知德:刚中而应者,为将不刚则怯,过刚则猛,九二刚中,乃将才之善者。有此将才,五应之,又信任之专,则可以展布其才矣。行险者,兵危事也,谓坎也。顺者,顺人心也,谓坤也。兵足以戡乱而顺人心,则为将有其德矣。有是才德,所以名"丈人"也。毒者,犹既济"惫"字,时久师老之意。噬嗑中爻为坎,故亦曰"遇毒",乃陈久太肥腊肉味变者。《五行志》云:"厚味实腊毒。"师古曰:"味厚者为毒久。"陈久之事,文案繁杂,难于听断,故以腊毒象之,非毒害也。若毒害,则非行险而顺矣。言出师固未免毒于天下,然毒之者,实所以安之,乃民所深愿而悦从者也。民悦而从,所以吉而无咎。"毒天下"句与"民从之"句意正相应。若毒天下而民不从,岂不凶? 岂不有咎?

张惠言:"刚中"谓二。"应"谓五阴。险,坎。顺,坤。行,震也。坎为"毒"。马氏云:"毒,治也。"坤为"民","贞大人",故"民从之"。

尚秉和:二应五,坎险坤顺,震为行,故曰行险而顺。《易林》以坤为害,坎为毒,震为从。干宝云:毒,荼苦也。按《列子》宋阳里华子病忘,阖室毒之。注:毒,苦也。师旅之兴,不无所苦,然非师旅不能安天下,故民从之而吉也。《吴语》云:吾先君阖庐,以与楚昭王毒逐于中原柏举。义与此同也。马融训毒为治,与行险而顺,义不相应。行险即毒,顺即民从也。他若王弼之训毒为役,崔憬训为亭毒,俞樾训为督,皆不协。是皆因坎毒之象,人不尽知,故众说纷纭也。岂知噬嗑六三云:遇毒。以坎为毒,象甚明也。

按:这句话是对"丈人吉,无咎"的解释。

九二爻居中位,上下众阴归顺响应,所以系辞为"刚中而应"。

九二爻居坎卦中央,与六四爻互卦为震,震为行,坎为险,上卦坤为顺,所以系辞为"行险而顺"。

下卦坎为劳,"毒"是劳苦的意思。上卦坤为民众,九二爻率领王者之师为正义而战,所以系辞为"以此毒天下而民从之,吉"。

《象》曰：地中有水，师；

来知德：水不外于地，兵不外于民，地中有水，水聚地中，为聚众之象，故为师。

张惠言："地中有水"，阳气动于渊泉，师之象也。地能正水，水以养地，师之义也。

按："地中有水，师"是从地理学的角度解释卦象。

上卦坤为地，下卦坎为水，地里蓄积了源源不竭的水源，所以系辞为"地中有水，师"。

君子以容民畜众。

虞翻：君子谓二。容，宽也。坤为民众，又畜养也。阳在二，"宽以居之"，五变执言时，时有颐养象，故"以容民畜众矣"。

来知德：容者，容保其民，养之教之也。畜者，积畜也。古者寓兵于农，故容保其民者，正所以畜聚其兵也。常时民即兵，变时兵即民，兵不外乎民，即水不外乎地也。

张惠言：乾二，故称"君子"。乾九二《文言》注："震为宽仁。"不言二五易位者，二五易位即比。此卦实成同人，反坤受二，故五变象颐也。坤虽有畜象，既为民众，不得又取养，故由五体颐。

尚秉和：地中所容畜，莫多于水，故君子法之。

按："君子以容民畜众"是从"地中有水，师"引申出来的人文思想。

能够效法师卦的人被称为"君子"。君子甘居众人之下，所以系辞为"容民"；像大地一样，能够包容大众，所以系辞为"畜众"。

初六：师出以律。否臧，凶。

来知德：专以将言。律者，法也。号令严明，部伍整肃，坐作进退，攻杀击刺，皆有法则是也。否者，塞也，兵败也。臧者，善也，兵成功也。若不以律，不论成败，成亦凶，败亦凶，二者皆凶，故曰"否臧凶"。观《小象》"失律凶"之句可见矣。

初六才柔，当出师之始，师道当守其法则，故戒占者师出以律，失律则不论否臧皆凶矣。

张惠言：师之同人，二下初息复，以坎为震，震为"出"，坎为"法律"，故云"师出以律"。初失位不变，是不用律。

尚秉和：坎为律。律，法也。臧，善也。否臧，即失律也。失律，故凶。

按：九二爻与六四爻互卦为震，震为出，下卦坎为律，所以系辞为"师出以律"。意思是说军队出征必须以严明的纪律为保障。

初六阴居阳位不正，有"履霜"之忧，下卦坎为"凶"，所以系辞为"否臧，凶"。

《象》曰："师出以律"，失律，凶也。

来知德：失律，否固凶，臧亦凶。

张惠言：初不正，二之五，坎象不见，是"失律"。

尚秉和：坎为失，故曰"失律"。

按:"失律,凶也"是对初六爻辞的解释。

初六居不正之位,下卦坎为律,不遵守军纪,所以系辞为"失律,凶也"。

九二:在师中,吉,无咎。

来知德:师中者,在师而得其中也。此爻正《彖辞》之"刚中而应"六五《小象》之"以中行",皆此中也。在师中者,刚中也。吉无咎者,恩威并著,出师远讨,足以靖内安外也。

张惠言:卦以五阴统于二,将在师中之象,在国则臣无专命。

尚秉和:居下卦之中,故曰在师中,吉。失位宜有咎,在师中,故无咎。

按:九二爻居下卦之中,统领众阴,所以系辞为"在师中"。

九二爻居中位,与六五爻阴阳相应,所以系辞为"吉,无咎"。

王三锡命。

来知德:锡命者,正应也。盖为将之道,不刚则怯,过刚则猛,惟刚中则吉而无咎矣。锡命者,或锡以褒嘉之温语,或锡以其物,如宋太祖之解裘是也。乃宠任其将,非褒其成功也。曰锡命,则六五信任之专可知矣。本卦错同人,乾在上,王之象;离在下,三之象。中爻巽,锡命之象。全以错卦取象,亦如睽卦上九之"见豕负涂"也。取象如此玄妙,所以后儒难得知。

九二为众阴所归,有刚中之德,上应六五,而为之宠任,故其象如此,而占可知矣。

张惠言:同人乾五为"王",巽为"命"。师息同人由二,故有此象。五至二三爻,故"三锡"。

尚秉和:震为王、为言,故曰命。震数三。锡,予也。王三锡命者,言王以官爵或车服器物锡予有功,而告命之也。《曲礼》:一命受爵,二命受服,三命受车马。言二为卦主,抚驭万邦,而日有所锡予也。旧解谓六五为君,锡命于二,于卦义全背。只荀爽谓王指二为得解。

按:九二爻与六四爻互卦为震,震为王、为言,下卦坎与离旁通,先天八卦离数三,所以系辞为"王三锡命"。意思是说统领军队的将军多次发布命令。

《象》曰:"在师中,吉",承天宠也。

来知德:天谓王也。"在师中,吉"者,以其承天之宠,委任之专也。

张惠言:谦三天道下济,居二,为师主,故曰"承天宠也"。

尚秉和:五天位,言二必升五,为群阴所承也,故曰承天宠。

按:"承天宠也"是对"在师中,吉"的解释。

九二爻居中位,统帅军队,与六五君王阴阳相应,所以系辞为"承天宠也"。

"王三锡命"，怀万邦也。

来知德：王三锡命者，以其存心于天下，惟恐民之不安，故任将伐暴安民也。下二句皆推原二五之辞。

张惠言：坤为"邦"。二息复通坤，故"怀万邦"。非升比也。

尚秉和：坤为万邦。言二临万邦，而有所锡予者，正所以怀念万邦。坎为怀也。故夫旧解谓六五锡二者，不惟于经背，于《象传》亦背矣。

按："怀万邦也"是对"王三锡命"的解释。

下卦坎为怀，上卦坤为万邦，所以系辞为"怀万邦也"。意思是说军队要心系百姓，保家卫国。

六三：师或舆尸，凶。

虞翻：坎为尸，坎为车多眚。同人离为戈兵、为折首，失位，乘刚无应，尸在车上，故"舆尸，凶"矣。

来知德：或者，未必之辞。变巽，进退不果，或之象也，言设或也。舆者，多也，众人之意，即今"舆论"之"舆"。以坤、坎二卦皆有舆象，故言"舆"也。尸者，主也。言为将者不主而众人主之也，观六五"弟子舆尸"可见矣。《程传》是。

六三阴柔不中不正，位居大将九二之上，才柔志刚，故有出师大将不主而三或主之之象，不能成功也必矣，故其占凶。

张惠言：首，乾。师息至三，同人"折首"。坎三"舆尸"

矣。二为坎主,故象律。三坎阴,故象尸。

尚秉和:坎为尸,震为舆。管辂以坎为棺椁,故曰舆尸。夫陈师而出,舆尸以还,其无功甚矣,故曰凶。盖坤为死,三失位无应,以阴遇阴得敌,故凶如是。

按:六三爻阴居阳位不正,阴乘阳,所以取象为"或",犯错而迷惑的意思。九二爻与六四爻互卦为震,震为车,下卦坎为尸,军队出征,拉了一车尸体回来,所以系辞为"师或舆尸,凶"。

《象》曰:"师或舆尸",大无功也。

来知德:曰大者,甚言其不可舆尸也。

张惠言:"功"谓五。五使不当,故"大无功"。

尚秉和:大无功,即太无功。

按:"大无功也"是对"师或舆尸"的解释。

下卦坎为劳、为尸,劳而无功,拉了一车尸体回来,所以系辞为"大无功也"。

六四:师左次,无咎。

来知德:师三宿为次。右为前,左为后,今人言"左迁"是也。盖乾先坤后,乾右坤左,故明夷六四阴也,曰"左腹";丰卦九三阳也,曰"右肱"。左次,谓退舍也。

六四居阴得正,故有出师度不能胜,完师以退之象。然知难而退,兵家之常,故其占无咎。

张惠言:体震,左也。同人在巽,亦左也。崔憬曰:"偏将军居左。左次,常备师也。"四无应,进取不可,次舍无咎,得位故也。

尚秉和:次,舍也。震为左,故曰左次。古人尚右,左次则退也。四前临重阴,阴遇阴得敌,其行难矣。知难而退,故无咎也。

按:六四爻与九二爻互卦为震,震为左,军队驻扎不前,所以系辞为"师左次"。

六四爻阴居阴位为正,所以系辞为"无咎"。

《象》曰:"左次,无咎",未失常也。

来知德:知难而退,师之常也。圣人恐人以退为怯,故言当退而退,亦师之常,故曰"未失常"。

张惠言:震为"常"。预备师之常。

尚秉和:未失常者,言四当位,量力自处,故不改其常。

按:"未失常也"是对"左次,无咎"的解释。

六四爻与九二爻互卦为震,反卦为艮,震为动,艮为止,天道的运行有动有静,所以系辞为"未失常也"。

六五:田有禽,利执言,无咎。

虞翻:田谓二,阳称禽,震为言,五失位,变之正,艮为执,故"利执言,无咎。"

来知德:田乃地之有水者,应爻为地道,居于初之上,田之象也,故乾二爻曰"在田"。禽者,上下皆阴,与小过同,禽之象也。坎为豕,错离为雉,皆禽象也。禽害禾稼,寇盗之象也。坎为盗,亦有此象。执者,兴师以执获也。坤为众,中爻震综艮为手,众手俱动,执获之象也。言者,声罪以致讨也。坤错乾为言,言之象也。无咎者,师出有名也。

张惠言:体乾二"在田"。田,猎也。禽,获也。离上九注云:"乾二五之坤成坎,体师象,乾征得坤阴类,故'获匪其丑'。"禽,谓此也。执言,执讯也。

尚秉和:田,猎。禽,获也。《释文》云:徐本作擒。王陶庐云:《说文》无擒字,其见于经传者,皆作禽。展获字禽,不从手,是其证。下应二阳,故有禽获。二震为言。利执言者,言师出有名。如汤武历数桀纣之罪,汉高讨杀怀王者是也,故无咎。

按:六五爻与九二爻阴阳相应,九二爻为田中之禽,所以系辞为"田有禽"。

六五爻与九二爻上下易位,变为比卦䷇,比卦九五爻与六三爻互卦为艮,艮为"执",九五爻居中正之位,号令天下,所以系辞为"利执言"。

六五爻与九二爻上下易位之后各居正位,所以系辞为"无咎"。

长子帅师,弟子舆尸,贞凶。

虞翻:长子谓二,震为长子,在师中,故"帅师"也。弟子谓三,三体坎。坎,震之弟而乾之子,失位乘阳,逆,故"贞凶"。

来知德:长子,九二也。中爻震,长子之象也。长子即丈人,自众尊之曰丈人,自爻象之曰长子。弟子,六三也,坎为中男,震之弟也,弟子之象也。

　　六五用师之主，柔顺得中，不为兵端者也。敌加于己，不得已而应之，故为田有禽之象。应敌兴兵，利于执言，占者固无咎矣。然任将又不可不专。若专于委任，使老成帅师以任事可也。苟参之以新进之小人俾为弟子者参谋，舆尸于其间，使长子之才有所牵制而不得自主，则虽曰有禽，乃应敌之兵，其事固贞，然所任不得其人，虽贞亦凶矣。因六五阴柔，故许以无咎，而又戒之以此。

　　张惠言：二为震主，二体震，故三独体坎。"舆尸"言"贞"，明三之同人"折首"。

　　尚秉和：五应二，二震主爻，震长子，居师中为主，故曰长子帅师。二亦坎主爻，坎为震弟、为尸，故曰弟子舆尸。舆尸，故贞凶。贞，卜问也。言五宜与震，不宜与坎，与坎则使不当矣。

　　按：九二爻与六四爻互卦为震，震为长子，九二爻居中位统帅军队，所以系辞为"长子帅师"。

　　下卦坎为弟子，九二爻居不正之位，统帅军队打了败仗，拉回一车尸体，所以系辞为"弟子舆尸"。

　　九二爻居群阴之间，所以系辞为"贞凶"。

《象》曰："长子帅师"，以中行也。

　　来知德：言所以用长子帅师者，以其有刚中之德，使之帅师以行，使之当矣。

　　张惠言：震为"行"。

　　尚秉和：二居中为震主，故为群阴之帅。

按："以中行也"是对"长子帅师"的解释。

九二爻中道而行,所以系辞为"以中行也"。

"弟子舆尸",使不当也。

来知德：若弟子,则使之不当也。"以中行",推原其二之辞。"使不当",归咎于五之辞。

尚秉和：二坎陷于阴中,不可使,使则有舆尸之祸也。宋衷、虞翻谓弟子指六三,非。是皆因三爻有舆尸字而误。

按："使不当也"是对"弟子舆尸"的解释。

下卦坎为弟子,九二爻居位不正,统帅军队,结果"弟子舆尸"。用人不当,所以系辞为"使不当也"。

上六：大君有命,

虞翻：同人乾为大君,巽为有命。

来知德：坤错乾,大君之象也。乾为言,有命之象也。命者,命之以开国承家也。

张惠言：师息至上,同人体成,故上象"大君有命"。

尚秉和：大君指二震。震为君、为言,故曰大君有命。

按：上六爻与九二爻互为复卦,复卦一阳来复为大君、为"命",所以系辞为"大君有命"。意思是说大君发布公告。

开国承家,

虞翻：承,受也。坤为国,二称家,谓变乾为坤,欲令二上居五,为比,故"开国承家"。

来知德：坤为地,为方国之象也,故曰"开国"。变艮为门阙,家之象也,故曰"承家"。损卦艮变坤,故曰"无家"。

师卦坤变艮,故曰"承家"。周公爻象,其精至此。开者,封也。承者,受也。功之大者开国,功之小者承家也。

张惠言:由师息成同人,而仍变乾为坤以取象,所谓权也。

尚秉和:坤为国,二升五居坤中,故曰开国。坎为室、为家,二升五仍坎体,群阴承之,故曰承家。

按:上卦坤为国家,九二爻上承国家,所以系辞为"开国承家"。

小人勿用。

虞翻:阴称小人,坤虚无君,体迷复凶,坤成乾灭,以弑君,故"小人勿用"。

来知德:小人,开承中之小人也。阳大阴小,阴土重叠,小人之象也。勿用者,不因其功劳,而遂任用以政事也。变艮为止,"勿用"之象也。如光武云台之将,得与公卿参议大事者,惟邓禹、贾复数人而已,可谓得此爻之义者矣。

上六,师终功成,正论功行赏之时矣,故有大君有命,开国承家之象。然师旅之兴,效劳之人其才不一,贩缯屠狗之徒亦能树其奇功,不必皆正人君子。故开国承家,惟计其一时得功之大小,不论其往日为人之邪正,此正王者封建之公心也。至于封建之后,董治百官,或上而参预庙廊之机谋,或下而委任百司之庶政,则惟贤是用,而前日诸将功臣中之小人,惟享其封建之爵土,再不得干预乎此矣。

故又戒之以"小人勿用"也。"弟子舆尸",戒之于师始；"小人勿用",戒之于师终,圣人之情见矣。

张惠言："小人"谓上。自谦至大有皆息复,故体复之上。复上六："迷复凶。用行师,终有大败。以其国君凶。"注云："三复位时,体师象,坤为死丧,坎流血,故'终有大败'。姤乾为君,坤阴灭之,故'以国君凶'。《象》曰:'反君道也。'"

尚秉和：小人指上六。二升五虽开国承家,上六独居五后,乘阳势逆,不顺承五,比之后夫凶,即此爻也,故戒曰勿用。宋衷、虞翻解开国承家是矣。然二升五,于上六何涉？即以勿用为戒,必有故也。不申其故,只以坤为小人,笼统说之,胡可乎？惠栋知其不安,仍不能得其故,竟谓小人指初、三,益淆乱矣。

按：下卦坎为小人,所以系辞为"小人勿用"。

《象》曰："大君有命",以正功也；

虞翻：谓"五多功"。五动正位,故"正功也"。

来知德：正功者,正功之大小也。王三锡命,命于行师之始,惟在于怀邦。怀邦者,怀其邦之民也。圣人行师,惟救其民而已,岂得已哉？

尚秉和：二升五位正,故曰正功。

按："以正功也"是对"大君有命"的解释。

九二爻中道而行,开疆拓土,必将升至"飞龙在天"之位,所以系辞为"以正功也"。

"小人勿用"，必乱邦也。

虞翻：坤反君道，故"乱邦也"。

来知德：乱邦者，小人挟功倚势，暴虐其民，必乱其邦。大君有命，命于行师之终，惟恐其乱邦。乱邦者，乱其邦之民也。圣人行师，惟救其民而已，岂得已哉？

尚秉和：坤为邦、为乱，上六反君道，故曰必乱邦。

按："必乱邦也"是对"小人勿用"的解释。

上卦坤为"邦"，上六爻为小人，小人居邦国之上，祸国殃民，所以系辞为"必乱邦也"。

八　比卦

坎上坤下

比：

来知德：比，亲辅也。其卦坤下坎上，以卦象论，水在地上，最相亲切，比之象也；以爻论，五居尊位，众阴比而从之，有一人辅万邦，四海仰一人之象，故为比也。《序卦》："众必有所比，故受之以比。"所以次师。

张惠言：消息卦，师二正五，与大有旁通。阴比于阳，故名曰"比"。候在四月。乾德至比而成体，故爻以成既济明乾道成也。

尚秉和：比，亲也，辅也。坎坤同舍于子，故曰比。唐以前，先天象失传，故卦名不得解。清毛大可、黄宗羲等知之而不认，后学不察，相率以言先天为戒，而自命为汉易，岂知康成注《月令》，于季夏云：未属巽辰，又在巽位。巽若不在西南，未能在巽位乎？是先天方位，郑且明言之。《九家》注《同人》云：乾舍于离，与日同居。荀爽注《同人》云：乾舍于离，相与同居。注阴阳之义配日月云：乾舍于离，配日而居；坤舍于坎，配月而居。已一再言之乎！比之义即以坎坤同居也。

按："比"是卦名，卦象由上坎下坤构成。《周易·序卦传》言："众必有所比，故受之以比。比者，比也。"比卦上卦坎为水，下卦坤为地，水在地上，亲密无间，所以卦象被命名为"比"。

比卦与大有卦旁通。

吉。

虞翻：师二上之五，得位，众阴顺从，比而辅之，故"吉"。与大有旁通。

来知德：言筮得此卦，为人所亲辅，占者固吉矣，然何以吉哉？盖因上卦阳刚得中，有元永贞三者之德，则在我已无咎，而四方之归附于我者且不遑，后来者自蹈迷复之凶矣，此所以吉也。

张惠言：五下初为复，上息。

按：比卦九五爻居中正之位，天下归顺，所以系辞为"吉"。

原筮，元永贞，无咎。

来知德：原者，再也，与《礼记》"末有原"之"原"同。

蒙之刚中在下卦，故曰"初筮"；比之刚中在上卦，故曰"原筮"。下卦名"初筮"，上卦名"原筮"，非真以蓍草筮之也。孔子于二卦《彖辞》皆曰以"刚中"言。蒙刚中在下，故能发人之蒙；比刚中在上，故有三德而人来亲辅也，非旧注所谓"再筮以自审"也。元者，元善也，即仁也。永，恒也。贞，正也。言元善长永贞固也。无咎者，有此元永贞之三德也。

张惠言："原筮"，再筮也。师、同人震巽相通，"受命如向"，筮象也。之五为比，通大有。大有乾为蓍，兑为口说。比艮为手，手筮而说，又有筮象，故曰"原筮"。乾五得位，乾元始正。五下初息大有，乾元正则五爻皆正，故"元永贞"。萃四乾元五使之正，爻曰："元永贞。"注云："四变之正，则五体皆正，与比《象》同义也。"

尚秉和：原者，田也。《左传》僖二十八年：原田每每。注：高平曰原。《周礼·太卜》原兆注：原，原田也。按古皆井田，每每者，井与井相间之形。坤为拆，象原田，故曰原筮。坎为筮，坤为原，原筮，犹言野筮也。《曲礼》云：外事以刚日。郑注：外事，郊外之事。《仪礼·士丧礼》：筮于兆域。兆域在郊外，即原筮也。而干宝因《周礼》三卜，一曰原兆，即训原为卜，可谓大谬。按，《周礼》：太卜掌三兆之法，一曰玉兆，二曰瓦兆，三曰原兆。注：言龟兆似玉瓦原之璺鐬。然则原者原田，田必有璺鐬，象龟兆之形，故曰原兆。岂以原为卜乎！故原指坤。干训卜固非，孔颖达谓原为原究，朱子谓原为再，王夫之谓原为本，俞樾谓原为始为本,益浮泛不切。故夫说《易》而不求象,未有能当者也。元谓九五,永贞者,永定也。

按:下卦坤为原,上卦坎为筮,所以系辞为"原筮"。意思是说在野外占筮。

九五爻居中正之位,所以系辞为"元永贞"。

能够恪守中正之道,所以系辞为"无咎"。

不宁方来,后夫凶。

虞翻:水性流动,故"不宁"。坤阴为方,上下应之,故"方来"也。"后"谓上,"夫"谓五也。坎为后,艮为背,上位在背后,无应乘阳,故"后夫凶"也。

来知德:不宁者,不遑也。四方归附,方新来者不遑也,犹言四方归附之不暇也。坤为方,故曰方。后夫凶者,如万国朝禹而防风后至,天下归汉而田横不来也。下画为前,上画为后,凡卦画阳在前者为夫,如睽卦"遇元夫"是也。此夫指九五也。阳刚当五,乃位天德,元之象也。四阴在下,相率而来,不宁方来之象也。一阴高亢于上,负固不服,后夫之象也。

张惠言:阴初从阳,当惕厉以待其定。师震为"夫",同人巽为"妇"。则比艮为"夫",大有离为"妇"也。

尚秉和:坤为乱,故曰不宁。方,《诗·小雅》:方舟为梁。《汉书·韩信传》云:今井陉之道,车不得方轨。注皆训方为并。方来,谓下四阴并来归五也。旧解不求卦象,训方为将,为四方,皆失之。艮为夫,上六独居艮后,故曰后夫。下四阴皆承阳，独上六乘阳不顺，故凶。此卦因原象、筮象、夫象失传，故自汉迄今，无得解者。

按：上卦坎水流动为不宁，下卦坤为方来，天动地应，所以系辞为"不宁方来"。

九五爻为夫，上六爻阴乘九五之阳，逆天者亡，所以系辞为"后夫凶"。

《象》曰：比，吉也。比，辅也，下顺从也。

来知德：释卦名义，又以卦体释卦辞。"比，吉也"，乃渐卦"女归，吉也"之例，皆止添一"也"字。"比，辅"者，言阳居尊位，群下顺从，以亲辅之也。盖辅者比之义，顺从者又辅之义。顺者情不容已，从者分不可逃。

张惠言：比则吉矣。

按：这句话是对卦名"比"的解释。

水地亲密无间，所以系辞为"吉也"。

四阴顺承九五，所以为"辅也，下顺从也"。

"原筮，元永贞，无咎"，以刚中也。

来知德：以者，因也，因有此刚中之德也。刚中则私欲无所留，所以为元善者此也；刚中则健而不息，所以为永者此也；刚中则正固而不偏，所以为贞者此也。盖八卦正位坎在五，所以有此三德而无咎。

张惠言：五正则"永贞"，爻所以定既济。

按："以刚中也"是对"原筮，元永贞，无咎"的解释。

九五爻居中正之位，所以系辞为"以刚中也"。

"不宁方来"，上下应也。

虞翻：水性流动，故"不宁"。坤阴为方，上下应之，故"方来"也。

来知德：九五居上，群阴应于下，上下相应，所以不宁方来。

张惠言：上虽"后夫"，其义宜应。

尚秉和：上谓五，下谓四阴。

按："上下应也"是对"不宁方来"的解释。

九五爻为上，初六、六二、六三、六四爻为下，上下阴阳相应，所以系辞为"上下应也"。

"后夫凶"，其道穷也。

虞翻："后"谓上，"夫"谓五也。坎为后，艮为背，上位在背后，无应乘阳，故"后夫凶"也。

来知德：道穷者，理势穷蹙，无所归附也。

尚秉和：上六居卦之极，故曰道穷。

按："其道穷也"是对"后夫凶"的解释。

坤卦上六爻《象传》言："龙战于野，其道穷也。"上六爻居天极之位，阴乘阳，穷途末路，所以系辞为"其道穷也。"

《象》曰：地上有水，比；

来知德：物相亲比而无间者，莫如水在地上。

张惠言：《子夏传》云："地得水而柔，水得地而流，故曰'比'。"

按："地上有水，比"是从地理学的角度来解释卦象。

下卦坤为地，上卦坎为水，水在地上，亲密无间，所以系辞为"地上有水，比"。

先王以建万国，亲诸侯。

虞翻：先王谓五，初阳已复，震为建、为诸侯，坤为万国、为腹，坎为心，腹心亲比，故"以建万国，亲诸侯"。《诗》曰"公侯腹心"，是其义也。

来知德：先王观比之象，建公侯伯子男之国，上而巡狩，下而述职，朝聘往来，以亲诸侯，诸侯承流宣化，以亲其民，则视天下犹一家，视万民犹一身，而天下比于一矣。《彖》则人来比我，《象》与诸爻则我去比人。师之畜众，井田法也。比之亲侯，封建法也。秦惟不知此义，故二世即亡。善乎《六代论》曰："譬如芟刈股肱，独任胸腹，浮舟江海，捐弃楫棹，观者为之寒心，而始皇自以为帝王万世之业，岂不悖哉？"

张惠言：五本乾五，乾已灭坤，故曰"先王"。谓消息至比而复，三著初息大有，义同复矣。

尚秉和：先王谓五，坤为万国。国必建侯，坤多，故曰诸侯。五南面称尊，抚临天下，故王者取以为法。亲，即比也。

按："先王以建万国，亲诸侯"是从卦象引申出来的人文思想。

"先王"指九五爻，九五爻君临天下，与诸侯亲密无间，所以系辞为"先王以建万国，亲诸侯"。

初六：有孚,比之,无咎。

虞翻：孚谓五,初失位,变来得正,故"无咎"也。

来知德：有孚者,诚信也。比之者,比于人也。诚信比人,则无咎矣。

张惠言：坎也。五使初正,故《象》曰"元永贞"。消息之卦,五下初,息大有,故曰"变来"。此亦兼明旁通。

尚秉和：坎为孚,五为卦主,故亦孚于初而比之。初失位,本有咎,比五,故无咎。

按：上卦坎为孚,所以系辞为"有孚"。

初六爻阴顺九五之阳,顺应天道,才不会有灾殃,所以系辞为"比之,无咎"。

有孚盈缶,终来,有它吉。

虞翻：坤器为缶,坎水流坤,初动成屯。屯者,盈也,故"盈缶"。终变得正,故"终来,有它吉"。在内称来也。

来知德：缶,瓦器也,以土为之而中虚。坤土,阴虚之象也。盈者,充满也;缶,坤土之器;坎,下流之物;初变成屯,屯者,盈也,水流盈缶之象也。若以人事论,乃自一念而念念皆诚,自一事而事事皆诚,即"盈缶"也。有孚,即孟子所谓"信人";盈缶,则"充实之谓美"矣。来者,自外而来也。他对我言,终对始言。

初六乃比之始,相比之道,以诚信为本,故无咎。若由今积累,自始至终,皆其诚信充实于中,若缶之盈满,孚之至于极矣,则不但无咎,更有他吉也。

张惠言：比卦五阴皆以比五为吉。凶独初，则五来比之，变正为"前禽"，故曰"有它吉"。

尚秉和：坤为缶，初居缶之最下，去五虽远。然坎雨下注始于四，以次及初，至初而缶盈矣，故曰有孚盈缶。阳性上升，五升上剥，剥穷上反下，则初阳复矣，故曰来。以其有待，故曰终来。有它，谓有应于他方也。大过九四曰有它吝，谓应初也。中孚初九曰"有它不燕"，谓应四也。此两卦皆有应，而皆不吉者，以得敌为害也，故不安，故吝。此曰有它吉者，以阳来反初，当位有应，故吉。荀爽以非应释有它，清易家多从之。岂知大过、中孚皆有应，而亦曰有它，则夫有它之不指非应甚明。虞翻谓初动成屯，得正，故吉。岂知此谓之变，不谓之来，更不得谓之终来。曰终来，固确有所指。且果如虞说，初动之正，乃初爻自变，益不得谓之有它，理甚明矣。虞亦知其说之有镈，复申曰在内称来。夫爻在外曰往，在内曰来，如需、讼之往来得中，否、泰之大小往来，皆是。兹曰终来，若仅在内称来，复何有始终之可言乎！失经旨矣。它，古蛇字。《易林》以坤为它。损之比云：大它当路，使季畏惧。以比下坤为它。不读为谁他之他。《系辞》云：龙它之蛰，以存身也。龙为乾，它为坤，言蛰于戌亥也。林所本也。而巽亦为蛇，故大过九四、中孚初九亦曰有它。后儒颇有用焦说者，又一义也。

按：下卦坤为缶，上卦坎为水，上天之水将注满大地，所以系辞为"有孚盈缶"。

初六爻居位不正,与九五爻上下易位,变为复卦☷☳,比卦上卦坎为终,复卦一阳生,所以系辞为"终来"。意思是说上天之水必将注入地下。

复卦下卦震为龙、为蛇,蛇为它。一阳来复,所以系辞为"有它吉"。

《象》曰:比之初六,"有它吉"也。

来知德:言比不但无咎,而即有他吉,见比贵诚实也。

张惠言:以比而论,初不得吉。

按:"有它吉"是对"比之初六"的解释。

初六爻与九五爻上下易位,变为复卦,复卦下卦震为蛇,一阳来复,所以系辞为"有它吉"也。

六二:比之自内,贞吉。

来知德:二在内卦,故曰内。自内者,由已涵养有素,因之得君,如伊尹乐尧舜之道,而应成汤之聘也。八卦正位,坤在二,故曰贞。

六二柔顺中正,上应九五,皆以中正之道相比,盖贞而吉者也。占者有是德,则应是占矣。

张惠言:自二应五,故"比自内"。正位,故"吉"。嫌当息大有,故明之。四亦同。

尚秉和:二应五,故曰自内。言自内比五也。二当位中正,故曰贞吉。

按:六二爻在内卦与外卦九五爻阴阳相应,所以系辞为"比之自内"。

六二爻居中正之位,所以系辞为"贞吉"。

《象》曰:"比之自内",不自失也。

来知德:中正,故"不自失"。

张惠言:不失己位,无取息阳。

尚秉和:言自内比五,不敢安逸也。失通佚,诸家作得失诂,非。

按:"不自失也"是对"比之自内"的解释。

六二爻居中正之位,所以系辞为"不自失也"。

六三:比之匪人。

虞翻:匪,非也,失位无应,三又多凶,体剥伤象,弑父弑君,故曰"匪人"。

来知德:三不中不正,已不能择人而比之矣,又承、乘、应皆阴,故为比之匪人。二之中正而曰匪人者,止以阴论也。妇人虽贤,犹是妇人,非先儒随时之说。

张惠言:"匪人"谓三,言此乃比时之匪人也。剥六四"剥床以肤",彼注云:"艮为'肤'。剥至四,乾象毁坏,臣弑君,子弑父。"比自五至初,俱有剥象,初息复,二四应承于五,唯三远五,体艮未正,剥肤之位,故独得此象。不言之正者,"匪人"不能自正,须五驱之乃变正也。

尚秉和:虞氏逸象乾为人。六三不当位无应,承乘皆阴,行失类,故曰比之匪人。言不得阳也。

按:上卦坎为匪人,六三爻比邻坎卦,所以系辞为"比之匪人"。

《象》曰：“比之匪人”，不亦伤乎。

来知德：伤，哀伤也，即《孟子》“哀哉”之意。不言其凶而曰“伤乎”者，盖恻然而痛悯也。

尚秉和：三独失实，故可伤。

按：“不亦伤乎”是对“比之匪人”的解释。

六三爻与“匪人”亲近，会给自己带来无妄之灾，所以系辞为“不亦伤乎”。

六四：外比之，贞吉。

虞翻：在外体，故称外。得位比贤，故“贞吉”也。

来知德：九五外卦，故曰外，谓从五也。之字指五。本卦独九五为贤，六二以正应而比之，修乎己而贞吉也；六四以相近而比之，从乎人而贞吉也，于此见《易》之时。

六四柔顺得正，舍正应之阴柔，而外比九五刚明中正之贤，得所比之正者矣，吉之道也，故占者“贞吉”。

张惠言：比五也。

尚秉和：四承五。外比即从上。贞吉者，卜问则吉也。

按：六四爻顺承九五爻，所以系辞为“外比之”。

六四爻居正位，阴顺阳，所以系辞为“贞吉”。

《象》曰：外比于贤，以从上也。

来知德：五阳刚中正，故言贤；居尊位，故言上。言六四外比，岂徒以其贤哉？君臣大分，亦以安其从上之分也。

张惠言：“上”谓五。

尚秉和：阳为贤，指五。

按:"外比于贤,以从上也"是对"外比之,贞吉"的解释。

六四与九五亲近,顺承九五,所以系辞为"外比于贤"。

九五居天子中正之位,所以系辞为"以从上也"。

九五:显比。

虞翻:五贵多功,得位正中,初三以变体重明,故"显比"。谓"显诸仁"也。

来知德:显者,显然光明正大无私也。言比我者无私,而我亦非违道干求比乎我也。下三句,显比之象也。

张惠言:以,已也。震为"仁"。五息初元,三阴亦正,故"显诸仁也"。

尚秉和:九五伏离,当阳得位,向明而治,故曰显比。

按:九五爻居中正之位,光明正大,吸引众阴前来归顺,所以系辞为"显比"。

王用三驱,失前禽,

虞翻:坎五称王。三驱,谓驱下三阴,不及于初,故"失前禽"。谓初已变成震,震为鹿、为惊走,鹿之斯奔,则"失前禽"也。

来知德:三驱者,设三面之网,即"天子不合围"也。坎错离为日,王之象也;又居三,三之象也。坎马驾坤车,驱之象也;综师用兵,驱逐禽兽之象也。前后坤土两开,开一面之象也。故同人初九前坤土两开,曰"同人于门"。一阳在众阴之中,与小过同,禽之象也,故师卦亦曰"禽"。前禽指初,下卦在前,初在应爻之外,失前禽之象也。

张惠言:五降初为复,故驱不及初。此以田猎为喻。田立三表,三驱而止,不合围,喻"舍逆取顺"。

尚秉和:王谓五。三驱,猎礼也。《汉书·五行志》:田狩有三驱之制。注:三驱之礼,一为乾豆,二为宾客,三为君庖。又《晋书·五行志》:登车有三驱之制。又《刘聪传》:校猎上林,将军负戟前,行三驱之礼。艮数三,故曰三驱。前禽,谓下四阴。上为后,故知前为下。失、逸古通。逸前禽者,喻人皆来比,无所诛杀,任其逸也。

按:九五爻居天子中正之位为王,上卦坎与离旁通,先天八卦离数三,九五爻与六三爻互卦为震,震为马,所以系辞为"王用三驱"。

九五爻与六二爻阴阳相应,下卦坤为虚空,所以系辞为"失前禽"。

邑人不诫,吉。

虞翻:坤为邑,师震为人。师时坤虚无君,使师二上居五中,故"不诫,吉"也。

来知德:坤为邑,又为众,又三、四为人位,居应爻二之上,五之下,邑人之象也。不诫者,禽之去者听其自去,邑人不相警诫,以求必得也。不诫者,在下之无私;不合围者,在上之无私,所以为显。

九五刚健中正,以居尊位,群阴求比于己,显其比而无私,其不比者亦听其自去,来者不拒,去者不追,故有此象。

占者比人无私,则吉矣。

张惠言:"邑人",《象传》注云"谓二"也。二本师震,在坤中,故称"邑人"。二使师二上居五中,众所乐比,故不待戒告而比之。震为言,震不见,故"不戒"矣。

尚秉和:坤为邑。不诫,谓王师宽大,所至之邑,百姓仍安居乐业,人人亲附,不惊诫也。《说文》:诫,敕也。《广韵》:言警也。《左传》桓十一年:郧人军其郊,必不诫。言无备虞也。

按:九五爻与六三爻互卦为艮,艮为居,下卦坤为百姓,百姓安居乐业,没有受到惊扰,所以系辞为"邑人不诫,吉"。

《象》曰:显比之吉,位正中也。

虞翻:谓离象明,正上中也。

来知德:位正中,即刚健中正,居尊位也。

尚秉和:九五中正,故显。

按:"位正中也"是对"显比之吉"的解释。

九五爻居中正之位,所以系辞为"位正中也"。

舍逆取顺,"失前禽"也。

虞翻:背上六,故"舍逆"。据三阴,故"取顺"。不及初,故"失前禽"。

来知德:用命不入网,而去者为逆,不我比者也。不用其命,入网而来者为顺,比我者也。

尚秉和:逆,迎也。下四阴皆逆我者也。逆而来归,理应舍之,故曰逸前禽,如纣师之倒戈归周是也。王注:禽顺行背我而走者,则射而取之。按顺行与我同向,同向即背我,上六是也,故取之。此四字只王注得解。虞翻谓舍逆指上六,前禽指初。岂知后夫如得舍,尚何云凶?初有孚盈缶,即孚于五,又安得独不及初?而后儒皆从之,异已!

按:"舍逆取顺"是对"失前禽"的解释。

"逆"是迎面而来的意思。下四阴归顺九五,所以系辞为"舍逆"。上六爻阴乘九五,所以系辞为"取顺"。

"邑人不诫",上使中也。

虞翻:谓二。师使二居五中上。

来知德:人中正,则不贪得。邑人不诫者,以王者有中德,故下化之亦中,亦不贪得,犹上有以使之也,所以失前禽,邑人不诫。

尚秉和:上使中者,言五所遣师徒,合乎中道,故无过举,得不诫也。唐郭京《举正》称得辅嗣真本,以"舍逆取顺"在"失前禽"下。朱芹引李清植曰:考《象传》,屡以禽与东部字韵,屯三爻禽与穷韵,恒四爻禽与容韵,此又与中韵,郭京所改,显失《易》韵。今按《诗·小雅》:呦呦鹿鸣,食野之芩。韵与此同。《焦氏易林》用韵如此者尤多。而履之夬以禽与功韵,与《象传》尤符。盖古音原如此。今晋人读禽为轻,正与古音合。郭京所称辅嗣本,无论真伪,不可从也。

按:"上使中也"是对"邑人不诫"的解释。

九五爻在上行中正之道，所以系辞为"上使中也"。

上六：比之无首，凶。

虞翻：首，始也。"阴道无成而代有终"，"无首，凶"。

来知德：乾为首，九五乾刚之君，乃首也。九五已与四阴相为显比，至上六则不能与君比，是比之无首，其道穷矣，故蹈后夫之凶。

张惠言：乾阳为"首"。上以阴居艮背上，是"无首"也。注转言"始"者，上亦欲比五，失之于始，故"后夫"。以无始，故无终也。阴从阳乃有终。

尚秉和：坎为首。首谓五也，而五为坎主。上六乘阳，首为所蔽，故曰无首。大过上六曰灭顶凶，既济上六曰濡其首，与此义同也。而复于此爻，更曰反君道，无首即反君道，反君，故凶。荀、虞皆不知首指五，故说皆不切。清惠士奇更实指曰首指上，谓木一在下为本，一在上为末，末即首，意谓上六为末爻，故为首也。说尤穿凿。

按："首"指九五之君。上六爻阴乘阳，与九五爻不亲近，所以系辞为"比之无首"。

坤卦上六爻《象传》言："龙战于野，其道穷也。"上六爻阴乘阳，上天无路，所以系辞为"凶"。

《象》曰："比之无首"，无所终也。

虞翻：迷失道，故"无所终"也。

来知德：无所终，即后夫凶。

张惠言：亦体"迷复"，与师上同。

尚秉和:道穷,故无所终。

按:"无所终也"是对"比之无首"的解释。

上六爻阴乘阳,逆天而上,违背"或从王事,无成有终"的法则,死无葬身之地,所以系辞为"无所终也"。

九　小畜卦

巽上乾下

小畜:

虞翻:需上变为巽,与豫旁通,豫四之坤,初为复,复小阳潜,所畜者少,故曰"小畜"。

来知德:小者,阴也。畜者,止也。乾下巽上,以阴畜阳,又一阴居四,上下五阳,皆其所畜,以小畜大,故为小畜。又畜之未极,阳犹尚往,亦小畜也。《序卦》:"比必有所畜,故受之以小畜。"所以次比。

张惠言:消息卦,通豫,息阳,阳畜于阴,故名"小畜"。候在四月。卦辞"自我西郊",唯二变为家人,阴阳一家也。爻变既济,明乾元始此。

此坤之消息也。夬息入乾,坤上当反,阴凝阳乃生,故复初之坤四为豫。豫四之坤初为复,而息夬得反四,是为小畜。豫四得朋为萃,萃五之复二为临,而息二阴反艮,是为大畜。萃四反三,合离坎为蹇,蹇三之复二为临,而息成睽。坤乃得合魂于坎,故豫、小畜旁通,萃、大畜旁通,蹇、睽旁通。卦息豫非从需来,云"需上变"者,豫初变复,至二临,至三泰,至五需,由需乃变小畜。凡坤之消息,皆兼取爻来,阳卦不为阴主也,故小畜取需。畜,养也。小,少也。以一阴畜复,故"小"。以二阴畜临,则"大"。复阳小,临阳大也。凡消息旁通之卦,止以初爻成卦为义,其息卦虽具临、泰等象,皆不以阳盛论。盖此十二卦,皆在剥、夬之后,复、姤之前,摩荡而成,非实阳消也。

尚秉和:卦上下皆阳,一阴止于内,故曰小畜。畜,止也。《太玄》拟之曰敛,云阳气大满于外,微阴小敛于内,是其义也。旁通豫。

按:"小畜"是卦名,卦象由上巽下乾构成。《周易·序卦传》言:"比必有所畜,故受之以小畜。"小畜卦一阴生于五阳之间,阴气开始蓄积,阴为小,所以卦象被命名为"小畜"。

小畜卦与豫卦旁通。

亨。

虞翻:二失位,五刚中正,二变应之,故"志行乃亨"也。

来知德:小畜亨,然其所以亨者,以畜未极而施未行也,故有"密云不雨,自我西郊"之象,故占者亨。

按:小畜卦下卦乾为天,上卦巽为风,风自天出,风行天下,所以系辞为"亨"。

密云不雨,自我西郊。

虞翻:密,小也。兑为密。需坎升天为云,坠地称雨,上变为阳,坎象半见,故"密云不雨,尚往也"。豫坤为自我,兑为西,乾为郊,雨生于西,故"自我西郊"。

来知德:中爻离错坎,云之象。中爻兑,西之象。下卦乾,郊之象。详见需卦。凡云自西而来东者水生,木泄其气,故无雨。

张惠言:二变为坎,则雨生西郊。

尚秉和:坤为云,上下皆坤爻,故曰密云。兑为雨,乃兑雨前遇巽风,为风吹散,云过日出,故不雨也。兑为西,伏坤为我,乾为郊,故曰自我西郊。言密云起自西郊,过而不留也。旧解多从虞翻,以半坎为云。既曰半坎,于密义似不合也。人知坎为云,不知坤亦为云。《易林》困之泰云:阴云四方,日在中央。以泰上坤为云也。人知坎为雨,不知兑亦为雨。《上系》云:润之以风雨。风谓巽,雨谓兑也。睽上九往遇雨,亦以兑为雨。

按:六四爻为离卦中爻,离卦与坎卦旁通,坎为云,六四爻为密云,天气虽然已经有了阴云的蓄积,但还没有下雨的迹象,所以系辞为"密云不雨"。

九二爻与六四爻互卦为兑,兑为西,乾为郊,所以系辞为"自我西郊"。

《彖》曰:小畜,柔得位而上下应之,曰"小畜"。

来知德:以卦综、卦德释卦名、卦辞。得位者,八卦正位巽在四也。本卦与履相综,故孔子《杂卦》曰:"小畜寡也,履不处也。"履之三爻,阴居阳位,不得其位,往而为小畜之四,则得位矣,故曰"柔得位而上下应之"。上下者,五阳也。以柔得位而上下应之,则五阳皆四所畜矣。以小畜大,故曰小畜。

张惠言:以阴畜阳,上下皆应。

按:"柔得位而上下应之"是对"小畜"的解释。

六四爻阴居阴位为正,上顺九五爻,下应初九爻,所以系辞为"柔得位而上下应之"。

健而巽,刚中而志行,乃亨。

虞翻:二失位,五刚中正,二变应之,故"志行乃亨"也。

来知德:内健,则此心果决,而能胜其私;外巽,则见事详审,而不至躁妄。又二五刚居中位,则阳有可为之势,可以伸其必为之志矣。阳性上行,故曰"志行"。乃亨者,言阳为阴所畜,宜不亨矣,以健而巽,刚居中而志行,则阳犹可亨也。

张惠言:乾健而阴巽。"刚中"谓五。二变,坎为"志行"也。

按:"健而巽,刚中而志行"是对"亨"字的解释。

下卦乾为健,上卦巽,所以系辞为"健而巽"。

巽卦《象传》言:"刚巽乎中正而志行。"上卦巽为志行,九五爻居中正之位,下卦乾为天道,巽风应天而动,所以系辞为"刚中而志行"。这就是"亨"的意思。

"密云不雨",尚往也。

虞翻:密,小也。兑为密。需坎升天为云,坠地称雨,上变为阳,坎象半见,故"密云不雨,尚往也"。

来知德:往者阳往,施者阴施,言畜之未极,阳气犹上往,而阴不能止也。

张惠言:尚、上通。需上变,故"不雨"。

尚秉和:云下降方为雨,尚往者,言云气为风所,散而往上,故不能雨。

按:"尚往也"是对"密云不雨"的解释。

上卦巽为志行,风在天上,云气未能凝聚成雨,所以系辞为"尚往也"。

"自我西郊",施未行也。

虞翻:豫坤为自我,兑为西,乾为郊,雨生于西,故"自我西郊"。九二未变,故"施未行"矣。

来知德:惟阳上往,所以阴泽不能施行而成雨。

张惠言:五阳为"施"。不得应,"不行"。

尚秉和:又离火上炎,将密云冲散,不能下落为雨,故膏泽未施也。上往纯对下施言。

按:"施未行也"是对"自我西郊"的解释。

初九爻与六四爻互卦为夬,夬卦《象传》言:"泽上于天。"兑为泽,乾为天,泽在天上,甘霖尚未滋润大地,所以系辞为"施未行也"。

《象》曰:风行天上,小畜;

张惠言:风,地气也。"行天上",散天气于地,以阴畜阳之象。

按："风行天上，小畜"是从天文学的角度解释卦象。

上卦巽为风，下卦乾为天，微风在天上吹拂，所以系辞为"风行天上，小畜"。

君子以懿文德。

虞翻：君子谓乾。懿，美也。豫坤为文，乾为德，离为明。初至四体夬为书契，乾离照坤，故"懿文德"也。

来知德：懿，美也。巽顺，懿美之象。三乾阳，德之象。中爻离，文之象。以道而见诸躬行曰道德，见诸威仪文辞曰文德。风行天上，有气而无质，能畜而不能久，曰小畜。君子大则道德，小则文德，故体之以美其文。德之小曰文，而必曰德者，见文乃德之辉，非粉饰也。

张惠言：乾离照坤，坤得畜乾。

尚秉和：懿，美也。乾为德，离明，故曰文德。离明照天下，巽风散布四方，故曰懿文德。

按："君子以懿文德"是从卦象引申出来的人文思想。

能够效法小畜卦的人被称为"君子"。"懿"就是美好的意思。下卦乾为德，九三爻与九五爻互卦为离，离为文明，上卦巽为风，天道刚健，散发出文明的德性，所以系辞为"懿文德"。

初九：复自道，何其咎？吉。

虞翻：谓从豫四之初成复卦，故"复自道"。"出入无疾，朋来无咎"，"何其咎？吉"。乾称"道"也。

来知德：自下升上曰复，归还之意。阳本在上之物，志

欲上进，而为阴所畜止，故曰复。自者，由也。道者，以正
道也。言进于上，乃阳之正道也。何其咎，见其本无咎也。
复卦"不远复""休复"者，乃六阴已极之时，喜阳之复生于
下；此卦之"复自道""牵复"者，乃一阴得位之时，喜阳之复
升于上。

初九乾体居下得正，虽与四阴为正应，而能守正，不为
四所畜，故有复自道之象。占者如是，则无咎而吉矣。

张惠言：复注云："谓出震成乾，入巽成坤，坎为'疾'，
谓十二消息不见坎象，故'出入无疾'。兑为'朋'，在内称
'来'。五阴从初，初阳正息而成兑，故'朋来无咎'。"豫四
本复初，故言"自道"。

尚秉和：复，来也。初为阳本位，阳来初，故曰复。来
初当位，故曰复自道。乾为道也。初前临重阳，行难，宜有
咎。然当位有应，遁世无闷，故无咎也。

按：初九为一阳来复之爻，下卦乾为道，所以系辞为
"复自道"。

初九与六四阴阳相应，所以系辞为"何其咎？吉"。

《象》曰："复自道"，其义吉也。

虞翻：谓从豫四之初成复卦，故"复自道"。"出入无
疾，朋来无咎"，"何其咎？吉"。乾称"道"也。

来知德：在下而畜于上之阴者，势也。不为阴所畜而复
于上者，理也。阳不为阴畜，乃理之自吉者，故曰"其义吉"。

尚秉和：义者，宜也。言行谊如此，宜其吉也。

按:"其义吉也"是对"复自道"的解释。

初九爻与六四爻阴阳相应,阴为义,所以系辞为"其义吉也"。

九二:牵复,吉。

来知德:九二渐近于阴,若不能复矣,然九二刚中,则不过刚,而能守己相时,故亦复。与初二爻并复,有牵连而复之象,占者如是,则吉矣。三阳同体,故曰"牵",故夬卦亦曰"牵"。《程传》谓二五"牵复",《本义》谓"初",观《小象》"亦"字,则《本义》是。

张惠言:复息至二,朋来失位,五引之,则变而应五,故"牵复"。五体巽绳,二在豫艮手,五"牵如"谓牵二也。得正,故"吉"。二初不变,至五引之乃变,故三五俱象乾,至上乃象"既雨"。

尚秉和:复,来也。伏艮手,故曰牵复。《玉篇》云:牵,速也。《礼·学记》君子之教喻也,道而不牵。姤九三《象》云:其行次且,行未牵也。皆训牵为速。牵复者,速来也。言来居二得中也。若作阳复解,则九二失位,何复之有?又按九二失位无应,承乘皆阳,本不吉,兹曰吉者,徒以得中也。

按:九二爻与初九爻相连,所以系辞为"牵复"。

九二居中,所以系辞为"吉"。

《象》曰:牵复在中,亦不自失也。

虞翻:变应五,故"不自失",与比二同义也。

来知德：在中者，言阳刚居中也。亦者，承初爻之辞。言初九之"复自道"者，以其刚正，不为阴所畜，不自失也。九二刚中牵复，亦不自失也。言与初九同也。

张惠言：嫌当息阳，故明"不失"。

尚秉和：二虽不当位而在中，故吉。清儒多从虞翻，以五牵二，令二变阴应五为说。若然，则各卦非先变既济，不能说也。惑乱后学，莫此为甚。失、佚古通。速复，故曰不自佚，言不自安逸也。

按："亦不自失也"是对"牵复在中"的解释。

九二爻虽不当位，居中，避免偏倚之失，所以系辞为"亦不自失也"。

九三：舆说辐，夫妻反目。

虞翻：豫坤为车、为辐，至三成乾，坤象不见，故"车说辐"。马君及俗儒皆以乾为车，非也。豫震为夫、为反，巽为妻，离为目，今夫妻共在四，离火动上，目象不正，巽多白眼，"夫妻反目"。妻当在内，夫当在外，今妻乘夫而出在外，象曰"不能正室"。三体离，需，饮食之道。饮食有讼，故争而反目也。

来知德：舆脱去其辐，则不能行。乾错坤，舆之象也。变兑为毁折，脱辐之象也。脱辐非恶意，彼此相悦，不肯行也。乾为夫，长女为妻。反目者，反转其目，不相对视也。中爻离为目，巽多白眼，反目之象也。三四初时阴阳相比而悦，及变兑为口舌，异性进退不果，又妻乘其夫，妻居其外，夫反在内，则三反见制于四，不能正室，而反目矣。盖阳性终不可畜，所以小畜止能畜得九三一爻，诸爻皆不能畜，然亦三之自取也。

九三比阴，阴阳相悦，必苟合矣，为四畜止不行，故有舆脱辐之象。然三过刚不中，锐于前进；四性入，坚于畜止，不许前进，三反见制于四，不能正室矣，故又有反目之象。其象如此，而占者之凶可知矣。

张惠言：说，读如脱。辐，《说文》云："车轴缚也。"《子夏传》云："伏兔。"江承之云："辐，正字当作腹，舆也。与大畜同"。

尚秉和：辐，《正义》作辐。而马融以为车下缚，郑玄训为伏兔，则皆作辐。兹从马、郑。伏坤为舆，伏震为辐。辐者，舆所恃以行，乃舆在内而辐在外，则舆脱辐矣。乾为夫，坤为妻。巽得坤之初爻，故亦为妻。巽为白眼，卦二至上正反巽，白眼与白眼相反，是反目也。三上无应，下乘重阳，故有是象。震辐象失传。《左传》僖十五年，筮遇归妹之睽，曰车脱其辐。夫归妹之睽，即震变离，震变离则震象毁，故曰车脱其辐。辐，伏兔。上承车箱，下轭车轴。《子夏传》《释名》皆以辐为车屐，因在箱下，有若履然，故《左传》以震为辐。屐，震象也。虞氏改作腹，非也。

按："辐"，是牵引车辆行驶的工具。下卦乾为舆，九二爻与六四爻互卦为兑，兑为毁折，所以系辞为"舆脱辐"。

下卦乾为夫，上卦巽为妻、为多白眼，妻子凌驾于丈夫之上,所以系辞为"夫妻反目"。

《象》曰:"夫妻反目",不能正室也。

来知德:室者,闺门也。正者,男正位乎外,女正位乎内也。三四苟合,岂能正室? 所以反目,故归妹《大象》曰"君子以永终知敝"。

尚秉和:坎为室,坎伏不见,故曰"不能正室"。言夫无如妻何也。

按:"不能正室也"是对"夫妻反目"的解释。

家人卦《彖传》言:"家人,女正位乎内,男正位乎外。"小畜卦乾为夫在内,巽为妻在外,所以系辞为"不能正室也"。

六四:有孚,血去惕出,无咎。

虞翻:孚谓五。豫坎为血、为惕。惕,忧也。震为出,变成小畜,坎象不见,故"血去惕出",得位承五,故"无咎"也。

来知德:五阳皆实,一阴中虚,孚信虚中之象也。此爻离错坎,坎为血,血之象也。血去者,去其体之见伤也。又为加忧,惕之象也。惕出者,出其心之见惧也。曰去曰出者,以变爻言也。盖本爻未变,错坎有血惕之象;既变,则成纯乾矣。岂有血惕? 所以血去惕出也。本卦以小畜大,四为畜之主,近乎其五,盖畜君者也。畜止其君之欲,岂不伤害忧惧? 盖畜有二义:畜之不善者,小人而羁縻君子是也;畜之善者,此爻是也。

六四近五,当畜其五者,五居尊位,以阴畜之,未免伤害忧惧,然柔顺得正,乃能有孚诚信,以上合乎五之志,故有血去惕出之象,占者能如是诚信,斯无咎矣。

张惠言: 阳在二五称"孚",谓四承五。

尚秉和: 四卦主,五阳孚之,故曰有孚。《释文》:血,马云当作恤,忧也。是马以血为恤之省文。而荀爽、王弼等直读为血,非也。坎为恤、为惕,乃坎伏不见,故曰恤去惕出,言不忧惧也。四当位有应,上承重阳,故无咎。

按:六四爻居离卦中央,离与坎旁通,坎中满,所以系辞为"有孚"。

坎为血、为忧,坎象不见,所以系辞为"血去惕出"。

六四爻阴居正位,上承九五,下应初九,所以系辞为"无咎"。

《象》曰:"有孚惕出",上合志也。

来知德: 上合志者,以其有孚诚信也。

张惠言: 上,五也。上变坎,四与五"合志"。

尚秉和: 上,谓五上。五上皆阳,四承之,阴遇阳得类,故曰合志。此与升初六之上合志义同也。巽为志。《易林》姤之小过:心志不亲。小过中爻正反巽,故心志不亲。又蒙之升:成子得志。亦以升下巽为志。盖心志在内,而巽为伏,故巽为志。

按:"上合志也"是对"有孚惕出"的解释。

"上"是指九五爻,六四爻顺承九五爻,上下心志相通,所以系辞为"上合志也"。

九五：有孚挛如，富以其邻。

虞翻：孚五谓二也。挛，引也。巽为绳，豫、艮为手。二失位，五欲其变，故曰"挛如"。以，及也。五贵称富，邻谓三，兑西震东称邻，二变承三，故"富以其邻"。《象》曰"不独富"。二变为既济，与东西邻同义。

来知德：本卦大象中虚，而九五中正，故有孚诚信。挛者，挛缀也。缀者，缉也。缉者，续也。皆相连之意，即九二之牵也。谓其皆阳之类，所以牵连相从也。巽为绳，挛之象也。又为近市利三倍，富之象也，故家人亦曰"富家大吉"。五居尊位，如富者有财，可与邻共之也。以者，左右之也。以其邻者，援挽同德，与之相济也。君子为小人所困，正人为邪党所厄，则在下者必攀挽于上，期于同进；在上者必援引于下，与之协力，故二牵而五挛。本卦虽以阴畜阳，初、二皆牵复吉，不为阴所畜。《象》曰"刚中而志行乃亨"，刚中志行正在此爻，故亨。若旧注以三爻同力畜乾，则助小人以畜君子，阳岂得亨？非圣人作《易》之意矣。一阴五阳，君子多于小人，所以初、二、五皆不能畜。

九五居尊，势有可为，以九二同德为辅佐，当小人畜止之时，刚中志行，故有有孚挛如，富以其邻，小人不得畜止之象。占者有孚，亦如是也。

张惠言：阳在二五皆"孚"。二在艮末。变承三为坎，志行乃亨,故"欲其变"。三体兑,五在豫为震。既济九五:"东邻杀牛,不如西邻之禴祭,实受其福。"彼由泰来,泰震为"东",兑为"西",震动五杀坤,故曰"东邻杀牛"。兑动二体离明,得正承五顺三,故"实受其福"。此五为"东邻",同三为"西邻"稍异也。

尚秉和:孚,谓孚于四。四卦主,阳喜阴,故下三阳亦孚于四。挛,引也,牵也。言阳皆孚四,有若牵引连接也。《九家》谓五孚下三爻,虞翻强命二变谓五孚二,并非。阳于阳不孚也。五天子位,巽为利,五乘之,故富。伏震为邻。富以其邻,言五之所以富,以邻于四也。《九家》谓五以四阴作财,与下三阳共之,故曰不独富。深得经旨。

按:"有孚"指九五爻,上卦巽为绳,九五信及六四,所以系辞为"有孚挛如"。

巽为近利市三倍,九五富及六四爻,所以系辞为"富及其邻"。

《象》曰:"有孚挛如",不独富也。

来知德:言有孚,则人皆牵挛而从之矣,不必有其富也。今五居尊位,既富矣,而又有孚,故曰"不独富"。

张惠言:二富及三。

尚秉和:"不独",义见前。

按:"不独富也"是对"有孚挛如"的解释。

九五爻与六四爻心意相通,九五之君的文明德性风行天下,润泽大地,所以系辞为"不独富也"。

上九：既雨既处，尚德载，妇贞厉。

虞翻：既，已也。应在三，坎水零雨，巽为处，谓二已变，三体坎雨，故"既雨既处"。坎云复天，坎为车，积载在坎上，故上得积载。巽为妇，坎成巽坏，故"妇贞厉"。

来知德：上九变坎为雨，雨之象也。处者，止也。巽性既进而退，巽风吹散其雨，既雨既止之象也。雨既止，可尚往矣。尚德载者，下三阳为德，坎为舆，成需即需上六"不速之客三人来"也，载者积三阳而载之也，故曰"积德载"。此言阳尚往也。水火乃相错之卦，火天大有曰"大车以载"，《象》曰"积中不败"，则坎车积三阳载之，上往也明矣。巽妇畜乾之夫，以顺为正。巽本顺而正者也，今变坎，失巽顺而为险陷，危厉之道也，故始贞而今厉矣。

张惠言：三"雨"而上"处"。谓上亦变，坎复需时。重坎故为"积载"，上、尚通字。上变正也。虽正而危，阴盛将消阳也。

尚秉和：云上往，至上九而极。兑为雨，兑覆向下，是雨已下施也，故曰既雨。既，已也。《诗·召南·江有汜》：其后也处。《毛传》：处，止也。既处者，言雨已止也。德者，雨泽也。尚德载，言雨泽下降，乾施坤受，地得载其德泽也。巽为妇。柔之为道不利远，高处在上，非妇德所宜，故妇贞得此爻者，厉也。

按：上卦巽为风，六四爻为离卦中爻，离为日，雨过天晴，风和日丽，所以系辞为"既雨既处"。

上九居"亢龙有悔"之位,天德达到极点,所以系辞为"尚德载"。

上卦巽为妇,上九爻阳居阴位不正,居此位有凶,所以系辞为"妇贞厉"。

月几望,君子征凶。

虞翻: 几,近也。坎月离日,上已正,需时成坎,与离相望,兑西震东,日月象对,故"月几望"。上变阳消,之坎为疑,故"君子征,有所疑"矣。与归妹、中孚"月几望"义同也。

来知德: 坎为月,中爻离为日,日月之象也。巽错震,中爻兑,震东兑西,日月相望之象也,言阴盛也。《易》中言"月几望"者三,皆对阳言;中孚言从乎阳,归妹言应乎阳,此则抗乎阳也。三阳有乾德,故曰"君子"。巽性进退不果,本疑惑之人,今变坎陷,终必疑君子之进,畜止而陷之,故征凶。

畜已终矣,阴终不能畜阳,故有雨止阳往之象。畜者虽贞,亦厉之道也。然阴既盛抗阳,则君子亦不可往矣,两有所戒也,故其象占如此。阳终不为阴所畜,故《杂卦》曰"小畜寡也",观"寡"字可知矣。

张惠言: 正位如"需时"。八字为一句。豫震为坎,月在震二。小畜兑为坎,日在兑三。谓上与三相对,非二五正,故近望也。惠征士云:"'君子'谓三也。阴盛阳消,故'君子征凶'。"归妹体震兑,五坎在震,三离在兑。中孚由讼坎离四之初,体震兑,坎在兑二,离在震三。故归妹六五,中孚六四,皆言"月几望"。

尚秉和:兑为月,互离为日,月西日东,相望。几,孟、荀作既。孟云:既望,十六日也。纳甲法,十五日夜乾象,月盈甲;十六日平明巽象,月退辛。上九处巽之终,正既望也。既望则阳将消,又三无应,故征凶。自兑月象失传,小畜、归妹、中孚之月几望,旧解皆以坎为月。岂知《易》之言月,十九皆谓兑。《说卦》象,与经所用象,不尽同也。《易林》复之临云:月出平地。以临上坤为地,下兑为月也。又家人之小畜云:杲杲白日,为月所食。以小畜互离为日,兑为月。兑月侵入离体之半,故曰为月所食。兑月象,后惟邵子知之,而清易家皆不信。岂知邵子所用,与《易林》合,与《易》合哉!

按:上卦巽反卦为兑,兑为月,巽卦初爻在离日之中,为日食之象。太阳的光芒就要被月亮掩盖,满月就要形成,所以爻辞说"月几望"。

上九爻有"日食"之象,意味着阳道将尽,阴道将成,所以系辞为"君子征凶"。

《象》曰:"既雨既处",德积载也。

虞翻:巽消承坎,故"德积载"。坎习为积也。

来知德:阳德积而尚往,故贞厉。

张惠言:习坎,重坎也。

尚秉和:吴先生曰:古得、德同字。德积载,即雨泽得为大地所载也。

按:"德积载也"是对"既雨既处"的解释。

上九居天极之位,所以系辞为"德积载也"。

"君子征凶",有所疑也。

虞翻:变坎为盗,故"有所疑也"。

来知德:阴终疑阳之进而畜之,故征凶。

尚秉和:巽为疑。下无应,阳遇阳,故疑。

按:"有所疑也"是对"君子征凶"的解释。

上卦巽为进退不果,所以系辞为"有所疑也"。

一〇　履卦

乾上兑下

履:

来知德:履者,礼也,以礼人所践履也。其卦兑下乾上,天尊于上,泽卑于下,履之象也。内和悦而外刚健,礼严而和之象也。《序卦》:"物畜然后有礼,故受之以履。"因次小畜。

张惠言:消息卦,谦三为复,上息成履,以坤履行乾德,乾阳尚微,故主坤言之,名曰"履"。候在六月。卦明消息,爻变既济,明乾用。

按:"履"是卦名,卦象由上乾下兑构成。《周易·序卦传》:"物畜然后有礼,故受之以履。履者,礼也。"履卦上卦乾为天,下卦兑为泽,天高为尊,泽下为卑,天地之间,有上下尊卑之道,所以卦象被命名为"履"。

　　履卦与谦卦旁通。

履虎尾,不咥人,亨。

　　虞翻:谓变讼初为兑也。与谦旁通。以坤履乾,以柔履刚,谦坤为"虎",艮为"尾",乾为"人",乾兑乘谦,震足蹈艮,故"履虎尾"。兑悦而应虎口,与上绝,故"不咥人"。刚当位,故亨。俗儒皆以兑为虎,乾履兑,非也。兑刚卤,非柔也。

　　来知德:履者,足践履也。中爻巽错震,震为足,有履之象,乃自上而履下也。咥者,啮也。下卦兑错艮,艮为虎,虎之象也。乃兑为虎,非乾为虎也。先儒不知象,所以以乾为虎。周公因文王取此象,故革卦上体兑,亦取虎象。曰尾者,因下卦错虎,所履在下,故言尾也。故遁卦下体艮,亦曰尾。兑口乃悦体,中爻又巽顺,虎口和悦,巽顺不猛,故"不咥人"。

　　张惠言:此息谦,非由讼来,以小畜反之,故亦有变讼象。谦三之坤初,为复而息。履,践行也,谓坤践行乾德。谦三"天道下济",又以震足行息涉兑成乾,是为"以坤履乾,以柔履刚"。《系》云"履以和行",坤为"和",震为"行",是履乾之义。坤以谦震降初而息履,故"震足蹈艮"。坤为"虎",而艮为"尾",有"履虎尾"之象。既成履后,则乾有人象,而艮尾为兑口,故又象"不咥人"。非以乾人履坤虎也。乾人履坤虎,则是刚履柔。兑成坤灭,口与虎绝。上谓乾人。绝,不相属。咥,啮也。谓五。此一说以为乾履兑,乾非柔,又虎在人后,非履尾。其非易明,故曰"非也"。此又一说以为兑履乾,以乾刚为"虎"。故破之云"兑非柔",下又云"兑不履乾"。

尚秉和:《尔雅·释言》:履者,礼也。故《太玄》即拟为礼。礼莫大于辩上下,定尊卑。卦上天下泽,尊卑判然。人之行履,莫大于是,故曰履。乾为虎,四虎尾,兑在乾后,故曰履虎尾。履,蹑也。言三蹑乾后也。乾为人,兑口为咥。人在外,故不受咥。《象传》曰:柔履刚。言三步乾刚之后也。荀爽谓三履二,只以下卦为说。岂知卦名皆合上下卦取义,无取一卦者。且三履二,是柔乘刚,与卦义正相背,非也。

按:上卦乾为虎,六三爻与九四爻比邻,所以系辞为"履虎尾"。

下卦兑为口,上卦乾为人,人在兑口之外,所以系辞为"不咥人"。

上卦乾为天,下卦兑为悦,六三爻与九五爻互卦为巽,风行天下,所以系辞为"亨"。

《象》曰:履,柔履刚也。

虞翻:坤柔乾刚,谦坤籍乾,故"柔履刚"。

来知德:以卦德释卦名、卦辞,而又言卦体之善。柔履刚者,以三之柔履二之刚也,此就下体自上履下而言也,释卦名也。

张惠言:籍,蹈也。

按:"柔履刚也"是对卦名"履"字的解释。

下卦兑为泽、为柔，上卦乾为天、为刚，柔顺刚，所以系辞为"柔履刚也"。

说而应乎乾，是以"履虎尾，不咥人，亨"。

虞翻：说，兑也。明兑不履乾，故言"应"也。

来知德：悦而应乎乾者，此就二体自下应上而言也。曰应者，明其非履也。三与五同功，故曰应。此释卦辞之所以亨也。

张惠言：若兑履乾，乾为"虎"，兑不应虎也。若乾履兑，兑口承乾，正为"咥"也。明由坤为"虎"，故兑应乾为"不咥人"。

尚秉和：说而应乎乾，谓三应上也。

按："说而应乎乾"是对"履虎尾，不咥人，亨"的解释。

"说"与"悦"相通。下卦兑为悦，六三爻满心欢喜，顺承上天，所以系辞为"说而应乎乾"。

刚中正，履帝位而不疚，光明也。

虞翻："刚中正"，谓五。谦震为"帝"。五，帝位，坎为疾病，乾为大明。五履帝位，坎象不见，故"履帝位而不疚，光明也"。

来知德：帝指五，九五刚健中正，德与位称，故不疚。不疚，则功业显于四方，巍然焕然，故光明。中爻离，光明之象。此又卦体所履之善，非圣人不足以当之，故文王言"履虎尾"，孔子言"履帝位"。

张惠言：明以谦三行乾，居五，故曰"履帝位"。

尚秉和：五下履巽，巽为病，宜有疚。疚即病也。然而不疚者，以五履帝位而中正也。互离为日，故光明。人知坎为病，不知巽亦为病，故说疚象无有合者。岂知巽为陨落，当然亦为病。《易林》巽之鼎云：病伤不治。以鼎下巽为病。兑之蛊云：疮痍多病。以蛊上艮为疮痍，下巽为病也。由《易林》推之《易》，遁九三云有疾厉，丰六二云往得疑疾，《易》原以巽为疾病，故《易林》本之也。（《集解》荀注，多利贞二字，兑秋乾冬正合。然他本皆无。）

按："刚中正，履帝位而不疚，光明也"是对九五爻所代表的天道的解释。

九五爻阳刚居中正之位，所以系辞为"刚中正"。

九五为天子位，九五爻与六三爻互卦为巽，巽为疾病，六三爻为离卦中爻，离为光明，九五爻所代表的天道之所以不会疾病丛生，是因为天道光明，润泽大地，所以系辞为"履帝位而不疚，光明也"。

《象》曰：上天下泽，履；

张惠言：分定而后可履，故"上天下泽"为"履"。

按："上天下泽，履"是从天文学、地理学的角度解释卦象。

上卦乾为天、为上，下卦泽为水、为下，天地有上下尊卑之分，所以系辞为"上天下泽，履"。

君子以辩上下，定民志。

虞翻："君子"，谓乾。辩，别也。乾天为"上"，兑泽为

"下"。谦坤为"民"，坎为"志"。谦时坤在乾上，变而为履，故"辩上下，定民志也"。

来知德：君子观履之象，辨上下之分。上下之分既辨，则民志自定，上自安其上之分，下自安其下之分矣。

尚秉和：谦坤为民、为志，艮止为定。民志之所以不定者，以不知上下也。上天下泽，尊卑显然，故君子法之，以定民志。周公制礼，是其事也。

按："君子以辩上下，定民志"是从卦象引申出来的人文思想。

能够效法履卦的人被称为"君子"。上卦乾为天、为上，下卦兑为泽、为下，上下尊卑判然有别，所以系辞为"君子以辩上下"。

六三爻为民，与九五爻互卦为巽，巽为顺，民心顺应君心，上下有别，尊卑有礼，所以系辞为"定民志"。

初九：素履往，无咎。

虞翻：应在巽，为白，故"素履"。四失位，变往得正，故"往无咎"。初已得正，使四独变，在外称"往"。《象》曰："独行愿也。"

来知德：素者，白也，空也，无私欲污浊之意。素履，即《中庸》"素位而行"，舜饭糗茹草若将终身，颜子陋巷不改其乐是也。往者，进也。阳主于进，故曰往。

初九阳刚在下，本无阴私，当履之初，又无外物所诱，盖素位而行者也，故有素履之象。以是而往，必能守其所愿之志而不变,履之善者也,故占者无咎。

张惠言:凡履之道,以阴履阳,履初者四,故"素履"谓四。"往"者,四也。变在外皆称"往"。不以初之四为往者,柔履刚,初不往。"无咎",自谓初。初使四变,而四果往,故"无咎"。初使四变,辩上下之义。

尚秉和:四无应,二阳,阳遇阳得敌,宜有咎。然而无咎者,以能素位而行也,故曰素履。言屏去浮华,安常蹈素,循分自守也。能如此,故往无咎。

按:六三爻与九五爻互卦为巽,巽为风、为白,初九爻居震位,闻风而动,素心前行,所以系辞为"素履往"。

初九爻居正位,故"无咎"。

《象》曰:素履之往,独行愿也。

来知德:独有人所不行而己独行之意。愿即《中庸》"不愿乎外"之"愿"。言初九素位而行,独行己之所愿,而不愿乎其外也。《中庸》"素位"二句,盖本周公"素履"之爻云。

张惠言:四独行。往,初之愿也。

尚秉和:得敌无应,故曰独行。甘于独行,故无咎也。先儒于同性相违之义知者鲜,故独行之故,无有详者。

按:"独行愿也"是对"素履之往"的解释。

初九爻上无感应,凭一己之力闻风而动,顺应天道,所以系辞为"独行愿也"。

九二:履道坦坦,幽人贞吉。

虞翻:二失位。变成震,为道、为大涂,故"履道坦坦"。

讼时二在坎狱中,故称"幽人"。之正得位,震出兑悦,幽人喜笑,故"贞吉"也。

来知德:履道坦坦,依乎《中庸》,不索隐行怪也。幽独之人多是贤者过之。能履道坦平,不过乎高而惊世骇俗,则贞吉矣。变震为足,履之象也。又为大涂,道坦坦之象也。幽对明言,中爻离明在上,则下爻为幽矣。三画卦,二为人位,幽人之象也。故归妹中爻离,九二亦以"幽人"言之。"履以和行","礼之用,和为贵",所以本卦阳爻处阴位,如上九则元吉者,以严而有和也。二与四同,二坦坦而四愬愬者,二得中而四不得中也。二与五皆得中位,二贞吉而五贞厉者,二以刚居柔,五以刚居刚也。

九二刚中居柔,上无应与,故有履道坦坦之象。幽人如此,正而且吉之道也,故占者贞吉。

张惠言:"坦坦",宽平,亦震象也。二变履五,履之道也。独于二取讼象者,谦三当之师二,先息成履,故三降初时,二有伏坎,不可云师坎,故取讼坎而称"幽人"。非由讼来,故于初不言。震为"喜笑"。

尚秉和:伏艮为道路。比阴得中,故坦坦。坦坦者,宽平也。兑为昧,无应,故曰幽人。居中,故贞吉。

按:九二爻与九四爻互卦为离,离为日,九二爻践行天道,前途光明,所以系辞为"履道坦坦"。

下卦兑为暗昧,九二爻居中履道,内心光明,所以系辞为"幽人贞吉"。

《象》曰："幽人贞吉"，中不自乱也。

虞翻：虽幽讼狱中，终辩得正，故"不自乱"。

来知德：有此中德，心志不自杂乱，所以依中庸而贞吉。世之富贵外物，又岂得而动之。

张惠言：震为言。

尚秉和：《象》多释贞为正。此以不乱释贞，明贞有正、定二义也。

按："中不自乱也"是对"幽人贞吉"的解释。

九二爻居中履道，内心光明，所以系辞为"中不自乱也"。

六三：眇能视，跛能履。

虞翻：离目不正，兑为小，故"眇而视"。视上应也。讼坎为曳。变震时，为足。足曳，故"跛而履"。俗儒多以兑刑为"跛"，兑折震足，为刑人见刑断足者，非为"跛"也。

来知德：中爻巽错震足，下离为目，皆为兑之毁折，眇、跛之象也。

张惠言：江承之云："视者谓察其行事而效之。与履同义。"此亦伏坎也。谦三降初，先与伏二为坎，次与息复为震，故下云"变震时为足"。一说谓二已变震也。三阴将履上阳，失位，故有此象。

尚秉和：《说文》：眇，一目小也。兑为小，离目，故曰眇能视。震为履，二三半震，故曰跛能履。眇而视，跛而履，皆力不足而不止之象，故《象》曰不足以有明，不足以与行也。

按：六三爻为离卦中爻，离为目，下卦兑为毁折，眼睛受到损伤，所以系辞为"眇能视"。

六三爻与九五爻互卦为巽，巽为股，下卦兑为毁折，大腿受到损伤，所以系辞为"跛能履"。

履虎尾，咥人，凶。

虞翻：艮为"尾"，在兑下，故"履虎尾"。位在虎口中，故"咥人，凶"。既跛又眇，视步不能，为虎所啮，故"咥人，凶"。《象》曰："位不当也。"

来知德：六画卦，三为人位，正居兑口，人在虎口之中，虎咥人之象也。

张惠言：三伏阳也。艮兑互伏。谦艮阳伏兑下，口上属坤，二变兑口动，故"虎咥人"。三阳不能出，待上易位也。

尚秉和：三正在乾虎后，故曰履虎尾。《象》言不咥，此言咥者，盖以上下卦言，乾虎在外，兑在后，故不咥；而以爻言，四虎尾，上虎首，三应在上，上必来三，虎首回噬，故三独受咥而凶也。

按：上卦乾为虎，六三爻比邻九四爻，所以系辞为"履虎尾"。

下卦兑为口，六三爻居人位，所以系辞为"咥人"。

六三爻阴居阳位不正，下卦兑为毁折，所以系辞为"凶"。

武人为于大君。

虞翻： 乾象在上，为“武人”。三失位，变而得正，成乾，故曰“‘武人为于大君’，志刚也”。

来知德： 三变，则六画皆乾矣，以悦体而有文明，乃变为刚猛武勇，武之象也。三人位，武人之象也。曰武者，对前未变离之文而言也。阳大阴小，阴变为阳，大之象也。故坤卦用六，以“大”终变为乾君，大君之象也。咥人，不咥人之反。为大君履帝位之反。

六三不中不正，柔而志刚，本无才德，而自用自专，不能明而强以为明，不能行而强以为行，以此履虎，必见伤害，故有是象。占者之凶可知矣。亦犹履帝位者，必德称其位而不疚。武人乃强暴之夫，岂可为大君哉？徒自杀其驱而已。武人为大君，又占中之象也。

张惠言： 谓上也。乾金气，又在上，故为“武人”。“大君”，乾五也。为，助也。三变与上易位，上自乾来，更与四五为乾。

尚秉和： 伏震为武人，乾为大君，三承乾，故曰武人为于大君。言武人忠于大君。阴顺阳，代终事，与讼三之从王事同。《象》释曰志刚，刚即谓大君，志刚即释为义也。虞翻谓三失位，变得正成乾，直以武人变为大君，失之。近师俞荫甫谓此与坤讼六三之或从王事同义，略露曙光。特又以三升乾上释为字，仍误也。震，武之象，《国语》重耳筮遇贞屯悔豫，皆有震，曰车有震武。武，足迹也。震健，故震为武。《易林》本之，遇震即言武。于是履及巽之武人，象始大明。

按：六三爻居离卦中爻，离为戈兵，所以取象为武人。上卦乾为大君，六三爻对大君有所图谋，所以系辞为"武人为于大君"。

《象》曰："眇能视"，不足以有明也；"跛能履"，不足以与行也。

来知德：不足有明与行，以阴柔之才言。

按："不足以有明也"是对"眇能视"的解释。

眼睛受到损伤，所以系辞为"不足以有明也"。

"不足以与行也"是对"跛能履"的解释。

大腿受到损伤，所以系辞为"不足以与行也"。

咥人之凶，位不当也。

来知德：位不当者，以柔居刚也。

按："位不当也"是对"咥人之凶"的解释。

六三爻阴居阳位，所以系辞为"位不当也"。

"武人为于大君"，志刚也。

来知德：爻以位为志，六三阴柔，才弱而志刚，亦如师卦之六三，所以武人而欲为大君。

张惠言：既济定。三在坎为"志"。

尚秉和：三承重阳，故曰志刚。言志在顺阳而行，即坤六三、讼六三之所谓从王事也。巽为志。

按："志刚也"是对"武人为于大君"的解释。

六三爻与九五爻互卦为巽,巽为心志,六三爻与上九爻互卦为姤,姤卦有"女壮"之象,所以系辞为"志刚也"。

九四:履虎尾,愬愬,终吉。

虞翻:体与下绝,四多惧,故"愬愬"。变体坎,得位,承五应初,故"终吉"。《象》曰:"志行也。"

来知德:四应初,故履虎尾。愬愬,畏惧貌。四多惧,愬愬之象也。三以柔暗之才,而其志刚猛,所以触祸。四以刚明之才,而其志恐惧,所以免祸。天下之理原是如此,不独象数然也。

九四亦以不中不正,履其虎尾,然以刚居柔,故能愬愬戒惧,其初虽不得即吉,而终则吉也。

张惠言:四正当谦震、履艮之位,故为"履虎尾"。乾已变坤,故不咥人也。注特解"愬愬"为惧也。"体与下绝"者,下兑悦,悦体尽,故惧也。"行",即初云"往"也。

尚秉和:《子夏传》:愬愬,恐惧也。四当乾末,正为虎尾。乾为惕,故为惧。然下孚于三,三阴,阳得阴志行,故终吉。小畜九五云有孚,谓孚于四阴,此与同义。又大有上九吉,随九四有孚,皆以下乘阴而吉。昔贤不究阴阳相孚之理,但云惧则吉者,非也。

按:乾为虎,九四爻居虎尾,所以系辞为"履虎尾"。

九四爻阳居阴位不正,比邻九五之君,有"或跃在渊"之象,所以系辞为"愬愬",胆战心惊的样子。

九四爻与九二爻互卦为离,离为光明,九四爻行光明正大之事,所以系辞为"终吉"。

《象》曰:"愬愬,终吉",志行也。

来知德:初曰"独行",远君也。四曰"志行",近君也。志行者,柔顺以事刚决之君,而得行其志也。始虽危而终则不危,所谓"终吉"者此也。盖危者使平,《易》之道原是如此,故三之志徒刚,而四之志则行。

张惠言:变往体坎为"志行"。

尚秉和:阳孚阴,故曰志行。巽为志。

按:"志行也"是对"愬愬,终吉"的解释。

离为心志,上卦乾为行,所以系辞为"志行也"。

九五:夬履,贞厉。

虞翻:谓三。上已变,体夬象,故"夬履"。四变五,在坎中也,为上所乘,故"贞厉"。《象》曰:"位正当也。"

来知德:夬者,决也。慨然以天下之事为可为,主张太过之意。盖夬与履,皆乾、兑上下相易之卦。曰"夬履"者,在履而当夬位也。然彖辞与爻辞不同,何也?盖彖辞以履之成卦言,六爻皆未动也。见其刚中正,故善之。爻辞则专主九五一爻而言,以变爻而言也。变离则又明,燥而愈夬矣,故不同。在下位者,不患其不忧,患其不能乐,故喜其履坦。在上位者,不患其不乐,患其不能忧,故戒其夬履。二之坦,则正而吉者,喜之也。五之夬,则正而危者,戒之也。

九五以刚中而履帝位,则有可夬之资,而挟可夬之势矣。又下应巽体,为臣下者,皆容悦承顺,故有夬履之象。虽有所恃,必有所害,虽使得正,亦危道也。故其占为贞厉,其戒深矣。

张惠言:三上易位,故上变在四前。夬,刚决柔也。以乾决坤,履以坤履乾为象,故于五履帝位,正乾决坤之义,所谓"辩上下,定民志"。五本以息谦变坎为"不疚",又以四变体坎为"贞厉"。居安思危,以当天位,唯能"贞厉",是以"不疚"。

尚秉和:夬,决也,绝也。言五承乘皆阳,上下应予绝也。贞,卜问。厉,危也。五居互巽之上,巽陨落,故危。否九五云其亡其亡,兑九五云孚于剥有厉,亦皆以居巽上,故危也。

按:上卦乾为刚,九五居中正之位,以刚毅果决的态度履行帝位,所以系辞为"夬履"。

九五爻与六三爻互卦为巽,巽为陨落,九五爻居安思危,所以系辞为"贞厉"。

《象》曰:"夬履,贞厉",位正当也。

来知德:有中正之德而又当尊位,伤于所恃。又下卦悦体,因悦方成其夬,所以兑之九五亦言"位正当"。

尚秉和:五正当巽上,故贞厉。

按:"位正当也"是对"夬履,贞厉"的解释。

九五爻居中正之位,所以系辞为"位正当也"。

上九：视履考祥；其旋元吉。

虞翻：应在三，三先视上，故上亦视三，故曰"视履考祥"矣。考，稽。祥，善也。乾为积善，故"考祥"。三上易位，故"其旋元吉"。《象》曰："大有庆也。"

来知德："视履"作一句，与"素履""夬履"同例。视者，回视而详审也。中爻离目，视之象也。祥者，善也，三凶五厉，皆非善也。考其履之善，必皆天理之节文，人事之仪则，下文"其旋"是也。旋者，周旋、折旋也。凡礼，以义合而截然不可犯者，谓之方，犹人之步履折旋也；以天合而怡然不可解者，谓之圆，犹人之步履周旋也。礼虽有三千三百之多，不过周旋、折旋而已。考其善于周旋、折旋之间，则中规中矩矣，岂不元吉？

上九当履之终，前无所履，可以回视其履矣，故有视履之象。能视其履，则可以考其善矣。考其善而中规中矩，履之至善者也。占者如是，不惟吉，而且大吉也。

张惠言：上以乾体之三为"大君"，又成乾，故象"积善"。旋，易也。上易三，则四变成既济定。乾元复离，三离爻来，故曰"元吉"。

尚秉和：视履谓三。祥，吉凶之朕兆。上处履之终，故可回视已往之行事，而察其善恶之征祥。三上相上下，上来三，则皆当位，故曰其旋元吉。旋，复也，来也。元吉，大吉也。祥，荀作详。祥、详古通。

按：上九爻与六三爻阴阳相应，六三爻位居离卦中央，离为目,为视,上九爻居天极之位,回顾一生所为,润泽天下,所以系辞为"视履考祥"。

上九爻与六三爻上下易位,变为夬卦䷪,乾为天,天道运转,阳气充盈,阴气退隐,所以系辞为"其旋元吉"。

《象》曰:元吉在上,大有庆也。

来知德:大即元,庆即吉,非元吉之外别有大庆。

张惠言:阳称"大"。离本在三,易上而"元吉",由乾元亨于既济,故"大有庆"在上。

尚秉和:五阳独上有应,故大有庆。

按:"大有庆也"是对"元吉在上"的解释。

上九爻与六三爻阴阳相应,上下感通,所以系辞为"大有庆也"。

一一　泰卦

䷊坤上乾下

泰:

来知德:泰者,通也。天地阴阳,相交而和,万物生成,故为泰。小人在外,君子在内,泰之象也。《序卦》:"履而泰,然后安,故受之以泰。"所以次履。此正月之卦。

张惠言:息卦,自否反。天地变化,故名曰"泰"。候在正月。卦唯言"亨",明反类也。《象》言"万物通",明泰则既济,与爻义同。

按："泰"是卦名,卦象由上坤下乾构成。《周易·序卦传》言:"履而泰,然后安,故受之以泰。泰者,通也。"泰卦上卦坤为地,下卦乾为天,地上天下,天地相交,万物生焉,所以卦象被命名为"泰"。

泰卦与否卦旁通。十二消息卦为正月。

小往大来,吉,亨。

虞翻:阳息坤,反否也。坤阴诎外为"小往"。乾阳信内称"大来"。"天地交,万物通",故"吉,亨"。

来知德:小谓阴,大谓阳,往来以内外之卦言之,由内而之外曰往,自外而之内曰来。否、泰二卦同体,文王相综为一卦,故《杂卦》曰"否、泰,反其类也"。小往大来者,言否内卦之阴往而居泰卦之外,外卦之阳来而居泰卦之内也。

张惠言:泰三阳息临,云"息坤"者,乾坤消息往来于否泰。自姤至否,坤成乾灭,则阳息而反泰,自复至泰,乾成坤灭,则阳消而反否。故"否泰反其类",乃见消息之用。自内而去,往者诎也。自外而反,来者信也。

尚秉和:阳性上升,阴性下降,乃阴在上,阳在下,故其气相接相交而为泰。泰,通也。阳大阴小,爻在外曰往,在内曰来,故曰小往大来。泰寅月卦,阳长,故亨。

按:上卦坤阴为"小"、为"往",下卦乾阳为"大"、为"来",天地阴阳之气相交,所以系辞为"小往大来"。

阴阳之气交,万物得以化生,所以系辞为"吉,亨"。

《象》曰："泰,小往大来,吉亨",则是天地交而万物通也,上下交而其志同也。

来知德:"则是"二字,直管至"消也"。天地以气交,气交而物通者,天地之泰也。上下以心交,心交而志同者,上下之泰也。

张惠言:"天地交",谓坤诎乾信。交则定既济,二五易位。乾阳物,坤阴物,坎为"通",故"万物通"。乾"上",坤"下",坎为"志"。既济体两坎,上下同。

尚秉和:阳上升,阴下降,故气交。坤为万物,为心志。交则万物气通,心志和合,故曰同。坤志象失传。《易林》屯之益云:心劳且忧。益互坤,以坤为心。又需之否云:毛羽憔悴,志如死灰。以否下坤为志、为死。(详《焦氏易诂·易象补遗》。)

按:"则是天地交而万物通也,上下交而其志同也"是对"泰,小往大来,吉,亨"的解释。

天高位在上,地卑位在下,泰卦坤上乾下,是天地阴阳之气相交之象,阴阳之气相交,于是有大地上万物的化生,所以系辞为"天地交而万物通也"。

乾为君位在上,坤为民位在下,泰卦坤位在上,乾位在下,君民相交,心意相通,所以系辞为"上下交而其志同也"。

内阳而外阴,内健而外顺,内君子而外小人。

来知德:阴阳以气言,健顺以德言,此二句,造化之小往大来也。君子、小人以类言,此三句,人事之小往大来也。内外释往来之义,阴阳、健顺,君子小人释大小之义。

尚秉和:内阳外阴,内健外顺。内君子外小人,将老氏宗旨,括尽无余。乾为君子,坤为小人。

按:下卦乾为"阳"、为"健"、为"君子",上卦坤为"阴"、为"顺"、为"小人",所以系辞为"内阳而外阴,内健而外顺,内君子而外小人"。

君子道长,小人道消也。

张惠言:泰息震大壮,息兑夬,盈乾甲。

尚秉和:泰本候卦,阳长,故阴消。按上经始乾坤,终水火,而以否泰为枢纽。明否泰剥复,皆天地自然之法象,循环之原理,君子所宜居而安也,静之象也。下经始咸恒,终既未济,而以损益为枢纽。明吉凶失得,进退变化,全在人为,君子所以自强不息也,动之象也。而否泰损益,皆序于第十卦后者,数至十则盈,盈则变也。

按:下卦乾为"君子",阳气上升,上卦坤为"小人",阴气退隐,所以系辞为"君子道长,小人道消也"。

《象》曰:天地交,泰;

按:"天地交,泰"是从天文学、地理学的角度解释卦象。

下卦乾为天,上卦坤为地,天地相交,所以系辞为"天地交,泰"。

后以财成天地之道,辅相天地之宜,以左右民。

虞翻:后,君也。阴升乾位。坤,女主,故称后。坤富称财。"守位以人,聚人以财",故曰"成天地之道"。相,赞。左右,助之。震为左,兑为右,坤为民,谓以阴辅阳。《诗》曰:"宜民宜人,受禄于天。"

来知德:后,元后也。道就其体之自然而言,宜就其用之当然而言。财成者,因其全体而裁制使不过,如气化流行,笼统相续,圣人则为之裁制,以分春夏秋冬之节;地势广邈,经纬交错,圣人则为之裁制,以分东西南北之限。此裁成天地之道也。辅相者,随其所宜而赞助其不及。如春生秋杀,此时运之自然;高黍下稻,亦地势之所宜,圣人则辅相之,使当春而耕,当秋而敛,高者种黍,下者种下稻,此辅相天地之宜也。左右者,扶植之意。扶植以遂其生,俾其亦如天地之通泰也。阳左阴右,有此象,故曰"左右"。

张惠言:五为天位,乾为人,坤为"财"。坤居五位,尚二中行,是"守位以人,聚人以财"。反否,初为震,二为兑,乾通坤,故"左右民"。故坤后为主。言坤承乾命,故言"辅相"。

尚秉和:财、裁同。《释文》:荀作裁。《释言》疏:财、裁音义并同。汉时臣工上疏,裁察每作财察,是其证。财成,即裁成也。互震为左,互兑为右,坤为民。以左右民者,孔疏:左右,助也,以助养其民也。虞翻谓坤富称财,非。

按:"后以财成天地之道,辅相天地之宜,以左右民"是从卦象引申出来的人文思想。

有天地相交,然后才有天地之间大道的运行、变化,圣人效法天地之道，根据天文地理的变化，安排农事，治理天下，所以系辞为"后以财成天地之道，辅相天地之宜，以左右民"。

初九：拔茅茹以其汇，征吉。

虞翻："否泰反其类"，否巽为茅。茹，茅根。艮为手。汇，类也。初应四，故"拔茅茹以汇"。震为征，得位应四，"征吉，志在外"。

来知德：变巽为阴木，草茅之象也。茹者，根也。初在下，根之象也。汇者，类也，与"蝟"字同，似豪猪而小，满身毛刺，同类多，故以汇为类。拔茅茹以其汇者，言拔一茅，则其根茹牵连同类而起也。征者，仕进之意。

当泰之时，三阳同体，有"拔茅茹以其汇"之象。占者同德牵连而往，则吉矣。

张惠言：否四也。否初应四，与四同体，在地中，故"茅根"。亦否四。谓乾三阳。由否反泰，始于否，上益下，非初之正，故取阴随阳。诎四拔初，与三二俱往，而泰得息初也，否泰之义，犹乾坤。泰取反否，否则取泰息，故初爻同象。否泰者，乾坤之用。故泰成既济，与乾同。坤息不成乾而成观，故否息不取成泰而成益。既息初。"征吉"，自以泰初应四。必取"应四"者，四欲升二也，四故否初"茅茹"。

尚秉和：初应在四，四坤为茅茹。此象失传。《易林》剥之坤云：荻芝俱死。以坤为荻芝。又同人之屯云：蓬蒿代柱,大屋颠倒。屯互艮为屋、为柱,互坤为蓬蒿。故坤亦为茅茹。茹,菜属也。《诗·郑风》:茹藘在阪。《前汉·食货志》:菜茹有畦。茅,《说文》:菅也。茹与茅为二物。以其汇者,言茅与茹同拔,连类以及也。四有应,故征吉。

按:初九与六四阴阳相应,初九位居地下,为茅草根,初九应当升至六四这个位置,所以系辞为"拔茅茹以其汇"。

初九居正位,阳气上升,所以系辞为"征吉"。

《象》曰:"拔茅征吉",志在外也。

虞翻:外谓四也。

来知德:志在外卦之君,故征吉。

张惠言:既济定,四体坎为"志"。

尚秉和:初应在四,故曰志在外。外坤为心志。

按:"志在外也"是对"拔茅征吉"的解释。

初九应当升至外卦六四这个位置,所以系辞为"志在外也"。

九二:包荒,用冯河,不遐遗。

虞翻:在中称包。荒,大川也。冯河,涉河。遐,远;遗,亡也。失位变得正,体坎,坎为大川、为河,震为足,故"用冯河"。乾为远,故"不遐遗"。

来知德:包字详见蒙卦。包荒者,包乎初也。初为草茅,荒秽之象也。因本卦小往大来,阳来乎下,故包初。冯河者,二变则中爻成坎水矣,河之象也。河水在前,乾健,利涉大川,冯之象也。用冯河者,用冯河之勇往也。二居柔位,故教之以勇。二变,与五隔河,若冯河而往,则能就乎五矣。二与初为迩,隔三、四,与五为遐。不遐遗者,不遗乎五也。

张惠言:以足涉水曰"冯"。亡,当为忘。就已息言。既济体两坎,下流,故为大川荒。体复初,故称"中行"。息坤至二成兑,体乾九二"见龙","云行雨施"。中有坎体谓之"包荒",用变之正,则以震足涉坎,故曰"用冯河"。用者,用此包荒也。乾体在下,坤虚在上,"邑人不戒",欲使居五不可以远忘之。

尚秉和:《释文》云:荒本亦作亢。《说文》引同,许云:水广。虞云:大川也。晁氏云:汉《易》皆作亢,象辞亢、河是一事。象数无田秽之荒,作荒始于王弼。按,晁说是也。亢、河为对文。王弼盖以坤为乱,改作荒。岂知坤为水,亢与河皆坤象也。苞,今本作包。《唐石经》增改作苞,《释文》亦作苞。二应在五,五坤为大川,为河。言二必上升,有苞括大川,冯涉长河之势,断不以其辽远而不及也。

按:"荒"为大川,上卦坤为"荒",九二爻与六四爻互卦为兑,兑口承纳大川,所以系辞为"包荒"。

上卦坤为"河",九二爻与六五爻阴阳相应,当升至六五爻这个位置,所以系辞为"用冯河"。

六五爻为"遐",九二爻与之阴阳相应,必将升至六五这个位置,所以系辞为"不遐遗"。

朋亡，得尚于中行。

虞翻：兑为朋，坤虚无君，欲使二上，故"朋亡"。二与五易位，故"得上于中行"。

来知德：朋者，初也。三阳同体，牵连而进，二居其中，朋之象也，故咸卦中爻成乾，四居乾之中，亦曰"朋从"。朋亡者，亡乎初而事五也。尚者，尚往而事五也。中行，指六五，六五《小象》曰"中以行愿"是也。卦以上下交为泰，故以"尚中行"为辞。曰"得尚"者，庆幸之辞也。若惟知包乎荒，则必不能冯河而就五矣，必遐遗乎五矣，必不能亡朋矣。"用冯河"以下，圣人教占者之辞。阳来居内，不向乎外，有惟知包乎内卦之初，遐遗乎外卦君上之象。故圣人于初教之以"征"，于二教之以"尚"。旧注不识象，所以失此爻之旨。

当泰之时，阳来于下，不知有上，故九二有包初之象，然二、五君臣同德，天下太平，贤人君子，正当观国用宾之时，故圣人教占者用冯河之勇，以奋其必为之志，不可因迩而忘远。若能忘其所迩之朋，得尚往于中行之君，以共济其泰，则上下交而其志同，可以收光大之事业，而泰道成矣。故其象占如此。

张惠言：二五易位，初亡其朋，而震行，"得上于中"矣。

尚秉和：阴以阳为朋。亡，往也，去也。朋往者，言二必往五。得尚居中正之位也。旧诂因坤水象及朋义失传，故无有得解者。（《礼记·少仪》有亡而无疾，《晋语》请从此亡，注皆训为去。）

按：九二爻与六四爻互卦为兑，兑为"朋"，九二爻当升至六五的位置，兑象消失，所以系辞为"朋亡"。

九二爻居中位，下卦乾为天行，秉持中道而行，所以系辞为"得尚于中行"。

《象》曰："包荒，得尚于中行"，以光大也。

虞翻：震为行，故"光大也"。

来知德：曰"包荒"，兼下三句而言也。孔子《小象》多是如此。舍相比溺爱之朋，而尚往以事中德之君，岂不光明正大？乾阳，大之象也。变离，光之象也。

张惠言：阳为"大"。既济两离，故"光大"。

尚秉和：五位尊，故曰光大。

按："以光大也"是对"包荒，得尚于中行"的解释。

下卦乾为"光大"，九二爻所行乃光明正大之事，所以系辞为"以光大也"。

九三：无平不陂，无往不复。

虞翻：陂，倾，谓否上也。平谓三。天地分，故平。天成地平，谓"危者使平，易者使倾"。往谓消外。复谓息内。从三至上体复象，"终日乾乾，反复道"，故"无平不陂，无往不复"也。

来知德：陂，倾邪也。无平不陂，以上卦地形险夷之理言。无往不复，以下卦天气往来之理言。

张惠言：泰三。平、易，泰三也。危、倾，否上也。泰盈三则消外而为否倾，是为"易者使倾"。否穷上，则复初而为泰平，是为"危者使平"。谓否反成泰，至三而盈，当反复道乃不陂。

尚秉和：陂，倾也。复，返也。阳息至三，天地分，故曰平。然三居卦终，乾三云：终日乾乾，反复道也。言阳至三而盈，将反初成巽也，故曰无平不陂，无往不复。（巽陨落，故倾。）

按：乾为天在下，坤为地在上，天地倾覆，所以系辞为"无平不陂"。

九三爻与上六爻互卦为复，所以系辞为"无往不复"。

艰贞，无咎。勿恤其孚，于食有福。

虞翻：艰，险；贞，正；恤，忧；孚，信也。二之五，得正在坎中，故"艰贞"。坎为忧，故"勿恤"。阳在五孚险，坎为孚，故"有孚"。体噬嗑，食也。二上之五据四，则三乘二，故"于食有福"也。

来知德：艰者，劳心焦思，不敢慢易之意。贞者，谨守法度，不敢邪僻般乐之意。恤者，忧也。孚者，信也。勿恤其孚者，不忧此理之可信也。食者，吞于口而不见也。福者，福禄也。有福者，我自有之福也。食有福者，天禄永终之意。乾之三爻"乾乾惕若，厉"，艰贞无咎之象也。变兑为口，食之象也。

三当泰将极，而否将来之时，圣人戒占者曰：居今泰之世者，承平既久，可谓平矣，无谓平而不陂也；阴往阳来，可谓往矣,无谓往而不复也。今三阳既盛,正将陂、将复之时矣,故必艰贞而守正,庶可保泰而无咎。若或不忧此理之可信,不能艰贞以保之,是自食尽其所有之福禄矣,可畏之甚也。故戒占者以此。

张惠言:三为坎中。疑当恤。五孚于坎。三坎又为"孚"。二五易位。乘阴和,故"有福"。

尚秉和:平陂往复,虽相循环。然三本当位,能艰贞自守,必无咎也。坤为忧恤。(临六三云:既忧之无咎。以坤为忧。《易林》大壮之损云:使母忧叹。以损互坤为忧也。详《焦氏易诂》。)三临之,孚于群阴,故无恤。兑口为食,坤多,故曰于食有福。乾为福也。

按:九三爻上承重阴,"潜龙勿用",坚守正位,所以系辞为"艰贞,无咎"。

上卦坤为"恤",下卦乾为"孚",九三爻阳气满满,不以坤阴为忧,所以系辞为"勿恤其孚"。

九三爻上承六四为兑,兑为口食,下卦乾为"福",所以系辞为"于食有福"

《象》曰:"无往不复",天地际也。

来知德:际者,交际也。外卦地,内卦天,天地否泰之交会,正在九三、六四之际也。

张惠言:际,接也。乾尽坤接,故戒其陂。与乾三同义。

尚秉和:《广韵》:际,边也,畔也。三应在上,三上居天地之极，极则返始，释平必陂、往必复之故也。宋衷曰：三位在乾极，应在坤极。以极诂际字，最为明晰。乃惠栋、李道平等解释宋注，竟从《小尔雅》，谓际者，接也，天地际，即天地交接也。岂知乾极坤极，正释际义，际若为交接，与无往不复之义何与哉？失宋义矣。其它更无有能得解者。易理之失传，更甚于易象矣。

按："际"就是"极"的意思。"天地际也"是对"无往不复"的解释。

九三爻与上六爻阴阳相应，九三爻阳为"天"，上六爻阴为"地"，天地相交，所以系辞为"天地际也"。

六四：翩翩，不富以其邻。

虞翻：二五变时，四体离飞，故"翩翩"。坤虚无阳，故"不富"。兑西震东，故称"其邻"。三阴乘阳，不得之应，《象》曰："皆失实也。"

来知德：此爻正是阴阳交泰。翩翩，飞貌，言三阴群飞而来也。小畜曰"富"者，乃阳爻也；此曰"不富"者，乃阴爻也。泰、否相综，中爻巽，巽为市利三倍，富之象也。

张惠言：坤凝乾元，故广生为"富"，虚则"不富"。震兑皆谓二也。四以"不富"，故以二升五而承之得"翩翩"。三阴皆欲二升四为之导。

尚秉和：震为飞，故曰翩翩。坤虚，故曰不富。震，飞之象。《易林》屡用之。同人之坎云：出于幽谷，飞上乔木。以坎互震为飞也。证之《易》，明夷初九云：明夷于飞。

《易》即以震为飞。旧解以离为飞,若泰无离象也。

　　按:六四爻为震卦中爻,震动为飞,所以系辞为"翩翩"。

　　上卦坤阴虚空,六四爻与九三爻比邻,所以系辞为"不富以其邻"。

不戒以孚。

　　虞翻:谓坤"邑人不戒",故使二升五,信来孚邑,故"不戒以孚"。二上体坎,中正。《象》曰:"中心愿也。"与比"邑人不戒"同义也。

　　来知德:巽又为命令,戒之象也。言不待倚之以富,而其邻从之者,甚于从富;不待戒之以令,而其类信之者,速于命令也。从者,从乎阳也;信者,信乎阳也,言阴交泰乎阳也。阳欲交泰乎阴,故初曰"征",二曰"尚";阴欲交泰乎阳,故四曰"不富以邻,不戒以孚",言乃中心愿乎阳也;五曰"帝乙归妹",言行愿乎阳也。此四爻正阴阳交泰,所以说两个"愿"字。《象辞》"上下交而其志同",正在于此。若三与上虽正应,然阴阳之极,不成交泰矣。故三阳之极则曰"无往不复",所以防"城复于隍"于其始;六阴之极则曰"城复于隍",所以表"无往不复"于其终。二"复"字相应。

　　六四柔顺得正,当泰之时,阴向乎内,已交泰乎阳矣,故有三阴翩翩,不富不戒之象。不言吉凶者,阴方向内,其势虽微,然小人已来于内矣,固不可以言吉。然上有"以祉元吉"之君,上下交而其志同,未见世道之否,又不可以言凶也。

张惠言:坤为"邑",此卦无邑人象,因比言之耳。戒,告也。四体震为言,二来震灭成坎,故"不戒以孚"。比五由师二升,比二为"邑人"。

尚秉和:以,与也。震为邻。以其邻不戒以孚者,言四及五上,皆有应予,下孚于阳也。阴得阳应必吉,故曰不戒以孚。戒,告诫也。

按:六四爻与九三爻比邻,九三爻阳刚诚信,取得六四爻的信任,所以系辞为"不戒以孚"。

《象》曰:"翩翩,不富",皆失实也。

来知德:皆失实者,阴虚阳实,阴往于外已久,三阴皆失其阳矣。

张惠言:阴以阳为"实"。

尚秉和:阳为实,失实言无阳。

按:"皆失实也"是对"翩翩,不富"的解释。

阳为"实",上卦坤三阴皆虚,所以系辞为"皆失实也"。

"不戒以孚",中心愿也。

来知德:今来与阳交泰,乃中心之至愿也,故不戒而自孚。

张惠言:二升五,坎为"心"。

尚秉和:坤为心志。(按,益九五云:有孚惠心。以互坤为心也。否初象云:志在君也。以坤为志也。《易林》以坤为心志,证尤多。旧解皆以坎为心志。自得此象,凡《易》言心志者,始皆得解。)中心愿者,言阴喜应阳也。

按:"中心愿也"是对"不戒以孚"的解释。

上卦坤为"心",阴喜阳,阴阳相交,天意所在,所以系辞为"中心愿也"。

六五:帝乙归妹,以祉元吉。

虞翻:震为帝,坤为乙。帝乙,纣父。归,嫁也。震兄兑妹,故嫁妹。祉,福也,谓五。变体离,离为大腹,则妹嫁而孕,得位正中,故"以祉元吉"也。

来知德:中爻三五为雷,二四为泽,有归妹之象,故曰"归妹"。因本卦阴阳交泰,阴居尊位,而阳反在下,故象以此也。帝乙,即高宗箕子之例。祉者,福也。以祉者,以此得祉也,即泰道成也。

泰已成矣,阴阳交会,五以柔中,而下应二之刚中。"上下交而其志同",故有王姬下嫁之象。盖享太平之福祉而元吉者。占者如是,亦祉而元吉矣。

张惠言:此谓二升五也。震初息坤为"帝乙",二息兑为初妹。上居五泰女主,故二升象"归妹"。泰用在初,故归二者初。于五言"元"者,凝阳,犹坤之"黄裳",故取离大腹。

尚秉和:震为帝,坤贞乙,故曰帝乙。兑为妹,震为归。妇人谓嫁曰归,归妹谓嫁妹也。正中爻震兑象也。祉,福也。以祉元吉者,言二升五,五来二,(来二即归。)各当其位,永为俪耦,故元吉也。《象》释曰中以行愿,即谓五愿归居二也。帝乙或谓为成汤,或谓为纣父。

按:六五爻与九三爻互卦为震,震为"帝",上卦坤为"乙",所以取象为"帝乙"。震为"归",六四爻与九二爻互卦为兑,兑为"妹",君王的妹妹出嫁,所以系辞为"帝乙归妹"。

"祉"是福的意思。九三爻与上六爻互卦为复,复卦一阳来复,有君王的妹妹出嫁后孕育之象,所以系辞为"以祉元吉"。

《象》曰:"以祉元吉",中以行愿也。

来知德:中者,中德也,阴阳交泰,乃其所愿,故二曰"尚",五曰"归",一往一来之意也。二曰"中行",五曰"中行愿",上下皆中正,所谓"上下交而其志同"也。四与阳心相孚契,故曰"中心愿"。五下嫁于阳,则见诸行事矣,故曰"行愿"。惟得行其愿,则泰道成矣,所以元吉。

张惠言:得中以行其愿。

尚秉和:五位尊,故曰元吉。中以行愿,即谓五愿归二也。

按:"中以行愿也"是对"以祉元吉"的解释。

六五爻居中,与九二爻阴阳相应,所以系辞为"中以行愿也"。

上六:城复于隍,勿用师。

虞翻:否艮为城,故称城。坤为积土。隍,城下沟。无水称隍,有水称池。今泰反否,乾坏为土,艮城不见,而体复象,故"城复于隍"也。谓二动时体师,阴皆乘阳,行不顺,故"勿用师"。

来知德:坤为土,变艮亦土,但有离象,中虚外围,城之象也。既变为艮,则为径路,为门阙,为果蓏。城上有径路,如门阙,又生草木,则城倾圮,不成其城矣,复于隍之象也。程子言:"掘隍土,积累以成城,如治道,积累以成泰,及泰之终,将反于否,如城土倾圮,复于隍是也。"此"复"字,正应"无往不复""复"字。师者,兴兵动众,以平服之也。坤为众,中爻为震,变爻象离为戈兵,众动戈兵,师之象也。

张惠言:泰之上,否之三也。泰之三本否之四,故取艮象。上宜体坎,既济未成,故沟无水。

尚秉和:复、覆通。《诗》:陶复陶穴。《说文》引作覆,是其证。艮为城,兑为隍,城池也。三至上艮覆,正当兑泽,故曰城覆于隍。《九家》云:城覆于隍,国政崩也。崩即谓艮覆。京房于复卦朋来无咎,朋作崩,与此义同也。又《易林》归妹之泰云:倾夺我城,使家不宁。城倾,即谓泰三至上艮覆,释此爻也。坤为师。坤阴下降主退,故曰勿用。

按:艮为"城",九三爻与上六爻互卦为震,震为倾覆的城池,所以系辞为"城复于隍"。

上卦坤为众、为"师"、为静,按兵不动,所以系辞为"勿用师"。

自邑告命,贞吝。

虞翻:坤为自邑,震为言,兑为口,否巽为命。今逆陵阳,故"自邑告命"。命逆不顺,阴道先迷,失实远应,故"贞吝"。"

来知德:与复上六同。中爻兑口,告之象也。兑综巽,命之象也。自者,自近以及远也。邑字,详见谦卦。

上六当泰之终,承平既久,泰极而否,故有城复于隍之象。然当人心离散之时,若复用师以平服之,则劳民伤财,民益散乱,故戒占者不可用师远讨,惟可自一邑亲近之民播告之,渐及于远,以谕其利害可也。此收拾人心之举,虽亦正固,然不能保邦于未危之先,而罪己下诏于既危之后,亦可羞矣,故其占者如此。

张惠言:天地虽交,以坤乘乾,行逆不顺,故泰之用在既济,于上特发此义。言五未变,不可用也。谓上。谓三。三本否巽,未成既济而上就三,"告"则仍否之命而已。五未实,故"先迷"。而远欲应三,故"命逆"。自三居上,正也,不顺五则吝。

尚秉和:震为言,为告命。吴先生曰:邑,挹之省文。挹,损也。言自挹损其告命,如复世之下诏罪己也。贞吝,言卜问不吉。泰极将返否故也。

按:上卦坤为"自邑",九三爻与六五爻互卦为震,震为言、为"告命",所以系辞为"自邑告命",意思是说城池倾覆。

上六爻居城池之巅,大厦将倾,所以系辞为"贞吝"。

《象》曰:"城复于隍",其命乱也。

来知德:命,即"可以寄百里之命"。"命"字,谓政令也。盖泰极而否，虽天运之自然，亦人事之致然，惟其命乱，所以复否。圣人于泰终而归咎于人事，其戒深矣。

张惠言：坤虚无命，故"命乱"。

尚秉和：坤为乱。其命乱者，言泰极返否，为天地自然之命运，无可避免。此命字与告命异，诸家混同之，非。

按："其命乱也"是对"城复于隍"的解释。

上卦坤为气数已尽，命运终结，所以系辞为"其命乱"。

一二　否卦

乾上坤下

否：

来知德：否者，闭塞不通也。卦象、卦德皆与泰反。《序卦》："物不可以终通，故受之以否。"所以次泰，此七月之卦。

张惠言：消卦，自泰反。天地闭塞，故名曰"否"。候在七月。卦爻皆取成益反泰。

尚秉和：阳上升，阴下降，乃阳即在上，阴即在下，愈去愈远，故天地不交而为否。否，闭也。

按："否"是卦名，卦象由上乾下坤构成。《周易·序卦传》言："物不可以终通，故受之以否。"否卦上卦乾为天，下卦坤为地，天上地下，阴阳之气不交，万物难以生长，所以卦象被命名为"否"。

否卦与泰卦旁通。十二消息卦为七月。

否之匪人，不利君子贞，大往小来。

虞翻：阴消乾，又反泰也。谓三，比坤灭乾。以臣弑其君，子弑其父，故曰"匪人"。阴来灭阳，君子道消，故"不利君子贞"。阴信阳诎，故"大往小来"，则是天地不交而万物不通，与比三同义也。

来知德：否之匪人，与"履虎尾""同人于野""艮其背"同例。卦辞惟此四卦与卦名相连。否之匪人者，言否之者非人也，乃天也，即"大往小来"也。不利者，即《象辞》"万物不通""天下无邦"，"道长""道消"也。君子贞者，即"俭德避难，不可荣以禄"也。不言小人者，《易》为君子谋也。大往小来者，否泰相综，泰内卦之阳往而居否之外，外卦之阴来而居否之内也。文王当殷之末世，亲见世道之否，所以发"匪人"之句。后来孔子居春秋之否，乃曰"道之将行也与？命也。道之将废也与？命也"；孟子居战国之否，乃曰"莫之为而为者，天也；莫之致而致者，命也"，皆宗文王"否之匪人"之句。否之匪人者，天数也。君子贞者，人事也。所以孔孟进以礼，退以义，惟守君子之贞。程朱以为非人，道也，似无"道"字意；诚斋以为用非其人，似无"用"字意，不如只就"大往小来"说。

言否之者，非人也，乃天也。否由于天，所以占者不利。丁否运之君子，欲济其否，岂容智力于间哉？惟当守其正而已。何也？大往小来，匪人也，乃天运之自然也。

天运既出于自然,君子亦将为之何哉? 故惟当守其正而已。

张惠言:遁虽艮子弑父,然乾未灭,故弑君弑父并在否三。乾为"君子","正"唯九五耳。否时五当损上降初,成益息泰而已。当上位,故"不利君子贞"。否,闭塞也。比三体剥四"剥床以肤",弑父弑君,故曰"比之匪人"。否三亦体剥。艮,肤也。

尚秉和:泰上六《象传》云其命乱也,言泰极反否,乃天地自然之命运,必至之理,非人力所能为。此曰否之匪人,仍其义也。阳往外而诎,阴来内而信,故不利君子贞。贞,卜问。其以正为说者,无论若何斡旋,皆不能通。

按:否卦乾天在上,坤地在下,上下阴阳之气不交,天地气运否闭,非人力所为,所以系辞为"否之匪人"。

上卦乾为君子,下卦坤为小人,小人在内,君子被排斥在外,所以系辞为"不利君子贞"。"贞"是卜问的意思。

上卦乾天在外为"大",下卦坤地在内为"小",所以系辞为"大往小来"。

《彖》曰:"否之匪人,不利君子贞,大往小来",则是天地不交而万物不通也;上下不交,而天下无邦也。

来知德:释"大往小来"四字,与泰卦同。上自为上,下自为下,则虽有邦国,实与无邦国同矣,故天下无邦。

张惠言:乾不降,坤不升,故"天地不交"。不成既济,故"万物不通"。坤为"邦",乾为人,坤虚无人,故曰"无邦"。

　　尚秉和:天气本上腾而在外,地气本下降而在内,愈去愈远,故气不交;气不交,故万物不通而死矣。坤为万物,为邦国。乾上坤下,君民不亲,上下闭塞,而邦必乱,故曰无邦。

　　按:"则是天地不交而万物不通也;上下不交,而天下无邦也",是对"否之匪人,不利君子贞,大往小来"的解释。

　　乾为天在上,坤为地在下,阴阳之气不交,万物难以生长,所以系辞为"则是天地不交而万物不通也"。

　　乾为君在上,坤为民在下,君民心意不通,国家无法建成,所以系辞为"上下不交,而天下无邦也"。

内阴而外阳,内柔而外刚,内小人而外君子。小人道长,君子道消也。

　　张惠言:否消巽,观消艮,剥灭入于坤。

　　尚秉和:否七月卦,阴长阳消,故曰小人道长,君子道消。

　　按:下卦坤为"内"、为"柔"、为"小人",上卦乾为"外"、为"刚"、为"君子",阴气吞噬阳气,小人排斥君子,所以系辞为"内阴而外阳,内柔而外刚,内小人而外君子。小人道长,君子道消也"。

《象》曰:天地不交,否;

　　按:"天地不交,否"是从天文学、地理学的角度解释卦象。

上卦乾为天，下卦坤为地，天地阴阳之气不交，万物难以生长，所以系辞为"天地不交，否"。

君子以俭德辟难，不可荣以禄。

虞翻：君子谓乾，坤为营，乾为禄，难谓坤，为弑君，故以"俭德辟难"。巽为入，伏乾为远，艮为山，体遁象，谓辟难远遁入山，故"不可营以禄"。营，或作"荣"。俭，或作"险"。

来知德：俭者，俭约其德，敛其道德之光也。坤为吝啬，俭之象也。辟难者，避小人之祸也。三阳出居在外，避难之象也。不可荣以禄者，人不可得而荣之以禄也，非戒辞也。言若不俭德，则人因德而荣禄，小人忌之，祸即至矣。今既俭德，人不知我，则不荣以禄。故不荣以禄者，正所以避难也。

张惠言：营，求也。俭，约也。艮为慎，乾为畏，故"俭德"。遁时弑难将成，故君子以远小人。否难成，乾象入艮，故"君子以辟难"。坤来营乾，乾若入坤则成未济，故"不可营以禄"。

尚秉和：乾为德。俭，约也。坤闭，故曰俭德。言敛抑自守也。互巽为伏，故曰辟难。坤为患，为难。言遁世不出，以避世难。乾为禄，艮为荣，巽伏，故不可荣以禄位。言当否之时，遁入山林，高隐不出也。

按："君子以俭德辟难，不可荣以禄"是从卦象引申出来的人文思想。

上卦乾为"君子"、为"德",下卦坤为"难",九四爻与六二爻互卦为艮,艮为山,九五爻与六三爻互卦为巽,巽为入,君子避难,遁入山林,所以系辞为"君子以俭德辟难"。

上卦乾为"禄",下卦坤为"国",君子去国隐遁,遁入山林,所以系辞为"不可荣以禄"。

初六:拔茅茹以其汇,贞吉,亨。

来知德:变震为蕃,茅茹之象也。否综泰,故初爻辞同。贞者,上有九五刚健中正之君,三阴能牵连,而志在于君,则贞矣。盖否之时,能从乎阳,是小人能从君子,岂不贞?

初在下,去阳甚远,三阴同体,故有"拔茅茹以其汇"之象。当否之时,能正而志在于休否之君,吉而且亨之道也,故教占者以此。

张惠言:义具泰卦。三阴上拔,上来正位,初居二亦正。阳息而"吉亨"也。

尚秉和:阴皆有应,故辞与泰同。泰茅茹象,指应爻,此则用本象也。

按:初六爻为"茅茹",初六爻与九四爻阴阳相应,初六爻居位不正,应当升至九四爻的位置,所以系辞为"拔茅茹以其汇"。

初六爻升至九四爻的位置,阴居阴位为正,所以系辞为"贞吉"。

初六与九四阴阳相交为"亨"。

《象》曰："拔茅贞吉"，志在君也。

来知德：贞者，以其志在于君也，故吉。泰初九曰"志在外"，此变外为君者，泰六五之君，不如否之刚健中正得称君也。

张惠言：乾为"君"。息益则泰乾成，故"志在君"。

尚秉和：坤为志，乾为君。志在君，言上应四也。

按："志在君也"是对"拔茅贞吉"的解释。

下卦坤为"志"，上卦乾为"君"，初六爻当升至九四爻的位置，所以系辞为"志在君也"。

六二：包承，小人吉，大人否亨。

虞翻：否，不也。

来知德：包承者，包乎初也。二乃初之承，曰包承者，犹言将承包之也。大来乎下，故曰"包荒"。小来乎下，故曰"包承"。既包乎承，则小人与小人为群矣。小人与小人为群，大人与大人为群，不相干涉，不相伤害矣。否则，"不荣以禄"也。

当否之时，小来乎下，故六二有包承之象。既包乎承，则小人为群，不上害乎大人矣。故占者在小人则有不害正之吉，在大人则身否而道亨也。

张惠言："包"义与泰二同。六二得正应五，虽未反泰，而承阳之义自在其中，故曰"包承"。"小人"，三也。上益于下，二拔为三，三拔为四，三与阳体上巽，弑逆不行，故

"小人吉"。"大人",二也。本体坤二"直方",故曰"大人"。二居三,剥伤位,有大人之德,不从阴乱,故"大人否"。应五,故通。

　　尚秉和:苞,今本作包,依《唐石经》及《释文》,下同。包、苞古通用。《禹贡》:草木渐包。注:包,丛生。《释文》:字亦作苞。是包、苞古不分。《尔雅·释言》云:苞,积也。疏:孙炎曰,物丛生曰苞。《诗·唐风》:集于苞栩。亦以苞为丛。是苞有多意,众义。坤为众。苞承者,言下三爻皆承阳有应也。小人谓二。二得中有应,故小人吉。凡阴得阳应必吉,阳得阴应不皆吉。而否卦阳气上腾,不能下降,故大人否亨。大人谓五。否,不。言五虽得二应而不亨也。朱升释承为脣。卦既无此象,荀爽谓二为四所包,朱震谓二为五所包。夫四五若能下施包二,则大人不否亨矣,非也。

　　按:"包"是丛生的意思,下卦坤为"包",下三阴顺承上三阳,所以系辞为"包承"。

　　六二爻居中正之位,与九五爻阴阳相应,所以系辞为"小人吉"。

　　"否"是不的意思。"大人"指九五爻,九五在上不与下交,所以系辞为"大人否亨"。

《象》曰:"大人否亨",不乱群也。

　　虞翻:物三称群,谓坤三阴乱弒君,大人不从,故"不乱群也"。

来知德:阴来乎下,阳往乎上,两不相交,故不乱群。

尚秉和:坤众,故曰群。坤为乱。乱,杂也。不乱群,言五不能下施应二,俾天地相杂也,故否亨。虞翻谓坤三阴,乱弑君,大人不从,故不乱群。岂知不乱群,即仍天地不交之义。言五不能交二也。群义即释苞义也。

按:"不乱群也"是对"大人否亨"的解释。

下卦坤三阴为"群",九五居中正之位,不与群阴相交,所以系辞为"不乱群也"。

六三:包羞。

来知德:包者,包乎二也。三见二包乎其初,三即包乎二,殊不知二隔乎阳,故包同类。若三则亲比乎阳矣,从阳可也,乃不从阳,非正道矣,可羞者也,故曰"包羞"。

六三不中不正,亲比乎阳,当小来于下之时,止知包乎其下矣,而不知上有阳刚之大人在也,乃舍四之大人而包二之小人,羞孰甚焉? 故有是象,占者之羞可知矣。

张惠言:拔四得正,故不言凶。本"匪人",弑虽不成,"包羞"在中,故不言吉。

尚秉和:此苞字与上同义,仍坤众、坤群象也。羞,《说文》:进献也。《左传》隐三年:涧溪沼沚之毛,可荐于鬼神,可羞于王公。杜注:羞,进也。《国语·楚语下》:于是乎每朝设脯一束,以羞子文。注亦作进。苞羞者,众进也。否本阴长之卦,故群进而消阳也。

按:"羞"是"进献"的意思。群阴上升,有阴消阳之势,所以系辞为"包羞"。

《象》曰:"包羞",位不当也。

来知德:位不当者,柔而志刚,不能顺从乎君子,故可羞。

张惠言:居三不当,故有羞。

尚秉和:六三不当位,进至于四,或与上相上下,则当位矣。言所以进者,以不当位也,释苞羞之故也。自荀爽释为羞耻,朱升释为膳羞,位不当之义,皆莫知所指矣。

按:"位不当也"是对"包羞"的解释。

六三爻阴居阳位不正,升至九四爻的位置则当位,所以系辞为"位不当也"。

九四:有命无咎,畴离祉。

来知德:变巽为命,命之象也。有命者,受九五之命也。四近君,居多惧之地,易于获咎。今变巽顺,则能从乎五矣,故有命无咎。畴者,同类之三阳也。离者,丽也。离祉者,附丽其福祉也。

九四当否过中之时,刚居乎柔,能从乎休否之君,同济乎否,则因大君之命,而济否之志行矣。故不惟在我无咎,获一身之庆,而同类亦并受其福也。故其象占如此。

张惠言:四主拔三阴,体巽为"命",受乾命也。畴,类也。三阳为"类",并得反泰,故离四之祉。四拔则当五,否五非君,故言"有命"。

尚秉和:命,《说文》:使也。《广韵》:召也。有命,言有所使命也。巽为命。《周语》：襄王锡晋文公命。盖四履群阴之上，万民（坤为民）顺承，故有所锡命。四不当位，宜有咎；得群阴使命，故无咎。颐上九云：利涉大川。与此义同也。畴、俦同。《荀子·劝学篇》云：草木畴生。注：畴，同俦。《前汉·韩信传》：其畴十三人。义亦同俦。俦，众也。下坤为众。离，附着。祉，福。畴离祉者，言众阴同附阳，得主而受福也。孔疏训畴为匹，匹谓初，言初得阳应而受福。然《象》释曰志行，荀爽谓志行于群阴，固统三阴言，不专指初也。

按：九四爻居巽卦中爻，巽为"命"，九四爻居危惧之位，但因顺从九五，所以系辞为"有命无咎"。

"祉"为福，上卦乾三阳相聚为福，所以系辞为"畴离祉"。

《象》曰："有命无咎"，志行也。

来知德：济否之志行。

张惠言：震为"行"。志在息震，四在泰正坎，故称"志"。初云"志在君"，亦四也。

尚秉和：四履重阴，得行其志，故曰志行。

按：巽为"志"，上卦乾为天行，所以系辞为"志行"，志在顺天而行的意思。

九五：休否，大人吉。其亡其亡，系于苞桑。

来知德：休否者，休息其否也。其亡其亡者，念念不忘其亡，惟恐其亡也。人依木息曰休，中爻巽木，五居木之上,休之象也。巽为阴木,二居巽之下,阴木柔,桑之象也。巽为绳,系之象也。丛生曰苞。丛者,聚也。柔条细弱,群聚而成丛者也。此爻变离合坎为丛棘,苞之象也。桑止可取叶养蚕,不成其木,已非樟楠松柏之大矣,又况丛聚而生,则至小而至柔者也。以国家之大,不系于磐石之坚固,而系于苞桑之柔小,危之甚也,即危如累卵之意。此二句有音韵,或古语也。

九五阳刚中正,能休时之否,大人之事也,故大人遇之则吉。然下应乎否,惟休否而已,未倾否也,故必勿恃其否之可休,勿安其休之为吉,兢业戒惧,念念惟恐其亡。若国家系于苞桑之柔小,常畏其亡而不自安之象。如此,则否休而渐倾矣,故教占者必儆戒如此,系于苞桑,又其亡其亡之象也。

张惠言:休,美也。九五得位体观,坤六五"美在其中",故"休否,大人吉"。巽为绳,故"系"。巽为木。荀氏曰:"桑者,上玄下黄,以象乾坤也。"《下系》曰:"君子安而不忘危,存而不忘亡,治而不忘乱,是以身安而国家可保也。"彼注云:"危谓上。"则亡亦谓上。上盈不久,故危亡也。五使上反初,损上益下,则五当上处,故"其亡其亡"。以乾通坤,巽入震出,天地之美包在其中,故曰"系于包桑",所谓"亡者保其存者也"。此居五之道,非失位居上。

尚秉和:《说文》:人依木则休。休者,憩息也。休否者,言当否之时,而休息以俟也。盖初四、三上相上下,则既济成。五当位居中,宜静俟也。旧解释为休美,与其亡义背,似非也。九五为大人,故曰大人吉。九五巽体,巽为桑,坤为多,故曰苞桑。陆绩《京氏易传注》云:苞桑,则丛桑也。巽为绳,为系,故曰系于苞桑。乃巽为陨落,五虽居中得正,而风陨在下,故有其亡之惧。盖系在大木,方能巩固;桑而丛生,其柔可知;系于柔木,其危可知。其亡其亡,系于苞桑者,言时时虑亡,如系于苞桑之不足恃也。王陶庐云:《唐石经》初刻作包,后增改作苞。按《禹贡》:草木渐包。《传》释为丛生,仍与苞同。自风陨象失传,后儒不知危亡之故在五履巽,于是旧解皆以坚固为说,遂与易象不协矣。

　　按:九五爻与六三爻互卦为巽,巽为木,人依木休息,等待时运的到来,所以系辞为"休否"。

　　九五居中正之位,所以系辞为"大人吉"。

　　九五爻与六二爻阴阳相应,巽为木、为"桑",下卦群阴丛生,所以系辞为"苞桑"。"苞桑"是一众小人的象征。九五之君将国家托付给一众小人管理,国家就有倾覆的危险,所以系辞为"其亡其亡,系于苞桑"。

《象》曰:大人之吉,位正当也。

　　来知德:有中正之德而又居尊位,与"夬履"同者,亦恐有所恃,故爻辞有"其亡其亡"之句。

　　张惠言:以正位,故能"休"也。

　　尚秉和:五位尊而中正,故曰位当。

按："位正当也"是对"大人之吉"的解释。

九五爻居中正之位,所以系辞为"位正当也"。

上九:倾否,先否后喜。

虞翻:否终必倾,盈不可久,故"先否"。下反于初,成益体震,"民说无疆",故"后喜"。

来知德:上文言休息其否,则其否犹未尽也。倾者,倒也,与鼎之"颠趾"同,言颠倒也,本在下而今反在上也。否泰乃上下相综之卦,泰阴上阳下,泰终则复隍,阳反在上而否矣;否阳上阴下,否终则倾倒,阴反在上而泰矣。此"倾"字之意也。"复隍""复"字,应"无往不复""复"字。"倾否""倾"字,应"无平不陂""陂"字,陂者,倾邪也。周公爻辞其精极矣。变兑成悦,喜之象也。

上九以阳刚之才居否之终,倾时之否,乃其优为者,故其占为先否后喜。

张惠言:倾,陂也。乾上"亢龙"。坤为"民",震为"喜说"。

尚秉和:侯果曰:倾,覆也。上应在三,三巽为陨落,故曰倾否。言倾否而出之尽也。然当未覆之先,则仍否也,故曰先否。上反下则成震,震为乐、为后,故曰后喜。

按:上九爻居"亢龙有悔"之位,阳极生变,否道逆转,所以系辞为"倾否"。

上九爻与六三爻阴阳相应,上下易位,变为咸卦☶,咸卦《象传》言:"天地感而万物化生。"否道变为咸亨之道,所以系辞为"先否后喜"。

《象》曰：否终则倾，何可长也。

虞翻：以阴剥阳，故不可久也。

来知德：言无久否之理。

张惠言：上不益下，则消成剥。

尚秉和：否终则倾，言否终则泰复，不能长否。按否、泰云：大小往来。无平不陂，无往不复；终则曰，城复于隍，其命乱也。否则曰：否之匪人。皆言天地否泰之运，循环往来，自然如此，不假人为，为上经天地水火之枢纽。明天道本如斯，不可易也。至下经第十卦之损、益，则曰损益盈虚，与时偕行，曰损刚益柔，曰损下益上，损上益下，曰见善则迁，有过则改。所言皆履世之大经，修治之极轨，无丝毫委心任运之意，以为咸、恒、既、未济之枢纽，明人事宜如斯也。尽人事，听天命，斯学《易》之功也。

按："何可长也"是对"否终则倾"的解释。

天地没有始终否闭之理，所以否道不可长久，所以系辞为"何可长也"。

一三　同人卦

乾上离下

同人：

来知德：同人者，与人同也。天在上，火性炎上，上与天同,同人之象也。二、五皆居正位,以中正相同,同人之义也。又一阴而五阳欲同之,亦同人也。《序卦》:"物不可以终否,故受之以同人。"所以次否。

张惠言:消息卦,师二降初为复而息。师震、同人巽,交乾坤于二,夫妇同心之象,故名曰"同人"。候在七月。同人再息,乾道渐著,故卦云"君子贞"。明有既济之用,爻变各正矣。唯上不变,则成家人,又与卦互相备矣。

尚秉和:荀爽曰:乾舍于离,相与同居。《九家》曰:乾舍于离,同而为日。天日同明,故曰同人。

按:"同人"是卦名,卦象由上乾下离构成。《周易·序卦传》言:"物不可以终否,故受之以同人,所以次否。"同人卦上卦乾为天,下卦离为日,天地所生之人,上承天道,下浴阳光雨露,普天之下,无一例外,所以卦象被命名为"同人"。

同人卦与师卦旁通。

同人于野,亨。

虞翻:旁通师卦,巽为同,乾为野,师震为人,二得中应乾,故曰"同人于野,亨"。此孔子所以明嫌表微。师震为夫,巽为妇,所谓"二人同心",故不称君臣、父子、兄弟、朋友,而故言人耳。

来知德:卦辞"同人于野"者,六二应乎乾,乾在外卦,乃野外也,故曰"于野"。"同人于野"者,六二也。

张惠言:息师为同人。义取巽震相同,故取乾为"野",不为"人",不得以二五应为"同人"也。此乾谓五,震巽同应乾。

　　尚秉和：荀爽曰：乾舍于离，相与同居。《九家》曰：乾舍于离，同而为日。天日同明，故曰同人。是乾之居南，汉儒已言之矣。又荀爽注阴阳之义配日月云：乾舍于离，配日而居；坤舍于坎，配月而居。不惟乾南，且言坤北。而惠征君以为此汉儒言先天之铁证也。而欲灭其迹，曰荀氏用鬼易，以乾归合离，坤归合坎释之。按乾归为大有，坤归为比，而荀氏所言者，则同人、师，乃离归、坎归也。于游归恒例，尚不能知，而欲灭其证，其谁信之？故夫同人卦义，舍《九家》、荀爽说，无有当者。伏坤为野。《正义》云：野以喻宽广，言和同于人，宜无远弗届也。

　　按：上卦乾为"野"，下卦离为心，六二爻居人位，恪守中正之道，与九五爻阴阳相应，人顺天，天应人，天人心意相通，所以系辞为"同人于野，亨"。

利涉大川，

　　虞翻：乾四上失位，变而体坎，故曰"利涉大川，乾行也"。

　　来知德：本卦错师，有震木坎水象，所以利涉大川。"利涉大川"者，乾也。

　　张惠言：《象》注云："乾四、上失位，故'涉大川'。"

　　尚秉和：《易林》、《九家》、荀爽皆以乾为河为海，是乾亦为大川。利涉谓五，中正有应，故《传》释为乾行。

　　按：下卦离与坎旁通，坎为"大川"，六二爻与九五爻阴阳相应,顺应天道,渡过险难,所以系辞为"利涉大川"。

利君子贞。

来知德:曰"利君子贞"者,何也? 盖内外卦皆君子之正,所以利君子正。"君子贞"则总六二、九五言之。

张惠言:"君子"谓五。五"类族辨物",天下志通,既济定。

尚秉和:乾为君子,故利君子贞。贞,卜问也。

按:下卦六二爻居中正之位,顺应天道,所以系辞为"利君子贞"。

《彖》曰:同人,柔得位得中而应乎乾,曰"同人"。

来知德:以卦综释卦名,以卦德、卦体释卦辞。同人、大有二卦同体,文王综为一卦,故《杂卦》曰"大有,众也;同人,亲也"。柔得位得中者,八卦正位离在二,今大有上卦之离来居同人之下卦,则不惟得八卦之正位,又得其中,而应乾九五之中正也。下与上相同,故名"同人"。

张惠言:应乎乾即"于野"之义。

按:"同人,柔得位、得中而应乎乾"是对"同人"的解释。

六二爻为"柔",居中正之位,顺应天道,所以系辞为"柔得位得中而应乎乾"。

《同人》曰:"同人于野,亨,利涉大川",乾行也。

虞翻:乾四上失位,变而体坎,故曰"利涉大川,乾行也。"

来知德："乾行"，指"利涉大川"一句。盖乾刚健中正，且居九五之位，有德有位，故可以济险难。同人于野，虽六二得位得中所能同，至于济险难，则非六二阴柔所能也，故曰"乾行"，犹言乾之能事也。曰"乾行"者，不言象而言理也。

张惠言：《系》引同人"先号咷而后笑"曰"二人同心"，彼注云："二人谓夫妇。震夫，巽妇，坎为心。六二震巽俱体师坎，故'二人同心'。"所以必取震巽夫妇者，剥复之间，刚柔相接，然后息阳也。谦履震巽失中，比大有无震巽，唯师同人以震巽就坎离，故特表此名，与蒙革刚接柔息阴同义也。云"表微明嫌"者，名卦止取六二一爻，卦辞乃取"于野"，取"涉川"，非复夫妇相同之义，故复出同人以表之。云所同者夫妇，乃曰"同人于野，亨，利涉大川"者，由取乾通天下之志，体坎而行也。

按："乾行也"是对"同人于野，亨，利涉大川"的解释。

上卦乾为天，天行健，只要能够顺应天道，就能够"利涉大川"，所以系辞为"乾行也"。

文明以健，中正而应，君子正也。

来知德：内文明则能察于理，外刚健则能勇于义，中正则内无人欲之私，应乾则外合天德之公。文明以健以德言，中正而应以爻言。此四者，皆君子之正道也。惟君子能通天下之志者，君子即正也。

六二应乎九五之乾，固名同人矣，然同人卦辞乃曰"同人于野,亨,利涉大川",何也? 盖六二应乾固亨矣,至于利涉大川,非六二也,乃乾也。曰"利君子贞"者,何也? 盖内外卦皆君子之正,所以利君子正。天下之理,正而已矣。人同此心,同此理,亿兆之众志虽不同,惟此正理方可通之,方可大同人心。若私邪不正,安能有于野之亨而利涉哉? 此所以利君子贞也。

张惠言:谓五。

按:"文明以健,中正而应,君子正也"是对"利君子贞"的解释。

下卦离火为"文明",上卦乾天为"健",六二爻居中正之位,与九五爻阴阳相应,应天而动,所以系辞为"文明以健,中正而应,君子正也"。

唯君子为能通天下之志。

虞翻:唯,独也。四变成坎,坎为通、为志,故"能通天下之志"。谓五"以类族辩物","圣人作而万物睹"。

来知德:惟君子能通天下之志者,君子即正也。

张惠言:四变成坎,三坎也。不言五坎,主天下言。

尚秉和:坤为天下,五应二,故能"通天下之志"。详解在《焦氏易诂》中。

按:下卦离为"心志"。六二爻居中正之位,上承天道,光照天下,所以系辞为"唯君子为能通天下之志"。

《象》曰:天与火,同人;

张惠言:火者阳光。乾舍于离,天光通火,故"天与火"。

按:"天与火,同人"是从天文学、地理学的角度解释卦象。

上卦乾为天,下卦离为火,大地上的阳光来自上天,照耀天下,万物生光辉,所以系辞为"天与火,同人"。

君子以类族辨物。

虞翻:君子谓乾,师坤为类,乾为族。辩,别也。乾,阳物。坤,阴物。体姤,天地相遇,品物咸章,以乾照坤,故"以类族辩物",谓"方以类聚,物以群分"。孔子曰:"君子和而不同。"故于同人家见以"类族辩物"也。

来知德:类族者,于其族而类之,如父母之类皆三年之丧,兄弟之类皆期年之丧是也。辨物者,于其物而辨之,如三年之丧其服之麻极粗,期年之丧稍粗,以下渐细是也。如是,则同轨同伦,道德可一,风俗可同,亦如天与火不同而同也。凡《大象》皆有功夫,故曰"君子以",以者,用也。若以类族为人,士为士族,农为农族;以辨物为物,蝶为蝶物,羽为羽物,则"君子以"三字无安顿而托空矣。

张惠言:以"族"辩三,以"类"辩四。二应五。物辩乃可同。

尚秉和:《易》以阴阳相遇为类。(王引之繁称博引,释类为比。岂知皆非《易》之所谓类?)族,《正义》云:聚也。聚居一处,故曰同人。然所以能聚者,以其类也。设失类而为纯阳或纯阴,则不能聚矣。类族方能合异为同。乾阳物,坤阴物,同一物也,而分阴阳。辨,别也,明也。同人五阳一阴,阴虽少,然五阳之所类也,即五阳之所同也。同则不分。然阴物阳物判然不同,辨而明之,方知同之中有异。《易》之道,同性相违,异物相感。自类字失诂,义遂不明。

按:"君子以类族辨物"是从"天与火,同人"引申出来的人文思想。

能够效法同人卦的人被称为"君子"。六二爻与九四爻互卦为巽,巽为木、为万物,天地所生万物,虽然形形色色,但是它们都有一个共同的祖先:上天。这就是"类族"的意思。下卦离为火、为"明"、为"辨"。天地所生万物虽然有一个共同的本源"上天",但是它们所秉承的天赋不同,所以生命有千姿百态的差异,这就是"辨物"的意思。

初九:同人于门,无咎。

虞翻:乾为门,谓同于四,四变应初,故"无咎"也。

来知德:变艮为门,门之象也。于门者,谓于门外也。门外虽非野之可比,然亦在外,则所同者广,而无私昵矣。

初九以刚正居下,当同人之初,而上无系应,故有同人于门之象。占者如是,则无咎也。

张惠言:正应辩类,故四变应之。

尚秉和:初于二阴独近,故曰同人于门。《象》曰:出门同人,亦谓二近初,初出门即遇也。虞翻以乾为门,命四变阴以应初,若卦为家人者。而惠栋、姚配中皆宗之。朱《汉上》强命初变,以艮为门,若卦为遁者。而毛奇龄、焦循宗之。是皆曲说害理。二坤,坤亦为门户也。

按：六二爻与九四爻互卦为巽，巽为入、为"门"，初九爻与六二爻比邻，所以系辞为"同人于门"。

初九爻阳居阳位为正，所以系辞为"无咎"。

《象》曰：出门同人，又谁咎也？

来知德：所同者广而无偏党之私，又谁有咎我者？

张惠言：初息震为"出"，"谁"谓四。四方攻三疑初，"咎"也。唯初明消息，余爻不言，义见小畜。

尚秉和：谁咎，谓无咎。

按："出门同人"是对"无咎"的解释。

初九与六二爻阴阳相遇，动则有门，出则有人，所以系辞为"无咎"。

六二：同人于宗，吝。

来知德：凡离变乾而应乎阳者，皆谓之宗。盖乾乃六十四卦阳爻之祖，有祖则有宗，故所应者为宗。若原是乾卦，则本然之祖，见阳不言宗。惟新变之乾，则新成祖矣，所以见阳言"宗"也。故睽卦六五亦曰"宗"。统论一卦，则二五中正相应，所以亨。若论二之一爻，则是阴欲同乎阳矣，所以可羞。如履卦《象辞》"履帝位而不疚"，至本爻则"贞厉"，皆此意。

同人贵无私，六二中正，所应之五亦中正，然卦取同人，阴欲同乎阳，臣妾顺从之道也，溺于私而非公矣，岂不羞？故其象占如此。

张惠言："宗"谓五。妇人谓同姓之适曰"宗"。二在同人，与乾为巽，故五曰"宗"。二当同师震以应五，若以巽上应，则三四据二相攻，故"吝"，"先号咷"是也。

尚秉和：乾为主为宗，二五正应，故同人于宗。但卦五阳皆同于二，今二独亲五，则三四忌之，致吝之道也。《下系》云：远近相取，而悔吝生。远谓应，近谓比。远取应，则不能近取比。如无妄六二往应五而利，则不系初。近取比，则不能远取应。如中孚六四绝类上则不应初，而"马匹亡"，是也。是故远近万不能兼取。同人六二远应五，则有近不承阳之嫌，近承阳则失远应，故吝也。彼夫咸六二、遁六二皆有应，象皆与此同。乃咸六二曰居吉，遁六二曰执之，皆戒其动，俾远近皆不取，不取则悔吝免也。旧说皆不知其故在三四，故鲜有得解者。

按：初九爻为"宗"，六二爻与九五爻比邻，所以系辞为"同人于宗"。

六二爻居中正之位，应与九五爻相应，若与初九爻相比，就有结党营私之嫌，所以系辞为"吝"。

《象》曰："同人于宗"，吝道也。

来知德：阴欲同乎阳，所私在一人，可羞之道也。

张惠言：女子外成，同于宗，吝之道。

尚秉和：许慎《五经异义》云：《易》曰同人于宗，吝，言同姓相取，吝道也。按，此皆不明易理，不知吝之故何在，而为此穿凿之说。同人二与五，与大有五与二同也。乃大有五应乾，无同姓之嫌，此独曰同姓，尚能通哉？

按："吝道也"是对"同人于宗"的解释。

六二爻与初九爻亲比，所以系辞为"吝道也"。

九三：伏戎于莽，升其高陵，三岁不兴。

虞翻：巽为伏，震为草莽，离为戎。谓四变时三在坎中，隐伏自藏，故"伏戎于莽"也。巽为高，师震为陵，以巽股"升其高陵"。爻在三，乾为岁；兴，起也；动不失位，故"三岁不兴"也。

来知德：离错坎为隐伏，伏之象也。中爻巽为入，亦伏之象也。离为戈兵，戎之象也。莽，草也，中爻巽为阴木，草之象也。中爻巽为股，三变为震足，股足齐动，升之象也。巽为高，高之象也。三变中爻艮，陵之象也。离居三，三之象也。兴，发也。伏戎于莽者，俟其五之兵也。升其高陵者，窥其二之动也。对五而言，三在五之下，故曰"伏"；对二而言，三在二之上，故曰"升"。

九三刚而不中，上无应与，欲同于二，而二乃五之正应，恐九五之见攻，故伏兵于草，升高盼望，将以敌五而攘二。然以理言，二非正应，理不直；以势言，五居尊位，势不敌。故至三年之久而终不发，其象如此。以其未发，故占者不言凶。

张惠言：卦主九五"通天下之志"，故三、四待坎而同，三体离"戎"，四刚失正，师爻故相攻。五"类族辩物"，四变三在坎中，乃入伏就震，故有"伏戎于莽"之象。"高陵"，震巽之颠，四也。四已变，三得历四通五。当为"而"。

尚秉和：巽为伏、为寇盗、（象失传，详《焦氏易诂》。）为草莽，故曰伏戎于莽。乾为山、为陵，（象失传，详《焦氏易诂》。）巽为高，乾为行，故曰升其高陵。乾为岁，离卦数三，故曰三岁。三阳遇阳，得敌，其行塞，故升高不兴也。

按：下卦离为戈兵、为"戎"，六二爻与九四爻互卦为巽，巽为"伏"、为"莽"，所以系辞为"伏戎于莽"。

巽为"升"，九三爻与九五爻互卦为乾，乾为"高陵"，所以系辞为"升其高陵"。

先天八卦离数为三，上卦乾为"岁"，所以系辞为"三岁不兴"。

《象》曰："伏戎于莽"，敌刚也。

来知德：所敌者既刚且正，故伏藏三岁不兴者。

张惠言："刚"谓四。四虽变，三志未通，故尚"伏戎"。

尚秉和：敌刚即阳遇阳。

按："敌刚也"是对"伏戎于莽"的解释。

阳遇阳谓"敌刚"。九三爻上承三阳，寸步难行，所以系辞为"敌刚也"。

"三岁不兴"，安行也？

来知德：以理与势俱屈，安敢行哉？故不能行。盖行者，则兴动而行也。安者，安于理势而不兴也，故曰"安行"。"安行"即四困则之意。

张惠言：由安而行，不践危道。师坤为"安"，震为"行"，乾照坤，故三岁而安。

尚秉和：安行，谓行难。

按："安行也"是对"三岁不兴"的解释。

阳遇阳则寸步难行，所以系辞为"安行也"。

九四：乘其墉，弗克攻，吉。

虞翻：巽为墉，四在巽上，故"乘其墉"。变而承五，体讼，乾刚在上，故"弗克攻"，则"吉"也。

来知德：墉，墙也。离中虚外围，墉之象也。解卦上六变离，亦曰墉。泰卦上六变艮，《大象》离曰城，皆以中空外围也。此则九三为六二之墉，九四在上，故曰乘。二四皆争夺，非同人矣，故不言同人。三恶五之亲二，故有犯上之心；四恶二之比三，故有陵下之志。六二，其三国之荆州乎？

四不中正，当同人之时，无应与，亦欲同于六二，三为二之墉，故有乘墉攻二之象。然以刚居柔，故又有自反而弗克攻之象。能如是，则能改过矣，故占者吉。

张惠言：城墉也。四乘巽，则"其"谓三也。体讼四"不克讼，复即命渝"。五以"类族辩物"，故四变"弗克攻"。

尚秉和：巽为墉，四居巽上，故曰乘其墉。乘墉据高，故不能攻之。然此爻不当位，无应予，承乘皆阳，困极矣。爻辞曰吉，则不得其义。《象》曰困而反则，似亦不得的解，而为此无可奈何之解。独虞翻命四变阴，当位有应，承乘皆阳，人人皆知其吉矣。然四变阴，则巽墉象毁，四居坎上，而谓乘其墉则不合矣。

按："墉"就是墙的意思。九四爻与六二爻互卦为巽，巽为"高"、为"墉"，九四居高墙之上，所以系辞为"乘其墉"。

九四爻与九五爻本来有"敌刚"之嫌，九四爻顺从九五，所以系辞为"弗克攻，吉"。

《象》曰："乘其墉"，义弗克也。其吉，则困而反则也。

来知德：义者，理也。则者，理之法则也。义理不可移易，故谓之则。当同而同者，理也，亦法则也。不当同而不同者，理也，亦法则也。困者，困穷也，即"困而知之"之"困"也。四刚强，本欲攻二，然其志柔，又思二乃五之正应，义不可攻，欲攻不可攻，二者交战，往来于此心，故曰困。"困"之一字，非孔子不能说出，九四之心也。若生而知之，知其不可攻；学而知之，知其不可攻，则此心不困矣。言"乘其墉"矣，岂其力之不足哉？特以义不可同，故弗克攻耳。其吉者，则因困于心而反于义理之法则也。因困则改过矣，故吉。义弗克，正理也。困而反则，九四功夫也。

张惠言：以不正乘人，故"义弗克"。坎为"则"。

尚秉和：则，法也。反则，言循分自守也。

按："义弗克也"是对"乘其墉"的解释。九四爻阳居阴位不正，不可以臣犯君，所以系辞为"义弗克也"。

"困而反则也"是对"其吉"的解释。九四爻与六二爻互卦为巽，巽为"伏"、为"顺"，九四爻隐伏谦顺，恪守君臣之道,所以系辞为"则困而反则也"。

九五:同人先号咷而后笑。

虞翻:应在二,巽为号咷,乾为先,故"先号咷"。师震在下,故"后笑"。震为后笑也。

来知德:火无定体,曰"鼓缶而歌"而"嗟","出涕沱若"。中孚象离曰"或泣或歌",九五又变离,故有此象。先号咷后笑者,本卦六爻未变,离错坎为加忧,九五隔于三四,故忧而号咷;及九五变,则中爻为兑悦,故后笑。旅先笑后号咷者,本卦未变,中爻兑悦,故先笑;及上九变,则悦体震动,成小过灾眚之凶矣,故后号咷。

张惠言:号咷,呼号也。巽在乾家。"同人"谓二同师震也。《系》曰:"或出或处,或默或语,二人同心,其利断金。"彼注云:"夫出妇处,妇默夫语。"则此"号咷"与"笑"皆震巽同心之言也。二以巽先应五乾,则三四相攻"号咷",师震同志而来,则四变三伏,故"后笑"。

尚秉和:此与屯六二义同。屯二欲上应五,而为三四同性之阴所隔,故屯遭不进。然与五为正应,十年乃字,终必合也。同人九五欲应二,而为三四同性之阳所阻,故先号咷。然与二为正应,终必相遇,故后笑。伏震为笑,为后。虞翻以互巽为号咷。

按:九五爻与六二爻阴阳相应,六二爻与九四爻互卦为巽,巽为"号咷",九五爻与六二爻上下易位,变为大有卦☰。大有卦六五爻与九三爻互卦为兑,兑为悦,所以系辞为"同人先号咷而后笑"。

大师克，相遇。

虞翻：乾为大，同人反师，故"大师"。二至五体姤，遇也，故"相遇"。

来知德：必用大师者，三伏莽，四乘墉，非大师，岂能克？此爻变离，中爻错震，戈兵震动，师之象也。九五阳刚之君，阳大阴小，大师之象也。且本卦错师，亦有师象。

九五、六二以刚柔中正相应，本同心者也，但为三、四强暴所隔，虽同矣，不得遽与之同，故有未同时不胜号咷，既同后不胜喜笑之象。故圣人教占者曰：君臣，大分也。以臣隔君，大逆也。当此之时，为君者宜兴大师，克乎强暴后，方遇乎正应而后可。若号咷，则失其君之威矣。故教占者占中之象又如此。

张惠言："大师"谓五。五既遇二，则天下志通。

尚秉和：卦伏坤，故曰师。相遇，谓遇二也。从前不能相遇者，以三四之伏戎为害也。后克而胜之，故与二相遇。

按：上卦乾为"大师"，九五爻与六二爻阴阳相应，所以系辞为"大师克"。

六二爻与九五爻互卦为姤，姤为"遇"，所以系辞为"相遇"。

《象》曰：同人之先，以中直也。

来知德：先者，先号咷也。以者，因也。中直与困卦九五"中直"同，即中正也。言九五所以先号咷者，以中正相应,必欲同之也。

张惠言:二"中",震"直"。谓当以"中直"为先。

尚秉和:端木国瑚曰:同人先天乾二中直,五无应,故号咷。后天离中虚,五得应,故后笑。以先后天解同人之先后及中直之义,虽未确切,较胜于旧解。

按:"以中直也"是对"同人之先"的解释。

上卦乾为"直",九五爻居中正之位,所以系辞为"以中直也"。

大师相遇,言相克也。

来知德:相克者,九五克三、四也。

张惠言:克三、四。

按:"言相克也"是对"大师相遇"的解释。

九五阳克六二阴,所以系辞为"言相克也"。

上九:同人于郊,无悔。

虞翻:乾为郊,失位无应,与乾上九同义。当有悔,同心之家,故"无悔"。

来知德:乾为郊,郊之象也,详见需卦。国外曰郊,郊外曰野,皆旷远之地。但同人于野,以卦之全体而言,言大同则能亨也,故于野取旷远大同之象,此爻则取旷远无所与同之象,各有所取也。

上九居同人之终,又无应与,则无人可同矣,故有同人于郊之象。既无所同,则亦无所悔,故其占如此。

张惠言:天下志已通,上必变正,坎为"悔",故"当有悔"。"同心之家",体家人未变,故"无悔"。

　　尚秉和:居外卦之上,故曰同人于郊。乾为郊。

　　按:上卦乾为"郊",所以系辞为"同人于郊"。

　　上九居"亢龙有悔"之位,下无应与,居旷野之地,无咎无誉,所以系辞为"无悔"。

《象》曰:"同人于郊",志未得也。

　　来知德:无人可同,则不能通天下之志矣。志未得,正与"通天下之志"相反。

　　张惠言:坎为"志"。未变,故"于郊"。

　　尚秉和:上乘阳无应,远居郊外,旷莫与俦,故曰志未得。伏坤为志。

　　按:"志未得也"是对"同人于郊"的解释。

　　上卦乾为"志",上九爻不能光照天下,所以系辞为"志未得也"。

一四　大有卦

　　　离上乾下

大有:

　　来知德:大有者,所有之大也。火在天上,万物毕照,所照皆其所有,大有之象也。一柔居尊,众阳并从,诸爻皆六五之所有,大有之义也。《序卦》:"与人同者,物必归焉,故受之以大有。"所以次同人。

张惠言：消息卦，比初动为屯而息。乾阳三息，魂归于离，离中有阳，故名曰"大有"。内卦候在四月，外卦五月。卦唯言"元亨"者，比已明乾体，大有著其就离也。象取二变则成离，义益明矣。爻成家人。

尚秉和：离乾皆居南，故曰大有。与同人义同也。

按："大有"是卦名，由上离下乾构成。《周易·序卦传》言："与人同者，物必归焉，故受之以大有。"大有卦上卦离为日，下卦乾为天，天上有太阳，才能够光照天下，发育万物，所以卦象被命名为"大有"。

大有卦与比卦旁通。

大有，元亨。

虞翻：与比旁通，柔得尊位，大中"应天而时行"，故"元亨"也。

来知德：象辞明。

张惠言：息比为大有。《彖》注云："谓五以日应乾，而行于天也。以乾亨坤，故曰'元亨'。"

尚秉和：元亨，谓五也。五得尊位，故曰元。上下应，故曰亨。坤五曰元吉。比五曰元永贞。损五、益五、鼎五皆曰元吉，是其证。

按：上卦离为日，下卦乾为天，天道的运行是以太阳的周年视运动为标志的，所以系辞为"元亨"。

《彖》曰：大有，柔得尊位大中而上下应之，曰"大有"。

来知德：以卦综释卦名，以卦德、卦体释卦辞。大有综同人，柔得尊位而大中者，同人下卦之离往于大有之上卦，得五之尊位，居大有之中，而上下五阳皆从之也。上下从之，则五阳皆其所有矣。阳大阴小，所有者皆阳，故曰大有。

张惠言：大，阳也。比初动震为"应"。乾应五息也。阳息乾归，故曰"大有"。

按："柔得尊位大中而上下应之"是对"大有"的解释。

六五爻居天子位，居中与九二爻阴阳相应，所以系辞为"柔得尊位大中而上下应之"。

其德刚健而文明，应乎天而时行，是以"元亨"。

虞翻：谓五，以日应乾，而行于天也。时谓四时也。大有，亨，比初动成震为春，至二兑为秋，至三离为夏，坎为冬，故曰"时行"。以乾亨坤，是以"元亨"。

来知德：内刚健则克胜其私，自诚而明也；外文明则灼见其理，自明而诚也。上下应之者，众阳应乎六五也。应天时行者，六五应乎九二也。时者，当其可之谓。天即理也，天之道，不外时而已。应天时行，如天命有德，则应天而时章之；天讨有罪，皆应天而时用之是也。乾为天，因应乾，故发此句。时行即应天之实，非时行之外别有应天也。刚健文明者，德之体。应天时行者，德之用。有是德之体用，则能亨其大有矣，是以元亨。

张惠言：刚健，乾。文明，离。《象》曰："火在天上。"应天时行，唯日耳。

尚秉和：五天位，二应之，故曰应乎天。离为夏，万物相见,故曰时行。

按:"其德刚健而文明,应乎天而时行"是对"元亨"的解释。

下卦乾为天、为"刚健",上卦离为日、为"文明",天行健,光照天下,所以系辞为"其德刚健而文明"。

六五爻与九二爻阴阳相应,太阳应天而动,春夏秋冬四时周流不息,所以系辞为"应乎天而时行"。

《象》曰:火在天上,大有;

张惠言:不曰"日"而曰"火"者,日中则离,阴阳相就,阳气盛行,万物毕纳,故曰"大有"。日中则盛如火,故曰"火在天上"。

按:"火在天上,大有"是从天文学的角度解释卦象。

上卦离为火,下卦乾为天,所以系辞为"火在天上,大有"。

君子以遏恶扬善,顺天休命。

虞翻:遏,绝;扬,举也。乾为扬善,坤为遏恶、为顺。以乾灭坤,体夬,"扬于王庭",故"遏恶扬善"。乾为天休,二变时,巽为命,故"顺天休命"。

来知德:火在天上,无所不照,则善恶毕照矣。遏恶者,五刑、五用是也。扬善者,五服、五章是也。休,美也。天命之性有善无恶,故遏恶扬善者,正所以顺天之美命也。

张惠言:"君子"谓乾。夬,以刚决柔。乾为"王"、为"扬",通剥,艮为"门庭",故曰"扬于王庭"。以乾灭坤,亦决柔义,故取夬象。以坤归乾,故"顺天休命"。

尚秉和:离为恶人,乾为善。二五相应予,而皆不当位。九二云:有攸往。是二必往五也。二往五,是扬善也;二往五则五下居二,是遏恶也。乾为天为命,阴承乾,故曰顺天休命。休,美也。

按:"君子以遏恶扬善,顺天休命"是从卦象引申出来的人文思想。

能够效法大有卦的人被称为"君子"。上卦离与坎旁通,坎为黑暗、为"恶",离为光明、为"善",坎卦隐遁,离卦显现,黑暗消失,光明到来,所以系辞为"君子以遏恶扬善"。

六五爻与九二爻阴阳相应,太阳应天而动,光明覆照大地,大地上万物生长,欣欣向荣,所以系辞为"顺天休命"。

初九:无交害,匪咎,艰则无咎。

虞翻:害谓四。四离火为恶人,故"无交害"。初动,震为交,比坤为害。匪,非也。艰,难。谓阳动比初成屯,屯,难也。变得位,"艰则无咎"。

来知德:害者,害我之大有也。离为戈兵,应爻戈兵在前,恶人伤害之象也,故睽卦离在前,亦曰"见恶人";夬乃同体之卦,二爻变离,亦曰"莫夜有戎"。初居下位,以凡民而大有,家肥屋润,人岂无害之理? 离火克乾金,其受害也必矣。未交害者,去离尚远,未交离之境也。九三交离境,故曰"小人害"也。九三"害"字从此"害"字来。匪咎者，人来害我，非我之咎也。艰者，艰难以保其大有，如夬之"惕号"也。

初九居卑，当大有之初，应爻离火，必有害我之乾金者。然阳刚得正，去离尚远，故有无交害匪咎之象。然或以匪咎而以易心处之，则必受其害矣。惟艰则可保其大有而无咎也，故又教占者以此。

张惠言：离在四"焚如死如"，故为"恶人"。谓无应四。四在比坤中为"害"。嫌初动当交之，故明其"无交"。无应宜咎，以恶人宜远，非为咎也。于消息例，当五降初成复，比五阳尊降初失位，故取初自变成屯则"无咎"也。

尚秉和：初无应，阳遇阳失类，故无交。无交故无害。然须艰贞自守，方无咎也。

按：初九爻"潜龙勿用"，避免动辄得咎，所以系辞为"无交害，匪咎"。

下卦乾为刚，初九爻需要固守此位，韬光养晦，等待时机，所以系辞为"艰则无咎"。

《象》曰：大有初九，无交害也。

虞翻：害谓四。

来知德：时大有而当其初，所以去离远而无交害。

张惠言：在大有可无交四。

按："无交害也"是对初九爻的解释。

初九爻含藏不动，不动就会避免犯错，所以系辞为"无交害也"。

九二：大车以载，有攸往，无咎。

虞翻：比坤为大车，乾来积上，故"大车以载"。往谓之五。二失位，变得正应五，故"有攸往，无咎"矣。

来知德：乾错坤为大舆，大车之象也。阳上行之物，车行之象也。以者，用也，用之以载也。变离错坎，坎中满，以载之象也。大车以载之重，九二能任重之象也。二变中爻成巽，巽为股，巽错震为足，股足震动，有攸往之象也。

九二当大有之时，中德蓄积，充实富有，乃应六五之交孚，故有大车以载之象。有所往而如是，则可以负荷其任，佐六五虚中之君，共济大有之盛，而无咎矣。故其占如此。

张惠言："顺天休命"，嫌五未变在离有咎。

尚秉和：伏坤为大车，为载。按《考工记·车人》：大车，牛车也。两辕，牛在辕内。凡载物皆用大车，与马车迥异。马车皆小车，一辕，两服在左右，专备人乘。若载物，必大车也，故曰大车以载。上有应，往则得位，故无咎。

按：下卦乾与坤旁通，坤为"大车"，乾阳满为实，大车上装满了东西，所以系辞为"大车以载"。

九二爻与六五爻阴阳相应，阳升阴降，各居正位，所以系辞为"有攸往，无咎"。

《象》曰："大车以载"，积中不败也。

来知德：乾三连。阳多之卦皆曰积，积聚之意。小畜、夬皆五阳一阴同体之卦，故小畜曰"积德载"，此曰"以载"，而又曰"积中"者，言积阳德而居中也，则小畜之"积德载"
愈明矣。夬九二《小象》曰"得中道也"，小畜九二《小象》
曰"牵复在中"，皆此"中"之意。"败"字在车上来，乾金遇
离火，必受克而败坏，故初曰"无交害"，三曰"小人害"，则
"败"字虽从车上来，亦"害"字之意。曰中德，所以不败坏
也。曰"积中不败"，则离火不烧金。六五"厥孚交如"，与
九二共济大有之太平矣。

张惠言：坤为"败"。

尚秉和：二得中，承乘皆阳，皆曰积中。乾为实，故为
积也。阳上升，故曰大车以载。义则本爻，象则用伏。（卢
氏以乾为大车，乾似无此象。）

按："积中不败"是对"大车以载"的解释。

下卦阳气充盈，九二爻居中，所以系辞为"积中不败"。

九三：公用亨于天子，小人弗克。

虞翻：天子谓五。三，公位也。小人谓四。二变得位，
体鼎象，故"公用亨于天子"。四"折鼎足，覆公餗"，故"小
人不克"也。

来知德：三居下卦之上，故曰公。五虽阴爻，然居天
位，三非正应，故称天子。亨者，阳刚居正，不以大有自私，
亨之象也。卦本元亨，故曰亨。用亨于天子者，欲出而有
为，以亨六五大有之治也。九二中德，止曰"大车以载"，不
言"亨于天子"，而九三反欲亨于天子，何也？盖九三才刚
志刚，所以"用亨天子"也。同人、大有相综之卦，同人三、

四皆欲同乎二,所以大有二、三皆欲共济五之大有也。小人指四也。弗克者,不能也。三欲亨于天子,四持戈兵,阻而害之,因此小人所以弗亨于天子也。盖大有之四即同人之三,四持戈兵即三之伏戎也。且三变为睽,舆曳牛掣,即小人之阻,不能用亨也。旧注作"享"者非,用亨天子,犹言出而使天子亨,大有之亨也。

九三当大有之时,亦欲济亨通之会,亨于天子,而共保大有之治者也。但当离乾交会之间,金受火制,小人在前,不能遽达,故有弗克亨于天子之象。占者得此,不当如九二之有攸往也,可知矣。

张惠言:爻位三为三公。"亨"读曰"飨"。《传》曰"天子降心以逆公",谓享三也。鼎变屯,四折震入兑,故曰"鼎折足,覆公餗"。谓三欲与四辅五,四"小人",故"不克"。言当使四变。

尚秉和:三为三公,兑为亨。天子谓五,小人谓四。四不中不正,失位无应,故曰小人。三兑体,可受亨于五。然而弗能者,以四亦阳害之也。

按:九三爻居三公之位,与六五爻互卦为兑,兑为口食,有从天子处获得俸禄之象,所以系辞为"公用亨于天子"。

兑为"小人",上卦离中虚,小人得不到俸禄,所以系辞为"小人弗克"。

《象》曰:"公用亨于天子",小人害也。

虞翻:小人谓四也。

来知德：因小人害，所以弗克亨于天子。周公之无交害者，初之远于四也。孔子之小人害者，三之近于四也。

按："小人害也"是对"公用亨于天子"的解释。

九三爻与六五爻互卦为兑，兑为口、为毁折，小人危害君子，所以系辞为"小人害也"。

九四：匪其彭，无咎。

虞翻：匪，非也。其位尫，足尫，体行不正。四失位，折震足，故"尫"。变而得正，故"无咎"。尫，或作"彭"，作旁声，字之误。

来知德：彭，鼓声，又盛也，言声势之盛也。四变中爻为震，震为鼓，彭之象也。变艮，止其盛之象也。

九四居大有之时，已过中矣，乃大有之极盛者也。近君岂可极盛？然以刚居柔，故有不极其声势之盛之象，无咎之道也。故其占如此。

张惠言：鼎四位。《子夏传》作"旁"。

尚秉和：《释文》云：彭，《子夏传》作旁，虞作尫。云作彭、作旁，声字之误。王陶庐云：诸家《易》俱不作尫，此仲翔故生异说。与先儒为难。按《说文》云：彭，鼓声也。《释名》：彭，旁也。然则彭之旁，音义并同。《诗·鲁颂》：以车彭彭。《毛传》：有力有容也。《齐风》：行人彭彭。《毛传》：多也。《集韵》云：强盛也。然则彭之义，为声容盛大无疑。兑为刚鲁，故曰彭。离为文，故曰匪。《考工记》：且其匪色。注：匪，采貌也。《少仪》：车马之美，匪匪翼翼。

注:行而有文也。匪其彭者,言文采之盛大显著也。

按:上卦离为日,时当正午,光彩夺目为"彭"。六五爻与九三爻互卦为兑,兑为毁折,盛极将衰,所以系辞为"匪其彭",意思是说不要得意忘形、自我膨胀。

九四爻阳居阴位不正,低调行事,避免阴沟翻船,所以系辞为"无咎"。

《象》曰:"匪其彭,无咎",明辩晢也。

虞翻:折之离,故"明辩晢也"。四在乾则尪,在坤为鼠,在震"噬肺得金矢",在巽"折鼎足",在坎为"鬼方",在离"焚死",在艮"旅于处",言无所容;在兑"睽孤孚厉",三百八十四爻,独无所容也。

来知德:晢,明貌,晢然其明辩也。离,明之象也。明辩者,辩其所居之地,乃别嫌多惧之地;辩其所遇之时,乃盛极将衰之时也。

张惠言:离,明。震,辩。兑,折。折辩入明,非实鼎体,故能变而"无咎"。乾为人,故象足尪。晋四也。三上易位,体小过,有飞鸟之象。艮为穴,动出穴中,飞而不高,硕鼠之象,故曰"晋如硕鼠"。噬嗑四也。艮为肤,阳为骨。肉有骨谓之"肺"。离火爆之,故为"干肺"。"金矢",毒害之物。离为兵下震动之,矢象,故曰"噬干肺,得金矢"。鼎四也。未济四也。变之正体师,坤为"鬼方",为三所伐,故曰"震用伐鬼方"。离在四,为下火所炎,故曰"焚如"。二至五体大过死象,故曰"死如"。旅四也。彼注云:"巽为

'处'。四焚弃恶人,失位,远应,故'旅于处',言无所容也。"睽四:"睽孤,遇元夫,交孚,厉,无咎。"彼注:"孤,顾也。在两阴间,睽五顾三,故曰'睽孤'。震为'元夫',谓二已变,动而应震,故'遇元夫'也。震为'交',坎为'孚',动而得正,故'交孚,厉,无咎'矣。"离四《象》曰:"无所容也。"此知恶人宜焚死,无所容矣。

尚秉和:明辨晢,即《释文》盛之义。盖离为嘉会、为礼,有礼则有文,上下秩然,明辨以晢,故无咎也。

按:"明辨晢也"是对"匪其彭,无咎"的解释。

上卦离为"明",六五爻与九三爻互卦为兑,兑为口,懂得盛极而衰,虽然居高位,也不敢张扬,所以系辞为"明辨晢也"。

六五:厥孚交如,威如,吉。

虞翻:孚,信也。发而孚二,故"交如"。乾称威,发得位,故"威如,吉"。

来知德:威如者,恭己无为,平易而不防闲备具,特有人君之威而已。因六五其体文明,其德中顺,又有阳刚群贤辅之,即舜之无为而治矣,所以有此象。

六五当大有之世,文明中顺,以居尊位,虚己诚信,以任九二之贤,不惟九二有孚于五,而上下之阳,亦皆以诚信归之。是其孚信之交,无一毫之伪者也。是以为六五者,赖群贤以辅治,惟威如而已。此则不言而信,不怒而民威于鈇钺,盖享大有太平之福者也,何吉如之? 故其象占如此。

张惠言：比坎为"孚"。五发而二应之，四已变震为"交"。乾九五。

尚秉和：孚，信也。五阳全孚于五，故曰交如。离南面向明而治，故曰威如。

按：六五爻与九二爻阴阳相交，其信誉自天而来，所以系辞为"厥孚交如"。

上卦离火光明盛大，六五爻居"黄裳元吉"之位，所以系辞为"威如，吉"。

《象》曰："厥孚交如"，信以发志也。

来知德：诚能动物，一人之信，足以发上下相信之志也。

张惠言："信"谓比五坎孚，乾又为"信"。四已变，二坎为"志"也。

尚秉和：五孚于诸阳，得行其志。孚即信，故曰信以发志。伏坎为信为志也。

按："信以发志也"是对"厥孚交如"的解释。

下卦乾为"信"，六五爻与九二爻阴阳相应，顺承天道，信及天下，所以系辞为"信以发志也"。上卦离与坎旁通，坎为隐伏之"心志"，离为心志之发挥，所以系辞为"信以发志也"。

威如之吉，易而无备也。

来知德：易而无备者，凡人君任贤图治，若机心深刻而过于防闲预备,则易生嫌隙,决不能与所任用之贤厥孚交如矣。惟平易而不防备,则任贤勿贰,去邪勿疑,方可享无为之治矣。威如即恭己,易而无备即无为。若依旧注作戒辞,则《小象》止当曰"威如则吉",不应曰"威如之吉"也。

张惠言:"乾德恒易",易四之尪也。五体夬,有戎为备,发以变四,夬象不见,故"易而无备"。

尚秉和:居尊位,人皆敬之,左右咸宜,故不必有所戒备。

按:"易而无备"是对"威如之吉"的解释。

六五爻与九二爻阴阳相应,上下易位,变为同人卦☰,上天之德,光照天下,覆盖万物,所以系辞为"易而无备"。

上九:自天祐之,吉,无不利。

虞翻:谓乾也。祐,助也。大有通比,坤为自,乾为天,兑为祐,故"自天祐之"。比坤为顺,乾为信,天之所助者顺,人之所助者信,履信思顺,又以尚贤,故"自天祐之,吉,无不利"。

来知德:上九以刚明之德当大有之盛,既有崇高之富贵,而下有六五柔顺之君,刚明之群贤辅之,上九盖无所作为,惟享自天祐助之福,吉而无不利者也。占者有是德,居是位,斯应是占矣。

张惠言:大有乾息已成,故上爻通取一卦之义。《系》注云:"兑为口,口助为'右'。"《系》注云:"比坎为思。"案"履信"谓坤履乾,"思顺"谓乾比坤。《系》注云:"乾为贤人,坤在乾下,故'又以尚贤'。"

尚秉和:五天位。佑,助也。王弼云:余爻皆乘刚,上独履柔,故吉利也。

按:上九爻阳乘六五爻,六五爻顺承上天,得到天子的敬奉,所以系辞为"自天祐之"。

上九爻居"亢龙有悔"之位,之所以"吉,无不利",是因为得到六五天子的敬奉。

《象》曰:大有上吉,自天祐也。

来知德:言皆天之祐助,人不可得而为也。上居天位,故曰天。此爻止有天祐之意,若《系辞》又别发未尽之意也。如"公用射隼"止有解悖之意,若成器而动,又未尽之意也。言各不同,皆发未尽之意。旧注泥于《系辞》者非。

张惠言:明此为卦德,非爻位也。

按:"自天祐也"是对"大有上吉"的解释。

上九爻位不当,之所以为"吉",是因为有上天护佑。

一五　谦卦

☷☶坤上艮下

谦:

来知德:谦者,有而不居之义。山之高,乃屈而居地之下,谦之象也。止于其内而收敛不伐,顺乎其外而卑以下人,谦之义也。《序卦》:"有大者不可以盈,故受之以谦。"

故次大有。

张惠言：消息卦。乾尽剥上而入坤，上来反三，归魂之始。乾盈于上，谦而居三，故名曰"谦"。三之初为复，息履，与履旁通，游魂之变也。候在十二月。乾来为谦，谦三降二为师，师二升五为比，消息之次也。阳宜正五，故爻义不之师而之比。卦明乾来，初明履息，上三爻明升五，消息之义备矣。

尚秉和：山本高而在地下，故曰谦。谦，不自足也。

按："谦"是卦名，卦象由上坤下艮构成。《周易·序卦传》言："有大者不可以盈，故受之以谦。"谦卦上卦坤为地，下卦艮为山，山高而甘居地下，所以卦象被命名为"谦"。

谦卦与履卦旁通。

亨。

虞翻：乾上九来之坤，与履旁通，"天道下济"，故"亨"。彭城蔡景君说："剥上来之三。"

张惠言：乾尽坤中，上来反三。三之初为复，息履。济，成也。上之三，故曰"下"。坤交乾则"亨"。"剥上"即"乾上"，义亦一也。不见乾元之正，故不用也。

尚秉和：三承乘皆阴，故曰亨。

按：下卦艮为"终"，九三爻与六五爻互卦为震，震为"始"，寒来暑往，终始往来，所以系辞为"亨"。

君子有终。

虞翻：君子谓三。艮终万物，故"君子有终"。

来知德：君子，三也，详见乾卦。三爻艮终万物，故曰"有终"。《象辞》明。

张惠言：乾称"君子"。《说卦》曰："艮也者，东北之卦也，万物之所以成终而成始也。"彼注云："万物成始乾甲，成终坤癸。艮东北，是甲癸之间，故'万物之所成终而成始'。"是"艮终万物"。剥由艮入坤，谦反坤济艮，"终则有始，天行也"。

尚秉和：艮为君子，坤为终，故曰君子有终。谦、嗛同。《汉书·艺文志》：《易》之嗛嗛。《尹翁归传》：温良嗛退。注皆云同谦。嗛，不足也，少也。故《象传》以盈为对文。

按：下卦艮为"君子"、为"终"，所以系辞为"君子有终"。

《彖》曰：谦，亨。天道下济而光明，地道卑而上行。天道亏盈而益谦，地道变盈而流谦，鬼神害盈而福谦，人道恶盈而好谦。

虞翻：谓乾盈履上，亏之坤三，故"亏盈"。贵处贱位，故"益谦"。谦二以坤变乾，盈坎动而润下，水流湿，故"流谦"也。鬼谓四，神谓三，坤为鬼害，乾为神福，故"鬼神害盈而福谦"也。乾为好、为人，坤为恶也，故"人道恶盈"。从上之三，故"好谦"矣。

来知德：济者，施也，天位乎上，而气则施于下也。光明者，生成万物，化育昭著而不可掩也。卑者，地位乎下也。上行者，地气上行而交乎天也。天尊而下济，谦也，而光明则亨矣。地卑,谦也,而上行则亨矣。此言谦之必亨也。亏盈、益谦以气言,变盈、流谦以形言。变者倾坏,流者流注卑下之地而增高也。害盈、福谦以理言,恶盈、好谦以情言。此四句统言天地鬼神人三才皆好其谦,见谦之所以亨也。

　　张惠言:乾来居三,是"天道下济"。阳来成坎,息履成离,离日坎月,故"光明"也。坤纳乾成震,坤在"上",震为"行",故"卑而上行"。谦息履,非履变谦。履象别上下是也。此自"亢龙","盈不可久","亏之坤三"。云"盈履上"者,不可云"盈乾上",又不可云"盈剥上",因假"履上"见义耳。剥复之间,卦无实象,故多假义,与履讼坎同。上贵,三贱。乾盈于上,坤出遇姤,"品物咸章",至二成遁,乾灭之始,消至剥尽,本由于二,"二以坤变乾盈"谓此也。云"谦二"者,不可云"坤二",又不可云"遁二",故亦假言"谦二"。既济两坎,下坎为"湿"。谦得既济下坎也。游魂在四,归魂在三。四诎三信,故"鬼谓四,神谓三",皆乾精也。盈则诎坤而为鬼,谦则信乾而为神。乾盈则就坤,故"人道恶盈"。乾来,故为"好"。

　　尚秉和:艮为天,为光明。(象本《易林》。实《易》以艮为天、为光明之处甚多,详《焦氏易诂》。荀爽谓阳来成坎,日月之象,故光明,非。)居下卦,故曰下济。济,止也。言一阳止于三而成艮也。艮,止也。坤为卑,居上卦,故曰卑而上行。互震为行也。天道亏盈四句,申有终之原理。

变,毁也。坤为亏、为毁、为害、为恶、为鬼。震为神、(象失传,详《焦氏易诂》。)为人。

按:"天道下济而光明,地道卑而上行。天道亏盈而益谦,地道变盈而流谦,鬼神害盈而福谦,人道恶盈而好谦"是对"谦"之所以为"亨"的解释。

下卦艮为"天道",冬去春来,天道从天上之位下降到地下之位,所以系辞为"天道下济而光明"。

上卦坤为地,地道从地下之位升至天上之位,所以系辞为"地道卑而上行"。

天道以盈满为患,以谦下为益,满招损,谦受益,所以系辞为"天道亏盈而益谦"。

地道以盈满为窒息,以流动为不息,所以系辞为"地道变盈而流谦"。

下卦艮为"鬼",九三与六五爻互卦为震,震为"神",鬼神都以盈满为"害",以谦下为"福",所以系辞为"鬼神害盈而福谦"。

下卦艮为"人道",人道甘居下位,所以系辞为"人道恶盈而好谦"。

谦尊而光,卑而不可逾,君子之终也。

虞翻:天道远,故"尊光"。三位贱,故"卑"。坎水就下,险弱难胜,故"不可逾"。

来知德:逾者,过也,言不可久也。尊者,有功有德,谦而不居,则功德愈光,亦如天之光明也。卑者,有功有德,谦而不居,愈见其不可及,亦如地之上行也。夫以尊卑之谦,皆自屈于其始,而光而不可逾,皆自伸于其终,此君子之所以有终也。

张惠言:自上来,故"尊"。息履离,故"光"。坎离纳乾坤,故"艮终万物"。

尚秉和:艮一阳在上,故尊(艮为官、为君子,人知之,乃为尊又不知,只《易林》以艮为贵为尊。)而光。卑谓居下卦。虞翻谓三位贱,故卑。非也。卑而不可逾者,艮为山,艮止坎险,故虽卑退而不能逾越,终获福也。

按:"谦尊而光,卑而不可逾"是对"君子有终"的解释。

下卦艮为"天"、为"光",愈是尊贵,愈是谦下,愈是为人敬仰,所以系辞为"谦尊而光"。

下卦艮为山,山高通天路,所以系辞为"卑而不可逾"。

《象》曰:地中有山,谦;

来知德:上下五阴,地之象也。一阳居中,"地中有山"之象也。

张惠言:地柔而山刚,乘天阳也。地中不盈,地也。地谦,广以益山之高。山谦,高以益地之大。

按:"地中有山,谦"是从地理学的角度解释卦象。

上卦坤为地,下卦艮为山,地卑在上,山高在下,所以系辞为"地中有山,谦"。

君子以哀多益寡,称物平施。

虞翻:君子谓三。哀,取也。艮为多,坤为寡,乾为物、为施,坎为平,谦乾盈益谦,故"以衰多益寡,称物平施"。

来知德:五阴之多,人欲也;一阳之寡,天理也。君子观此象,衰其人欲之多,益其天理之寡,则廓然大公,物来顺应,物物皆天理,自可以称物平施,无所处而不当矣。衰者,减也。

张惠言:阴有阳则"多",无阳则"寡"。艮为多实,乾为多也。捊乾益坤,称量也。以坎量而平乾。

尚秉和:捊,王弼本作衰。《释文》云:郑、荀、董、蜀才皆作将,取也。捊、衰音同通用。阳来内,故曰益;艮手,故曰取。《说卦》坤为众,故为多。剥下五阴,互三坤,多极矣;今上来益三,居中以界上下。坤为物。下物虽寡,阳来益之,上下物等,故曰称物。坎为平,物称,故施平。(虞因艮多节,谓艮为多。非。多白眼、多心、多眚,多字若可取象,则巽、坎皆可为多,不只艮也。)

按:"君子以衰多益寡,称物平施"是从卦象引申出来的人文思想。

能够效法谦卦的人被称为"君子"。衰,是拿取的意思。九三爻与六五爻互卦为震,震为"多",下卦艮为"寡",九三爻为坎卦中爻,坎为"平",天之道损有余而奉不足,多者损之,少者益之,天地平衡,生生不息,所以系辞为"君子以衰多益寡,称物平施"。

初六:谦谦君子,用涉大川,吉。

来知德:凡《易》中有此象而无此事、无此理者,于此爻

"涉大川"见之，盖金车、玉铉之类也。周公立爻辞，止因中爻震木在坎水之上，故有此句。而今就文依理，只得说能谦，险亦可济也。

六柔，谦德也。初，卑位也。以谦德而居卑位，谦而又谦也。君子有此谦德，以之济险，亦吉矣。故占者用涉大川，亦吉。

张惠言：谦息履，三降初，乾上谦居三，三又降初，故为"谦谦君子"。三坎，升五又体坎，为"大川"。初坤为"用"，故"用涉大川，吉"。

尚秉和：初临坎水，坎险坎陷，本不易涉。然初居下卦之下，谦而又谦，卑以自牧，故可用以涉此大川，而无不吉也。

按：下卦艮为"君子"，艮为山，山高在下，初六爻又在山底，所以系辞为"谦谦君子"。

六二爻与六四爻互卦为坎，坎为大川，九三爻与六五爻互卦为震，震为木，"涉大川"之象，初六爻虽然比邻"大川"，但谦而又谦，渡过坎险，所以系辞为"用涉大川，吉"。

《象》曰："谦谦君子"，卑以自牧也。

来知德：牧，养也。谦谦而成其君子，何哉？盖九三"劳谦君子"，万民所归服者也。二并上与三俱鸣其谦，四则挢裂其谦，五因谦而利侵伐。初居谦之下，位已卑矣，何所作为哉？惟自养其谦德而已。

张惠言：牧，养牛人也。坤为"牛"，震为"人"，驱之，故象"牧"。坤为"自",三降初,"卑以自牧"。

尚秉和:扬子《方言》:牧,司也,治也。

按:"卑以自牧也"是对"谦谦君子"的解释。

初六爻在下为"卑",下卦艮为"静养",所以系辞为
"卑以自牧也"。

六二:鸣谦,贞吉。

来知德:本卦与小过同有飞鸟遗音之象,故曰"鸣"。
豫卦亦有小过之象,亦曰"鸣"。又中爻震为善鸣,鸣者,阳
唱而阴和也。荀、《九家》以阴阳相应故"鸣",得之矣。故
中孚错小过,九二曰"鸣鹤在阴",又曰"翰音登于天",皆有
鸣之意。鸣鹤,《小象》曰"中心愿也",此曰"中心得也",
言二与三,中心相得,所以相唱和而鸣也。若旧注以谦有
闻,则非鸣谦,乃谦鸣矣。若《传》以德充积于中,见于声
音,则上六"鸣谦",其志未得,与"鸣豫"之凶,皆说不去矣。

六二柔顺中正,相比于三,三盖劳谦君子也,三谦而二
和之,与之相从,故有鸣谦之象,正而且吉者也,故其占
如此。

张惠言:三降履初,二息体震,为"善鸣",故曰"鸣谦"。
息则失位,正而承三,故"贞吉"。

尚秉和:《玉篇》:鸣,声相命也。震为鸣,二承之,三阳
为二友。损一人行则得其友,是也。《诗·小雅》:嘤其鸣
矣,求其友声。言二得承三,遂其所愿,故得意而鸣也。二
当位,故贞吉。

按：六二爻上承九三爻，九三爻与六五爻互卦为震，震为"鸣"，六二爻因谦下顺从而闻名，所以系辞为"鸣谦"。

六二爻居中正之位，所以系辞为"贞吉"。

《象》曰："鸣谦，贞吉"，中心得也。

虞翻：中正谓二，坎为心也。

来知德：言六二与三中心相得，非勉强唱和也。

张惠言：谓三正。

尚秉和：中心得，申鸣谦之故也。卦体坎，坎为中、为心。

按："中心得也"是对"鸣谦，贞吉"的解释。

六二爻与六四爻互卦为坎，坎为"心"，六二爻与九三爻阴阳相应，心意相通，所以系辞为"中心得也"。

九三：劳谦，君子有终，吉。

来知德：劳者，勤也，即"劳之来之"之"劳"。中爻坎为劳卦，虽《系辞》去声读，然同此"劳"字也。又中爻水木有井象，"君子以劳民劝相"，此"劳"字之象也。艮终万物，三居艮之终，故以文王卦辞"君子有终"归之。八卦正位艮在三，所以此爻极善。有终，即"万民服"。旧注因《系辞》"有功而不德"句，遂以为功劳，殊不知劳乎民，后方有功，此爻止有劳而不伐意，故万民服。

九三当谦之时，以一阳而居五阴之中，阳刚得正，盖能劳乎民而谦者也。然虽不伐其劳，而终不能掩其劳，万民归服，岂不有终？故占者吉。

张惠言：坎为"劳"，艮为"终"。不以变论，与师上"开国承家"义同。

尚秉和：坎为劳卦，故曰劳谦。艮为君子，艮成终，故曰君子有终。

按：九三爻居坎卦中爻，坎为"劳"，下卦艮为"谦"，有功劳而不自我夸耀，所以系辞为"劳谦"。

下卦艮为"君子"、为"终"，所以系辞为"君子有终"。

九三爻与六五爻互卦为震，震为"始"，终则有始，所以系辞为"吉"。

《象》曰："劳谦君子"，万民服也。

来知德：阴为民，五阴，故曰万民。众阴归之，故曰服。

张惠言：本坤，故曰"万民"。

尚秉和：三临群阴，坤众，故曰万民服。

按："万民服也"是对"劳谦君子"的解释。

众阴爻为"万民"。九三爻"以贵下贱，大得民也"，所以系辞为"万民服也"。

六四：无不利，㧑谦。

来知德：㧑者，裂也，两开之意。六四当上下之际，开裂之象也。㧑谦者，以㧑为谦也。凡一阳五阴之卦，其阳不论位之当否，皆尊其阳而卑其阴，如复之"元吉"，师之"锡命"，豫之"大有得"，比之"显比"，剥之"得舆"，皆尊其阳，不论其位也。六四才位皆阴，九三劳谦之贤，正万民归服之时，故开裂退避而去，非旧注更当发挥其谦也。

　　六四当谦之时,柔而得正,能谦者也,故无不利矣。但劳谦之贤在下,不敢当阳之承,乃避三而去之,故有以捴为谦之象。占者能此,可谓不违阴阳之则者矣。

　　张惠言:体三有实,故"无不利"。荀氏云:"捴,举也。阴欲捴三,使上居五。"寻师坤虚无君,使二上居五成比,故师五曰"利执言",比五曰"邑人不戒",泰四"不富以其邻,邑人不戒",注云"与比五同义"。然则谦虽之师,亦志在比五。上六注云"利五之正",四亦宜然。"捴谦",当如荀氏说也。"捴"者,艮为手,成比则四在艮体中。

　　尚秉和:《释文》:捴、麾同,指捴也。

　　按:上卦坤为顺,六四爻居正位,所以系辞为"无不利"。

　　"捴"是裂开的意思。六四爻顺从地为九三爻开辟道路,所以系辞为"捴谦"。

《象》曰:"无不利,捴谦",不违则也。

　　来知德:则者,阳尊阴卑之法则也。捴而去之,不违尊卑之则矣。

　　张惠言:坎为"则"。四本坎,五变又为坎,故"不违则"。

　　尚秉和:则谓三。言四顺三,而发捴其谦德也。阴顺阳,故无不利。《子夏传》:捴谦,化谦也。盖化于三而不违之也,则纯指三言。各家泛论之,非也。

　　按:"不违则也"是对"无不利,捴谦"的解释。

六四爻与六二爻互卦为坎，坎为"则"，六四爻为九三爻开辟道路，所以系辞为"不违则也"。

六五：不富以其邻，利用侵伐，无不利。

来知德：阳称富。小畜五阳，故《小象》曰"不独富也"。阴皆不富，故泰六四亦曰"不富"。富与邻，皆指三。以者，用也，中爻震为长子，三非正应，故称邻。言不用富厚之力，但用长子帅师，而自利用侵伐也。坤为众，中爻震，此爻变离为戈兵，众动戈兵，侵伐之象。此象亦同初六"用涉大川"，但此则以变爻言也。上六"利用行师"亦此象。

五以柔居尊，在上而能谦者也。上能谦，则从之者众矣，故有不富以邻而自利用侵伐之象。然用侵伐者因其不服而已，若他事，亦无不利也。占者有此谦德，斯应是占矣。

张惠言：坤虚，故"不富"。"邻"谓三。三在谦为震，在履为兑，震东兑西称"邻"。谓以三居五。体师，五变"利执言"，故"利用侵伐"。又言"无不利"者，坤为"利"，嫌变坤不利。

尚秉和：坤虚，故不富。震为邻，为侵伐。以，与也。言五与四顺三以征不服，无不利也。震为威武，故为侵伐，为征。李鼎祚谓六五离爻，离为戈兵，故为侵伐。毛奇龄、惠栋用之，非也。

按：上卦坤为阴虚，所以取象为"不富"。六五爻与九三爻互卦为震，震为"邻"，六五爻因为邻居惊扰而不富，所以系辞为"不富以邻"。

震为出征,六五爻任命九三爻率军出征,所向披靡,所以系辞为"利用侵伐,无不利"。

《象》曰:"利用侵伐",征不服也。

来知德:侵伐非黩武,以其不服,不得已而征之也。

张惠言:坎艮险阻,故又为不服象。

尚秉和:上六反君道,故曰不服。荀爽谓指"五",似非。

按:"征不服也"是对"利用侵伐"的解释。

下卦艮与六五背道而驰,所以系辞为"征不服也"。

上六:鸣谦,利用行师,征邑国。

虞翻:应在震,故曰"鸣谦"。体师象,震为行,坤为邑国,利五之正,已得从征,故"利用行师,征邑国"。

来知德:凡《易》中言"邑国"者,皆坤土也。升卦坤在外,故曰"升虚邑";晋卦坤在内,故曰"维用伐邑";泰之上六曰"自邑告命",师上六曰"开国承家",复之上六曰"以其国君,凶",讼九二变坤曰"邑人三百户",益之中爻坤曰"为依迁国",夬下体错坤曰"告自邑",涣九五变坤曰"涣王居",此曰"征邑国",皆因坤土也。

上六当谦之终,与三为正应,见三之劳谦,亦相从而和之,故亦有鸣谦之象。然六二中正,既与三中心相得,结亲比之好,则三之心志不在上六,而不相得矣。故止可为将行师,征邑国而已,岂能与劳谦君子之贤相为唱和其谦哉?

张惠言：三震上行，故曰"行师"。"行师征邑国"者五也。上利用之。

尚秉和：俞樾云：六二鸣谦，《传》曰中心得，此曰志未得，何相反若是？疑鸣当作冥，与豫、升上六同例。按俞说是也。豫上六冥豫，《释文》云：郑读为鸣。鸣、冥古盖同声相假，犹挦之作哀也。坤为师、为邑国，震为征、为行，人众势强，故利。然以冥谦行之，昧于事情，故难得志，宋襄公是也。

按：上六与九三阴阳相应，所以系辞为"鸣谦"。

九三爻与六五爻互卦为震，震为"出征"，下卦艮为"邑国"，所以系辞为"利用行师，征邑国"。

《象》曰："鸣谦"，志未得也。可用行师，"征邑国"也。

来知德：志未得者，上六与九三心志不相得也。六二与上六皆鸣谦，然六二"中心得"，上六"志未得"，所以六二"贞吉"，而上六止"利用行师"也。

张惠言：虽"鸣谦"应三，而"志未得"，故可使三升居五，五变体坎，坎为"志"是得志。

尚秉和：上应在三，三坎为志。志未得，言上为四五所阻，应三难也。

按："志未得也"是对"鸣谦"的解释。上六爻与九三爻阴阳相应，九三爻阳陷阴中，所以系辞为"志未得也"。

虽然"志未得也"，但九三爻与六五爻互卦为震，震为

"出征",所以系辞"可用行师"。"可用行师"的目的是"征邑国"。上六爻与九三爻阴阳相应,上下易位,变为剥卦☶☷,上九君临天下,所以系辞为"征邑国"也。

一六　豫卦

☳☷ 震上坤下

豫：

来知德：豫者,和乐也。阳始潜闭于地中,及其动而出地,奋发其声,通畅和豫,豫之象也。内顺外动,豫之由也。《序卦》："有大而能谦必豫,故受之以豫。"所以次谦。

张惠言：消息卦。坤尽夬上而入乾,乾元索坤之四为豫,息为小畜,为坤游魂之变。豫,怡也。阴得阳而喜乐,故名曰"豫"。内卦候在二月,外卦三月。卦爻皆取息小畜,乾元入坤也。爻至五,上不变,则成需,坤之游魂也。

尚秉和：雷出地上,得众志行,故豫。豫,和乐也。《归藏》作分。言震雷上出,与地分离也。又一阳界于五阴之间,使上下分别。与《周易》义异。

按："豫"是卦名,卦象由上震下坤构成。《周易·序卦传》言："有大而能谦必豫,故受之以豫。"豫卦上卦震为雷,下卦坤为地,春雷动地,万物复苏,所以卦象被命名为"豫"。

豫卦与小畜卦旁通。

利建侯，行师。

虞翻：复初之四，与小畜旁通。坤为邦国，震为诸侯。初至五体比象。四利复初，故利建侯。三至上体师象，故行师。

来知德：震，长子，主器。震惊百里，建侯之象。中爻坎陷，一阳统众阴，行师之象。屯有震无坤，则言"建侯"。谦有坤无震，则言"行师"。此震、坤合，故兼言也。

张惠言："复初"者，乾元也。阴丽阳而生，豫四之坤初为复，息小畜，阴始凝阳。息小畜。比"先王以建万国，亲诸侯"。不以四震为侯者，屯注云"善建者不拔"。震在初体潜龙，确乎不拔，乃"建侯"也。四震下行，故为"行师"。

尚秉和：震为君，故曰建侯，与屯同义。坤为师，顺以动，故利行师。

按：上卦震为诸侯、为出征，诸侯开疆拓土、出征讨伐得到民众的响应，所以系辞为"利建侯，行师"。

《彖》曰：豫，刚应而志行，顺以动，豫。

来知德：以卦体、卦德释卦名、卦辞而极言之。刚，九四也。刚应者，一阳而众阴从之也。志行者，阳之志得行也。刚应志行，豫也；内顺外动，所以成其豫也，故名豫。凡事合乎天理则顺，背乎天理则逆。顺以动，则一念一事皆天理矣。

张惠言：谓四复初，息小畜，乾阳皆应。坎为"志"，震为"行"，坎为震，故"志行"。坤顺，震动。四复初，动乎顺。

按："豫,刚应而志行,顺以动,豫"是对卦名"豫"字的解释。

"刚"是指九四爻,九四爻与初六爻阴阳相应,上卦震为"行",九四爻居坎卦之中,坎为"志",所以系辞为"刚应而志行"。

下卦坤为"顺",上卦震为"动",地顺天而动,所以系辞为"顺以动"。

豫顺以动,故天地如之,而况"建侯行师"乎?

虞翻:小畜乾为天,坤为地。如之者,谓天地亦动,以成四时,而况"建侯行师"。言其皆应而逸豫也。

来知德:天地如之者,言天地亦不过如我之顺动也。天地且不之违,而况于人之建侯行师乎? 此其所以利也。建侯行师虽大事,较之天地则小矣。

按:"豫顺以动,故天地如之,而况'建侯行师'乎"是对"利建侯行师"的解释,亦是对豫卦大义的引申。

"利建侯,行师"利在"顺以动"。不仅"建侯,行师"需要"顺以动",而且天地的运行法则亦是遵循"顺以动"这个根本原则。上卦震雷为"天",下卦坤为地,地顺天而动,所以系辞为"天地如之"。

天地以顺动,故日月不过而四时不忒。

虞翻:豫变通小畜,坤为地,动初至三成乾,故"天地以顺动"也。过谓失度。忒,差迭也。谓变初至需,离为日,坎为月,皆得其正,故"日月不过"。动初时震为春,至四兑为秋,至五坎为冬,离为夏,四时位正,故"四时不忒"。"通变之谓事",盖此之类。

来知德:天地以顺动者,顺其自然之气。不过者,不差过也,如夏至昼六十刻夜四十刻、冬至昼四十刻夜六十刻之类是也。不忒者,不愆忒也,如夏则暑、冬则寒之类是也。

张惠言:至五成需。至二即兑,云四者,四兑位定,对下"刑罚清"而言。《系》注云:"'事'谓变通趋时,以尽利天下之民,谓之事业也。"

尚秉和:艮为天,坤为地,艮为日,坎为月。顺,故不过不忒。艮为时,震卦数四,故曰四时。

按:上卦震为"天"、为"动",下卦坤为"地"、为"顺",天动地随,所以系辞为"天地以顺动"。

上卦震为"日"、为春,六三爻与六五爻互卦为坎,坎为"月"、为冬,日出月落,月出日落,冬去春来,四时往来,所以系辞为"故日月不过而四时不忒"。

圣人以顺动,则刑罚清而民服。

虞翻:清犹明也。动初至四,兑为刑,至坎为罚,坎、兑体正,故"刑罚清"。坤为民,乾为清,以乾乘坤,故"民服"。

来知德:圣人以顺动者,顺其当然之理。刑罚不合乎理,惟乘一己喜怒之私,故民不服。若顺动合乎天理之公,纵施刑罚,亦天刑也,故民服。

张惠言:兑坎皆息乾,故"清"。复初为圣人,乾息,故

"圣人以顺动"也。

尚秉和：坎为刑罚，坤为民。坤顺，故刑罚清而民服。坎为圣。（《虞氏逸象》。）李鼎祚以震为圣，非。

按：九四爻为"圣人"。圣人居天地之间，顺天应地，所以系辞为"圣人以顺动"。

九四爻为坎卦中爻，坎为"刑"，上卦震为动，所以取象为"刑罚"。坎与离旁通，离为"明"；下卦坤为顺、为"民"，执法光明正大，民众信服，所以系辞为"则刑罚清而民服"。

豫之时义大矣哉！

虞翻：顺动天地，使日月四时皆不过差，"刑罚清而民服"，故"义大"也。

来知德：时义者，豫中事理之时宜也，即顺动也。此极言而赞之也。六十四卦，时而已矣，事若浅而有深意，曰"时义大矣哉"，欲人思之也。非美事，有时或用之，曰"时用大矣哉"，欲人则之也。大事大变，曰"时大矣哉"，欲人谨之也。

按："豫"是和乐的意思。无论是开疆拓土、行军打仗，还是治国理政，要得到"和乐"的局面，就必须顺天应地，顺时而动，顺应民心，这就是"豫之时义大矣哉"的要义之所在。

《象》曰：雷出地奋，豫；

来知德：奋者，奋发而成声也。

张惠言：阳升出地，万物皆喜。

按："雷出地奋，豫"是从天文学、地理学的角度解释卦象。

上卦震为"雷"、为"奋"，下卦坤为地，地上打雷，万物萌动，所以系辞为"雷出地奋，豫"。

先王以作乐崇德，殷荐之上帝，以配祖考。

来知德：作，乃"制礼作乐"之"作"。作乐以崇德，故闻乐知德。殷，盛也。作乐乃朝廷邦国之常，然各有所主，其乐不同。惟万物本乎天，故有郊；人本乎祖，故有庙，是其用乐之最大者，故曰"殷荐"。故冬至祀上帝于圜丘，而配之以祖，必以是乐荐之；季秋祀上帝于明堂，而配之以考，必以是乐荐之也。中爻坎为乐律，乐之象。五阴而崇一阳德，崇德之象。帝出于震，上帝之象。中爻艮为门阙，坎为隐伏，宗庙、祖宗之象。

张惠言：复乾，故曰"先王"。象"雷出地"，故"作乐"。乾为"德"，息乾，故"崇德"。《说文》云："作乐之盛称殷。"荐，进也。"荐上帝"，"配祖考"，谓大禘上帝于明堂，以文武配是也。复初万物之始，天行之成，故为"上帝"。小畜离"向明而治"，为明堂。坤为鬼，乾盈甲。复初，故乾；小畜，亦故乾。小畜乾为父，复乾为祖，四下初亦为震，体复，故"配祖考"也。

尚秉和：震为乐、为仁德、为帝，为荐。荐，进也。殷，盛也。艮为祖考。（象失传，只《易林》知之。实小过六二过其祖，即以艮为祖。详《焦氏易诂》。）古帝王作乐，皆以象其功德,用以郊天,使祖考配享。雷出地奋,声容象之,故先王取以为法。震为王。

按:"先王以作乐崇德,殷荐之上帝,以配祖考"是从卦象引申出来的人文思想。

九四爻为"先王"。上卦震为"作乐"、为"崇德"、为"上帝",所以系辞为"先王以作乐崇德,殷荐之上帝"。

九四爻与六二互卦为艮,艮为祖庙,所以系辞为"以配祖考"。

初六:鸣豫,凶。

虞翻:应震善鸣,失位,故"鸣豫,凶"也。

来知德:鸣,详见"鸣谦"。谦、豫二卦同体,文王综为一卦,故《杂卦》曰"谦轻而豫怠也"。谦之上六,即豫之初六,故二爻皆言"鸣"。震性动,又决躁,所以"浚恒凶","飞鸟凶"。

初六与九四为正应,九四"由豫",初据其应与之常,欲相从乎四而和之,故有鸣豫之象。然初位卑,四近君,乃权臣也。正其志大行之时,上下既悬绝,且初又不中正,应与之情乖矣,岂能与四彼此唱和其豫? 不能唱和,初之志穷矣,凶之道也,故占者凶。

张惠言:凡豫阴道,在阴而不能正则豫。初不取息者,义取四复初,故不言初变。

尚秉和:初应四,四震为鸣,故曰鸣豫。爻在此而象在应,如蒙三之金夫,泰二之包荒、凭河,及此,为《易》之通例。自此例不明,于是明夷初九之飞及翼,皆以离为象矣。初六得敌,不能应四,故凶。

按:初六爻与九四爻阴阳相应,九四爻震动为"鸣",所以系辞为"鸣豫"。

初六爻阴居阳位不正,所以系辞为"凶"。

《象》曰:"初六鸣豫",志穷,凶也。

虞翻:体剥蔑贞,故"志穷,凶也"。

来知德:惟志穷,所以凶。中孚鹤鸣子和,曰"中心愿也";六二"鸣谦",曰"中心得也",此心志相孚者也。上六"鸣谦",曰"志未得也";初六"鸣豫",曰"志穷,凶也",此心志不相孚者也。相孚者皆曰心,不相孚者皆曰志,此所以为圣人之言。

张惠言:剥初。四坎为"志",失位,故"穷"。初在剥初,故"凶也"。

尚秉和:穷者,极也。初为二三所隔,应四难,故志穷。

按:"志穷,凶也"是对"初六鸣豫"的解释。

初六阴居阳位不正,下卦坤为"志穷",所以系辞为"志穷,凶也"。

六二:介于石,不终日,贞吉。

虞翻:介,纤也。与四为艮,艮为石,故"介于石"。与小畜通,应在五。终变成离,离为日,得位,欲四争复初,已得休之,故"不终日,贞吉"。

来知德:凡物分为两间者曰介。二变刚,分坤为两间,介之象也。介于石者,言操守之坚,如石不可移易。中爻艮,石之象也。不终日者,不溺于豫,见几而作,不待其日之晚也。二变中爻离日,居下卦之上,不终日之象也。八卦正位坤在二,故贞吉。

豫易以溺人,诸爻皆溺于豫,独六二中正自守,安静坚确,故有此象,正而且吉之道也,故其占如此。

张惠言:纤介,微意。《系》以豫二"知几",注云"知四当复初"。则此"介"谓几之纤微如石。

尚秉和:《释文》云:介,古文作砎。郑古八反,云磨砎也。马作扴,云触小石声。案《说文》:扴,刮也。古黠切。《广韵》:揩扴物也。音戛。揩扴即磨砎,皆触坚不相入之声。又《庄子·马蹄篇》:加之以衡扼,齐之以月题,而马知介倪。陆云:介,徐古八反。亦音戛。介者触,倪睨同。介倪者,即马因感触月题等物之磨砎,因而睥睨也。是《庄子》亦以介为触。然则砎、扴、介音义并同,盖非触坚,不能有磨戛之声。然则介于石即触于石。艮为石,二前遇之,故触于石。易之道,异性为类,同性相敌,二五无应,承乘皆阴,如触于石之不相入。触石不入,故君子见几而作,不俟终日也。旧解诂砎字是,而义则不详。须知砎于石乃危辞,以形容二之失类,故《系》云:介如石焉,宁用终日,断可识矣。艮为终日。《易林》大过之艮云:终日至暮,不离其乡。以艮为终日,坎为暮也。夫居中位,而又能危惕自警,故贞吉也。宋翔凤以《说文》无砎字,有扴,便谓砎为讹字。

岂知晋孔坦《答刘聪求降书》曰：何知几之先觉，砎石之易悟。《桓温传》亦曰：砎如石，所以成务。不止郑作砎也。

按："介"是触的意思。"介于石"即触于石的意思。六二爻与九四爻互卦为艮，艮为"石"，所以系辞为"介于石"。

艮为"终日"，六二爻居中正之位，不需要等待一天就可以化险为夷，所以系辞为"不终日，贞吉"。

《象》曰："不终日，贞吉"，以中正也。

来知德：惟中正，故不终日，贞吉。

张惠言：二中正，故知几。

尚秉和：二当位，故中正。

按："以中正也"是对"不终日，贞吉"的解释。

六二爻居中正之位，化险为夷，所以系辞为"以中正也"。

六三：盱豫，悔；迟，有悔。

来知德：盱者，张目也。中爻错离，目之象也。盱目以为豫者，九四当权，三与亲比，幸其权势之足凭，而自纵其所欲也。"盱"与"介"相反，"迟"与"不终日"相反，二中正、三不中正故也。

四为豫之主，六三阴柔，不中不正而近于四，上视于四而溺于豫，宜有悔者也，故有此象。而其占为事当速悔，若悔之迟，则过而不改，是谓过矣。此圣人为占者开迁善之门，而勉之以速改也。

张惠言：盱，张目也。小畜离为目，六三失位，目不正为"盱"。在阴,故"豫"。"迟"谓四之初息,而三不即正也,五变在艮,故为"迟"。

尚秉和:《说文》:盱,张目也。《尔雅》:盱,忧也。又《诗·小雅》:云何盱矣。郑笺:病也。艮为视。（象失传,只《易》及《易林》用之,详《焦氏易诂》。）坤为病,故曰盱。诸爻独三得承阳,然失位,故睢盱上视,有忧悔也。艮止,故迟。有、又通。迟有悔者,言迟疑不决,又有悔也。盱豫句。悔一字句。

按:艮为"视"。六三爻上承九四爻,眼睛只朝上看,趋炎附势,居位不正,所以系辞为"盱豫,悔"。

艮为止,六三爻不幡然醒悟,改弦易辙,还要遭遇险难,所以系辞为"迟,有悔"。

《象》曰:"盱豫有悔",位不当也。

来知德:六三不中正,故"位不当"。

尚秉和:位不当,释盱豫之故。

按:"位不正也"是对"盱豫有悔"的解释。

六三爻阴居阳位不正,所以系辞为"位不正也"。

九四:由豫,大有得。

虞翻:由,自,从也。据有五阴,坤以众顺,故"大有得",得群阴也。

来知德:由豫者,言人心之和豫,由四而致也。本卦一阳为动之主,动而众阴悦从,故曰"由豫"。大有得者,言得大行其志,以致天下之豫也。九四一阳居五阴之中,人所由以为豫,故有由豫之象。占者遇此,故为大有得。然人既乐从,正当得志之时,必展其大行之志,俾人人皆享其和平豫大之福。

张惠言:群阴之豫,皆由四也。阳称"大"。

尚秉和:《孟子》:由由然与之偕。注:由由,自得之貌。由豫者,从容和乐也。坎为疑,上下四阴附之,阳遇阴则通,故曰大有得,勿疑。

按:上卦震为自得其乐,所以系辞为"由豫"。

群阴归顺九四爻,所以系辞为"大有得"。

勿疑,朋盍簪。

虞翻:坎为疑,故"勿疑"。小畜兑为朋。盍,合也。坤为盍。戠,聚会也。坎为聚,坤为众,众阴并应,故"朋盍簪"。簪,旧读作"撍"、作"宗"也。

来知德:四多疑惧,故曰疑。又中爻坎,亦为狐疑。勿疑者,中爻艮止,止而不疑之象也。因九四才刚明,故教之以勿疑也。盍者,合也。簪者,首笄也,妇人冠上之饰,所以总聚其发者也。下坤,妇人之象也。一阳横于三阴之首,簪之象也。勿疑朋盍簪者,勿疑朋合于我者,皆簪冠之妇人也。

勿疑由豫于我者,无同德之阳明,而所以朋合于上下内外者,皆阴柔之群小可也。故又教占者,必不可疑如此。

张惠言:当复初息小畜,故云"勿疑"也。息至四泰时。四复初,息至兑,兑通坎,坤阴并息阳。京氏作"撍",荀氏作"宗"。

　　尚秉和：阳以阴为朋。盍,合也。簪与笄同,所以括发。朋盍簪,言群阴归四,有若簪之括发也。臧庸云:象盍簪者,取一阳横贯于五阴之中。可谓观象独深。又杜诗:盍簪喧枥马。言群马絷于一杠之上,故以盍簪为喻。此语解《易》,可谓明白如画矣。艮为簪。《易林》恒之咸云:簪短带长。以咸艮为簪。复之节语同,亦以节之互艮为簪。凡《易林》象,无不本于《易》。《子夏传》为韩婴作,在汉易为最古,即作簪。故焦氏亦读为簪,与《子夏传》同。至东汉则多改字,其详皆在《焦氏易诂》中。(后之人于笄簪括发之形象茫昧失考,故于易象维妙维肖之朋盍簪三字,皆不知其故。而尤以谓汉以前无簪名者为失考。《仪礼》:簪衣于裳。《韩非子》:周主亡玉簪。李斯《谏逐客》:宛珠之簪。谓汉以前无者,非也。)

　　按:坎为"疑",艮为止,所以系辞为"勿疑"。

　　艮为"簪",群阴归顺九四爻,所以系辞为"朋盍簪"。

《象》曰:"由豫,大有得",志大行也。

　　来知德：刚应而无他爻以分其权,故曰"志大行"。

　　张惠言：由坎息震,坎为"志",震为"行",故"志大行"。

　　尚秉和：志谓坎。上下五阴皆孚于四,故曰志大行。

　　按:"志大行也"是对"由豫,大有得"的解释。

　　坎为"志",上卦震为"行",群阴归顺九四爻,所以系辞为"志大行也"。

六五：贞疾，恒不死。

虞翻：恒，常也。坎为疾，应在坤，坤为死，震为反生，位在震中，与坤体绝，故"贞疾，恒不死"也。

来知德：中爻为坎，坎为心病，疾之象也。曰贞疾者，言非假疾，疾之在外而可以药石者也。九四"由豫"，人心通归于四，危之极矣。下卦坤为腹，九四居卦之中为心，即咸卦"憧憧往来"之爻也。此正腹中心疾，故谓之"贞疾"。恒者，常也，言贞疾而常不死也。周室衰微，此爻近之。

六五当豫之时，柔不能立，而又乘九四之刚，权之所主，众之所归，皆在于四，衰弱极矣，故有贞疾之象。然以其得中，故又有恒不死之象。即象而占可知矣。

张惠言：在豫坎中，小畜上不变，五正在坎，故"贞疾"。六二也。五在豫不应二。小畜二不正无应，二五不取应，五之坤则为死。

尚秉和：坎为疾，震生，故曰不死。五以阴柔处尊位，乘刚势逆，故常疾。然久而不死，以处中位也，如齐田得民，姜亦不遽亡也。

按：六五爻与六三爻互卦为坎，坎为"疾"，六五爻居坎卦之位，所以系辞为"贞疾"。

上卦震为"生"，所以系辞为"恒不死"。

《象》曰："六五贞疾"，乘刚也。"恒不死"，中未亡也。

来知德：虽乘四，为刚所逼，然柔而得中，犹存虚位不死。

张惠言：五乘四，坎为"疾"。正，坎又为疾。"贞疾"，故"不死"，"生于忧患"。变得中，不应坤，故"未亡"。

尚秉和：中未亡之故，以得中故也。

按："乘刚也"是对"六五贞疾"的解释。

六五爻阴乘九四阳爻，所以系辞为"乘刚也"。

"中未亡也"是对"恒不死"的解释。

六五爻居中，与六二爻无应，所以系辞为"中未亡也"。

上六：冥豫成。有渝，无咎。

虞翻：应在三，坤为冥。渝，变也。三失位，无应多凶，变乃得正体艮成，故"成有渝，无咎"。

来知德：冥者，幽也，暗也。上六以阴柔居豫极，为昏冥于豫之象。成者，五阴同豫，至上六已成矣。然以动体变刚成离，则前之冥冥者今反昭昭矣，故又为其事虽成，然乐极哀生，不免有悔心之萌，而能改变之象。占者如是，则能补过矣，故无咎。

张惠言：艮为"成"。"成有渝"者，三也。由艮变也。上得位，三变则有应，故"无咎"。

尚秉和：冥昧不事事，功之成者必渐隳矣，故曰成有渝。然当位，目前虽无大咎，久则祸至，故《象》曰何可长。

按：上六为豫象已成之位，上六阴柔至极，所以系辞为"冥豫成"。

上六虽然正位，但豫乐之象已达极点，若穷极生变，则无咎,所以系辞为"有渝,无咎"。

《象》曰:冥豫在上,何可长也?

来知德:豫已极矣,宜当速改,何可长溺于豫而不返也?

张惠言:谓小畜成,上体巽为"长"。

尚秉和:何可长,言不足恃。

按:"何可长也"是对"冥豫在上"的解释。

坤卦上六《象传》言:"龙战于野,其道穷也。"上六为穷途末路之位,所以系辞为"何可长也"。

一七　随卦

兑上震下

随:

来知德:随者,从也。少女随长男,随之象也。随综蛊,以艮下而为震,以巽上而为兑,随之义也。此动彼悦,亦随之义也。《序卦》:"豫必有随,故受之以随。"所以次豫。

张惠言:消息卦,泰息至蛊当反否。随来通蛊,兑阴从震夫,明乾元复正也,故名曰"随"。自否来者,乾坤之合。候在二月。成既济。

尚秉和:《归藏》曰马徒。马徒,即《周礼》太仆职所谓前驱。《越语》:勾践亲为夫差前马。注:前马,前驱,在马前也。按震为马，互艮为徒隶。马徒皆随贵人马，前行以辟道；而兑为口，为传呼。于卦象颇合。兹《周易》名随，似取随时之义。

　　按："随"是卦名，卦象由上兑下震构成。《周易·序卦传》言："豫必有随，故受之以随。"随卦下卦震为春，春天万物萌动，上卦兑为悦，随时而动，故有喜悦，所以卦象被命名为"随"。

　　随卦与蛊卦旁通。

元亨，利贞，无咎。

　　虞翻：否上之初，刚来下柔，初上得正，故"元亨，利贞，无咎"。

　　来知德：随，元亨，然动而悦，易至于诡随，故必利于贞，方得无咎，若所随不贞，则虽大亨，亦有咎矣。不可依穆姜作四德。

　　张惠言：乾元复正，故"元亨"。初、上既正，天行消息终成既济，故"利贞"。阳降阴升，非益之道，嫌于有咎，故曰"无咎"。此与蛊旁通，不言者，蛊变泰入否，故通随为义。随通蛊入泰，不必取蛊也。

　　尚秉和：震春，故曰元亨；兑秋，故曰利贞。言春而夏可赅，言秋而冬可赅。元亨利贞，即春夏秋冬周而复始，循环不穷，故曰随。随时而动，不过不忒，故无咎。

　　按：下卦震为春，上卦兑为秋，由春到秋，四季随时往来，所以系辞为"元亨利贞"。随时往来，所以系辞为"无咎"。

《彖》曰：随，刚来而下，柔动而说，随。

虞翻：否乾上来之坤初，故"刚来而下柔"。动，震；说，兑也。

来知德：以卦综、卦德释卦名，又释卦辞而赞之。刚来而下柔者，随、蛊二卦同体，文王综为一卦，故《杂卦》曰"随无故也，蛊则饬也"，言蛊下卦原是柔，今艮刚来居于下而为震，是刚来而下于柔也。动而悦者，下动而上悦也。

张惠言：阴之随阳，由刚下之，夫妇之义。

按："刚来而下，柔动而说"是对卦名"随"字的解释。

初九爻居下位，所以系辞为"刚来而下"。

下卦震为春，春天万物萌动，上卦兑为悦，所以系辞为"柔动而说"。

大亨，贞，无咎，而天下随时。

虞翻：乾为天，坤为下，震春兑秋，三四之正，坎冬离夏，四时位正，时行则行，故"天下随时"矣。

来知德：时者，正而当其可也。言"大亨贞而无咎"者，以其时也。时者，随其理之所在，理在于上之随下，则随其下；理在于下之随上，则随其上。泰则随其时之泰，否则随其时之否，禹、稷、颜回是也。譬之夏可以衣葛则葛，冬可以衣裘则裘，随其时之寒暑而已。惟其时，则通变宜民，邦家无怨，近悦远来，故"天下随时"，故即赞之曰"随时之义大矣哉"。

按："大亨，贞，无咎，而天下随时"是对"元亨利贞，无咎"的解释。

　　"元亨利贞"就是"大亨"。所谓"大亨",是指春夏秋冬周而复始,往来不穷。所谓"贞",是指春夏秋冬四时位正,随时往来。所谓"无咎",是指随时往来,既不先时,也不后时,方得"无咎"。天地所生万物,无不随时而生,随时而死,随时而来,这就是"而天下随时"的大义所在。

随时之义大矣哉!

　　来知德:此与艮卦"时"字同,不可依王肃本"时"字作"之"字。观尾句不曰"随之时义"而曰"随时之义",文意自见。

　　张惠言:惠征士云:"阳倡而阴和,男行而女随,故义大。"

　　尚秉和:王肃本随时皆作随之,将卦义全失。朱子从之,过矣。故夫读《易》以明理为先也。

　　按:这句话是对卦辞大义的总结。强调"随时"的要义在于随天地而动,随时往来,所以"大矣哉"。

《象》曰:泽中有雷,随;

　　张惠言:"泽中有雷",阴随阳息。

　　按:"泽中有雷,随"是从天文学、地理学的角度解释卦象。

　　上卦兑为泽,下卦震为雷,雷声在湖泽之下,所以系辞为"泽中有雷,随"。

君子以向晦入宴息。

　　来知德:晦者,日没而昏也。宴息者,宴安休息,即日入而息也。雷二月出地,八月入地,造化之理,有昼必有夜,有明必有晦,故人生天地,有出必有入,有作必有息。其在人心,有感必有寂,有动必有静。此造化之自然,亦人事之当然也。故雷在地上,则作乐荐帝;雷在地中,则闭关不省方;雷在泽下,则向晦宴息,无非所以法天也。震,东方卦也,日出旸谷。兑,西方卦也,日入昧谷。八月正兑之时,雷藏于泽,此向晦之象也。泽亦是地,不可执泥"泽"字。中爻巽为入,艮为止,入而止息之象也。

张惠言:"君子"谓乾上也。坤为"晦",震为"向"。宴,安,坤德也。息,滋也。"向晦入安息",养夜气,震道也。

尚秉和:艮为君子,艮止,故宴息。兑为昧,为晦。震往,往而遇兑,故曰向晦。巽伏,故君子法此象,以向晦入宴息。

按:"君子以向晦入宴息"是从卦象引申出来的人文思想。

能够效法随卦的人被称为"君子"。上卦兑为太阳落山,六二爻与九四爻互卦为艮,艮为止,为"宴息"。看见太阳落山,就知道该吃晚饭休息了,所以系辞为"君子以向晦入宴息"。

初九:官有渝,贞吉。

来知德:随卦初随二,二随三,三随四,四随五,五随六,不论应与。官者,主也。震,长子主器,官之象也。渝者,变而随乎二也。初为震主,性变动,渝之象也。故讼卦四变,中爻为震,亦曰"渝"。

初九阳刚得正,当随之时,变而随乎其二,二居中得正,不失其所随矣,从正而吉者也,故占者贞吉。然其所以贞吉者何哉?盖方出门,随人之始,即交有功之人,何贞吉如之?故又言所以贞吉之故。

张惠言:官,主也。渝,变也。

尚秉和:官,蜀才作馆,见《释文》。惠栋云:官,古文馆。以《穆天子传》官人陈牲为证。按作馆是也。艮为馆,下卦艮覆,故曰馆有渝。渝,变也。初至四为正覆艮。象覆即于覆取义,《易》通例也。自覆象失传,渝之古旧解皆不能说其所以然。而用覆之辞,如蒙《象》,如中孚之二、三爻,诂皆误矣。渝而得位,故贞吉,与下贞凶为对文。

按:下卦震为"官"、为变动,所以系辞为"官有渝"。

初九爻阳居阳位为正,所以系辞为"贞吉"。

出门交,有功。

来知德:中爻艮,门之象也。二与四同功,二多誉,功之象也。故九四《小象》亦曰"功"。

张惠言:应四艮为"官"为"门",震为"出"。四失位,变而交初,三已正,则与五成离,五多功,四有离体,故"交有功"。四《象》曰"有孚在道,明功也",谓此。

尚秉和:艮为门,初临之,而震为出,故曰出门。出门则有交接,阳遇阴则通,故有功。凡阳临重阴者无不吉,此其一也。

按:震为"出",六二爻与九四爻互卦为艮,艮为"门"、为"成功","万物之所成终而成始也,故曰成言乎艮。"出门则遇成功,所以系辞为"出门交,有功"。

《象》曰:"官有渝",从正吉也。

来知德:二中正,所以从正吉。

张惠言:震为"从"。谓从初,初,正也。

按:"从正吉也"是对"官有渝"的解释。

初九爻阳居阳位为正,下卦震为动,随时而动,所以系辞为"从正吉也"。

"出门交,有功",不失也。

来知德:交有功,则不失其所随矣。旧注不知八卦正位震在初,乃极美之爻,所以通作戒辞看。

张惠言:四上随五,嫌初失四,故曰"不失"。

尚秉和:失与佚通用。佚,逸也。震动,故不佚,言不敢安逸也。此与比六二"不自失",小畜九二亦"不自失",皆读为佚。与吉韵。义详比九五失前禽注。

按:"不失也"是对"出门交,有功"的解释。

初九爻随时而动,所以系辞为"不失也"。

六二:系小子,失丈夫。

虞翻:应在巽,巽为绳,故称系。小子谓五,兑为少,故曰"小子"。丈夫谓四,体大过,老夫,故称"丈夫"。承四隔三,故"失丈夫"。三至上,有大过象,故与老妇、士夫同义。体咸象,夫死大过,故每有欲嫁之义也。

来知德：中爻巽为绳，系之象也。阴爻称小子，阳爻称丈夫，阳大阴小之意。小子者，三也。丈夫者，初也。

六二中正，当随之时，义当随乎其三，然三不正，初得正，故有系小子，失丈夫之象。不言凶咎者，二中正，所随之时，不能兼与也。

张惠言：大过九二"老夫得其女妻"，注云："二体乾老，故称'老夫'。"随四体大过九二为"老夫"。三体大过初六为"老妇"。五则大过之"士夫"，故为"小子"。二不体大过，故"失丈夫"也。咸"取女"，二三女也。大过，棺椁之象，故为"死"。老夫，故"夫死"也。

尚秉和：此爻旧解，淆乱至今者，一由卦象失传，二由同性相敌之理不明也。初震为小子，四艮为丈夫。二近初，故系小子。为六三所隔，不能承四，故失丈夫。《易林》家人之巽云：孩子贪饵。以伏震为孩子也。孩子即小子。是焦氏以震为小子，义即本此也。又复之剥云：夫亡从军。以剥上艮为夫。是艮为丈夫，焦氏仍本之《易》。盖以二人言，初生者长，后生者少，故《说卦》以震为长子，艮为少子。而以一人言，则初少、上老，故经以震为小子，艮为丈夫。先儒不知经取象往往与《说卦》不同，不敢直认，岂知《象传》所释至明也。

按：六三爻与九五爻互卦为巽，巽为绳，六二爻与九三爻互卦为艮，艮为"小子"，所以系辞为"系小子"。

下卦震为"丈夫"，所以系辞为"失丈夫"。

《象》曰："系小子"，弗兼与也。

虞翻：已系于五，不兼与四也。

来知德：既随乎三，不能兼乎其初。

尚秉和：二居初、四之间，近初远四，故曰弗兼与。虞翻谓二应五，以五为小子。五为少女，焉能为小子？失之远矣。

按："弗兼与也"是对"系小子"的解释。

六二爻既然"系小子"，顺承九四爻，就不可能再兼得初九爻，所以系辞为"弗兼与也"。

六三：系丈夫，失小子。

虞翻：随家阴随阳，三之上无应，上系于四，失初小子，故"系丈夫，失小子"。

来知德：丈夫者，九四也。小子者，六二也。六三当随之时，义当随乎其四，然四不中正，六二中正，故有系丈夫、失小子之象。

张惠言：与四为巽，故"系"。初亦为"小子"者，对四乾为"老夫"，震长男是"小子"也。

尚秉和：三近四承阳，故上系丈夫。为二所阻，故下失小子。《象》谓志舍下。是明以震为小子，艮为丈夫也。

按：六三爻与九五爻互卦为巽，巽为绳、为"系"，六三爻上承九四爻，所以系辞为"系丈夫"。

六三爻志在顺承九四爻，与初九爻不亲近，所以系辞为"失小子"。

随有求得,利居贞。

虞翻:艮为居、为求,谓求之正。得位远应,利上承四,故"利居贞"矣。

来知德:得者,四近君为大臣,求乎其贵,可以得其贵也。中爻巽,近市利三倍,求乎其富,可以得其富也。若有所求,必有所得,但利乎其正耳。三不中正,故又戒占者以此。

张惠言:承四然后能变正。

尚秉和:随有求句,与下随有获对文。艮为求,阴承阳,故有得。巽为利。咸六二云:居吉。兹云利居贞,似亦以动为戒。盖上无应,静而承阳则吉,动则不利。旧解谓之正应上,于居义相背,非也。

按:六三爻居艮卦中爻,艮为"居"、为"求",六三爻与九五爻互卦为巽,巽为"利",六三爻顺承九四爻,必有利可得,所以系辞为"随有求得,利居贞"。

《象》曰:"系丈夫",志舍下也。

来知德:时当从四,故心志舍乎下之二也。

张惠言:下谓初。

尚秉和:下谓初。经以艮为丈夫,以震为小子,可谓明白矣。

按:"志舍下也"是对"系丈夫"的解释。

巽为"志",六三爻与初九爻不相与,所以系辞为"志舍下也"。

九四：随有获，贞凶。

虞翻：谓获三也。失位相据，在大过，死象，故"贞凶"。《象》曰："其义凶矣。"

来知德：有获者，得天下之心随于己也。四近君为大臣，大臣之道当使恩威一出于上，众心皆随于君。若人心随己，危疑之道也，故凶。四当随之时，义当随乎其五，然四为大臣，虽随有获，而势陵于五，故有有获贞凶之象，所以占者凶。

张惠言：三"系丈夫"。

尚秉和：下乘重阴得民，故有获。不当位，前遇敌，故贞凶。

按：九四爻与六二爻互卦为艮，艮为"有获"，有六三爻顺承，得利，所以系辞为"随有获"。

上卦兑为毁折，九四爻阳居阴位不正，所以系辞为"贞凶"。

有孚在道，以明，何咎？

虞翻：孚谓五，初震为道。三已之正，四变应初得位，在离，故"有孚在道，以明何咎"。《象》曰："明功也。"

来知德：孚以心言，内有孚信之心也。道以事言，凡事合乎道理也。明者，诚保身之几也。"有"字、"在"字、"以"字，虽字义稍异，然皆有功夫。若以象论，变坎，有孚之象也；震为大涂，道之象也；变坎错离，明之象也；又中爻艮有光辉，亦明之象也。

　　然当居此地之时,何以处此哉? 惟诚以结之,而道以事之,明哲以保其身,则上安而下随,即无咎而不凶矣,故又教占者以此。

　　张惠言:阳在五为"孚"。

　　尚秉和:然下孚于众,光明正大,遵循正道,亦无咎也。艮为道、为光明。虞氏命三四全变成离,取明象,迂曲失经旨。(大畜《象传》曰:刚健笃实辉光。刚健谓乾,辉光谓艮。是艮为光明,《易》有明文。)

　　按:九四爻与六二爻互卦为艮,艮为"道"、为"明"、为"成"、为"止",九四爻明白功成身退的道理,所以系辞为"有孚在道,以明,何咎"。

《象》曰:"随有获",其义凶也。

　　虞翻:死在大过,故"凶也"。

　　来知德:义凶者,有凶之理也。

　　尚秉和:其义凶者,谓四本不凶,而凶者以不当位也。(大畜、颐上九皆下孚于阴而吉。)

　　按:"其义凶也"是对"随有获"的解释。

　　九四爻阳居阴位不正,上卦兑为秋、为毁折,所以系辞为"其义凶也"。

"有孚在道",明功也。

　　虞翻:功谓五也。三四之正,离为明,故"明功也"。

　　来知德:有孚在道明功者,言有孚在道,皆明哲之功也。盖明哲则知心不可欺而内竭其诚,知事不可苟而外合于道,所以无咎也。周公爻辞三者并言,孔子象辞推原而归功于明。何以验人臣明哲为先?昔汉之萧何、韩信,皆高帝功臣。信既求封齐,复求王楚,可谓有获矣,然无明哲,不知有获贞凶之义,卒及大祸。何则不然。帝在军中,遣使劳何,何悉遣子弟从军,帝大悦;及击陈豨,遣使拜何相国,封五千户,何让不受,悉以家财佐军用,帝又悦。卒为汉第一功臣。身荣名显若何者,可谓知明功臣者矣。孔子"明功"之言,不其验哉?

　　按:"明功也"是对"有孚在道"的解释。

　　艮为"明"、为"功",九四爻明白功成身退的道理,所以系辞为"明功也"。

九五:孚于嘉,吉。

　　虞翻:坎为孚,阳称嘉,位五正,故"吉"也。

　　来知德:八卦正位兑在六,乃爻之嘉美者。且上六归山乃嘉遁矣,故曰"孚于嘉"。

　　九五阳刚中正,当随之时,义当随乎其六,故有孚嘉之象,盖随之美者也。占者得此,吉可知矣。

　　张惠言:四已变为"坎"。

　　尚秉和:《易林》每以震为嘉,盖本此也。嘉指二。五孚于二,二震体,故曰孚于嘉。

　　按:九五爻与六二爻阴阳相应,上下相通,所以系辞为"孚于嘉"。

　　九五爻居中正之位,所以系辞为"吉"。

《象》曰:"孚于嘉,吉",位正中也。

虞翻:凡五言"中正",中正皆阳得其正,以此为例矣。

来知德:惟中正,故孚于嘉。

张惠言:为五例。

尚秉和:二五皆当位,故曰正中。

按:"位正中也"是对"孚于嘉,吉"的解释。

九五爻与六二爻皆居中正之位,上下相通,所以系辞为"位正中也"。

上六:拘系之,乃从维之。

虞翻:应在艮,艮手为拘,巽为绳,两系称维,故"拘系之,乃从维之"。在随之上而无所随,故"维之"。《象》曰"上穷",是其义也。

来知德:系即六二、六三之系,维亦系也。系之又维之,言系而又系也,《诗》"絷之维之,于焉嘉客"是也。言五孚于六,如此系维,其相随之心固结而不可解也。如七十子之随孔子,五百人之随田横,此爻足以当之。

张惠言:三未正,故"无所随"。与三共系于五,故"两系称维"也。《乾凿度》曰:"上六用待九五,拘系之,维持之,明被阳化而阴欲随之。"

尚秉和:三至上正反巽,巽为绳,故曰系,曰维。虞翻曰:两系称维。(正反两巽。)《诗》所谓絷之维之也。卦以随为义,六穷于上,五恐其去,拘系之,从维之,或即其隐居之处而宴享之。言六无所随,而五必随之也。

按:上卦兑反卦为巽,巽为绳,六三爻与九五爻互卦为巽,从头到脚都被绳子捆绑起来,所以系辞为"拘系之,乃从维之"。

王用亨于西山。

虞翻:否乾为王,谓五也;有观象,故"亨"。兑为西,艮为山,故"王用亨于西山"也。

来知德:变乾,王之象也,指五也。兑居西,西之象也。兑错艮,山之象也。六不能随于世人,见九五维系之极,则必归之山矣。随、蛊相综,故蛊卦上九"不事王侯",亦有归山之象。亨者,通也。王用亨于西山者,用通于西山以求之也。亨西山,与谦卦"用涉大川"同,皆因有此象,正所谓"无此事、此理而有此象"也。

上六居随之终,无所随从,见九五相随之极,则遁而归山矣,故有此象。盖随之至者也。占者得此,吉可知矣。

张惠言:亨,读如"飨"。观"盥而不荐",祭亨之象。用,用上也。上自坤升为"用"。艮兑之象,由上升而成,故曰"用亨于西山"。

尚秉和:伏艮为拘、为山。兑西,故曰西山。兑口,故曰亨。王谓五。(《西溪易说》云:先儒说《易》,遇西山、西邻,皆曰文王事也。可谓大谬。)

按:上卦兑为口、为悦、为"亨"、为"西",兑与艮旁通,艮为山,所以系辞为"王用亨于西山",意思是说九五爻将升至上六这个位置。

《象》曰:"拘系之",上穷也。

虞翻:乘刚无应,故"上穷也"。

来知德:上者,六也。穷者,居卦之终,无所随也,非凶也。

张惠言:惠征士云:"系于五则不穷。"

尚秉和:穷,尽也。

按:"上穷也"是对"拘系之"的解释。

坤卦上六爻《象传》言:"龙战于野,其道穷也。"上六居穷途末路之位,必将被九五所替代,所以系辞为"上穷也"。

一八　蛊卦

䷑艮上巽下

蛊:

来知德:蛊者,物久败坏而蛊生也。以卦德论,在上者止息而不动作,在下者巽顺而无违忤,彼此委靡因循,此其所以蛊也。《序卦》:"以喜随人者,必有事,故受之以蛊。"所以次随。

张惠言:消息卦。泰否之间,犹剥复也。泰之息卦,终于卦。刚上柔下,乾元失位,名曰"蛊"。蛊,事也,饬也。泰久则堕坏,当整饬而有事也。与随旁通。通变不倦,随则反泰,乾道也。候在三月。卦取通随,先变成渐,蛊坤道反否,不成既济,爻初正则成家人。

尚秉和:《左传》:皿虫为蛊。而《归藏》作蜀。《诗·

豳风》:绢绢者蠋。蠋,葵中蚕也。《诗诂》蜀已有虫,再加虫,俗字。然则蜀亦虫,与蛊义同也。蛊,败也,坏也。卦上山、震木,为材木之所出;乃下卦为巽,巽陨落,故败。又巽为虫,虫蛊物朽腐。大过曰:栋桡。《易林》旅之履云:木内生蠹。蠹即蛊。皆以巽也,故坏。《礼·王制》:执左道以乱政。疏云:蛊者,损坏之名。《周礼·秋官·庶氏》:掌除毒蛊。郑注:毒蛊,虫物而病害人者。又《翦氏》:掌除蛊物,凡庶蛊之事。注:蛊,蠹之类。又《史记》:秦德公二年,初伏,以狗御蛊。注:蛊,恶气。是蛊之为蠹、为腐坏甚明。又《左传》云:女惑男,风落山,谓之蛊。女惑男,男败;风落山,山败,亦以败坏说蛊。荀爽谓蛊为事。朱子盖以为不安,又曰坏极而有事。夫卦名皆由卦象而生,诂蛊为事、为惑,皆正训不误。而此则义为败坏,亦卦象所命也。《彖》曰巽而止蛊,亦以败坏为说。若必拘《序卦》而训为事,则此句义难通矣。

按:"蛊"是卦名,卦象由上艮下巽构成。《周易·序卦传》言:"以喜随人者,必有事,故受之以蛊。蛊者,事也。"蛊卦上卦艮为山,下卦巽为木,木陨落于山下,有败坏的意思,所以卦象被命名为"蛊"。

蛊卦与随卦旁通。

元亨,利涉大川。

虞翻:泰初之上,而与随旁通,刚上柔下,乾坤交,故"元亨"也。谓二失位,动而之坎也,故"利涉大川"也。

来知德：利涉大川者，中爻震木在兑泽之上也。

张惠言：二五失位，不言五者，二上易五，故爻云"干父用誉"。

尚秉和：阳得阴则通。坤为大川，为事，刚往坤上，下履重阴，容民得众，故曰利涉大川，曰往有事。

按：下卦巽为命运的开始，上卦艮为命运的终结，命运从开始到结束，所以系辞为"元亨"。

下卦巽为"利"，初六爻与六四爻互卦为坎，坎为"大川"，九三爻与六五爻互卦为震，震为木，所以系辞为"利涉大川"。

先甲三日，后甲三日。

虞翻：谓初变成乾，乾为甲；至二成离，离为日；谓乾三爻在前，故"先甲三日"。贲，时也。变三至四体离，至五成乾，乾三爻在后，故"后甲三日"。无妄时也。

来知德：先甲、后甲者，本卦艮上巽下，文王圆图艮巽夹震木于东之中，故曰先甲、后甲，言巽先于甲，艮后于甲也。巽卦言先庚、后庚者，伏羲圆图艮巽夹坎水于西之中，故曰先庚、后庚，言巽先于庚，艮后于庚也。分甲于蛊者，本卦未变，上体中爻震木，下体巽木也。分庚于巽者，本卦未变，上体错兑金，下体综兑金也。十干独言甲、庚者，乾坤乃六十四卦之祖，甲居于寅，坤在上、乾在下为泰；庚居于申，乾在上、坤在下为否。大往小来，小往大来，天地之道不过如此。物不可以终通，物不可以终否，《易》之为道亦不过如此，所以独言甲、庚也。曰先三、后三者，六爻也。

先三者,下三爻也,巽也;后三者,上三爻也,艮也。不曰爻而曰日者,本卦综随,日出震东,日没兑西,原有此象,故少不言一日、二日,多不言九日、十日,而独言先三、后三者,则知其为下三爻、上三爻也,明矣。以先甲用辛取自新,后甲用丁取丁宁,此说始于郑玄,不成其说矣。

当蛊之时,乱极必治,占者固元亨矣。然岂静以俟其治哉?必历涉艰难险阻,以拨乱反正,知其先之三爻乃巽之柔懦,所以成其蛊也,则因其柔懦而矫之以刚果;知其后之三爻乃艮之止息,所以成其蛊也,则因其止息而矫之以奋发,斯可以元亨而天下治矣。

张惠言:前后,自以乾之次对后乾为前。此所谓与随旁通也。饬事之道,尽饰而无亡,故因通随见义。

尚秉和:乾元为甲,蛊之先为泰,乾为日,三爻,故曰先甲三日。乃由泰反否而蛊为之始,初爻上为蛊,二三随上成否,甲之在下者反上,先甲变为后甲,故又曰后甲三日。蛊旁通随,随者由否反泰之始,上爻下成随,四五随下成泰,甲之在上者反下,后甲又变为先甲矣。否泰相循环相终始,来往诎信,天道故如是也。

按:根据纳甲说,乾纳甲,巽纳辛,艮纳丙,"先甲三日"指下卦巽,"后甲三日"指上卦艮。"先甲三日"意指天命之始,"后甲三日"意指天命之终。

《彖》曰:蛊,刚上而柔下,巽而止,蛊。

虞翻:泰初之上,故"刚上";坤上之初,故"柔下";上艮下巽,故"巽而止,蛊"也。

来知德:以卦综、卦德释卦名、卦辞。刚上而柔下者,蛊综随,随初震之刚上而为艮,上六兑之柔下而为巽也。刚上则太尊而情不下达,柔下则太卑而情难上通。巽则谄,止则惰,皆致蛊之由,所以名蛊。

张惠言:刚柔交通,巽顺而止其所,然后可以有事。

按:"蛊,刚上而柔下,巽而止,蛊"是对卦名"蛊"字的解释。

上卦艮男为"刚",下卦巽女为"柔",所以系辞为"蛊,刚上而柔下",意指上下不交而致蛊。

下卦巽,上卦艮为止,所以系辞为"巽而止,蛊",意指柔顺萎靡、无所作为而致蛊。

"蛊,元亨"而天下治也。

来知德:既蛊矣,而又元亨,何也? 盖造化之与人事,穷则变矣。治必因乱,乱则将治,故蛊而乱之终,乃治之始也,如五胡之后生唐太宗,五季之末生宋太祖是也。治蛊者当斯时,则天下治矣,故占者元亨。

张惠言:乾为"天",坤为"下",阳升阴降,以乾治坤,是"天下治"。

按:"而天下治也"是对"蛊,元亨"的解释。

下卦巽为谋事之始,上卦艮为成事之终,所以系辞为"而天下治也"。

"利涉大川",往有事也。

来知德:往有事,犹言往有为。方天下坏乱,当勇往以济难,若复巽懦止息,则终于蛊矣,岂能元亨?

张惠言:往,变之五也。坤为"事",二上有坤,故"往有事"。

按:"往有事也"是对"利涉大川"的解释。

九三爻与六五爻互卦为震,震为行,所以系辞为"往有事也"。

"先甲三日,后甲三日",终则有始,天行也。

虞翻:易出震,消息,历乾坤,象乾为始,坤为终,故"终则有始"。乾为天,震为行,故"天行"也。

来知德:终始即先后,成言乎艮者,终也;齐乎巽者,始也。终则有始者,如昼之终矣,而又有夜之始;夜之终矣,而又有昼之始。故乱不终乱,乱之终乃其治之始。治乱相仍,乃天运之自然也。故治蛊者必原其始,必推其终,知其蛊之为始为先者乃巽也,则矫之以刚果;知其蛊之为终为后者乃艮也,则矫之以奋发,则蛊治而元亨矣。恒卦上体震综艮,下体巽,故亦曰"终则有始"。

张惠言:出震为复,至泰为乾,则反否而终。退巽为姤,至否为坤,则反泰而始。否泰反类,象乾坤。明出震为饬蛊之道。

尚秉和:行,道也。泰者随之终,蛊者否之始,故曰终则有始。

按："终则有始，天行也"是对"先甲三日，后甲三日"的解释。

上卦艮为"终"，下卦巽为"始"，九三爻与六五爻互卦为震，震为"天行"，所以系辞为"终则有始，天行也"。

《象》曰：山下有风，蛊；

来知德：山下有风，则物坏而有事更新矣。

张惠言：《左传》云："风落山，谓之蛊。"风者，所以宣滞毓财。

尚秉和：风止山下，气郁不通，故蛊。

按："山下有风"是从天文学、地理学的角度解释卦象。

上卦艮为山，下卦巽为风，所以系辞为"山下有风，蛊"。

君子以振民育德。

虞翻：君子谓泰乾也。坤为民，初上抚坤，故"振民"。乾称德，体大畜，须养，故以"育德"也。

来知德：振民者，鼓舞作兴以振起之，使之日趋于善，非巽之柔弱也。此新民之事也。育德者，操存省察以涵育之，非艮之止息也。此明德之事也。当蛊之时，风俗颓败，由于民德之不新。民德不新，由于己德之不明。故救时之急，在于振民，振民又在于育德。盖相因之辞也。

张惠言：振者，举而有之。

尚秉和：蛊则不生育。振而作之，所以救蛊而育德也。象义有因卦象而取法者，有反省者。兹则反省者也。

按："君子以振民育德"是从卦象引申出来的人文

思想。

　　能够效法蛊卦的人被称为"君子"。九三爻与六五爻互卦为震，一阳在二阴之下，为"振民"、为"育德"，所以系辞为"君子以振民育德"。

初六：干父之蛊。

　　虞翻：干，正；蛊，事也；泰乾为父，坤为事，故"干父之蛊"。

　　来知德：艮止于上，犹父道之无为而尊于上也。巽顺于下，犹子道之服劳而顺于下也，故蛊多言干父之事。干者，木之茎干也。中爻震木，下体巽木，干之象也。木有干，方能附其繁茂之枝叶；人有才能，方能振作其既堕之家声，故曰"干蛊"。

　　张惠言：《文言》曰"贞固足以干事"，犹言立事非坏而正之。

　　尚秉和：初虽不当位，然上承重阳，与上合志，与升初六同，故吉。《易林》以震巽为父母，（详《焦氏易诂》。）朱《汉上》以复姤为小父母。复姤仍震巽。初伏震，故曰父，曰子。干，正也。

　　按：巽卦《象传》言："随风，巽；君子以申命行事。"下卦巽为乾父所生之子，继承父志，秉承父业，所以系辞为"干父之蛊"。

有子，考无咎。厉，终吉。

　　虞翻：初上易位，艮为子，父死大过称考，故"有子考"。

变而得正,故"无咎,厉,终吉"也。

来知德:有子者,即《礼记》之"幸哉有子"也。

初六当蛊之时,才柔志刚,故有能干父蛊之象。占者如是,则能克盖前愆,喜其今日之维新,忘其前日之废堕。因子而考亦可以无咎矣。但谓之蛊,未免危厉,知其危厉,不以易心处之,则终得吉矣。因六柔,故又戒之以此。

张惠言:父以有子而称"考",谓初伏阳也。"初上易位",谓泰初之上。初变体夬,故"厉"。大畜须养,故"终吉"。艮为"终"。

尚秉和:能正父蛊,故曰有子考。《逸周书·谥法》云:考,成也。《左氏》襄十三年祢庙疏:考,成也。言有成德也。有子考者,即谓有子能成就先业也,故无咎。风陨,故厉。承阳,故终吉。马融、王肃读考字绝句。王注作考无咎,非也。

按:父死称"考"。阳极阴生,乾变为巽,巽为乾子,所以系辞为"有子,考无咎"。

初六爻阴居阳位不正,所以为"厉"。下卦巽子能顺承乾父之业,励精图治,所以系辞为"终吉"。

《象》曰:"干父之蛊",意承考也。

来知德:意承考者,心之志意在于承当父事,克盖前愆,所以考无咎。

张惠言:复成乾。

尚秉和:意承考,谓初上承重阳,能承继先德也。承,顺也。巽象。

按:"意承考也"是对"干父之蛊"的解释。

下卦巽为"意",上卦艮为"考"。初六意在继承父志,所以系辞为"意承考也"。

九二:干母之蛊,不可贞。

虞翻:应在五。泰坤为母,故"干母之蛊"。失位,故"不可贞"。

来知德:艮性止,止而又柔,止则惰,柔则暗,又当家事败坏之时,子欲干其蛊。若以我阳刚中直之性直遂干之,则不惟不堪,亦且难入,即伤恩矣,其害不小。惟当屈己下意,巽顺将承,使之身正事治,则亦已矣,故曰"不可贞","事父母几谏"是也。若以君臣论,周公之事成王,成王有过则挞伯禽,皆此意也。《易》之时正在于此。

九二当蛊之时,上应六五,六五阴柔,故有干母蛊之象。然九二刚中,以刚承柔,恶其过于直遂也,故戒占者不可贞,委曲巽顺以干之可也。

张惠言:亦坤为事也。泰以乾为主,唯二承五,象母蛊,余皆父蛊也。注义凡言贞者,之正也。凡言不可贞者,正守也。此或失之。不可贞者,谓当与五易位,不可自正而已。旁通卦皆自正,三四不变,故五待二易位。此释《象传》。

尚秉和:巽为母。贞,定也。不可贞,言二宜升五也。

按:九二爻与六五爻阴阳相应,六五爻为"母",所以系辞为"干母之蛊"。

九二爻居位不正,宜升至六五爻,所以系辞为"不可贞"。

《象》曰:"干母之蛊",得中道也。

虞翻:变而得正,故贞而"得中道也"。

来知德:得中道而不太过,即不可贞也。

张惠言:五在震为"道"。

尚秉和:二五得中。

按:"得中道也"是对"干母之蛊"的解释。

九二爻居中位,与六五爻阴阳相应,所以系辞为"得中道也"。

九三:干父之蛊,小有悔,无大咎。

来知德:悔以心言。悔者,因九三过刚,则干蛊之事更张措置之间,未免先后缓急失其次序,所以悔也。咎以理言,然巽体得正,能制其刚,则其干蛊,必非私意妄行矣,所以无大咎。

九三以阳刚之才能干父之蛊者,故有干蛊之象。然过刚自用,其心不免小有悔,但为父干蛊,其咎亦不大矣,故其占如此。

张惠言:二变涉川,坎为"悔"。三不变陷坎中,故"小有悔"。正位,故"无大咎"。

尚秉和:三震体,故亦曰父。按九三上虽无应,然当位,前临重阴,与大畜九三象同,当吉。乃大畜九三利往,此云小悔无大咎者,以体下断也。凡巽体上爻多不吉,先儒不知其故在本弱,故多误解。

按:九三爻与六五爻互卦为震,震为乾子、为动,所以系辞为"干父之蛊"。

下卦巽为进退,所以系辞为"小有悔"。

九三爻居正位,震为通途,所以系辞为"无大咎"。

《象》曰:"干父之蛊",终无咎也。

来知德:有阳刚之才,方能干蛊,故周公仅许之,而孔子深许之也。

尚秉和:九三前临重阴,利往,故终无咎。

按:"终无咎也"是对"干父之蛊"的解释。

上卦艮为"终",九三爻震为生,所以系辞为"终无咎也"。

六四:裕父之蛊,往见吝。

虞翻:裕,不能争也。孔子曰:"父有争子,则身不陷于不义。"四阴体大过,本末弱,故"裕父之蛊"。兑为见,变而失正,故"往见吝"。《象》曰:"往未得",是其义也。

来知德:裕,宽裕也。强以立事为干,怠而委事为裕,正干之反也。往者,以此而往治其蛊也。见吝者,立见其羞吝也。治蛊如拯溺救焚,犹恐缓不及事,岂可裕?

六四以阴居阴,又当艮止,柔而且怠,不能有为,故有裕蛊之象。如是则蛊将日深,故往则见吝,戒占者不可如是也。

张惠言：裕亦宽意。震为"宽"。阴柔，故为裕也。往，变也。戒言不可变。

尚秉和：裕，宽也。虞云：不能净父过也。前遇敌，阴遇阴则窒，故往吝。

按：上卦艮为乾子，艮为居，震为乐，居处宴乐，所以系辞为"裕父之蛊"。

上卦艮为止、为"见"，六四爻与六五爻同性相斥，所以系辞为"往见吝"。

《象》曰："裕父之蛊"，往未得也。

虞翻：往，失位，"折鼎足"，故"未得"。

来知德：未得者，未得治其蛊也。九三之刚失之过，故悔。悔者渐趋于吉，故终无咎。六四之柔失之不及，故吝。吝者渐趋于凶，故往未得。宁为悔，不可为吝。

张惠言：四变则体鼎，九四折鼎足。

按："往未得也"是对"裕父之蛊"的解释。

震为"往"，阴遇阴为"未得"，所以系辞为"往未得也"。

六五：干父之蛊，用誉。

虞翻：誉谓二也。二五失位，变而得正，故"用誉"。

来知德：用者，用人也。用誉者，因用人而得誉也。二多誉，誉之象也。周公曰"用誉"、孔子"二多誉"之言，盖本于此。九二以五为母，六五又取子道，可见"《易》不可为典要"。宋仁宗仁柔之主，得韩、范、富、欧，卒为宋令主，此爻近之。

六五以柔居尊，下应九二，二以刚中之才而居巽体，则所以承顺乎五者，莫非刚健大中之德矣。以此治蛊可得闻誉，然非自能誉也，用人而得其誉也。故其象占如此。

张惠言：二多誉。

尚秉和：得中有应，上承阳，而艮为名，故可致闻誉。

按：上卦艮为乾子，所以系辞为"干父之蛊"。

六五爻与九二爻阴阳相应，向上顺承上九爻。艮为硕果，所以系辞为"用誉"。

《象》曰："干父用誉"，承以德也。

虞翻：变二使承五，故"承以德"。二乾爻，故称"德"矣。

来知德：承者，承顺也。因巽体又居下，故曰承。言九二承顺以刚中之德也。

尚秉和：德谓阳。承以德，言上承阳也。

按："承以德也"是对"干父用誉"的解释。

阳为"德"，六五爻顺承上九爻，所以系辞为"承以德也"。

上九：不事王侯，高尚其事。

虞翻：泰乾为王，坤为事，应在于三，震为侯，坤象不见，故"不事王侯"。谓五已变巽为高，艮阳升在坤上，故"高尚其事"。

来知德：上"事"字，事王侯以治蛊也。下"事"字，以高尚为事也，"耕于有莘之野，而乐尧舜之道"是也。上与五、二爻以家事言，则上为父，五为母，众爻为子。观诸爻以干父母言可知矣。以国事言，则五为君，下四爻为用事之臣，上一爻为不事之臣，观上一爻以王侯言可知矣，此《易》所以不可为典要也。盖当蛊之世，任其事而干蛊者，则操巽命之权而行其所当行；不任其事而高尚者，则体艮止之义而止其所当止。如邓禹诸臣，皆相光武以干汉室之蛊，独子陵钓于富春是也。艮止，不事之象。变坤错乾，王侯之象。巽为高，高尚之象。

初至五皆干蛊。上有用誉之君，下有刚中之臣，家国天下之事已毕矣。上九居蛊之终，无系应于下，在事之外，以刚明之才无应援，而处无事之地，盖贤人君子不偶于时，而高洁自守者也，故有此象。占者有是德，斯应是占矣。

张惠言："王侯"皆指三上，不变无应，故"不事王侯"。上艮爻卦本坤体，故曰"艮阳升坤上"。

尚秉和：三震为王，为诸侯，上不应之，故曰不事王侯，言不事王侯之事也。高居物表，逍遥事外，故曰高尚其事。

按：上九爻与九三爻不相应，上卦艮为止，九三爻为"王侯"，所以系辞为"不事王侯"。

艮为山，上九爻居高山之巅，所以系辞为"高尚其事"。

《象》曰："不事王侯"，志可则也。

来知德：高尚之志，足以起顽立懦，故可则。

张惠言："志""则"皆坎象。明上九之"高尚"，可与乾为既济。初云"意承考"亦谓二上五既济,坎为"意"。

尚秉和:则,法也。不事王侯,若共伯和、吴季札之流是也。作奉事者非。

按:"志可则也"是对"不事王侯"的解释。

上卦艮为止,效法天道,懂得进退,当止则止,所以系辞为"志可则也"。

一九　临卦

坤上泽下

临:

来知德:临者,进而临逼于阴也。二阳浸长,以逼于阴,故为临。十二月之卦也。天下之物密近相临者,莫如地与水,故地上有水则为比,泽上有地则为临。《序卦》:"有事而后可大。临者,大也。蛊者,事也。"韩康伯云:"可大之业,由事而生。"二阳方长而盛大,所以次蛊。

张惠言:息复,阳始大进,临于阴,故名曰"临"。临者,大也,与遁旁通。遁息于临,临消于遁也。临,十二月卦也。动成泰而后既济。

尚秉和:《释诂》:临,视也。《穀梁》哀七年:有临天下之言焉。注:临,抚有之也。卦以震君临四阴,正抚有也,故曰临。

按:"临"是卦名,卦象由上坤下泽构成。《周易·序卦传》言:"有事而后可大。临者,大也。"临卦时当十二月,阳气浮出地面,阴气渐退,所以卦象被命名为"临"。

临卦与遁卦旁通。十二消息卦为十二月。

元亨利贞。

虞翻:阳息至二,与遁旁通。"刚浸而长",乾来交坤,动则成乾,故"元亨利贞"。

来知德:临综观,二卦同体,文王综为一卦,故《杂卦》曰:"临观之义,或与或求。"

张惠言:遁消至二。谓三。

尚秉和:临辟丑,阳息卦,故曰元亨。《左传》云:不行之谓临。行而不已,则至八月而凶矣。故又曰利贞,言利于贞定也。

按:临卦时当十二月卦,阳气生长,浮出地面,春夏的到来成为必然趋势,所以系辞为"元亨利贞"。

至于八月,有凶。

虞翻:与遁旁通,临消于遁,六月卦也,于周为八月。遁弑君父,故"至于八月,有凶"。荀公以兑为八月,兑于周为十月,言八月,失之甚矣。

来知德:言至建酉,则二阳又在上,阴又逼迫阳矣。至于八月,非临数至观八个月也。言至建酉之月为观,见阴之消不久也,专以综卦言。

尚秉和:月卦始子复,至未遁正八月,故郑、陆、虞皆以八月为遁。而虞氏以弑君父说凶义则非。弑君父皆否、遁所同

有,胡独八月凶乎? 按《易林》恒之临云:神之在丑,破逆为
咎。不利西南,商人休止。临辟丑,震为神,故曰神之在丑。
乃行至未而破丑,故曰破逆为咎。又按《汉书·翼奉传》:平
昌侯三来见臣,皆以正日加邪时。孟康曰:谓乙丑之日。丑
为正,日加未而来,未破丑,故曰邪时。陆绩《易传》至于八
月凶,注曰:建丑至未也,入遁。亦以未破丑说凶义。徒以弑
君父为说,何以辞于其他消卦乎? 凡《易》言八月、七日,皆
言爻数。后儒往往以殷正周正为说,皆梦呓语也。

　　按:临卦与遁卦旁通。十二消息卦始于复卦,至遁为
八月,阴气弥漫,阳气消遁,所以系辞为"至于八月,有凶"。

《彖》曰:临,刚浸而长,说而顺;

　　虞翻:刚,谓二也。兑为水泽,自下浸上,故"浸而长"
也。说,兑;顺,坤也。

　　来知德:以卦体、卦德释卦名、卦辞。浸者,渐也,言自
复一阳生,至临则阳渐长矣。此释卦名。说而顺者,内说
而外顺也。说则阳之进也不逼,顺则阴之从也不逆。

　　张惠言:浸,渐也。

　　按:"刚浸而长,说而顺"是对卦名"临"字的解释。

　　九二爻为"刚",下卦兑为泽,九二爻与六四爻互卦为
震,震为"长",所以系辞为"刚浸而长"。

　　下卦兑为"说",上卦坤为"顺",所以系辞为"说而顺"。

刚中而应,大亨以正,天之道也。

　　虞翻:刚中,谓二也。四阴皆应之,故曰"而应,大亨以

正",谓三动成乾天,得正为泰,天地交通,故"亨以正,天之道也"。

来知德:刚中而应者,九二刚中,应乎六五之柔中也。言虽刚浸长,逼迫乎阴,然非倚刚之强暴而逼迫也,乃彼此和顺相应也。此言临有此善也。刚浸长而悦顺者,大亨也。刚中而应柔中者,以正也。天之道者,天道之自然也。言天道阳长阴消原是如此,大亨以正也。一诚通复,岂不大亨以正?故文王卦辞曰"元亨利贞"者此也。

张惠言:"天之道"谓成泰则二升五,定既济也。注不言者,因泰可知。

按:"刚中而应,大亨以正,天之道也"是对"元亨利贞"的解释。

九二爻与六五爻阴阳相应,阳气上升,阴气下降,所以系辞为"刚中而应,大亨以正,天之道也"。

"至于八月,有凶",消不久也。

来知德:然阴之消,岂长消哉?至酉曰观,阴复长而凶矣。

张惠言:天地盈虚,与时消息。

尚秉和:遁消卦,故曰不久。

按:"消不久也"是对"至于八月,有凶"的解释。

天道运行至八月,阴气复生,阳气退隐,所以系辞为"消不久也"。

《象》曰：泽上有地，临；

　　张惠言：临者，大也。泽，水之大也。地大容泽，泽大浸地，故曰"临"。

　　按："泽上有地，临"是从地理学的角度解释卦象。

　　下卦兑为泽，上卦坤为地，所以系辞为"泽上有地，临"。

君子以教思无穷，容保民无疆。

　　虞翻：君子谓二也。震为言，兑口讲习，"学以聚之，问以辩之"；坤为思，刚浸长，故"以教思无穷"。容，宽也。二"宽以居之，仁以行之"；坤为容、为民，故"保民无疆"矣。

　　来知德：教者，劳来匡直之谓也。思者，教之至诚恻怛，出于心思也。无穷者，教之心思不至厌斁而穷尽也。容者，民皆在统驭之中也。保者，民皆得其所也。无疆者，无疆域之限也。无穷与兑泽同其渊深，无疆与坤土同其博大，二者皆临民之事，故君子观临民之象以之。

　　张惠言：体乾九二。

　　尚秉和：震兑皆为言，故曰教思无穷。坤为民，震为仁，故曰容保民。坤广大，故曰无疆。

　　按："君子以教思无穷，容保民无疆"是从卦象引申出来的人文思想。

　　能够效法临卦的人被称为"君子"。下卦兑为言、为泽，九二爻与六五爻互卦为复，生命的生长就像湖泽一样无边无际，所以系辞为"君子以教思无穷"。

　　上卦坤为"民"、为"无疆"，九二爻与六四爻互卦为震，震为"君王"。君王开疆拓土,建国安民,所以系辞为"容保民无疆"。

初九：咸临,贞吉。

虞翻：咸,感也。得正应四,故"贞吉"也。

来知德：咸,皆也,同也。以大临小者,初九、九二临乎四阴也。以上临下者,上三爻临乎其下也。彼临乎此,此临乎彼,皆同乎临,故曰"咸临"。卦惟二阳,故此二爻皆称咸临。九刚而得正,故占者贞吉。

张惠言：以阳感阴,所以成大,故初二皆曰"咸临"。惠征士云："卦唯初与四,二与五,二气感应,故谓之咸。"

尚秉和：咸,感也,初二爻皆有应,故皆曰咸临。贞,卜问也。

按：初九爻与六四爻阴阳相应,阳气复苏,所以系辞为"咸临"。

初九爻居正位,所以系辞为"贞吉"。

《象》曰："咸临,贞吉",志行正也。

来知德：初正,应四亦正,故曰正。中爻震足,故初行,五亦行。

张惠言：震为"行"。初本复卦震爻,故曰"行正"。感四坎,故称"志"。

尚秉和：坤为志。应在坤,皆当位,故曰志行正。

按："志行正也"是对"咸临,贞吉"的解释。

初九居正位,阳气复苏,天道行正,所以系辞为"志行正也"。

九二:咸临,吉,无不利。

虞翻:得中多誉,兼有四阴,体复初"元吉",故"无不利"。

来知德:咸临与初同而占不同者,九二有刚中之德,而又有上进之势,所以吉,无不利。

尚秉和:承遇阴则通,故曰无不利。

按:九二爻与六五爻阴阳相应,所以系辞为"咸临"。

九二爻与六四爻互卦为震,震为春,春回大地,所以系辞为"吉,无不利"。

《象》曰:"咸临,吉,无不利",未顺命也。

来知德:未顺命者,未顺五之命也。五君位,故曰命。且兑综巽,亦有命字之象。本卦《彖辞》"悦而顺",孔子恐人疑此爻之"吉,无不利"者乃悦而顺五之命也,故于《小象》曰"二之吉利者,乃有刚中之德"。阳势上进,所以吉利也,未顺五之命也。

张惠言:坤为"顺"。遁巽为"命"。二浸长戒凶,故"未顺命"。

尚秉和:二必升五,得尚于中行。而卦以不利为义,故未顺命。

按:"未顺命也"是对"咸临,吉,无不利"的解释。

九二爻阳居阴位不正,九二爻不甘居下位,志在上升至六五之位,所以系辞为"未顺命也"。

六三：甘临，无攸利；

虞翻：兑为口，坤为土，"土爰稼穑作甘"，兑口衔坤，故曰"甘临"。失位乘阳，故"无攸利"。

来知德：甘临者，以甘悦人而无实德也。坤土其味甘，兑为口，甘之象也，故节卦九五变临亦曰"甘节"。无攸利者，不诚不能动物也。三居下之上，临人者也。阴柔悦体，又不中正，故有以甘悦临人之象。此占者所以无攸利也。

张惠言：当临之时，物无不大，故六爻皆临。三以阳体朋阴，故"甘临"。

尚秉和：《说文》：甘，美也。三独近二，阴顺阳，言甘于顺二也。然不当位，无应，故无所利。

按：下卦兑为悦，六三爻与九二爻比邻，所以系辞为"甘临"。

六三爻与六五爻互卦为坤，坤为虚空，所以系辞为"无攸利"。

既忧之，无咎。

虞翻：言三失位无应，故"忧之"。

来知德：变乾，乾三爻"惕若"，忧之象也。能忧而改之，斯无咎矣。

张惠言：六三坤爻"含章"，故能"忧之"。亦以三正后，二变体坎为"忧"也。"可"字衍。

尚秉和：坤为忧。知无所利而忧之，故无咎也。

按：六三爻阴居阳位不正，下卦兑为毁折，所以系辞为

"既忧之"。

六三爻与九二爻比邻,阳气升腾,所以系辞为"无咎"。

《象》曰:"甘临",位不当也;"既忧之",咎不长也。

虞翻:动而成泰,故咎不可长也。

来知德:位不当者,阴柔不中正也。咎不长者,改过也。

张惠言:谓忧则必正,故"咎不长"。

尚秉和:不长,谓不久。

按:"位不当也"是对"甘临"的解释。

六三爻阴居阳位不正,所以系辞为"位不当也"。

"咎不长也"是对"既忧之"的解释。

九二爻阳气必然升至六三爻的位置,所以系辞为"咎不长也"。

六四:至临,无咎。

虞翻:至,下也。谓下至初应,当位有实,故"无咎"。

来知德:六四当坤、兑之交,地泽相比,盖临亲切之至者,所以占者无咎。

张惠言:实,阳也。

尚秉和:虞翻曰:至,下也。谓下应初。当位有实,故无咎。

按:六四爻与初九爻阴阳相应,所以系辞为"至临"。

六四爻居正位,所以系辞为"无咎"。

《象》曰:"至临,无咎",位当也。

来知德:以阴居阴,故位当。

张惠言：《释文》云："一本作'当位实'，非。"今谓虞本或宜作"当位实"。

按："位当也"是对"至临，无咎"的解释。

六四爻居正位，所以系辞为"位当也"。

六五：知临，大君之宜，吉。

来知德：变坎，坎为通，智之象也。知临者，明四目，达四聪，不自用而任人也。应乾阳，故曰大君。知临之知，原生于九二，故即曰大君。知者，觉也，智即知也。六五非九二不能至此。宜者，得人君之统体也。

六五柔中居尊，下任九二刚中之贤，兼众智以临天下，盖得大君之宜者也，吉可知矣。占者有是德，亦如是占也。

张惠言：乾为"知"。"大君"，阳居五也。三已正成泰，坤虚无君，二五易位成既济，故"知临，大君之宜"。与泰六五同义也。

尚秉和：知音智，言宜知几也。震为大君。（象失传，详《焦氏易诂》。）九二震主交，应在五，二五相上下，皆当位，故曰大君之宜。言二宜升五也。

按：六五爻与九二爻阴阳相应，所以系辞为"知临"。

九二爻当升至六五爻的位置，六五爻当降至九二爻的位置，所以系辞为"大君之宜，吉"。

《象》曰："大君之宜"，行中之谓也。

来知德：与初行正同。六五中，九二亦中，故曰"行中"。行中即用中。中爻震足，行之象也。

张惠言："中"谓二。震为"行"。言二升五。

尚秉和：二五皆中位，故曰行中。知临者，言宜知几，与二相上下也。

按："行中之谓也"是对"大君之宜"的解释。

六五爻与九二爻皆居中位，上下易位，所以系辞为"行中之谓也"。

上六：敦临，吉，无咎。

来知德：敦，厚也。爻本坤土，又变艮土，敦厚之象。初与二虽非正应，然志在二阳，尊而应卑，高而从下，盖敦厚之至者。

上六居临之终，坤土敦厚，有敦临之象，吉而无咎之道也，故其象占如此。

张惠言：敦，厚也。坤为"厚"。上据坤终，故"敦临"。二已上五，既济定，故"吉，无咎"。

尚秉和：阳息即至三，上稍止即有应，故曰敦临。敦与屯、与顿皆通，有止意、待意。义详复卦。言稍待即有应，故曰志在内。内谓三也。故复六五亦曰敦复，言五少迟，阳即息至二有应，与此同也。旧解训敦为厚，非。

按："敦"是等待的意思，等待阳气升至六三爻的位置，所以系辞为"敦临"。

上六爻居正位，所以系辞为"吉，无咎"。

《象》曰：敦临之吉，志在内也。

来知德：志在内卦。二阳曰"志"者，非正应也。

张惠言："内"谓二。

尚秉和：言顿止之故，因阳息即至三，有应也。《易》之道贵将来，将来有应，故吉。不然，内无应，何吉之有？凡云志在内、志在外者，皆谓应爻。《九家》谓志在二升五，清儒皆宗之，由误解敦字故也。

按："志在内也"是对"敦临之吉"的解释。

上卦坤为"志"，上六爻志在与内卦相应，所以系辞为"志在内也"。

二〇　观卦

䷓巽上坤下

观：

虞翻：观，反临也。以五阳观示坤民，故称"观"。

来知德：观者，有象以示人，而为人所观仰也。风行地上，遍触万类，周观之象也。二阳尊上，为下四阴所观仰，观之义也。《序卦》："临者，大也。物大然后可观，故受之以观。"所以次临。

张惠言：消否，九五正观示坤阴，故名曰"观"。观与大壮旁通，观息于大壮，大壮消于观也。观，八月卦也。消卦不成既济，上三正为蹇，言难也。

尚秉和：五得尊位，下临万民；艮为庙堂，万民瞻仰，故曰观。《易林》以艮为观，为视，（象失传。详《焦氏易诂》。)盖即本此也。

按:"观"是卦名,卦象由上巽下坤构成。《周易·序卦传》言:"物大然后可观,故受之以观。"观卦下卦坤为"民",九五爻与六三爻互卦为艮,艮为"视"、为"庙堂",君王居庙堂之上,观视天下,所以卦象被命名为"观"。

观卦与大壮卦旁通。十二消息卦为八月。

盥而不荐,有孚颙若。

虞翻:盥,沃盥。荐,羞牲也。孚,信,谓五。颙颙,君德,有威容貌。若,顺也。坎为水,坤为器,艮手临坤,坎水沃之,盥之象也,故"观:盥而不荐"。

来知德:盥者,将祭而洁手也。荐者,奉酒食以荐也。有孚者,信也。颙者,大头也,仰也。《尔雅》颙颙,君之德也。大头在上之意,仰观君德之意。言祭祀者,方洁手而未荐,人皆信而仰之矣,观者必当如是也。自上示下曰观,去声。自下观上曰观,平声。

张惠言:观,消卦,不言消否者,正阳,故取反临。谓祭将灌时,先沃手。阳在五。观坤道五正位,则上之三,故有坎象。坤为牛。上之三,坤象不见,故"不荐"。马融云:"祭祀之盛,莫过于初盥降神。及荐简略,则不足观。"

尚秉和:国之大事,在祀与戎。礼之可观,莫盛乎宗庙。宗庙之可观,莫盛乎祭祀。初盥,降神也。马融云:进爵灌地以降神也。卦巽为白茅,茅在地上,坤水沃之,缩酒之象也。灌地降神,其诚敬之心,孚于神明。颙,敬也。及至荐牲，则礼简略。孔子曰：禘自既灌而往者，吾不欲观之矣。与此义同也。

按："盥"是祭祀前洗手的意思。"荐"是祭祀用的祭品。"颙若"是有威仪的样子。下卦坤为"盥"，九五爻与六三爻互卦为艮，艮为手，将手伸进盥器中，所以系辞为"盥而不荐"。

九五爻居庙堂之上，为万民仰视，所以系辞为"有孚颙若"。

《彖》曰：大观在上，顺而巽，中正以观天下。

虞翻：谓阳息临二，直方大。临者，大也。在观上，故称"大观"。顺，坤也。中正谓五。五以天神道观示天下，咸服其化，"宾于王庭"。

来知德：以卦体、卦德释卦名，又释卦辞而极言之。顺者，心于理无所乖。巽者，事于理无所拂。中正即九五。阳大阴小，故曰"大观在上"。中正，则所观之道也。言人君欲为观于天下者，必所居者九五大观之位，所具者顺巽之德，而后以我所居之中观天下之不中，所居之正观天下之不正，斯可以为观矣，所以名观。

张惠言：由临息泰，反否退观。观为消卦。圣人神道设教，特取临二反五为义，故异其文曰"大观"，四"用宾于王"是也。

按："大观在上，顺而巽，中正以观天下"是对卦名"观"字的解释。

九五爻与六三爻互卦为艮，艮为"视"，君王居庙堂之上，俯视天下，所以系辞为"大观在上"。

下卦坤为"顺"，上卦为巽，万民闻风而动，所以系辞为"顺而巽"。

九五爻居中正之位，所以系辞为"中正以观天下"。

观"盥而不荐，有孚颙若"，下观而化也。

虞翻：孔子曰："谛自既灌，吾不欲观之矣。"巽为进退，"容止可观，进退可度"，则下观其德而顺其化。上之三，五在坎中，故"有孚颙若，下观而化"。《诗》曰"颙颙卬卬，如珪如璋"，君德之义也

来知德：下观而化，故人信而仰之，所以有孚颙若者此也。

按："下观而化也"是对"盥而不荐，有孚颙若"的解释。

下卦坤为"民"、为"顺"，万民仰视君德威仪，闻风而动，四方咸服，所以系辞为"下观而化也"。

观天之神道而四时不忒；圣人以神道设教，而天下服矣。

虞翻：忒，差也。神道谓五。临震兑为春秋，三上易位，坎冬离夏，日月象正，故"四时不忒"。圣人谓乾，"退藏于密而齐于巽"，"以神明其德教"，故"圣人设教"，坤民顺从而天下服矣。

来知德：盥而不荐者，神感也。有孚颙若者，神应也。此观之所以神也，故以天道、圣人之神道极言而赞之。神

者,妙不可测,莫知其然之谓。天之神道非有声色,而四时代谢,无少差忒。圣人神道设教亦非有声色,而民自服。观之神,一而已矣。

张惠言:乾为"道"。乾阳之信者为"神"。二五之坤,成离日坎月是也。临体乾二上正坤五,成始乎艮,洁齐乎巽,故曰"神道"。乾道变化,自成坎离,故三上易位。春秋者阴阳之著,故临震兑先见。冬夏者阴阳之微,故五得位乃易三。四时由日月。兑为密。临"教思无穷",反观"神道",故"神明其德教"。

尚秉和:坤为天下。天下化则服矣,此圣人所以以神道设教也。观亦候卦,故曰四时。临曰元亨利贞,亦四时也。

按:"观天之神道而四时不忒;圣人以神道设教,而天下服矣"是对观卦的天文与人文意蕴的阐发。

艮为"道"、为"四时",所以系辞为"观天之神道而四时不忒",意思是说天道的神妙在于春夏秋冬四季的往来不穷。

圣人效法天道,依照天道运行的规律教化天下百姓,天下百姓自觉地敬天顺地,所以系辞为"圣人以神道设教,而天下服矣"。

《象》曰:风行地上,观;

张惠言:风者天之教,所以观示万物。临震行坤,故"行地上"。

　　按："风行地上,观"是从天文学、地理学的角度解释卦象。

　　上卦巽为风,下卦坤为地,所以系辞为"风行地上,观"。

先王以省方,观民设教。

　　来知德:省方者,巡狩省视四方也。观民者,观民俗也,即陈诗以观民风,纳价以观好恶也。设教者,因俗以设教也,如齐之末业,教以农桑;卫之淫风,教以有别是也。风行地上,周及庶物,有历览周遍之象,故以省方体之。坤为方,方之象。巽以申命,设教之象。

　　张惠言:观,消卦,临乾未成,故曰"先王"。坤为"方"、为"民"。三上易位,离见艮止,故"省方观民"。

　　尚秉和:坤为方、为民,艮为观,故曰省方,曰观民。巽为命,故曰教。先王巡狩四方,观风问俗,宣布教化,亦若风行地上也。

　　按:"先王以省方,观民设教"是从卦象引申出来的人文思想。

　　九五爻为"先王"。艮为"视",下卦坤为"方"、为"民",所以系辞为"先王以省方,观民设教",意思是说先王巡视四方,根据各地风土人情的不同,因时因地教化百姓。

初六:童观,小人无咎,君子吝。

　　虞翻:艮为童。阴,小人;阳,君子。初位贱,以小人承君子,故"无咎"。阳伏阴下,故"君子吝"矣。

　　来知德:童者,童稚也。观者,观乎五也。中爻艮为少男,童之象也。初居阳,亦童之象。故二居阴,取女之象。小人者,下民也。本卦阴取下民,阳取君子。无咎者,百姓日用而不知,所以无咎也。"君子吝"一句,乃足上句之意,故《小象》不言君子。

初六当大观在上之时,阴柔在下,去五最远,不能观五中正之德辉,犹童子之识见不能及远,故有童观之象。然其占在小人则无咎,若君子岂无咎哉? 亦可羞吝矣。见在小人,则当无咎也。

张惠言:自临反观,初先之上为艮上,来居艮处,故"童观"。艮指初,非初观上。阴,初六也。阳,临初伏位。

尚秉和:《释文》:马云童犹独也,郑云稚也。而虞翻以艮为童,诂与郑同。按马说是也。《太玄·玄冲》云:童寡有也。而《易林》每以坤为寡。初坤体,上无应,阴遇阴失类,孤寡极矣,故曰童观。其在小人,独行踽踽,尚可无咎。若君子,则狭隘为病矣,故吝。盖童之象不在艮,而在坤。初何以孤寡,则以上无应而行失类也。

按:初六爻与九五爻互卦为艮,艮为小子、为"视",所以系辞为"童观"。

初六爻顺承九五阳爻,所以系辞为"小人无咎"。

君子居初六在下位,眼界受限,所以系辞为"君子吝"。

《象》曰:"初六童观",小人道也。

来知德:不能观国之光,小人之道自是如此。

张惠言:临阳伏下,阴得从之,是为道也。阳为道。

尚秉和:道,行也。

按:"小人道也"是对"初六童观"的解释。

下卦坤为地道,初六爻为"小人",所以系辞为"小人道也"。

六二:窥观,利女贞。

虞翻:临兑为女。窃观称窥。兑女反成巽,巽四五得正,故"利女贞"。艮为宫室,坤为阖户,小人而应五,故"窥观,女贞"。利,不淫视也。

来知德:闚与窥同,门内窥视也。不出户庭,仅窥一隙之狭者也。曰利女贞,则丈夫非所利矣。中爻艮,门之象也。变坎为隐伏,坎错离为目,目在门内隐伏处,窥视之象也。二本与五相应,但二之前即门,所以窥观。

六二阴柔,当观之时,居内而观外,不出户庭,而欲观中正之道,不可得矣,故有窥观之象。惟女子则得其正也,故其占如此。

张惠言:临五来居兑巽女处,故"女贞",二得位不淫视。言"四五得正"者,五比四不应二也。初二临阳之位,又坤未成,无民象,故为"小人"。

尚秉和:《说文》:窥,闪也。倾头门中视也。二应五,坤为门。二在门中,上窥九五,而坤为闭为羞,故羞缩不敢正视而窥观也。圣人取象之精,非注视卦象,不知其微妙如此也。窥观乃妾妇之行,故利女占。若在丈夫,则可丑矣。

按：六二爻与九五爻互卦为艮，艮为"门"、为"观"，六二爻隔着门缝往里窥视，所以系辞为"窥观"。

六二爻与九五爻阴阳相应，居中正之位，所以系辞为"利女贞"。

《象》曰："窥观，女贞"，亦可丑也。

来知德：妇无公事，所知者蚕织；女无是非，所议者酒食。则窥观乃女子之正道也。丈夫志在四方，宇宙内事乃吾分内事，以丈夫而为女子之观，亦可丑矣。

尚秉和：丑谓不庄。

按："亦可丑也"是对"窥观，女贞"的解释。

隔着门缝偷偷窥视，所以系辞为"亦可丑也"。

六三：观我生，进退。

虞翻：坤为我，临震为生。生，谓坤生民也；巽为进退，故"观我生，进退"。

来知德：下爻皆观乎五，三隔四，四已观国之光，三惟观我生而已。我生者，我阴阳相生之正应也，即上九也。为进退，为不果者，巽也。巽有进退之象，故曰"观我生，进退"。

六三当观之时，隔四不能观国，故有观我生进退之人之象。不言占之凶咎者，阴阳正应，未为失道，所当观者也。

张惠言：三自我也。震为坤，故曰"生民"。与九五同义。五《象》注云"坤为民，谓三也"。谓五二观示坤民进退,三欲五二正上来易己。

尚秉和:凡我生皆谓应与。《诗·小雅》:虽有兄弟,不如友生。《易》以阴阳相遇为朋友,故谓应与为我生。三应在上,故曰观我生。进退,上巽为进退。进退者,上下也,三与上相上下。谓三宜进居上,上宜退居三,各当位也,故《象》曰不失道。

按:下卦坤为"我",六三爻与九五爻互卦为艮,艮为"生",所以系辞为"观我生"。

上卦巽为进退,所以系辞为"进退"。

《象》曰:"观我生,进退",未失道也。

虞翻:临震进之五,得正居中,故《象》曰"未失道"。

来知德:道者,阴阳相应之正道也。

张惠言:震为"道"。二进五退,故"未失道"。

尚秉和:道,行也。

按:"未失道也"是对"观我生,进退"的解释。

艮为"道",六三爻虽居不正之位,上顺天时,所以系辞为"未失道也"。

六四:观国之光,利用宾于王。

虞翻:坤为国,临阳至二,天下文明;反上成观,进显天位,故"观国之光"。王谓五阳,阳尊宾坤,坤为用、为臣,四在王庭,宾事于五,故"利用宾于王"矣。《诗》曰"莫敢不来宾,莫敢不来王",是其义也。

来知德:光者,九五阳明在上,被四表,光四方者也。

下坤土,国之象。中爻艮,辉光之象。四承五,宾主之象。九五,王之象。观国光者,亲炙其盛,快睹其休也。宾者,已仕者朝觐于君,君则宾礼之;未仕者仕进于君,君则宾兴之也。观卦利近不利远,六二中正,又乃正应,乃曰"阚观",则不利于远可知矣。

六四柔顺得正,最近于五,有观光之象,故占者利用宾于王。

张惠言:谓五也。艮为门庭,四诸侯位,故"在王庭"。

尚秉和:艮为国,为光。四独近五,故曰观国之光,曰宾于王。王谓五,巽为利。言利于朝觐天子,作宾王家也。巽为旅客,故曰宾。

按:下卦坤为"国",六四爻居艮卦中爻,在庙堂之上,所以系辞为"观国之光"。

六四爻顺承九五之君,上卦巽为"利",所以系辞为"利用宾于王"。

《象》曰:"观国之光",尚宾也。

来知德:尚谓心志之所尚。言其志意,愿宾于王朝。

张惠言:尚,上也,谓五。

尚秉和:尚宾者,言宾于上也。

按:"尚宾也"是对"观国之光"的解释。

六四爻居庙堂之上,顺承九五君王,所以系辞为"尚宾也"。

九五：观我生，君子无咎。

虞翻：我，身也，谓我生。生谓生民。震生象，反坤为死丧，嫌非生民，故明而不言民也。阳为君子，在临二，失位之五，得道处中，故"君子无咎"矣。

来知德：九五、上九"生"字亦如六三"生"字，皆我相生之阴阳也。"观我生"作句，上九相同，观孔子《小象》可见矣。观我生者，观示乎我所生之四阴也，即"中正以观天下"也。君子无咎，对初爻"小人无咎"言。下四阴爻皆小人，上二阳爻皆君子，小人当仰观乎上，故无咎；君子当观示乎下，故无咎。

九五为观之主，阳刚中正，以居尊位，下之四阴皆其所观示者也，故有观我生之象。大观在上，君子无咎之道也，故其象占如此。

张惠言：亦坤为"身"。"三"字疑衍。三，坤也。临二与三为震，故五亦我之。震为"反生"。言生则民见。

尚秉和：此我生谓二。五应在二，二坤为民，故《象》曰观民。九五为观之主，亦艮之主。艮为君子，下观万民，抚恤教养，故无咎也。

按：九五爻与六三爻互卦为艮，艮为"生"，所以系辞为"观我生"。

九五爻居中正之位，所以系辞为"君子无咎"。

《象》曰："观我生"，观民也。

虞翻：坤为民，谓三也。坤体成，故"观民"也。

来知德：民即下四阴，阴为民，民之象也。故姤九四曰"远民"，以初六阴爻也。内卦三阴远于五，草莽之民也。六四之阴近于五，仕进之民也。九五虽与六二正应，然初、三、四与九五皆阴阳相生，故曰"观我生，观民也"，即中正以观天下之民也。

张惠言：不兼初二者，初二有临伏阳，不得以坤言民。

尚秉和：观民即指二，二坤为民。

按："观民也"是对"观我生"的解释。

下卦坤为"民"，艮为"观"，所以系辞为"观民也"。

上九：观其生，君子无咎。

虞翻：应在三，三体临震，故"观其生"。君子谓三，之三得正，故"无咎"矣。

来知德：上九虽在观示之上，然本卦九五有天下国家之责，所以九五观示乎诸爻，诸爻仰观乎九五。曰我生者，即大有六五五阳皆其所有之意。言下四阴，惟我可以观示，他爻不可得而观示之也。若上九不在其位，不任其事，则无观示之责。止因在上位，阴阳相生，义当观其生，是空有观生之位而已，故不曰"观我生"而曰"观其生"者，避五也。是"我"字甚重，而"其"字甚轻也。君子无咎者，九五与上九皆阳刚在上，故并君子之无咎也。

上九以阳刚居观之极，故有观其生之象，亦君子之无咎者，故其象占如此。

张惠言：上当易之，故不云"我生"。

尚秉和：诸家或释生为出、为性、为道，一人前后，诂即不同，似非。按，其谓五，生指三。上应在三，三坤体，坤民下附，皆五之民也。上贵而无位，高而无民，宜高尚其事矣；乃犹不忘情，欲应三而观其生焉，故《象》曰志未平。

按：上九与六三阴阳相应，六三与九五互卦为艮，艮为"观"、为"生"，所以系辞为"观其生"。

上九爻虽然居阴位不正，但上卦巽为进退，君子懂得进退之道，所以系辞为"君子无咎"。

《象》曰："观其生"，志未平也。

虞翻：坎为志、为平，上来之三，故"志未平"矣。

来知德：志者，上九之心志也。平者，均平也，与九五平分，相同一般之意。言周公爻辞九五"观我生"，而上九则以"其"字易"我"字者，何哉？以上九之心志，不敢与九五同观其民也，故曰"志未平也"。盖观示乎民，乃人君之事，若上九亦观示乎民，则人臣之权，与人君之权，相为均平而无二矣，岂其理哉？故上九阳刚虽与五同，不过有观生之位而已，不敢以四阴为我之民，与九五平观示之也。

张惠言：成坎。上为五志也。

尚秉和：巽为志。

按："志未平也"是对"观其生"的解释。

上卦巽为"志"、为进退，上九爻当遁入山林，所以系辞为"志未平也"。

二一　噬嗑卦

䷔离上震下

噬嗑：

来知德：噬，啮也。嗑，合也。颐中有物间之，啮而后合也。上下两阳而中虚，颐之象也。四一阳间于其中，颐中有物之象也。颐中有物，必啮而后合，噬嗑之象也。《序卦》："嗑者，合也，可观而后有所合。"所以次观。

张惠言：阴消至否，弑父弑君，乾五通坤，流坎生震，上来复三，乃反泰象，故噬嗑之丰，为否反泰，中间消息在益恒之前。名噬嗑者，嗑，合也。乾坤当合于中孚，当否之时，未能即合，故象噬。之上来反，三、四、五乃正是也。候在十月。卦取之丰为消息，之丰则反泰，故四五取成既济，上九又别明之益消息。

尚秉和：噬，啮也；嗑，合也。

按："噬嗑"是卦名，卦象由上离下震构成。《周易·序卦传》言："可观而后有所合，嗑者，合也。"噬嗑卦有颐象，九四阳爻横于三阴之间，是颐中有物之象。颐中有物，咬啮之后即合，所以卦象被命名为"噬嗑"。

噬嗑卦与井卦旁通。

亨，利用狱。

虞翻：否五之坤初，坤初之五，刚柔交，故"亨"也。坎为狱,艮为手,离为明,四以不正而系于狱,上当之三,蔽四成丰,"折狱致刑",故"利用狱"。坤为用也。

来知德:噬嗑亨,卦自有亨义也。天下之事所以不得亨者,以其有间也。噬而嗑,则物不得而间之,自亨通矣。此概举天下之事而言也。利用狱者,噬嗑中之一事也。

张惠言:由四不正,故上当折之。兑为"折",为"刑人"。贲三坎正位,故"无敢折狱"。乾入通坤,故有用象。

尚秉和:亨,通也。夫上下之不能相合者,中必有物间之;嗑而去其间,则合而通矣。国家之有刑狱,亦复如是。民有梗化者,以刑克之,则顽梗去。而上下通矣,故曰利用狱。震为口,颐利求口实是也。为口,故曰噬。雷电合居于东,故曰合而章。震为口,初至四。正反震口合,上离正反兑口合,故曰噬嗑。自覆象失传,及震为口之象亡,噬嗑之义遂晦而不明。卦一阴一阳,刚柔交,故曰亨。坎为狱。折狱之道,不明则人不服,不威则众不从,今威明并济,故利。

按:噬嗑卦有颐象,所以系辞为"亨"。

之所以为"亨",是因为"利用狱"。九四爻为坎卦中爻,坎为"狱",九四爻与六二爻互卦为艮,艮为手,下卦震为动,执法正大光明,消除不公正之事,所以系辞为"利用狱"。

《彖》曰:颐中有物曰"噬嗑"。

虞翻:物谓四,则所噬,干脯也。颐中无物,则口不噬。故先举"颐中有物曰噬嗑"也。

来知德：以卦体、卦德、二象、卦综释卦名、卦辞。颐中有物，则其物作梗。以人事论，如寇盗奸宄，治化之梗；蛮夷猾夏，疆场之梗。以至君臣父子、亲戚朋友，离贰逸谤，间于其中者，皆颐中之梗也。《易》卦命名立象，各有所取。鼎也，井也，大过之栋也，小过之飞鸟也，远取诸物者也。艮之背也，颐之颐也，噬嗑颐中之物也，近取诸身者也。

张惠言：取九四爻辞。象辞未有以卦象者，故释其义。

尚秉和：有物谓四。四在颐中，故曰有物。颐上下阳，中四爻皆阴，阴顺阳，故求得口食。

按："颐中有物"是对卦名"噬嗑"的解释。

九四爻横亘于颐中，所以系辞为"颐中有物"。

噬嗑而亨，刚柔分，动而明，雷电合而章。

来知德：颐中有物，名噬嗑矣，而曰亨者，何也？盖凡噬物，噬则颐分，嗑则颐合，今未噬之先，内刚外柔，将噬之际，动而明，正噬之时，合而章，先分后合，又何物得以间之？此所以噬嗑而亨也。刚柔分者，震刚离柔，分居内外，内刚者齿也，外柔者辅也。动而明者，震动离明也。雷电合者，卦二象也。盖动不如雷则不能断，明不如电则不能察，惟雷电合，则雷震电耀，威明相济。所谓动而明者，愈昭彰矣。

张惠言：分乾降坤，分坤升乾，是以"亨"。"动""雷"谓震，"明""电"谓离。

尚秉和：今四阳横互（亘）于中，阳遇阳为仇为敌，不顺;啮去此物,则合而通,故曰噬嗑而亨。卦阳爻与阴爻相间,故曰刚柔分。雷电合居于东,故曰合而章。

按:"噬嗑而亨,刚柔分,动而明,雷电合而章"是对"亨"的解释。

颐中有物,咬啮之后就可以亨通,所以系辞为"噬嗑而亨"。

下卦震为"刚"、为"动",上卦离为"柔"、为"明",所以系辞为"刚柔分,动而明"。

下卦震为"雷",上卦离为"电",雷电交加,所以系辞为"雷电合而章"。

柔得中而上行,虽不当位,"利用狱"也。

来知德:此已前言"噬嗑,亨"。柔得中而上行者,本卦综贲,二卦同体,文王综为一卦,故《杂卦》曰"噬嗑,食也;贲,无色也",言以贲下卦离之柔得中上行,而居于噬嗑之上卦也。盖不柔则失之暴,柔不中则失之纵,柔得中则宽猛得宜,有哀矜之念而又不流于姑息,此其所以利用狱也。若依旧注,自益卦来,则非柔得中而上行,乃上行而柔得中矣。不当位者,以阴居阳也。

然以噬嗑之亨,何事不利,而独利用狱者,盖六五以柔在上,本不当位,不足以致诸事之利,独以柔得中,所以利用狱也。

张惠言:坤初升五,故"柔得中"。五升则四入狱,上乃之三折之,故云"上行"。震为"行"也。或以坤上为"上行”,则经当云“上行而得中”,违失甚矣。“不当位”谓五。

尚秉和:五不当位,然文明以中,断制枉直,不失情理,故利用狱也。

按:“柔得中而上行,虽不当位”是对“利用狱”的解释。

六五爻在上居中位,与六三爻互卦为坎,坎为“狱”,六五爻阴居阳位不正,需要执法公正,才能光照天下,所以系辞为“柔得中而上行,虽不当位,‘利用狱’也”。

《象》曰:雷电,噬嗑;

张惠言:《稽览图》曰:“雷有声名曰雷,有光名曰电。”则电亦雷也。雷之发,必先有光,而声随之,故言“雷电”。则雷动而上,电明而下,“噬嗑”象也。言皆至则雷后又电,乃为丰象。降阴下迎,阴起而阳气自上薄之,则为雷。乾通坤否,噬而后嗑之象也。

按:“雷电,噬嗑”是从天文学的角度解释卦象。

下卦震为“雷”,上卦离为“电”,雷电相遇,电闪雷鸣,所以系辞为“雷电,噬嗑”。

先王以明罚敕法。

来知德:罚者,一时所用之法。法者,平日所定之罚。明者,辨也,辨其轻重,效电之明。敕者,正也,正其国法,效电之威。明辨其墨、劓、剕、宫、大辟,以至流宥、鞭朴、金赎之数者,正所以振敕法度,使人知所畏避也。“敕”字本音赉,相承作“敕”字。

张惠言:否乾为“先王”,坎为“罚”,为“法”,离为

"明"。上之三正坎,故"明罚敕法"也。

尚秉和:罚、法皆坎象。敕,正也,威之用。明则离之用也。

按:"先王以明罚敕法"是从卦象引申出来的人文思想。

雷电相遇,电闪雷鸣,古代君王效法天道,制定法律,执法公正,所以系辞为"先王以明罚敕法"。离为"明",坎为"罚"、为"法"。

初九:屦校灭趾,无咎。

虞翻:屦,贯。趾,足也。震为足,坎为校,震没坎下,故"屦校灭趾"。初位得正,故"无咎"。

来知德:校,足械也。屦者,以械加于足,如纳屦于足也。中爻坎,坎为桎梏,校之象也。故上九亦言"校"。趾者,足趾也,震为足,趾之象也。灭者,没也,遮没其趾也。变坤不见其震之足,灭其趾之象也。无咎者,因其刑而惩创,以为善也。屦校不惩,必至荷校;灭趾不惩,必至灭耳。不因其刑而惩创,必至上九之恶积罪大矣,安得无咎?初九、上九,受刑之人;中四爻,则用刑者。

九居初无位,下民之象也。以阳刚而不柔顺,未有不犯刑者,故有屦校灭趾之象。趾乃人之所用以行者,惩之于初,使不得行其恶,小人之福也,故占者无咎。

张惠言:坎水曰"灭"。震体以初为主,故独象"屦校"。

尚秉和:震为趾,坎为校。初临重阴,利往;往而遇坎,坎在震上,故曰屦校。校,械也。屦,贯也。言以械贯于震足之上,足不见,故曰灭趾。初当位,故无咎。

按:下卦震为"足",六三爻与六五爻互卦为坎,坎为桎梏,脚上加了刑具,所以系辞为"屦校灭趾"。

初九居正位,所以系辞为"无咎"。

《象》曰:"屦校灭趾",不行也。

虞翻:否坤小人,以阴消阳,"其亡其亡",故五变灭初,否杀"不行"也。

来知德:震性动,灭其趾,则不得动而行,以为恶矣。

张惠言:"杀"读曰"弑",云"五变灭初",变初成趾,灭于坎下,非谓灭去初阴。

尚秉和:此言人初有过,其过尚微,故罚亦从轻,使有所惩,而不至积累其罪,以至于诛,所谓小惩大戒也。初本利行,行而遇险,故不行。

按:"不行也"是对"屦校灭趾"的解释。

下卦震为动,六二爻与九四爻互卦为艮,艮为止,所以系辞为"不行也"。

六二:噬肤灭鼻,无咎。

虞翻:噬,食也。艮为肤、为鼻,鼻没坎水中,隐藏不见,故"噬肤灭鼻"。乘刚,又得正多誉,故"无咎"。

来知德:肤者,肉外皮也。凡卦中次序相近者言肤,剥卦言肤者,艮七坤八也;睽卦言肤者,兑二离三也。此卦言肤者,离三震四也。六爻二言肤者,皮也;三言肉者,皮中之肉也;四言肺者,肉中连骨也,以阳刚也;五阴柔,又言肉矣。爻位以次渐深,噬肉以次渐难。祭有肤鼎,盖柔脆而无骨,噬而易嗑者也。中四爻有上下齿噬啮之象,故四爻皆言噬。此爻变兑,兑为口,噬之象也;二乃治狱之人,居其中,初在下,外为肤,噬其肤之象也,故《杂卦》曰"噬嗑,食也"。正言此四爻之噬也。中爻艮,艮为鼻,鼻之象也。二变,则中爻为离,不见其艮之鼻,灭其鼻之象也。"灭"字,与"灭趾""灭耳"同例,即《朱子语录》所谓"噬肤而没其鼻于器中"是也,言噬易嗑而深噬之也。

六二柔顺中正,听断以理,故其治狱有噬肤灭鼻之易之象,无咎之道也,故其占如此。

张惠言:坎为隐伏。中四爻在颐中,各有食象,所噬之物,还是当爻之象。荀氏以当爻噬取人非矣。"刚"谓初。初否五体震,二乘之为下仁,故噬之易。

尚秉和:震为噬。二艮体,故曰肤,曰鼻。言艮肤艮鼻,为震口所噬,隐伏于坎水之下,故曰灭。二乘刚,故有是象。按灭趾有类于刖刑,灭鼻有类于劓刑。皆初犯罪,刑之轻者,皆冀其有所惩于后也。二得中,故可免于咎。

按:六二爻与九四爻互卦为艮,艮为"肤"、为"鼻",艮陷坎中,所以系辞为"噬肤灭鼻"。

六二爻居中正之位,所以系辞为"无咎"。

《象》曰:"噬肤灭鼻",乘刚也。

来知德:刚者,初之刚也。人刚则性直。狱内委曲皆不隐藏,已易于听断矣;六二又以中正乘其刚以听断,必得其情,故有噬肤灭鼻之易。

张惠言:乘初。同体,亦"小惩大戒",故"无咎"。

尚秉和:乘刚不顺。

按:"乘刚也"是对"噬肤灭鼻"的解释。

六二爻居初九爻之上,所以系辞为"乘刚也"。

六三:噬腊肉,遇毒。

虞翻:三在肤里,故称肉;离日煗之为腊;坎为毒,故"噬腊肉,遇毒",毒谓矢毒也。

来知德:腊肉者,即六五之干肉也,今人以盐火干之肉也。离火在前,三变又成离,上火下火,干其肉之象也。九四、六五,离有乾象,故二爻皆言乾,而此言腊也。遇者,逢也。凡《易》中言遇者,皆雷与火也。睽九二变震,曰"遇主于巷""遇元夫"者,亦变震也。丰"遇配主""遇夷主",小过《大象》坎错离,"遇其妣""遇其臣",此雷火,故言"遇毒"。毒者,腊肉之陈久太肥者也。《说文》云:"毒者,厚也。"《五行志》云:"厚味实腊毒。"师古云:"腊,久也。味厚者为毒久。"《文选》张景阳《七命》云"甘腊毒之味"是也。噬腊遇毒者,言噬干肉而遇陈久太肥厚味之肉也。中爻坎,所以曰"毒",故师卦有此"毒"字。

张惠言:四阳为骨,二为"肤"。三在肤里称"肉"。四金矢。

尚秉和:《说文》:腊,干肉也。艮坚,故曰腊。坎为肉,故三爻四爻五爻皆言肉。坎为毒,遇毒者,坎在前也。(坎肉象,详《焦氏易诂》。)

按:六三爻与六五爻互卦为坎,坎为"肉",上卦离为火,火烤肉被称为"腊肉",所以系辞为"噬腊肉"。

坎为"毒",所以系辞为"遇毒"。

小吝,无咎。

虞翻:失位承四,故"小吝"。与上易位,"利用狱",成丰,故"无咎"也。

来知德:六三阴柔,不中不正,治狱而遇多年陈久烦琐之事,一时难于断理,故有噬腊遇毒之象,亦小有吝矣。然时当噬嗑,于义亦无咎,故其占又如此。

尚秉和:然有应,故小吝,无咎。王弼曰:噬以喻刑人,腊以喻不服,毒以喻怨生。按三不当位,以斯用刑,民必不服;岂惟不服,怨毒以生。言小民不知惩戒,仍积恶不悛也。

按:六三爻阴居阳位不正,所以系辞为"小吝"。

六三爻上承九四爻,所以系辞为"无咎"。

《象》曰:"遇毒",位不当也。

来知德:以阴居阳。

张惠言:明无咎由之正。

尚秉和:三阳位。

按:"位不当也"是对"遇毒"的解释。

六三爻阴居阳位,所以系辞为"位不正也"。

九四：噬干肺，得金矢。

来知德：肺，干肉之有骨者。离为乾，干之象也，六五亦同此象。三四居卦之中，乃狱情之难服者，故皆以坚物象之。金者，刚也。此爻正颐中之物，阳金居二阴之间，金之象也。变坤错乾，亦金之象也。矢者，直也，中爻坎，矢之象也。盖九四正居坎之中，坎得乾之中爻为中男，故此爻有金象，有矢象。若六五变为乾，止有金象，无矢象矣，故止曰"得黄金"。

张惠言：肉有骨谓之"肺"。阳为骨，离乾之。乾为"金"，离为"矢"。"金矢"，毒害之物。四体离焚弃恶人，故"得金矢"。

尚秉和：肺，《玉篇》：肉带骨也。离艮皆为火，坎肉居中，故曰干肺。艮为金，坎为矢。（详《焦氏易》。）四艮主爻，故曰金。亦坎主爻，故曰金矢。

按：九四爻为坎卦中爻，坎为"肉"，上卦离为火，火烤干肉，九四爻为肉骨头，所以系辞为"噬干肺"。

坎为"矢"，九四爻与六二爻互卦为艮，艮为"金"，所以系辞为"得金矢"。

利艰贞，吉。

来知德：且九四刚而不正，故戒之以刚直；六五柔中，故戒之以刚中。二爻皆曰"得"者，教人必如此也。艰者，凛凛然惟恐一毫之少忽，以心言也；贞者，兢兢然惟恐一毫之不正，以事言也。周公此象盖极精者，非《周礼》钩金束矢之说也。

四居卦中，狱情甚难，故有噬干胏坚物之象。四以刚明之才治之，宜即吉矣，但四弱于二阴之间，恐其徇于私而未甚光明，故必如金之刚、矢之直，而又艰难正固，则吉矣。因九四不中正，故教占者占中之象又如此。

张惠言：四五易位，体屯，故"利艰贞"。三、上已变既济，故"吉"也。

尚秉和：坎陷，故利艰贞。按《周礼·大司寇》：以两造两剂，禁民狱讼，人束矢钧金，然后听之。兹云得金矢，仍寓止讼之意。夫令民人金矢，原欲止其狱讼，兹曰得金矢，是讼者不止，而益深其罪也。

按：九四爻身陷坎中，当像山一样坚定不移，所以系辞为"利艰贞"。

上卦离为"明"，所以系辞为"无咎"。

《象》曰："利艰贞，吉"，未光也。

来知德：未光，即屯九五、夬九五之类。

张惠言：屯五"施未光"，谓阳陷阴中。

尚秉和：坎隐伏，故曰未光。升五则光矣。

按："未光也"是对"利艰贞，吉"的解释。

九四爻身陷坎中，所以系辞为"未光也"。

六五：噬干肉，得黄金。

虞翻：阴称肉，位当离日中烈，故"干肉"也。乾金黄，故"得黄金"。

来知德：噬干肉，难于肤而易于干胏者也，乃所治之狱匪难匪易之象。黄者，中也。金者，刚也。变乾，金之象也。乾错坤，黄之象也。离得坤之中爻为中女，则离之中乃坤土也，故曰黄金。

张惠言：乾阳亦谓四也。四失位毒害则为"金矢"，与五易位则为"黄金"。

尚秉和：离火，故仍曰干肉。离色黄，五履艮金上，故曰得黄金。

按：六五爻与六三爻互卦为坎，坎为"肉"，上卦离为火，火烤之肉为"干肉"，所以系辞为"噬干肉"。

六五爻居"黄裳元吉"之位，上卦离为"金"，所以系辞为"得黄金"。

贞厉，无咎。

虞翻：贞，正；厉，危也。变而得正，故"无咎"。

来知德：贞者，纯乎天理之公而无私也。厉者，存乎危惧之心而无忽也。无咎者，刑罚当而民不冤也。

六五居尊，用刑于人，人无不服，故有噬干肉易嗑之象。然恐其柔顺而不断也，故必如黄之中、金之刚，而又贞厉，乃得无咎。因六五柔中，故戒占者占中之象又如此。

张惠言：之正。体屯。

尚秉和：贞，卜问。失位，故贞厉。得中，故无咎。按五位虽尊，然不当位。以斯噬物，物亦不服。其坚有如噬干肉之难。夫据尊位，能行其戮者也。乃物仍不服，不知诚惧,则其怙恶不悛,顽坚难化也明矣,故曰得黄金,言其坚愈进也。得黄金非吉辞,如吉则下不曰贞厉矣。

按:六五爻阴居阳位不正,在坎卦之上,所以系辞为"贞厉"。

六五爻居中,执法正大光明,所以系辞为"无咎"。

《象》曰:"贞厉,无咎",得当也。

来知德:言必如此治狱,方得当也。

张惠言:之正,故当。

尚秉和:得当者,得中也。

按:"得当也"是对"贞厉,无咎"的解释。

六五爻居中位,顺承上天,光明正大,所以系辞为"得当也"。

上九:何校灭耳,凶。

来知德:何者,负也,谓在颈也。中爻坎为桎梏,初则曰屦,上则曰负,以人身分上下而言也。灭者,遮灭其耳也。坎为耳痛,灭耳之象也。又离为戈兵,中爻艮为手,手持戈兵,加于耳之上,亦灭耳之象也。

上九居卦之上,当狱之终,盖恶极罪大,怙终不悛者也,故有何校灭耳之象。占者如此,凶可知矣。

张惠言:何,负也。在坎校上,故"何校"。坎为"耳"。水自下没上,故"灭耳"。《系》曰:"恶积而不可掩,罪大而不可解。"注云:"谓阴息妬至遁,子弑其父,故'恶积而不可掩'。阴息遁成否,以臣弑君,故'罪大而不可解'也。"寻此卦,初爻义取"小惩大诫",上爻义取"恶积罪大"者,此本否上,否终则倾,宜下反于初成益,故"先否后喜"。今上不下反,坤弑遂行,五降于初以救之,故初"无咎"而上"凶"。

尚秉和:坎为校、为耳。上应在三,三坎体亦艮体,艮为背为何。坎校在艮背上,耳则遮矣,故曰灭耳。《易》爻在此,而象全在应者,此其一也。王弼曰:处罚之极,恶积不改者也。罪非所惩,故刑及其首。及首非诫,减耳非惩,凶莫甚焉。《正义》曰:罪未及首,犹可戒惧归善;罪已及首,性命将尽,非复可戒,故云及首非戒也。校既灭耳,将欲刑杀,非可惩改,故云灭耳非惩也。

按:上卦离为刀兵,加于坎耳之上,所以系辞为"何校灭耳"。

上九阳居阴位不正,"亢龙有悔",所以系辞为"凶"。

《象》曰:"何校灭耳",聪不明也。

来知德:聪者,闻也,听也。上九未变,离明在上,坎耳在下,故听之明。今上九既变,则不成离明矣,所以听之不明也。困卦坎"有言不信",夬四变坎"闻言不信",今既听之不明,则不信人言矣。坎既心险,又不信好言,所以犯大罪。

张惠言:坎正则"聪"。今不正,故"凶"。明之三折坎,则离"明"也。

尚秉和:灭耳则有害于聪,故曰不明。

按:"聪不明也"是对"何校灭耳"的解释。

坎耳为"聪",离火为"明","何校灭耳",所以系辞为"聪不明也"。

二二　贲卦

䷕艮上离下

贲：

来知德：贲，饰也。为卦山下有火。山者，百物草木之所聚，下有火，则照见其上，品汇皆被光彩，贲之象也。《序卦》："嗑者，合也。物不可以苟合也，故受之以贲。"所以次噬嗑。

张惠言：阳息至泰，已成既济。坤来人乾成贲，贲初之四为旅，否象见矣，为泰反否，中间消息在蛊随之前，犹息卦噬嗑丰也。名曰贲者，贲，饰也。太平之功立，文盛当反质，故曰"贲，无色也"。饰而不亲，则否道。候在八月。五利往则永贞成既济，化成天下。江承之云"卦成家人，明权也"，亦通。

尚秉和：《归藏》作荧惑。荧惑，火星。《史记》：察刚气以处荧惑，曰南方火，主夏日，丙丁是也。卦上艮为星，离亦为星；下离为火，艮亦为火。离主夏位南，艮纳丙亦南，故曰荧惑，于象恰合。至《周易》作贲。贲，《释文》云：傅氏作斑，文章貌；郑云，文饰貌。《太玄》拟作饰。按卦一阴一阳相杂，相杂则有文，故曰斑，曰文饰。又按《尔雅》：龟三足曰贲。卦离、艮皆为龟，而震为足，数三，正龟三足也。初、二曰其趾、其须，九三云濡如，六四云皤如，言其形也。上九云白贲，言其色也。《杂卦》云：贲，无色也。艮为黔，坎为隐伏、为黑，亦无色，无色即不明。不明，故《象》言无敢折狱。盖山下有火，与地下有火略同。地下有火，明夷，山下有火等耳。故孔子筮得贲不乐，以与明夷同也。后人谓山下有火，明不及远，皆读下为旁，故其义永不能通。前一义旧解皆从之，后一义鲜有述之者，故引信其义，以俟深于易理者定夺焉。

按："贲"是卦名，卦象由上艮下离构成。《周易·序卦传》言："物不可以苟合而已，故受之以贲。贲者，饰也。"贲卦上卦艮为山，下卦离为火，火映山间，灿然有文，所以卦象被命名为"贲"。

贲卦与困卦旁通。

亨。小利有攸往。

虞翻：泰上之乾二，乾二之坤上，柔来文刚，阴阳交，故"亨"也。小谓五，五失正，动得位，体离，以刚文柔，故"小利，有攸往"。

来知德：小利攸往，亦为亨，但亨之不大耳。

张惠言：离为"文"。自外曰"来"，谓二。往者之正，卦唯五、上失位，故"小谓五"。"刚"谓三，"柔"谓四。五变分三成离为"文"。

尚秉和：亨谓二。离夏故亨，《传》所谓柔来文刚也。

小谓五。分泰二居上，五得中承阳，故曰小利有攸往。言利往五也。唐郭京《举正》谓小为不，非。

按：下卦离为日，上卦艮为四时。太阳周而复始，所以有春夏秋冬四时的运行，所以系辞为"亨"。

"小"指六二爻，六二爻顺承九三爻，九三爻与六五爻互卦为震，震为行，所以系辞为"小利有攸往"。

《彖》曰：贲亨，柔来而文刚，故"亨"。

来知德：以卦综、卦德释卦辞而极言之。本卦综噬嗑，柔来文刚者，噬嗑上卦之柔来文贲之刚也。柔指离之阴卦，刚则艮之阳卦也。柔来文刚，以成离明，内而离明，则足以照物，动罔不臧，所以亨。

张惠言："柔"谓二，"刚"谓三。

按："贲亨，柔来而文刚，故'亨'"是对卦名"贲"字的解释。

贲的意思是"亨"，之所以为"亨"，是因为"柔来而文刚"。下卦离为"柔"、为"文"，上卦艮为"刚"、为"质"，刚柔相济，文质彬彬，所以系辞为"柔来文刚"。

分刚上而文柔，故"小利有攸往"。

来知德：分者，又分下卦也。分刚上而文柔者，分噬嗑下卦之刚上而为艮以文柔也，刚指震之阳卦，柔则离之阴卦也。刚上而文柔，以成艮止，外而艮止，则内而能知之，外而不能行之，仅可小利有攸往而已，不能建大功业也。

张惠言："柔"谓四。五变分三，上属成离。"刚"亦谓三也。下注云"二五分"是也。

按:"分刚上而文柔"是对"小利有攸往"的解释。

上卦艮为"刚上",下卦离为"文柔",上下有别,尊卑有序,所以系辞为"分刚上而文柔"。

天文也。

虞翻:谓五,利变之正,成巽体离,艮为星,离日坎月,巽为高,五天位,离为"文明",日月星辰高丽于上,故称天之文也。

来知德:故以其卦综观之,柔来文刚,刚上文柔,是即天之文也。何也? 盖在天成象,日月五星之运行不过此一刚一柔、一往一来而已。今本卦刚柔交错,是贲之文即天之文也。

尚秉和:卦刚柔相杂,故曰文。离日坎月,艮星震辰,天文。朱子云:先儒说天文上,当有刚柔交错四字。

按:下卦离为日、为夏,六二爻与六四爻互卦为坎,坎为冬,上卦艮为四时,太阳的运行产生了春夏秋冬,所以系辞为"天文也"。

文明以止,人文也。

虞翻:人谓三,乾为人。文明,离;止,艮也。震动离明,五变据四,二五分,则止文三,故以三为人文也。

来知德:以其卦德观之,是即人之文也。何也? 盖人之所谓文者,不过文之明也,而灿然有礼以相接;文之止也,而截然有分以相守。今本卦内而离明,外而艮止,是贲之文即人之文也。

张惠言：上下两离交集于三，二五分三之文，则皆止于三。

尚秉和：离礼震乐，人文。

按："文明以止"是对"人文"的解释。

下卦离为"文明"，上卦艮为"止"，所以系辞为"文明以止"。能够效法天道的运行规律，日出而作，日落而息，这就是"文明以止"的意思。所谓"人文"，就是止于文明。

观乎天文，以察时变；观乎人文，以化成天下。

虞翻：日月星辰为天文也。泰震春兑秋，贲坎冬离夏，巽为进退。日月星辰进退盈缩，谓朓侧朒也。历象在天成变，故"以察时变"矣。泰乾为人。五上动，体既济，贲离象，"重明丽正"，故"以化成天下"也。

来知德：观天文以察时变，观人文以化成天下，贲之文不其大哉？变者，四时寒暑代谢之变也。化者，变而为新。成者，久而成俗。

张惠言：《说文》云："晦而月见西方，谓之'朓'。朔而月见东方，谓之'缩朒'。'侧'即朒也。'朒'，月始生也。"此由泰来，泰成既济。五既变则还体泰，道长，故上终变成既济。九三爻曰"永贞"是也。三体重离。

尚秉和：离夏震春坎冬，故曰以察时变。震为生，艮为成、为天，故曰化成天下。朱子云：先儒说天文上，当有刚柔交错四字。

按:贲卦下卦离为日,上卦艮为"观"、为四时,太阳的运行产生了寒暑昼夜、春夏秋冬四季的变化,所以系辞为"观乎天文,以察时变"。

人们遵循天道运行的基本规律,春生夏长秋收冬藏,所以系辞为"观乎人文,以化成天下"。

《象》曰:山下有火,贲;

张惠言:"山下有火",文在其中而见乎外。

尚秉和:山下非山旁。火在山下,与地下同,直明夷耳。后儒谓明不及远者,误也。

按:"山下有火,贲"是从天文学、地理学的角度解释卦象。

上卦艮为山,下卦离为火,火光映照山间,所以系辞为"山下有火,贲"。

君子以明庶政,无敢折狱。

虞翻:君子谓乾,离为明,坤为庶政,故"明庶政"。坎为狱,三在狱得正,故"无敢折狱"。噬嗑四不正,故"利用狱"也。

来知德:明,离象。无敢,艮象。庶者,众也。繁庶小事,如钱谷出纳之类。折狱,则一轻重出入之间,民命之死生所系,乃大事也,曰无敢者,非不折狱也,不敢轻折狱也,再三详审而后发之意。此即小利有攸往之理。因内明外止,其取象如此。贲与噬嗑相综,噬嗑"利用狱"者,明因雷而动也;贲不敢折狱者,明因艮而止也。

张惠言:泰乾。五变明坤也。

尚秉和：艮为君子。明庶政，象每以相反见义，如同人曰类族辨物，无妄曰时育万物，蛊曰振民育德皆是。兹因贲不明，君子反以明庶政。坎为狱。折狱须明，离在下不明，故无敢折狱。而"无敢折狱"，尤贲为无色无明之确征。

按："君子以明庶政，无敢折狱"是从卦象引申出来的人文思想。

能够效法贲卦的人被称为"君子"。君子效法天道，依照春夏秋冬四季运行的法则治理人间事务，所以系辞为"君子以明庶政"。

上卦艮为山，下卦离为日，太阳落山，情况不明，所以系辞为"无敢折狱"。

初九：贲其趾，舍车而徒。

虞翻：应在震，震为足，故"贲其趾"也。应在艮，艮为舍，坎为车。徒，步行也。位在下，故"舍车而徒"。

来知德：贲其趾者，道义以文饰其足趾也。舍者，弃也。徒者，徒行也。舍车而徒，即贲其趾也。言舍车之荣而徒行，是不以徒行为辱，而自以道义为荣也。中爻震与坎，震，趾之象也；坎，车之象也；变艮，止而又止，舍之象也。初比二而应四，比二则从乎坎车矣，应四则从乎震趾矣。然升乎车者必在上方可乘。《易》中言乘者皆在上也，言承者皆在下也。初在下，无乘之理，故有舍坎车而从震趾之象，观《小象》"乘"字可见。

初九刚德明体，盖内重外轻，自贲于下而隐者也，故有舍非义之车而安于徒步之象。占者得此,当以此自处也。

张惠言:阳为质,阴为文。贲之义,以柔饰刚。贲初者四,四体震,故"贲其趾"。四在止体,下属于坎,不坚应初,故初舍之。位在下者,惠征士云:"古者大夫乘车,初为士也。"

尚秉和:初应在四,四震,故曰趾。坎为车,初在车下,当然不乘而徒也。盖初九正当勿用之时,安于徒步,以遂其志者也。

按:初九爻居震位为"趾",下卦离为"文明",所以系辞为"贲其趾"。

六二爻与六四爻互卦为坎,坎水流动为"车",初九爻在车下,有不乘车的意思,所以系辞为"舍车而徒"。

《象》曰:"舍车而徒",义弗乘也。

来知德:初在下,无可乘之理。

张惠言:惠征士云:"初为士,故义弗乘。"

尚秉和:徒谓徒步。义弗乘者,言志行高洁,不肯苟乘也。

按:"义弗乘也"是对"舍车而徒"的解释。

初九爻恪守"潜龙勿用"的训诫,甘居下位,所以系辞为"义弗乘也"。

六二:贲其须。

来知德:在颐曰须,在口曰髭,在颊曰髯。须不能以自动,随颐而动,则须虽美,乃附于颐以为文者也。本卦综噬嗑,原有颐象,今变阳,则中爻为兑口矣,口旁之文莫如须,故以须象之。

六二以阴柔居中正,三以阳刚得正,皆无应与,故二附三而动,犹须附颐而动也,故有贲其须之象。占者附其君子,斯无愧于贲矣。

张惠言:须,待也。二无应,待五之正,二则贲之。归妹六三"归妹以须",注云:"须,需也。"彼待四正,与此同也。

尚秉和:艮为须。(象失传,详《焦氏易诂》。)艮须在上,下离文之,故曰贲其须。其,指上卦。言六二之须,谓上艮也。泰二往上成艮,故曰兴。二因得当位居中,故曰与上兴。侯果谓三至上有颐象,二在颐下,故有须象。虽巧切,不知艮即为须也。

按:下卦离为"文明",六二爻上承九三爻,九三爻与上九爻互卦为颐,比邻九三爻为"须",所以系辞为"贲其须"。

《象》曰:"贲其须",与上兴也。

来知德:与者,相从也。兴者,兴起也。二阴柔,从三阳兴起者也。

张惠言:"上"谓五,震为"兴"。

尚秉和:兴,起也。与上兴,即喜上兴也。

按:"与上兴也"是对"贲其须"的解释。

"上"指九三爻,九三爻与六五爻互卦为震,震为"兴",所以系辞为"与上兴也"。

九三:贲如濡如,永贞吉。

虞翻:有离之文以自饰,故曰"贲如"也。有坎之水以自润,故曰"濡如"也。体刚履正,故"永贞吉"。

来知德:如,助语辞。濡,沾濡也。离文自饰,贲如之象也。中爻坎水自润,濡水之象也。永贞者,长永其贞也。九三本贞,教之以永其贞也。吉者,阴终不能陵也。

九三以一阳居二阴之间,当贲之时,阴本比己,为之左右先后,盖得其贲而润泽者也,故有贲如濡如之象,然不可溺于所安也。占者能守永贞之戒,斯吉矣。

张惠言:上下文之,故"贲如"。体坎水,故"濡如"。"永贞"谓五正则六爻皆正。五分三刚以文柔,三守正以待五,上变则吉,与"元永贞"义近也。

尚秉和:坎水,故曰濡如。阳贞于三当位,前临重阴,故曰永贞吉。

按:下卦离为"文明",九三爻具备文明之貌,所以系辞为"贲如"。

九三爻为坎卦中爻,坎为水,像水一样润泽,所以系辞为"濡如"。

九三爻居正位,所以系辞为"永贞吉"。

《象》曰:永贞之吉,终莫之陵也。

虞翻:与二同德,故"终莫之陵"也。

来知德:陵者,侮也。能永其贞,则不陷溺于阴柔之中,有所严惮,终莫之陵侮矣。

张惠言：艮为"陵"。

尚秉和：之，往也。三应在上，上艮为陵，乃上不应，故终莫之陵。永贞于三吉也。又前临重阴，皆顺三，无有陵越之患也。

按："终莫之陵也"是对"永贞之吉"的解释。

上卦艮为"终"、为"陵"，九三爻居正位，不能凌驾于上九爻的位置，所以系辞为"终莫之陵也"。

六四：贲如皤如，白马翰如，

来知德：皤，白也。四变中爻为巽，白之象也。贲如皤如者，言未成其贲而成其皤也，非贲如而又皤如也。中爻震为馵足、为的颡，馵白足，颡白颠，白马之象也。旧注不知象，故言人白则马亦白，无是理矣。翰如者，马如翰之飞也。中爻坎，坎为亟心之马，翰如之象也。

张惠言：五变文四，故"贲如"。在巽为白，故"皤如"。皤，白貌。坎为马，白马为"翰"。

尚秉和：《左传》宣二年：皤其腹。疏：皤，腹貌。卦三至上互大离，离为大腹，故曰皤如。《释文》：皤，荀作波；郑、陆作蟠，音烦。按皤通番，番音烦，郑、陆读烦声是也。凡《易》如此等辞，往往用韵，疑番与翰协。《诗·大雅》：申伯番番，徒御啴啴，戎有良翰。番与翰协，与此同也。陆绩云：震为白，为马。按震为羽翰。（翰象失传，详《焦氏易诂》。）翰如马行貌，言疾如羽翰也。

按：下卦离为文明，上卦艮为天色将白，所以系辞为

"贲如皤如"。

六四爻为震卦中爻,震为马,艮为"白",所以取象为"白马"。下卦离为鸟,六四爻与初九爻阴阳相应,阳升阴降,所以系辞为"白马翰如"。

匪寇,婚媾。

来知德:寇指三,婚媾指初。六四与初为正应,盖相为贲者也,乃为九三所隔而不得遂,故未成其贲而成其皤。然四往求于初之心,如飞翰之疾,不以三之隔而遂已也。使非三之寇,则与初成婚媾而相为贲矣。是以始虽相隔,而终则相亲也。即象而占可知矣,与屯六二同。

张惠言:坎为"寇",谓三也。"婚媾",谓初也。戒四当贲初。

尚秉和:四乘坎,坎为寇,疑其逼己。岂知四当位,下有正应,三无能害之,终得与初婚媾也。

按:六四爻为坎卦上爻,坎为"寇",六四爻与初九爻阴阳相应,来的不是强盗,而是求婚媾的,所以系辞为"匪寇,婚媾"。

《象》曰:六四当位,疑也。

来知德:以阴居阴,故当位。疑者,疑惧其三之亲比也。

张惠言:坎为"疑"。四在坎,疑贲三。

尚秉和:疑谓疑三。坎为疑。

按:"疑也"是对"六四当位"的解释。

坎为"疑",六四爻虽然为正位,但居此位有疑,所以系辞为"疑也"。

"匪寇,婚媾",终无尤也。

来知德:六四守正,三不能求,故终无过尤。

张惠言:终,应也。

按:"终无尤也"是对"匪寇,婚媾"的解释。

上卦艮为"终",六四爻居坎卦上爻为"忧",六四爻与初九爻阴阳相应,阳升阴降,所以系辞为"终无尤也"。

六五:贲于丘园,束帛戋戋。

虞翻:艮为山,五半山,故称丘;木果曰园,故"贲于丘园"也。六五失正,动之成巽,巽为帛、为绳,艮手持,故"束帛"。以艮断巽,故"戋戋"。

来知德:艮为山,丘之象也。故颐卦指上九为丘,涣卦中爻艮,故六四"涣其丘"。艮为果蓏,又居中爻震木之上,果蓏林木,园之象也。此丘园指上九。上九贲白,贫贱肆志,乃山林高蹈之贤。蛊乃同体之卦,上九"不事王侯",随卦上六错艮亦曰"西山",则上九乃山林之贤无疑矣。两爻为束,阴爻两坼,束之象也。坤为帛,此坤土,帛之象也。"戋"与"残"同,伤也。艮错兑为毁折,戋之象也。束帛伤戋,即今人之礼缎也。本卦上体、下体皆外阳,中虚,有礼缎之象。上戋下戋,故曰戋戋。

六五文明以止之主,当贲之时,下无应与,乃上比上九高蹈之贤,故有光贲丘园,束帛以聘之象。然贲道将终,文反于质,故又有戋戋之象。

张惠言:艮为"木果"。言五阴贲于艮。巽为齐,故"断"。

尚秉和:艮为丘园。坤为帛,乾环约其两端,故曰束帛。《子夏传》:五匹为束。三玄二纁,象阴阳。戋戋,马训为委积,虞作多。《易林》旅之丰云:束帛戋戋,赙我孟宣。似亦以盛多为训。俗解因戋通残,便训戋戋为薄物,又或作残落者,非也。《仪礼·士冠》《士虞礼》《周礼·大宗伯》注皆以束帛为十端,每端丈八尺,两端合卷,总为五匹。皆与《子夏传》同。然则束帛五匹者,乃先王之定制。戋戋乃形容束帛之盛,谓薄物固非,残落尤谬也。

按:上卦艮为"丘园",六五爻与九三爻互卦为震,震为万物繁盛,所以系辞为"贲于丘园"。

上卦艮为止,震木为"帛",万物的生长态势受到限制,所以系辞为"束帛戋戋"。"戋戋"是繁盛的意思。

吝,终吉。

虞翻:失位无应,故"吝"。变而得正,故"终吉"矣。

来知德:阴吝啬,故曰吝。以此为礼,有似于吝。然礼薄意勤,礼贤下士,乃人君可喜之事。占者得此,吉可知矣。

尚秉和:下无应,故吝。上承阳,故终吉。《象》谓小利往,以此。

按:六五爻阴居阳位不正,所以系辞为"吝"。

上卦艮为"终",六五爻顺承上九爻,所以系辞为"终吉"。

《象》曰：六五之吉，有喜也。

　　虞翻：五变之阳，故"有喜"。凡言喜庆皆阳爻。"束帛戋戋"，委积之貌。

　　来知德：艮错兑为悦，故曰有喜。得上九高贤而文之，岂不喜？

　　尚秉和：五承阳，故有喜。

　　按："有喜也"是对"六五之吉"的解释。

　　六五爻顺承上九爻，所以系辞为"有喜也"。

上九：白贲，无咎。

　　虞翻：在巽上，故曰"白贲"。乘五阴，变而得位，故"无咎"矣。

　　来知德：贲，文也；白，质也，故曰"白受采"。上九居贲之极，物极则反，有色复于无色，所以有白贲之象。文胜而反于质，无咎之道也，故其象占如此。

　　尚秉和：贲而曰白，其为物也明矣。若训为饰，为文，为斑，为黄白色，（范望《太玄》视首上九注。）为色不纯，（高诱《吕览》贲字注。）此二字皆不能通。诸儒据绘事后素曲为之说，无当也。盖艮为贲，贲无色，故曰白贲。

　　按：艮为天刚蒙蒙亮，所以系辞为"白贲"。

　　上卦艮为止，所以系辞为"无咎"。

《象》曰："白贲，无咎"，上得志也。

　　虞翻：上之五得位，体成既济，故曰"得志"。坎为志也。

来知德：文胜而反于质，退居山林之地，六五之君以束帛聘之，岂不得志？此以人事言者也。若以卦综论之，此文原是噬嗑初爻刚上文柔，以下居上，所以得志。

尚秉和：下乘重阴，故曰得志。言阳得阴而通也。大畜上九曰道大行也，损上九曰大得志，益九五曰大得志，颐上九曰大有庆，与此义皆同。乃二千年旧解，少能知其故者，真可喟也。

按："上得志也"是对"白贲，无咎"的解释。

艮为"志"，上九爻居群阴之上，所以系辞为"上得志也"。

二三　剥卦

䷖艮上坤下

剥：

来知德：剥者，落也。九月之卦也。五阴在下，一阳在上，阴盛阳孤，势将剥落而尽，剥之义也。至高之山，附着于地，有倾颓之势，剥之象也。《序卦》："贲者，饰也。致饰，然后亨则尽矣，故受之以剥。"所以次贲。

张惠言：阴消观，九月卦也。《乾凿度》曰："夫阴伤害为行，故剥之为行，剥也。当九月之时，阳气衰消，而阴尽不能尽阳，小人不能决君子也，谓之剥，言不安而已。"剥通夬，夬消于剥，剥息于夬也。卦不变，爻义三为谦，五为观，上为艮,为坤,皆明消息。

尚秉和:剥候卦,时当九月,阴消阳,柔变刚。《杂卦》云:剥,烂也。盖阴消阳,柔变刚,皆以渐而及,非猝然为之,有似于树木老皮之剥落。《归藏》作仆。仆与扑通。《庄子·人间世》:蚊虻仆缘。仆缘即扑缘。扑,击也。而《豳风》:八月剥枣。《传》:剥,击也。是仆与剥义同也。

按:"剥"是卦名,卦象由上艮下坤构成。《周易·序卦传》言:"致饰然后亨则尽矣,故受之以剥。剥者,剥也。"剥卦卦象上为艮,下为坤,五阴逼一阳,阴气盛,阳气衰,所以卦象被命名为"剥"。

剥卦与夬卦旁通。十二消息卦剥卦为九月。

不利有攸往。

虞翻:阴消乾也,与夬旁通。以柔变刚,小人道长;子弑其父,臣弑其君,故"不利有攸往"也。

来知德:不利有攸往,言不可有所往,当俭德避难,所以为君子谋也。

张惠言:剥复消息之要,故本乾而言。自夬刚长即有剥,消剥又有夬,故旁通为义。谓上也。上变则乾尽。

尚秉和:不利有攸往,谓阴不宜再长也。

按:下卦坤为静,上卦艮为止,所以系辞为"不利有攸往"。

《彖》曰:剥,剥也,柔变刚也。

来知德:以卦体、卦德释卦名、卦辞。剥者,阳剥也。

所以剥之者,阴也,五之阴上进而欲变乎上之一阳也。

张惠言:《杂卦》曰:"剥,烂也。"注云:"阳得阴孰,故烂。"此柔变刚之义。

按:"剥,剥也,柔变刚也"是对卦名"剥"字的解释。

剥卦五阴逼一阳,阴气浓盛,阳气殆尽,所以系辞为"剥,剥也,柔变刚也"。

"不利有攸往",小人长也。

来知德:以卦体言之,小人长也,阴邪之声势方张也。以卦象言之,内顺外止,有顺时而止之象,人当观此象也。观小人之时,时不可往;观一卦之象,象自不往,所以不利有攸往。

尚秉和:《传》曰小人长,阴长则阳消,故往不利。

按:"小人长也"是对"不利有攸往"的解释。

阴为小人,五阴滋生,一阳殆尽,所以系辞为"小人长也"。

顺而止之,观象也。

虞翻:坤顺艮止,谓五消观成剥,故"观象也"。

尚秉和:艮为视,为观。(象失传,详《焦氏易诂》。)观卦,即顺而止。今一阳在上,下观群阴,仍观象也。

按:下卦坤为"顺",上卦艮为"止"、为"观",所以系辞为"顺而止之,观象也"。这里的"观象"是指要观察剥卦所蕴含的天文意蕴。

君子尚消息盈虚,天行也。

虞翻:乾为君子,乾息为盈,坤消为虚,故"君子尚消息盈虚,天行也",则"出入无疾,反复其道"。易亏巽消艮,出震息兑,盈乾虚坤,故于是见之耳。

来知德:消息者,盈虚之方始;盈虚者,消息之已成。"消息盈虚"四字皆以阳言。复者阳之息,姤者阳之消,乾者阳之盈,坤者阳之虚,此正阳消而将虚之时也。天行者,天道自然之运也,天运之使然。君子亦惟以是为尚,与天时行而已。既不可往,又岂可往哉?"君子"二句,又推原"不利有攸往"之故。

张惠言:剥虽消,上不变,犹观示群阴。自复至夬。自姤至剥。消息皆乾道。解见复卦。姤也。易,乾元也。剥也。复也。夬也。日月为易,剥复易之大,故发之。

尚秉和:剥本消卦,然相对者必息。一消一息,一盈一虚,天道循环本如此,不足异也。

按:能够效法剥卦的人被称为"君子"。剥卦与夬卦旁通,夬卦五阳逼一阴,阳气旺盛,阴气殆尽;剥卦五阴逼一阳,阴气弥漫,阳气殆尽。阳升阴降,阴升阳降,阳气旺盛为"盈",阴气浓盛为"虚",这就是天道运行的基本规律和特点,所以系辞为"君子尚消息盈虚,天行也"。

《象》曰:山附于地,剥;

张惠言:山附于地,基大则安,剥而不陁。

按:"山附于地,剥"是从地理学的角度解释卦象。

上卦艮为山,下卦坤为地,山以大地为根基,所以系辞为"山附于地,剥"。

上以厚下安宅。

来知德:上谓居民之上,一阳在上之象也。厚下者,厚民之生,省刑罚、薄税敛之类也。宅者上所居之位,非宅舍也。因艮体一阳覆帱于上,有宅舍之象,故以宅言之。所以上九亦以庐言者,以有庐之象也。厚下安宅者,言厚下而不剥下者,正所以自安其宅也。民惟邦本,本固邦宁之意。卦以下剥上取义,乃小人剥君子,成剥之义。象以上厚下取义,乃人君厚生民,则治剥之道也。

张惠言:"上"谓上九,非君位,故曰上厚下坤也。宅,艮也。厚下以安宅,则剥而不穷。

尚秉和:上谓上九。坤为厚、为下。艮为宅、为安。

按:"上以厚下安宅"是从卦象引申出来的人文思想。

艮为上,坤为下,艮为"宅",坤为"厚",所以系辞为"上以厚下安宅",意思是说房屋建在地基上才能够安稳,居上位者对待百姓仁厚才能够保证位置坐得稳。

初六:剥床以足,蔑贞,凶。

虞翻:此卦坤变乾也。动初成巽,巽木为床,复震在下为足,故"剥床以足"。蔑,无;贞,正也。失位无应,故"蔑贞,凶"。震在阴下,《象》曰:"以灭下也。"

来知德:剥床以足者,剥落其床之足也。变震,足之象也。剥自下起,故以足言之。一阳在上,五阴列下,有宅象、庐象、床象。蔑者，灭也。蔑贞者，蔑其正道也，指上九也。方剥足，而即言"蔑贞"，如履霜而知坚冰至也。

初六阴剥在下，有剥床以足之象。剥床以足，犹未见其凶，然其剥足之势，不至蔑贞而不已，故戒占者如此。此圣人为君子危，而欲其自防于始也。

张惠言：犹车庐也，床以安人。剥穷则复，故初巽即伏震，二则不言伏兑也。消阳无可贞也。三"无咎"而初"蔑贞"者，三剥成当反，初剥如未能正也。剥则凶矣。失位无应，极言之以起其凶。

尚秉和：初震位，故曰足。以，及也。《周语》：太宰以史祝。《管子·服制》：官吏以命士。《盐铁论·大论篇》：呻吟槁简，诵死人之语，则有司不以文学。以义皆同及。剥床以足，即剥床及足也。艮为床。《易林》比之贲云：展转空床，内怀忧伤。以贲艮为床也。剥全体艮象，故屡言床。虞翻不知此象，以坤消乾初，成巽为床。而惠栋又谓巽为木，坤西南卦，设木于西南奥，乾人藉之，床之象也。故夫一象之失传，可使名家《易》，迂曲至于如此，真可叹也！蔑，《释文》云：荀作灭。《象》曰灭下，盖荀之所本。王陶庐云：蔑、灭古通。《周语》：而蔑其人民。《文选·邻里相送方山诗》：音尘慰寂蔑。注皆作灭。故王注云：犹消也。惟灭属下读，似难为句。灭，《说文》：尽也。剥床以足蔑者，言床足被剥尽也，故卜问凶。虞翻下属为句，训为无，谓初失位，故曰蔑贞，谓失正也。然二爻当位，亦曰蔑贞,则不合矣。而清易家多从之,非。

按:初六爻与上六爻互卦为艮,艮为"床",初六爻居震位为"足",所以系辞为"剥床以足"。

初六爻阴居阳位不正,所以系辞为"蔑贞",根基不正的意思。

下卦坤为"凶",所以系辞为"凶"。

《象》曰:"剥床以足",以灭下也。

来知德:以灭下,则渐而上矣。见其端甚微,知其必有蔑贞之祸。

张惠言:复震灭阴下,坤灭藏,故曰"灭"。

尚秉和:灭下,即释蔑义。

按:"以灭下也"是对"剥床以足"的解释。

初六爻阴气滋生,阳气被灭,所以系辞为"以灭下也"。

六二:剥床以辨,蔑贞,凶。

虞翻:指间称辨。剥,剥二成艮,艮为指,二在指间,故"剥床以辨"。无应,在剥,故"蔑贞,凶"也。

来知德:辨者,床之干也,不曰"干"而曰"辨"者,谓床之下,足之上,分辨处也。"蔑贞"同初。

张惠言:《说文》:"采,辨别也。象兽指爪分别也。读若辨。"辨,判也。故曰"指间称辨"。

尚秉和:《释文》云:辨,徐音办具之办,足上也。马、郑同。薛虞云:膝下也。王弼亦云足上。按马、郑、王等似皆以二在初上,故云足上。虞翻谓为指间,王引之读为蹁。

蹁,膝头也。俞樾谓辨通胖。胖,胁侧也。似皆未安。按《周礼·天官·小宰》:六曰廉辨。注:杜子春云,廉辨或作廉端。故贾疏云经本作廉端。是辨端音近通用。端,首也。剥床以端,是剥及床头也。剥之而尽,故贞凶。

按:"辨"是指床干。阴气升至六二爻,床身不稳,所以系辞为"剥床以辨"。

六二爻孤立无助,坤为"凶",所以系辞为"蔑贞,凶"。

《象》曰:"剥床以辨",未有与也。

来知德:与者,阳也,凡爻中阳以应阴,阴以应阳,方谓之应与,相比亦然。二本阴爻,有阳爻之应,或有阳爻之比,则有与矣。今比乎二者初也,初,阴也;应乎二者五也,五亦阴也,前后左右皆无应与之阳,则上九乃孤阳矣,岂不蔑贞?故初知其蔑贞,而二亦知其必有此凶也。

张惠言:与,应也。五未之正,故"未有与"。

尚秉和:未有与,言上无应。

按:"未有与也"是对"剥床以辨"的解释。

六二爻与六五爻同性相斥,所以系辞为"未有与也"。

六三:剥之,无咎。

来知德:三虽与上九为正应,不可言剥。然在剥卦之中,犹不能离乎剥之名。之,语助辞。众阴方剥阳,而三独与之为应,是小人中之君子也。去其党而从正,虽得罪于私党,而见取于公论,其义无咎矣。占者如此,故无咎。剥以近阳者为善,应阳者次之。近阳者,六五是也,故无不利。应阳者,此爻是也,故无咎。

　　张惠言:消三坤成,剥体已就,故直言"剥"。剥穷于上,乾魂先返三,三返成艮,"成终成始",故"无咎"。

　　尚秉和:《释文》:一本作剥之无咎,非。按之字,乃从象辞而衍,无者是也。三处五阴之中,独能从善,不党于上下二阴,故曰失上下。

　　按:下卦坤象成,所以系辞为"剥之"。

　　六三爻虽居阳位不正,但与上九爻阴阳相应,所以系辞为"无咎"。

《象》曰:"剥之,无咎",失上下也。

　　来知德:上下谓四阴。三居四阴之中,不与之同党,而独与一阳为应与,是所失者上下之阴,而所得者上九之阳也。惟其失四小人,所以得一君子。

　　张惠言:失之于上,即反于下。

　　尚秉和:三处五阴之中,独能从善,不党于上下二阴,故曰失上下。

　　按:"失上下也"是对"剥之,无咎"的解释。

　　六三爻远离上下四阴,独与上九阳爻相亲,所以系辞为"失上下也"。

六四:剥床以肤,凶。

　　虞翻:辩上称肤,艮为肤,以阴变阳,至四乾毁,故"剥床以肤"。臣弑君,子弑父,故"凶"矣。

　　来知德:初足,二辨,三床之上,四乃上体,居床之上,乃床上人之肤也。剥床而及其肌肤,祸切身矣,故不言"蔑贞"而直曰"凶"。

张惠言:否至三弑父弑君,剥至四乃成弑者,否治未然,剥道已著,乾未毁犹不为"切近",忠厚之至。

尚秉和:四艮体,艮为肤,故曰剥床以肤。足、辨、肤,皆指床言,肤犹言床面也。人卧床,身与床切,剥及于是,故言近灾。自王肃以肤指人身言,岂知剥及人身,则灾及矣。胡得曰近?乃后儒惑之,谓床不能称肤。王引之谓:王弼云剥床之足、剥床之辨,下文亦可曰剥床之肤乎?夫床既可曰足,曰辨,又何不可称肤?似皆惑于肃说,故拘泥若是。

按:上卦艮为"肤",所以系辞为"剥床以肤"。

阴气逼近,所以系辞为"凶"。

《象》曰:"剥床以肤",切近灾也。

来知德:言祸已及身,而不可免也。

尚秉和:人卧床,身与床切,剥及于是,故言近灾。

按:"切近灾也"是对"剥床以肤"的解释。

阴气升至床上,灾难逼近,所以系辞为"切近灾也"。

六五:贯鱼以宫人宠,无不利。

虞翻:剥消观五,巽为鱼、为绳,艮手持绳贯巽,故"贯鱼"也。艮为宫室,人谓乾,五以阴代阳,五贯乾为宠人,阴得丽之,故"以宫人宠"。动得正,成观,故"无不利"也。

来知德:此正《象辞》所谓"顺而止之"也。鱼贯者,鱼之贯串而相次以序,五阴列两旁之象也。本卦大象巽,此爻变巽,巽有鱼象,详见中孚。巽为绳,贯之象也。以者,后妃以之也。五君位,为众阴之长,故可以以之。鱼阴物,宫人众妾,乃阴之美而受制于阳者。艮错兑为少女,宫人之象也。以宫人宠者统领宫人,以次上行,进御而获其宠也。一阳在上,五率其众阴,本卦原有此象;且内顺外止,本卦原有此德。阴顺则能从乎阳,艮止则必不剥阳矣。无不利者,阴听命于阳,乃小人听命于君子也,故无不利。非《程传》别设义之说。

六四以剥其肤而凶,至六五阴长阳消之极矣,然本卦顺而且止,故阴不剥阳,有贯鱼以宫人宠,反听命于阳之象。此小人之福而君子之幸也。故占者无不利。

张惠言:此言五自巽为艮。此言五自艮复为巽也。《乾凿度》曰"阴贯鱼而欲承君子"是也。"宫人"谓乾五,不称后者,剥统于上,五不得正尊位。巽为长女,是宫人宠于乾者,群阴所丽也。自剥之复,上来反三,五来复初,故三五爻象如此。消息归魂非实之变,故上成颐,又成坤,各为义。

尚秉和:坤为鱼,(象失传,详《焦氏易诂》。)除《易林》外,后唯郭璞知之。《洞林》:璞筮迁徙,得明夷,曰:嗟呼黔黎,时漂异类;桑梓之邦,其为鱼乎?明夷上坤为鱼、为邦,震为桑梓,故曰桑梓之邦,其为鱼乎。剥重坤,故曰贯鱼。艮为宫、为宠。以宫人宠者,《周礼·九嫔》注云:女御八十一人当九夕,世妇二十七人当三夕,三夫人当一夕。是天子之宫人进御,每夜九人或三人,故曰贯鱼以宫人宠。言宫人之宠御,以次而进,若贯鱼也。即五率群阴以承阳,鱼贯而进也。《诗·邶风》:宴尔新婚,不我屑以。笺:以,用也。以宫人宠,即用宫人宠也。蒙之用说桎梏,益之利用为依迁国,皆与此以字义同也。此与豫九四之朋盍簪,皆为易象之最神妙而最难于形容者。王陶庐云:《易》辞有非注视卦象不能解者,此等是也。而二千年来,因簪象、鱼象之失传,遂改簪为戠、为攒,以求与坎象合;命剥五变巽,以求与鱼象合,而易理遂亡于解说矣。杜甫云:盍簪喧枥马。鲍照云:鱼贯度飞梁。皆此二句之确诂。而杜诗尤非真知《易》者,不敢如此道也。(宋蔡弼注杜诗,遂误为宴朋友。)

　　按:上卦艮为"宫",坤为"鱼",六五爻率领众阴顺承上九,所以系辞为"贯鱼以宫人宠,无不利"。

《象》曰:"以宫人宠",终无尤也。

　　来知德:五以阴剥阳,今率其类以听命于阳,有何过尤?

　　张惠言:艮为"终",上变坎为"尤",体观,故"终无尤"。

　　尚秉和:五得承阳,故无尤悔。

　　按:"终无尤也"是对"以宫人宠"的解释。

　　上卦艮为"终",六五爻居中顺承上九,所以系辞为"终无尤也"。

上九：硕果不食，君子得舆，小人剥庐。

虞翻：艮为硕果。谓三已复位，有颐象，颐中无物，故"不食"也。夬乾为君子、为德，坤为车、为民，乾在坤，故以德为车。小人谓坤，艮为庐，上变灭艮，坤阴迷乱，故"小人剥庐"也。

来知德：硕果者，硕大之果。阳大阴小，硕之象也。艮为果，果之象也。不食者，在枝间未食也。诸阳皆消，一阳在上，硕果独在枝上之象也。此爻未变，艮错兑为口，犹有可食之象。此爻一变则为坤而无口矣，不食之象也。果硕大不食，必剥落朽烂矣。故孔子曰："剥者，烂也。"果剥落朽烂于外，其中之核又复生仁，犹阳无可尽之理，穷上反下，又复生于下也。舆者，物赖之以载，犹地之能载物也。变坤，坤为大舆，舆之象也。一阳复生于地之下，则万物皆赖之以生，此得舆之象也。庐者，人赖之以覆，犹天之能覆物也。五阴为庐，一阳盖上，为庐之椽瓦。今一阳既剥于上，则国破家亡，人无所覆庇以安其身，此剥庐之象也。上一画变，此穷上也，故曰剥；剥则阴矣，故曰小人。下一画新生，此反下也，故曰得；得则阳矣，故曰君子。盖阳剥于上，则必生于下，生之既终，则必剥于上。未剥之先，阳一画在上，故其象似庐。既剥之后，阳生于下，则上一画又在下矣，故其象似舆。

诸阳消剥已尽，独上九一爻，故有硕果不食之象。今上九一爻既变，则纯阴矣，然阳无可尽之理，既剥于上，必生于下。故生于下者，有君子得舆而为民所载之象。剥于上者，有小人剥庐，终无所用之象。占者得此，君子、小人当自审矣。

　　张惠言：此言上不变也。此言上变之坤，剥上就共五，纯坤载乾，故"德车民所载"。坤"先迷后得主"即此之谓。卦辞"不利有攸往"，利上不变者，阳道无尽也。爻辞之坤者，阳自坤出震，不从上反初，故取坤载乾也。

　　尚秉和：艮为果蓏。硕，大也。孤阳在上，故曰硕果。震为食，震覆，故不食。（震食象失传，详《焦氏易诂》。）卦一阳未消，剩余在上，是其义也。艮为君子，坤为大舆、为载，艮在坤上，乘舆之象也，故曰得舆。坤为小人，艮为庐。候卦阴终消阳，故曰剥庐。君子得舆，由上视下取象。小人剥庐，由下视上取象。

　　按：上卦艮为"硕果"，艮为止，所以系辞为"硕果不食"。

　　上卦艮为"君子"，下卦坤为"舆"，所以系辞为"君子得舆"。

　　上卦艮为"小人"、为"庐"，所以系辞为"小人剥庐"。

《象》曰："君子得舆"，民所载也。

　　来知德：民所载者，民赖之以承载也。

　　张惠言：坤为"民"。坤载乾，故"民所载"。

　　尚秉和：坤为民。

　　按："民所载也"是对"君子得舆"的解释。

　　下卦坤为"民"、为"舆",百姓像车辆一样承载居上位的君子,所以系辞为"民所载也"。

"小人剥庐",终不可用也。

　　来知德:庐,所赖以安身者也,今既剥矣,终何用哉?必不能安其身矣。国破家亡,小人无独存之理。"载"字,从"舆"字上来。"不可用",从"剥"字上来。

　　张惠言:阴必丽阳,故坤出震,坤为"用"也。

　　尚秉和:艮为终。

　　按:"终不可用也"是对"小人剥庐"的解释。

　　上卦艮为"终"、为止,所以系辞为"终不可用也"。

二四　复卦

䷗坤上震下

复:

　　来知德:复者,来复也。自五月一阴生后,阳一向在外,至十月变坤,今冬至复来反还于内,所以名复也。《序卦》:"物不可以终尽,剥,穷上反下,故受之以复。"所以次剥。

　　张惠言:息卦之始,乾剥入坤,上九反艮为谦,历谦、履、师、同人、比、大有而乾坤合于离坎,屯、鼎受之,复出于震,故名曰"复"。《文言》注所谓"以坤牝乾,灭出复震,为余庆也"。与姤旁通。《系》曰"龙蛇皆蛰"是也。十一月之卦。卦取阳息成泰，爻取正位成既济，皆乾道。

尚秉和：阳反，故曰复。

按："复"是卦名，卦象由上坤下震构成。《周易·序卦传》言："物不可以终尽，剥，穷上反下，故受之以复。"复卦上卦坤为地，下卦震为动，一阳复生于地下，所以卦象被命名为"复"。

复卦与姤卦旁通。十二消息卦为十一月。

亨。出入无疾，朋来无咎。

虞翻：谓出震成乾，入巽成坤，坎为疾，十二消息，不见坎象，故"出入无疾"。兑为朋，在内称来，五阴从初，初阳正，息而成兑，故"朋来无咎"矣。

来知德：先言出而后言入者，程子言"语顺"是也。出者，刚长也。入者，刚反也。疾者，遽迫也。言出而刚长之时，自一阳至五阳，以渐而长，是出之时，未尝遽迫也。入而刚反之时，五月一阴生，九月之剥犹有一阳，至十月阳变，十一月阳反，以渐而反，是入之时，未尝遽迫也。朋者，阴牵连于前，朋之象也。故豫卦、损卦、益卦、泰卦、咸卦皆因中爻三阳三阴牵连，皆得称朋也。自外而之内曰来，言阴自六爻之二爻虽成朋党而来，然当阳复之时，阳气上行，以渐而长，亦无咎病也，复之得亨者以此。

张惠言：坤牝阳，故曰"息坤"。巽伏震下。反，还也。由复历临，至泰反观，成剥入坤，为乾之消息六卦。由姤历遁，至否反大壮，成夬盈乾，为坤之消息六卦。凡得乾坤之卦八,震、巽、兑、艮卦各二,不见坎离。盖日月成八卦之象,乾坤合东,震巽合西,艮兑合南,坎离入中宫,其处空虚。离为日光,震、巽、兑、艮皆可见离象。坎为月精,晦朔之交,不可见也。临时。

尚秉和:出入反复,皆对姤言。复者姤之反,若舍姤不言,则复何所自乎? 入者入巽,出者出震。坤为疾。(象失传,详《焦氏易诂》。)阳通,故无疾。阴以阳为朋,剥穷上反下,故曰朋来。阳遇阴,故无咎。

按:复卦一阳来复,天行健,所以系辞为"亨"。

下卦震为"出",一阳生于五阴之下为"入",阳气生为"无疾",所以系辞为"出入无疾"。

复卦一阳在下,五阴在上,阴阳相交,万物生长,所以系辞为"朋来无咎"。

反复其道,七日来复,利有攸往。

虞翻:阳息临成乾,"小人道消,君子道长",故"利有攸往"矣。

来知德:道犹言路,言刚反而复之道路也。七日来复者,自姤而遁、否、观、剥、坤、复,凡七也,即七日得之意。盖阳极于六,阴极于六,极则反矣,故七日来复也。无疾咎者,复之亨也。七日来复,复之期也。利有攸往,复之占也。大抵姤复之理,五月一阴生为姤,一阴生于内,则阳气浮而在外矣。至于十月坤,阴气虽盛,而阳气未尝息也,但在外耳。譬之妻虽为主,而夫未尝亡。故十一月一阳生曰刚反,反者,言反而归之于内也。十一月一阳生而复,一阳生于内,则阴气浮而在外矣。至于四月乾,阳气虽盛,而阴气未尝息也,但在外耳。譬之夫虽为主,而妻未尝亡,故五月一阴复生,天地虽分阴阳,止是一气,不过一内一外而已。一内一外即一升一沉、一盛一衰、一代一谢也。消息盈虚,循环无端,所以言剥、言复。

张惠言:剥消。虞氏易例,日数并以爻数解之。惠征士以日为月,非也。泰时。

尚秉和:阳自姤而消,消至剥上,六日,反复则七日。自复而息,息至夬上,六日,反姤仍七日。循环不已,故曰反复其道,七日来复。复阳长,故曰利有攸往。

按:复卦一阳生于下,地道复返天道,所以系辞为"反复其道"。

消息卦姤卦一阴生,至坤卦六阴生,为一年当中的五至十月,阴气由微至著。坤卦复返复卦,阴极阳生,复卦为十一月,从五月至十一月,时数为"七",所以系辞为"七日来复"。

复卦下卦震为动,所以系辞为"利有攸往"。

《象》曰:"复,亨",刚反,动而以顺行,是以"出入无疾,朋来无咎"。

虞翻:阳息坤,与姤旁通。刚反交初,故"亨"。刚从艮入,坤从反震,故曰"反动"。坤顺震行,故"而以顺行"。阳不从上来反初,故不言"刚自外来",是以明"不远之复",入坤出震义也。

来知德：以卦德、卦体释卦辞而赞之。刚反对刚长。反者，言剥之刚穷上反下而为复也。长者，言复之刚自下进上，历临、泰而至于乾也。以其既去而来反也，故亨。以其既反而长也，故利有攸往。刚反，言方复之初。刚长，言已复之后。行亦动也，言下体虽震动，然上体乃坤顺，以顺而动，所以出入往来，无疾无咎。

张惠言：谦艮也。艮有反震象。明自谦至鼎消息。

尚秉和：震动坤顺，故曰动而以顺。

按："刚反"是对"复，亨"的解释。

"复"的卦义即是"亨"。之所以为"亨"，是因为一阳复生为"刚"，所以系辞为"刚反"。

"动而以顺行"是对"出入无疾，朋来无咎"的解释。

下卦震为动，上卦坤为顺，所以系辞为"动而以顺行"。

"反复其道，七日来复"，天行也。

虞翻：谓乾成坤反，出于震而来复，阳为道，故复其道。刚为昼日，消乾六爻为六日，刚来反初，故"七日来复，天行也"。

来知德：天行者，阴阳消息，天运之自然也，故反复其道，七日来复。

张惠言：阳生于子，消于午，天之大数七也。

尚秉和：天行，天道也。言阴阳刚柔往来消长，天道固如斯也。

按："天行也"是对"反复其道,七日来复"的解释。

复卦下卦震为阳气动,所以系辞为"天行也"。

"利有攸往",刚长也。

来知德:阳刚用事,君子道长,所以利有攸往。

按："刚长也"是对"利有攸往"的解释。

复卦一阳生,所以系辞为"刚长也"。

复,其见天地之心乎!

虞翻:坤为复。谓三复位时,离为见,坎为心,阳息临成泰,乾天坤地,故"见天地之心"也。

来知德:见天地之心者,天地无心,生之不息者,乃其心也。剥落之时,天地之心,几于灭息矣。今一阳来复,可见天地生物之心,无一息之间断也。一阳之复,在人心则恻隐、羞恶、辞让、是非,性善之端也,故六爻以复善为义。此孔子赞辞。言天地间,无物可见天地之心,惟此一阳初复,万物未生,见天地之心。若是三阳发生,万物之后,则天地之心尽散在万物,不能见矣。天地之心动后方见,圣人之心应事接物方见。

张惠言:目下也。言自坤为复,必先归魂于谦,故三复位时,有离坎也。坤既为复,则"朋来无咎,利有攸往",故泰见乾坤也。谦坎、履离并在三。由坎离为乾坤,故"见天地之心"。

尚秉和:此天地之心也,坤为心。(象失传,详《焦氏易诂》。)此以爻数括天地间之公例公理。其谓卦气起中孚,至复为七日，不惟于数不合，(只六日七分。)且于理大谬。是皆执于自姤至复为七月，经言七日，故疑也。岂知《易》辞皆举一例，包括万有？(十日数至七必相反，辰数亦然。)即以日言，《豳诗》云：一之日，二之日。日皆谓月，侯果已言之矣。阴阳相遇为朋。自此象失传，皆用卦变，俟阳息至二成兑，二阳为朋，虞氏之说讹误至今。

又《五行志》：《京房易传》曰，复崩来无咎。读朋为崩，是用覆象，谓剥艮覆在下为山崩。而《易林》遇此象，亦往往曰山崩。京所受也。其详皆在《焦氏易诂》中。覆象久失传，后惟惠栋用此说，实《易》言覆象者，不止此也。

按："复，其见天地之心乎"是对"天地之心"的解释。

什么是"天地之心"？观察复卦就可以找到答案。复卦自坤卦变来。坤卦六阴为太虚，复卦一阳生为阴极阳生，静极生动。天地之间的运动，其实质不过是阳气在天地之间的升降沉浮，所以系辞为"复，其见天地之心乎"。

《象》曰：雷在地中，复；

张惠言：雷，阳气也。

按："雷在地中，复"是从天文学、地理学的角度解释卦象。

下卦震为雷，上卦坤为地，地下雷动，意味着春天来临，所以系辞为"雷在地中，复"。

先王以至日闭关，商旅不行，后不省方。

虞翻：先王谓乾初。至日，冬至之日。坤阖为闭关，巽为商旅、为近利市三倍。姤巽伏初,故"商旅不行"。姤《象》曰:"后以施命诰四方。"今隐复下,故"后不省方"。复为阳始,姤则阴始,天地之始,阴阳之首,已言"先王",又更言"后",后,君也。六十四卦,唯此重耳。

来知德:先王者,古之先王。后者,今之时王。一阳初复,万物将发生之时,当上下安静,以养微阳。商旅不行者,下之安静也。"后不省方"者,上之安静也。人身亦然,《月令》斋戒,掩身是也。以卦体论,阴爻贯鱼,商旅之象。阳爻横亘于下,闭关之象。阳君不居五而居初,潜居深宫,不省方之象。以卦象论,震为大涂,中开大路,旅之象。坤为众,商旅之象。震综艮,艮止不行之象。阖户为坤,闭关之象。坤为方,方之象。

张惠言:乾已入坤,故称"先王"。阳生子中,是为"冬至"。震为大涂,剥艮为门,伏姤巽为利市,关象。宋衷云"不省四方之事,将以辅遂阳体,成致君道"是也。姤《象》注云"后,继体之君",则谓初乾也。

尚秉和:曰至日,则兼二至言也。姤云:施命诰四方,即诰戒商旅将闭关也。《易林》晋之解所谓二至之戒也。盖古最重二至。《汉书·薛宣传》:日至休吏,所繇来久。《后汉·鲁恭传》:《易》五月姤用事,先王施命令止四方行者。是夏至亦休息,与冬至同。坤为门户,故曰关。震为商旅,坤闭,故曰闭关,曰不行。坤为方,震为王。

按:"先王以至日闭关,商旅不行,后不省方"是从卦象引申出来的人文思想。

　　下卦震为先王,复卦一阳生为冬至,为潜龙勿用,所以系辞为"先王以至日闭关"。

　　下卦震与巽旁通,巽为"商旅",所以系辞为"商旅不行"。

　　下卦震为君王、为"后",上卦坤为"方",所以系辞为"后不省方",意思是说君王在冬至的时候停止巡视四方。

初九:不远复,无祇悔,元吉。

　　来知德:不远者,失之不远也。祇者,适所以之辞。适者,往也,至也。人有过失,必至征色发声而后悔悟,此则困心衡虑者也。惟自此心而失之,又自此心而知之;自此心而知之,又自此心而改之。此则不远即复,不至于悔者也。

　　初九一阳初生于下,复之主也。居于事初,其失不远,故有不远能复于善,无至于悔之象。大善而吉之道也,故其占如此。

　　张惠言:乾为"远"。"七日来复",灭乾复震,故"不远复"。郑云:"祇,病也。"坎为心病,为悔,"出入无疾",故"无祇悔"。乾元正,故"元吉"也。

　　尚秉和:复在内,故曰不远复。严元照云:祇从氐,非,此当从氏。氏、是同用,故王肃作禔。坎祇既平,京房亦作禔。王陶庐云:《唐石经》即作祇。氏是古同部,故得同用。若氐则另为一部,不同部者不相假,古之例也。然则今作祇者误也。祇，郑云病也。段玉裁云：郑盖借祇为疧，按祇之训病，《诗·小雅·何人斯》：壹者之来，俾我祇也。《毛传》：祇，病也。兹训为病，正本《毛传》。段谓借祇为疧，非。病犹灾也。复出入无疾，故无悔。乾元通，故元吉。

按：上卦坤为"远"，下卦震为复，天道复返，光明来临，所以系辞为"不远复"。

乾元阳气复生地下，万象更新，所以系辞为"无祇悔，元吉"。

《象》曰：不远之复，以修身也。

来知德：为学之道无他，惟知不善，则速改以从善而已。复则人欲去而天理还，修身之要何以加此？

张惠言：坤为"身"。刚反通坤，故"以修身"。

尚秉和：坤为身。阳微，故宜修养以待。

按："以修身也"是对"不远之复"的解释。

坤为"身"，一阳生于坤体，阳为善，所以系辞为"以修身也"。

六二：休复，吉。

来知德：休者，休而有容也。人之有善，若己有之者也，以其才位皆柔，又变悦体，所以能下其初之贤而复。

六二柔顺中正，近于初九，见初九之复而能下之，故有休复之象，吉之道也，故其占如此也。

张惠言：休，宽仁之意。震为宽仁。二得正不变，下体初震，故休复而吉。

尚秉和：休者，俟也。俟阳息至二，故吉。

按：六二爻与六四爻互卦为坤，坤为静、为"休"，六二爻与初九爻比邻，居中正之位，静待阳气来临，所以系辞为"休复，吉"。

《象》曰：休复之吉，以下仁也。

来知德：复初爻本硕果不食，穷上反下，其核又生仁，所以取此"仁"字。复礼为仁，初阳复，即复于仁也，故曰"以下仁"。

张惠言："仁"谓初，震为"仁"。

尚秉和：仁者，初也。阳主生，故曰仁。以下仁者，言下阳即息至二，静俟则吉也。

按："以下仁也"是对"休复之吉"的解释。

初九爻阳气生为"仁"，六二爻比邻初九爻，所以系辞为"以下仁也"。

六三：频复，厉，无咎。

虞翻：频，蹙也。三失位，故"频复，厉"。动而之正，故"无咎"也。

来知德：频者，数也。三居两卦之间，一复既尽，一复又来，有频之象，与"频巽"同。频复者，频失而频复也。厉者，人心之危也。无咎者，能改过也。不远之复者，颜子也。频复，则日月一至，诸子也。

六三以阴居阳，不中不正，又处动极，复之不固，故有频失频复之象。然当复之时既失，而能知其复，较之迷复者远矣。故当频失之时,虽不免危厉,而至于复,则无咎也,故其占如此。

张惠言:《说文》曰:"频水厓。频蹙不前。"三处震终,虩虩畏惧。震为足,变坎大川,将变而惧,故谓之"频"。离为目,目上震惧,频蹙之象。

尚秉和:虞翻曰:频,蹙也,三失位,故频复。按频,古文颦字,故云频蹙。三失位,承乘皆阴,又无应予,失类极矣,故频复厉也。知其危厉而振奋焉,则无咎矣。

按:"频"通"颦",是局促不安的意思。六三爻居群阴之间,下卦震为复,所以系辞为"频复"。

六三爻阴居阳位不正,所以系辞为"厉"。

下卦震为生,所以系辞为"无咎"。

《象》曰:频复之厉,义无咎也。

来知德:频复而又频失,虽不免于厉,然能改过,是能补过矣,揆之于义,故无咎。

张惠言:危者安其位。

按:"义无咎也"是对"频复之厉"的解释。

坤为"义",下卦震为生,所以系辞为"义无咎也"。

六四:中行独复。

虞翻:中谓初,震为行,初一阳爻,故称"独"。四得正应初,故曰"中行独复,以从道也"。俗说以四位在五阴之中,而独应复,非也。四在外体,又非内象,不在二五,何得称"中行"耳?

来知德：中行者，在中行也。五阴而四居其中，中之象也。凡卦三四皆可言中，益卦三四皆言"中行"是也。此爻变震，应爻亦震，震为足，行之象也。独复者，不从其类而从阳也，故孔子以"从道"象之。

六四柔而得正，在群阴之中，而独能下应于阳刚，故有中行独复之象。曰"独复"，则与休者等矣，盖二比而四应也。

张惠言：惠征士云："董子以中者天地之太极。极，中也，即复之初也。"谓初已复，四宜从之。谓郑氏说。震体在外，即不为中。

尚秉和：《文言》乾九四云：中不在人。中谓三四，居一卦之中也。又《系辞》云：其初难知，其上易知；若夫杂物撰德，非其中爻不备。中爻谓中四爻，即下所谓二与四、三与五也。四居卦中，独与初应，故曰中行独复。虞翻谓四不在二五，何得称中行？岂知三四称中爻，《易》固有明例也。

按：六四爻居正位，与初九爻阴阳相应，顺天而行，所以系辞为"中行独复"。

《象》曰："中行独复"，以从道也。

虞翻：四得正应初，故曰"中行独复，以从道也"。

来知德：初之《象》曰"以修身也"，二曰"仁"，四曰"道"，修身以道，修道以仁，仁与道皆修身之事。二比而近，故曰"仁"；四应而远，故曰"道"。《小象》之精极矣。

张惠言：阳为"道"，谓初。

尚秉和：道谓初，从道谓应初。

按："以从道也"是对"中行独复"的解释。

下卦震为天道，六四爻与初九爻阴阳相应，顺天而动，所以系辞为"以从道也"。

六五：敦复，无悔。

来知德：敦者，厚也。有一毫人欲之杂，非复。有一毫人欲之间，非复。敦复者，信道之笃，执道之坚，不以久暂而或变者也。不远复者，善心之萌。敦复者，善行之固。无悔者，反身而诚也。敦临、敦复，皆因坤土。

六五以中德居尊位，当复之时，故有敦厚其复之象。如是则心与理一，无可悔之事矣，故占者无悔。

张惠言：敦，厚也。坤为厚，故"敦厚"。变而得正，坎为悔，三动成离，故"无悔"矣。

尚秉和：敦与屯通。《诗·大雅》：铺敦淮渍。笺：敦当作屯，扬雄《甘泉赋》：敦万骑于中营兮。注：敦与屯同。又按《豳风》云：敦彼独宿。即屯彼独宿也。屯者，止也，次也。而敦又与顿同。《尔雅·释丘》：丘一成为敦丘。疏：即《卫风》之顿丘，顿亦止也。《史记·王翦传》三日三夜不顿舍是也。是敦有止意、待意。敦复者，言五应在二，阳即升二，五稍待即有应也。故临上六亦曰敦临，以上六亦稍待，阳即息三，有应也。旧诂皆训为敦厚，非。

按：上卦坤为敦厚，静待阳气上升，所以系辞为"敦复"。

六五爻居中,所以系辞为"无悔"。

《象》曰:"敦复,无悔",中以自考也。

来知德:考者,成也。言有中德,自我而成其敦复也,不由于人之意。初乃复之主,二以下仁而成休复,四以从道而成独复,皆有资于初,以成其复。惟五以中德而自成,不资于初,故曰自。无祇悔者,入德之事。无悔者,成德之事,故曰考。

张惠言:考,省也。坎为心,离明察之,五位上中,故"中以自考"。

尚秉和:向秀曰:考,察也。五中位,应在二,亦中位;阳息即至二,五有应,故无悔。中以自考者,释敦之故。《易》之道贵将来,言顿止以待中二之阳息。自考,省也。与临上之"志在内"义同。

按:"中以自考也"是对"敦复,无悔"的解释。

六五爻居中,静待阳气来临,有自知之明,所以系辞为"中以自考也"。

上六:迷复,凶,有灾眚。

虞翻:坤冥为迷,高而无应,故"凶"。五变正时,坎为灾眚,故"有灾眚"也。

来知德:坤为迷,迷之象也。迷复者,迷其复而不知复也。坤本先迷,今居其极,则迷之甚矣。灾眚者,凶也。上六阴柔,居复之终,故有迷复之象。占者得此,凶可知矣。

尚秉和:凡上六多不吉。上穷也,坤为迷、为死丧,故有灾眚。

按：上卦坤为迷，所以系辞为"迷复"。

上六爻高而无应，坤为"凶"，所以系辞为"凶，有灾眚"。

用行师，终有大败。以其国君，凶。

虞翻：三复位时，而体师象，故"用行师"。阴逆不顺，坤为死丧，坎流血，故"终有大败"。姤乾为君，灭藏于坤，坤为异邦，故"国君凶"矣。

来知德：以者，与也，并及之意。因师败而并及其君，有倾危之忧也。坤为众，师之象也。变艮，大象离，离为戈兵，众人以戈兵而震动，行师之象也。国者，坤之象也。详见谦卦。用师以下，则灾眚之甚，又凶之大者也。复卦何以言行师？以其敌阳也。剥复相综，阳初复，阴极盛，正龙战于野之时。曰终有大败者，阳上进，知其终之时，必至于夬之"无号"也。

张惠言：谓五未变，师震为"行"，坤为"用"，故"用行师"。五变师，体坎，故"大败"。"君"即五也。三行师，五出象险逆，故"姤乾为君"。

尚秉和：坤为众，故为师。坤为死丧，故行师终有大败。坤为国，震为君，（象失传，详《焦氏易诂》。）故曰国君。比上六后夫凶，师上六小人勿用，皆以其不承阳也。（他爻皆可承阳，独上六不能。）不承阳则背叛君命，而殃及国君，故曰以其为君凶。

按：下卦震为出征，上卦坤为用，所以系辞为"用行师"。

坤为死丧，上六爻居一卦之终，所以系辞为"终有大败"。

下卦震为国君，国君在地下，入土之象，所以系辞为"以其国君，凶"。

至于十年不克征。

虞翻：坤为至、为十年，阴逆坎临，故"不克征"。谓五变设险，故帅师败，丧君而无征也。

来知德：十者，土数成于十也。不克征者，不能雪其耻也。是以天灾人眚，杂然并至，天下之事无一可为者，若行师，则丧师辱君，至于十年之久，犹不能雪其耻，其凶如此。

张惠言：当为险字误。谓上负险，人不能征。复阳之微，尤恶阴逆，故上六象如此。

尚秉和：坤为十年，震为征。不克征，言不能兴起也。君者国之本，国君受胁，根本动摇，故其凶至于十年也。

按：上卦坤为地、为"至"，地数十，十年不能出征，所以系辞为"至于十年不克征"。

《象》曰：迷复之凶，反君道也。

虞翻：姤乾为君，坤阴灭之，"以国君凶"，故曰"反君道"也。

来知德：反君道者，反其五之君道也。六五有中德，敦复，无悔。六居坤土之极，又无中顺之德，所以反君道而凶。

尚秉和：反君道，即谓上六不承阳。旧解皆以不顺君命为反君道，然上六之何以独反君道，其故无能明者。此与六五敦复，及临之敦临义晦同也。

按："反君道也"是对"迷复之凶"的解释。

下卦震为君道，上卦坤为臣道，上六居天极之位，上下颠倒，所以系辞为"反君道也"。

二五　无妄卦

䷘乾上震下

无妄：

来知德：无妄者，至诚无虚妄也。《史记》作"无所期望"。盖惟本无妄，所以凡事尽其在我，而于吉凶祸福皆委之自然，未常有所期望，所以无妄也。以天道言，实理之自然也。以圣人言，实心之自然也。故有正不正之分。盖震者，动也，动以天为无妄，动以人则妄矣。《序卦》："复则不妄，故受之以无妄。"所以次复。

张惠言：遁消乾。子弑父，上之初，出震反生，阳无所亡，故名曰"无妄"。妄，亡也。此为消卦之始，故《杂卦》曰："无妄，灾也。"候在九月。卦辞"元亨利贞"与乾同。然消卦不能成既济，故三不变，则上亦不变。而成益，否道也。

尚秉和：震、巽为草木、为禾稼，下艮为火，故焦、京、王充皆以无望为大旱之卦。而乾为年，巽为入，年收失望，故曰无妄。

按："无妄"是卦名，卦象由上乾下震构成。《周易·序卦传》言："复则不妄矣，故受之以无妄。"无妄卦上卦乾为天，下卦震为动，顺天而动，就不会有什么过错，所以卦象被命名为"无妄"。

无妄卦与升卦旁通。

元亨利贞。

虞翻：遁上之初。此所谓四阳二阴，非大壮则遁来也。刚来交初，体乾，故"元亨"。三四失位，故"利贞"也。

张惠言：依例当三之初，此上之初者，消卦之始，特正乾元，与否上成益同义。乾元正。卦三、四、上皆失位，独言三四者，爻位三上相易，三正则上亦正，因卦辞别出上"匪正"，故独言三四不及上也。卦虽"利贞"，其贞者四耳。三系于四，不肯与上易位，故上有"匪正"之象。

尚秉和：元亨者，谓乾元通也。初当位，前临重阴，五中正，故乾元以通。利贞者，利于贞定也。正亦定也。

按：天道运行，周而复始，往来不穷。震为动，为万物生。大地上生长的万物，效法天道，顺天而动，所以系辞为"元亨利贞"。

其匪正，有眚。不利有攸往。

虞翻：非正谓上也。四已之正，上动成坎，故"有眚"。变而逆乘，天命不佑，故"不利有攸往"矣。

来知德：惟其无妄，所以不期望。若处心未免于妄而匪正，则无道以致福而妄欲徼福，非所谓无妄之福。有过以召灾而妄欲免灾，非所谓无妄之灾。此皆未免容心于祸福之间，非所谓无妄也，岂不有眚？若真实无妄之人，则纯乎正理，祸福一付之天，而无苟得幸免之心也。

张惠言：三上易位，正也。三不变而上变，是为“匪正”。坎为“眚”。此屯坎也。若三变成既济，则不为“眚”。上不变则成益，故“不利有攸往”。

尚秉和：匪正谓三上，三上不当位，妄动，故有眚。眚，病也。巽为疾病。其匪正有眚者，言不能贞定而躁动，即有眚也。不利有攸往，仍以动为戒也。震为决躁。躁动于内，外与刚健遇，必无幸矣，故曰不利有攸往。妄，《释文》云：马、郑、王肃皆作望，谓无所希望也。按此训最古。《史记·春申君传》云：世有毋望之福，又有毋望之祸；今君处毋望之世，事毋望之主。是自战国即读为望。《归藏》作毋亡。亡，古文妄之省。王陶庐云：妄、望同音相借。《大戴礼·文王篇》：故得望誉。望誉即妄誉。史迁受《易》于杨何，固无误也。又按《杂卦》云：无妄，灾也。故《太玄》拟无妄为去。《汉书·谷永传》：遭无妄之卦运。应劭云：天必先云而后雷，雷而后雨，今无云而雷，无妄者无所望也。万物无所望于天，灾异之最大者也。《后汉·崔篆传》：值无妄之世。王充《论衡》：《易》无妄之应，水旱之至。蔡邕《邓皇后谥议》：消无妄之运。举两汉之人，无作虚妄及失亡解者。无妄，犹《孟子》所谓不虞也。六爻爻辞皆不虞之事。又无妄，灾也，以艮火象失传之故，皆莫知灾之自来。而焦、京以无妄为大旱(《易林》屡见，详《焦氏易诂》。)之卦，其故自荀、虞莫明矣。(卞斌云：匪正宜作匪贞，经无作正者。)

虞翻知巽为禾稼，而不知艮火象，故不知大旱之义，斥京氏为非，诂为亡失，不亡失则卦吉矣。然何以解于《杂卦》之无妄灾及《象传》？《象传》曰：无妄之往，何之矣？天命不佑，行矣哉！无妄若为吉卦，而曰天命不佑，曰无所往，有是理乎？虞翻最忌郑学，郑作望，故驳之。其所谓俗儒，殆即指郑。后崔憬、何妥竟作虚妄解，益与《传》背。世岂有忠信之人，天命不佑，往无所合者哉？害理乱道，莫斯为甚。

按：六三爻阴居阳位不正，所以系辞为"其匪正"。

六三爻与九五爻互卦为巽，巽为病，所以系辞为"有眚"。

下卦震为动，六三爻动辄有咎，所以系辞为"不利有攸往"。

《象》曰：无妄，刚自外来而为主于内。

来知德：本卦综大畜，二卦同体。文王综为一卦，故《杂卦》曰："大畜，时也；无妄，灾也。"刚自外来者，大畜上卦之艮来居无妄之下卦而为震也。

张惠言：自上来之初，震为主也。

尚秉和：震为主，谓初也，先儒谓遁上来初，故曰自外来。震为躁卦，躁动于内，而外遇乾刚，故所之不合。

按："刚自外来而为主于内"是对卦名"无妄"的解释。

下卦震为"刚"、为"主"、为"内"，震动来源于乾天，所以系辞为"刚自外来而为主于内"。

动而健，刚中而应，大亨以正，天之命也。

虞翻：动，震也。健、大亨谓乾。刚中谓五，而应二，"大亨以正"。变四承五，乾为天，巽为命，故曰"大亨以正，天之命也"。

来知德：刚自外来，作主于内，又性震动，又自外来，则动以人，不动以天，非至诚无虚妄矣。所以有人之眚而不利有攸往也。内动而外健，故大亨。刚中而应，故正。天命者至诚，乃天命之实理，反身而诚者也。若自外来，岂得为天命？

张惠言："大亨"，初也。初体乾，故"谓乾"。初乾使四变，故曰"以"。

尚秉和：五刚中，二有应，故曰刚中而应。大亨者，元亨也。以正者，利贞也。元亨利贞，循环来往，天命固如斯也。乾为天，巽为命也。临《传》云：大亨以正，天之道也。天命与天道同也。

按："动而健，刚中而应，大亨以正，天之命也"是对"元亨利贞"的解释。

下卦震为动，上卦乾为健，顺天而动，才能刚健有为，所以系辞为"动而健"。

九五爻居中正之位，六二爻居中正之位，上下阴阳相应，天地流通，万物生生不息，所以系辞为"刚中而应，大亨以正，天之命也"。

"其匪正，有眚，不利有攸往"，无妄之往，何之矣？天命不祐，行矣哉！

虞翻：谓四已变，上动体屯，坎为"泣血涟如"，故"何之矣"。天，五也。巽为命。祐，助也。四已变成坤，天道助顺。上动逆乘巽命，故"天命不祐，行矣哉"，言不可行也。马君云："天命不祐，行非矣。"

来知德：以卦综、卦德、卦体释卦辞。言文王卦辞"元亨利贞"之外，而又言"其匪正，有眚，不利有攸往"者，以刚自外来而为主于内也。若本卦动而健，以刚中而应柔中，则大亨以正矣。大亨以正，实天之命也。天命实理，无一毫人欲之私，此文王卦辞所以言"元亨"也。若以外来者为主，则有人欲之私，非反身而诚，天命之实理，即匪正矣。欲往也，将何之哉？是以天命不祐，有眚而不利也。此所以文王卦辞言"元亨"而又"利贞"也。若旧注以刚自外来为自讼来，则非自外来，乃自内来矣。

张惠言：上变巽灭，故"天命不右"。

尚秉和：故时当元亨而动，时当利贞即不宜动，不宜动而强动，违天者也。违天而行，天所不福。祐，福也。何之者，言时值无望，无往而可也。盖《易》之旨，阳刚不宜在外，在外则气穷,有阳九之厄,故卦辞以行为戒,以贞定为主。

按:"无妄之往,何之矣? 天命不祐,行矣哉"是对"其匪正,有眚,不利有攸往"的解释。

六三爻居位不正,逆天而动,所以系辞为"无妄之往,何之矣"。

六三爻与九五爻互卦为巽,巽为天命、为眚,动辄有咎,得不到上天的护佑,需要悬崖勒马,所以系辞为"天命不祐,行矣哉"。

《象》曰:天下雷行,物与无妄;

虞翻:与谓举。妄,亡也。谓雷以动之,震为反生,万物出震,无妄者也,故曰"物与无妄"。《序卦》曰:"复则不妄矣,故受之以无妄。"而京氏及俗儒以为大旱之卦,万物皆死,无所复望,失之远矣。"有无妄然后可畜",不死明矣。若物皆死,将何畜聚? 以此疑也。

张惠言:皆也。失也。万物皆生,无所亡失。阳气既复,物无所亡。

按:"天下雷行,物与无妄"是从天文学、地理学的角度解释卦象。

上卦乾为天,下卦震为雷,所以系辞为"天下雷行"。

下卦震为万物,上卦乾为"无妄",应天而动,万物生长,所以系辞为"物与无妄"。

先王以茂对,时育万物。

虞翻:先王谓乾。乾盈为茂,艮为对,时体颐养象,万物出震,故"以茂对,时育万物"。言物皆死,违此甚矣。

来知德:茂者,盛也。物物皆对,时而育之,所育者极其盛大,非止一物也,即如雷地豫之殷也。对时者,因雷发生,万物对其所育之时也,如孟春牺牲毋用牝之类是也。天下雷行,震动发生,一物各具一太极,是物物而与之无妄者,天道之自然也。茂对时育物,撙节爱养,辅相裁成,使物物各遂其无妄之性者,圣人之当然也。

张惠言:初也。初故遁乾,故曰"先王"。亦初乾也。茂,盛也。艮为时。对之者,初乾。

尚秉和:与,举也。天下雷行,万物震恐,举失其求望。茂与懋通,勉也。对,答也。言因雷而勉答天威。傅亮文云:祇服往命,茂对天休。潘岳《秋兴赋》:览花莳之时育兮。是茂对连文,时育连文,古读如是。《释文》作茂对时,非也。艮为时,震、巽皆为草莽,而震为生,故曰时育万物。即严畏天命,顺时育物也。《象》有以相反为义者,如蛊曰振民育德,剥曰上以厚下安宅,明夷曰用晦而明,及此皆是也。虞仲翔不知此旨,据《象》言时育,证万物皆死之非。审如是也,将蛊曰振育,亦可谓之不蛊;剥曰安宅,亦可谓之非剥,尚可通乎?

按:"先王以茂对,时育万物"是从卦象引申出来的人文思想。

上卦乾为"先王"、为"茂",六二爻与九五爻阴阳相应,顺天而动,才能阳气盈满,所以系辞为"先王以茂对"。

九四爻与六二互卦为艮,艮为"时",下卦震为春、为万物生,所以系辞为"时育万物"。

初九:无妄,往吉。

虞翻:谓应四也。四失位,故命变之正。四变得位,承五应初,故"往吉"。在外称往也。

来知德:爻与象辞不同者,爻以一爻之定体而言,象以全体相综大畜而言。九以阳刚之德居无妄之初,有所动,所谓动以天也。且应爻亦刚,无系恋之私,是一感一应,纯乎其诚矣,何吉如之? 故占者往则吉。

张惠言:初为卦主,物所由无妄者,故直曰"无妄"。

尚秉和:阳遇阴则通,故往吉。

按:初九爻阳刚,所以系辞为"无妄"。

下卦震为动,阳遇阴则通,所以系辞为"往吉"。

《象》曰:无妄之往,得志也。

虞翻:四变应初,夫妻体正,故"往得志"矣。

来知德:诚能动物,何往而不遂其心志?

张惠言:震巽为"夫妻"。"男女睽而其志通",故"得志"。

尚秉和:得志,谓往遇二阴也。大畜九三云:上合志。涣九二云:得愿。上皆无应,皆以前遇二阴。虞翻不知此为《易》不刊之定理,命四爻变阴,初得应,释得志。清儒从之,讹误至今。

按:"得志也"是对"无妄之往"的解释。

下卦震为"志",阴阳相遇为通,所以系辞为"得志也"。

六二:不耕获,不菑畲,则利有攸往。

虞翻:有益,耕象,无坤田,故不耨。震为禾稼,艮为手,禾在手中,故称"获"。田在初,一岁曰"菑"。在二,三岁曰"畲"。初爻非坤,故不菑而畲也。得位应五,利四变之益,则坤体成,有耒耨之利,故"利有攸往"。往应五也。

来知德:耕者,春耕也。获者,秋敛也。菑者,田之一岁垦而方成者。畲者,田之三岁垦而已熟者。农家始而耕,终而获;始而菑,终而畲。不耕获者,不方耕而即望其获也。不菑畲者,不方菑而即望其畲也。耕也,菑也,即明其道也。获也,畲也,即功也。曰"不耕获,不菑畲",即"明其道不计其功"也。观《小象》"未富"可见矣。若《程传》"不首造其事",《本义》"无所为于前,无所冀于后",将道理通讲空了,乃禅学也。吾儒圣人之学,进德修业,尽其理之当然,穷通得丧,听其天之自然,修身俟命,此正所谓"无妄"也。岂一点道理不进,空空寂寂,谓之无妄哉?初为地位,二为田,故九二曰"见龙在田"。震居东,二、三皆阴土,水临土上,春耕之象也。震为禾稼,中爻艮为手,禾在手,获之象也。中爻巽,下卦震,上入下动,菑畲之象也。故禾耨取诸益。

六二柔顺中正,当无妄之时,无私意期望之心,故有不耕获、不菑畲之象。言虽于前,无所望于后,占者必如此,则利有攸往矣。

张惠言：四未变。此"耨"字当为"耕"，或经当为"耨"，疑不能明也。谓四变无田而有田，故不耨而获。四变，则坤在二。谓"天之所助者顺"。

尚秉和：获，《说文》：刈谷也。《诗·小雅》：于此菑亩。疏：菑，灾也。始灾杀其草木也。故《说文》云：不耕田也。畬，《说文》：三岁治田。《诗·周颂》：如何新畬。《传》一岁曰菑，二岁曰新田，三岁曰畬。《尔雅》同。独郑康成及虞翻谓田二岁曰畬。（皆以在二爻。）岂知《诗》明曰新畬，是第一年菑田，第二年便为新田，然尚未柔和也，故第三年为畬田。观《诗》不曰畬新，而曰新畬，郑、虞误也。盖二居艮震之间，震为耕、为菑；乃前遇艮，艮止，故不耕不菑。艮手为获，艮成终，为畬。不耕而获，不菑而畬，为必无望之事，故《象》以未富为释。据《坊记》引，则为凶字。又据《说文》引，畬下多田字，段玉裁以为即凶之形讹字。然则则为凶字无疑。乃王注谓不耕而获，不菑而畬，只代终，不造始，臣道固如是也，故利往。如王诂，是亦获亦畬也，与《象》未富之义不合。按《易林》无妄之讼云：不耕而获，家食不给。谓既不耕，获必无得，故家食不给。读虽与王同，而义则与《小象》不背矣。又《礼·坊记》引此，郑彼注云：言必先耕乃得获，先菑乃得畬，安有无事而取利者乎？皆正诂，宜从。二有应，故利往。此自为一义，与上二句不相属，与困《象》同。

按：下卦震为"耕"，六二爻在田为"菑畬"，六二爻与九四爻互卦为艮，艮为止，所以系辞为"不耕获，不菑畬"。

六二爻与九五爻阴阳相应，顺应天时，应天而动，所以系辞为"则利有攸往"。

《象》曰："不耕获"，未富也。

虞翻：四动坤虚，故"未富也"。

来知德：言未有富之心也。此"富"字虽曰未有此心，然亦本于象。盖巽为市利，小畜上体乃巽，《小象》曰"不独富也"；此卦中爻巽，曰"未富"者，未入巽之位也。

按："未富也"是对"不耕获"的解释。

下卦震为碗，碗中空虚，所以系辞为"未富也"。

六三：无妄之灾，或系之牛。

虞翻：上动体坎，故称"灾"也。四动之正，坤为牛，艮为鼻、为止；巽为桑、为绳，系牛鼻而止桑下，故"或系之牛"也。

来知德：本卦大象离，此爻又变为离，离为牛，牛之象也。中爻巽为绳，又艮为鼻，绳系牛鼻之象也。

张惠言：屯坎。由三不变，故上体屯，是以三为卦之灾。四为巽，而系三为坤，故"或系之牛"。四也。三也。四系三为有所得。三系四不变，上独变，成屯，故"灾"。四坤为牛。

尚秉和：无妄之灾，犹不虞之灾也。艮为牛，（象失传，详《焦氏易诂·补遗》。）巽为系，故或系之牛。

按：六三爻与九五爻互卦为巽，巽为疾病，所以系辞为

"无妄之灾"。

巽为绳,六三爻为艮卦中爻,艮为牛鼻,六三爻阴居阳位不正,所以系辞为"或系之牛",意思是说这个无妄之灾和牛有关。

行人之得,邑人之灾。

虞翻:乾为行人,坤为邑人,乾四据三,故"行人之得"。三系于四,故"邑人之灾"。

来知德:震为足,行之象也。三为人位,人在震之大涂,行人之象也。三居坤土,得称邑,又居人位,邑人之象也。此爻居震动之极,牛失之象也。又变离错坎,坎为盗,亦牛失之象也。或者,设或也,即"假如"二字。假牛以明无妄之灾乃六三也,即邑人也。

六三阴柔不正,故有此象。言或系牛于此,乃邑人之牛也。牛有所系,本不期望其走失,偶脱所系而为行人所得,邑人有失牛之灾,亦适然不幸耳,非自己有以致之,故为无妄之灾。即象而占可知矣。

张惠言:震为"行人"也。三坤为灾。此言初得四,三受灾,义亦大不同,但不备也。

尚秉和:震为行、为人,巽为盗,故行人之得。艮为邑,艮火,故曰灾。言或系之牛,被行人牵去,居者反有盗嫌,遭诘捕之祸也。爻辞取象,神妙已极,乃自艮牛、艮火象失传,自虞翻以来,皆用卦变,致妙用全失。盖三不当位,而巽伏为盗,(象失传,详《焦氏易诂·补遗》。)故有是象。灾之无妄,莫过于是。

按:下卦震为"行人",六三爻与九四爻互卦为艮,艮为"得",所以系辞为"行人之得",意思是说行人得到了跑丢的牛。

艮为邑,巽为病,所以系辞为"邑人之灾",意思是说因为牛跑丢了,邑人因此遭殃。

《象》曰:行人得牛,邑人灾也。

虞翻:或说:以四变则牛应初,震坤为死丧,故曰"行人得牛,邑人灾也"。

来知德:行人得牛而去,邑人不期望其失牛而失牛,故为无妄之灾。

张惠言:言三不变,由系四也。

按:"邑人灾也"是对"行人得牛"的解释。

六二爻为"邑人",巽为病,所以系辞为"邑人灾也"。

九四:可贞,无咎。

虞翻:动得正,故"可贞"。承五应初,故"无咎"也。

来知德:可者,当也。九阳刚健体,其才亦可以有为者,但下无应与,无所系恋,而无妄者也。占者得此,但可守此无妄之正道,即无咎矣。若妄动,又不免有咎也。

尚秉和:阳遇阳则窒,下又无应,不宜于动,故曰可贞。贞,定也。然得重阴履之,故亦无咎。

按:九四爻与六二爻互卦为艮,艮为止,上卦乾为天,止于天道,就没有什么过失,所以系辞为"可贞,无咎"。

《象》曰："可贞，无咎"，固有之也。

虞翻：动阴承阳，故"固有之也"。

来知德：固有者，本有也。无应与，则无系恋而无妄，则无妄乃九四之本有也。

尚秉和：固有，即谓二阴。虞翻亦用卦变说之，非。

按："固有之也"是对"可贞，无咎"的解释。

艮为止、为居，上卦乾为天，下卦震为万物。固守天道，顺天而动，应时而止，就会生生不息，所以系辞为"固有之也"。

九五：无妄之疾，勿药，有喜。

虞翻：谓四以之正，上动体坎，坎为疾病，故曰"无妄之疾"也。巽为木，艮为石，故称"药"。坎为多眚，药不可试，故"勿药，有喜"。康子馈药，丘未达，故不尝，此之谓也。

来知德：五变则中爻成坎，坎为心病，疾之象也。中爻巽木艮石，药之象也。中爻巽综兑悦，喜之象也。意外之变，虽圣人亦不能无，但圣人廓然大公，物来顺应，来则照而去不留，无意、必、固、我之私，是以意外之来犹无妄之疾耳。如舜之有苗，周公之流言，皆无妄之疾也。"诞敷文教而有苗格"，"公孙硕肤，德音不瑕"，大舜、周公之疾，不药而自愈矣。

九五阳刚中正，以居尊位，而下应亦中正，无妄之至也。如是而犹有疾，乃无妄之疾，不当得而得者，故勿药自愈，其象占如此。

张惠言：外三皆坎，疾归于五，故曰"无妄之疾"。

尚秉和：巽为疾，为草莽，故为药。无妄之疾，言疾之愈已失望，乃勿药而愈，其喜可知。五应在二，震为笑乐，故有喜也。勿药者，言巽药为艮火为所焚也。

按：九五爻与六三爻互卦为巽，巽为"疾"，所以系辞为"无妄之疾"。

巽为"药"，九四爻与六二爻互卦为艮，艮为止，所以系辞为"勿药"。

九五爻与六二爻阴阳相应，下卦震为乐，所以系辞为"有喜"。

《象》曰：无妄之药，不可试也。

来知德：试者，少尝之也。无妄之疾，勿药者，以无妄之药不可尝也。若尝而攻治，则反为妄而生疾矣。故不可轻试其药，止可听其自愈。

张惠言：爻注云："坎为多眚，药不可试。"

尚秉和：不可试，言此为事之偶然，非所期望，不可尝试。盖五虽当位有应，然承乘皆阳，未为全吉。

按："不可试也"是对"无妄之药"的解释。

九五爻居中正之位，不可妄动，所以系辞为"不可试也"。

上九：无妄，行有眚，无攸利。

虞翻：动而成坎，故"行有眚"。乘刚逆命，故"无攸利"，"天命不祐，行矣哉"。

来知德：下应震足，行之象也。九非有妄，但时位穷极,不可行耳,故其象占如此。

张惠言:上本无妄,行则灾也。

尚秉和:上应在三。巽为疾病、为眚、为利。然四五遇敌,故行有眚而无所利也。

按:上卦乾为"无妄",所以系辞为"无妄"。

上九爻与六三爻阴阳相应,六三爻为"眚",所以系辞为"行有眚,无攸利"。

《象》曰:无妄之行,穷之灾也。

来知德:无妄未有不可行者,以时位耳。与"亢龙"同,故二《小象》亦同。

张惠言:无妄矣而又行,则穷而灾。

按:"穷之灾也"是对"无妄之行"的解释。

上九爻若与六三爻相遇就会有灾难,所以系辞为"穷之灾也"。

二六　大畜卦

艮上乾下

大畜:

虞翻:此萃五之复二成临。临者,大也。至上有颐养之象,故名"大畜"也。

来知德:大者,阳也。其卦乾下艮上,以阳畜阳,所以畜之力大,非如巽以阴畜阳,所畜之力小,故曰大畜。又有蕴畜之义,又有畜止之义。《序卦》:"有无妄,然后可畜,故受之以大畜。"所以次无妄。

张惠言:消息卦,萃五之复二成临,通萃为大畜。二阴畜阳,凝阳于四,故名"大畜"。候在八月。成既济。

尚秉和:乾为大。乾阳上升,为民艮所止,故曰大畜。

按:"大畜"是卦名,卦象由上艮下乾构成。《周易·序卦传》言:"有无妄,然后可畜,故受之以大畜。"大畜卦上卦艮为止、为居,下卦乾为天,静止以蓄养阳气,所以被命名为"大畜"。

大畜卦与萃卦旁通。

利贞。

虞翻:大壮初之上,其德刚上也。与萃旁通。二五失位,故"利贞"。

来知德:贞者,正也,利于正道,如"多识前言往行,以畜其德"是也。

张惠言:坤之消息兼从爻例,"初之上",非正例,亦殊之。

尚秉和:阳为艮畜,故利于贞定也。

按:上卦艮为静止,下卦乾为阳刚正气,能够蓄养阳刚之气,所以系辞为"利贞"。

不家食,吉。

虞翻:二称家。

来知德:中爻兑口在外,四近于五之君,当食禄于朝,不家食之象也。何以言食？本卦大象离，故《彖辞》曰"辉光日新"者，因大象离也。离错坎，又象颐，有饮食自养之象。吉者，吾道之大行也，言所蕴畜者皆正，则畜极而通，当食禄于朝，大有作为，以济天下之险也。

张惠言：是为"家食"。不成家人，故曰"不家食"。

尚秉和：兑为食，艮为家，皆在外，故不家食，吉。

按：上卦艮为家，九二爻与六四爻互卦为兑，兑为口，艮为外卦，为宫廷，有食禄于朝之象，所以系辞为"不家食，吉"。

利涉大川。

虞翻：谓二五易位，成家人，家人体噬嗑食，故"利涉大川，应乎天也"。

来知德：因错坎水，中爻震木，所以有涉大川之象。又本卦错萃，萃大象坎。若以卦体论，四五中空，有舟象。乾健，应四五上进，有舟行而前之象。应乎天者，以卦德论其理也。象辞、爻辞皆各取义不同。

张惠言：二为天德，五应而变。二五既正，上变既济，重坎相承，故曰"涉大川"。

尚秉和：坤为大川，上居坤水之颠，下履重阴，得行其志，故曰利涉大川，与颐上九之利涉大川同也。

按：九三爻与六五爻互卦为震，坤为大川，坤阴极变震，震为木，所以系辞为"利涉大川"。

《彖》曰：大畜，刚健笃实，辉光日新。

虞翻：刚健谓乾，笃实谓艮。二已之五，"利涉大川"。互体离坎，离为日，故"辉光日新"也。

来知德：以卦德、卦综、卦体释卦名、卦辞。刚健者，内而存主也。笃实者，外而践履也。刚健无一毫人欲之阴私，笃实无一毫人欲之虚假，则闇然日章，光辉宣著，其德自日新又新，所以积小高大，以成其畜也。名大畜者以此。刚健，乾象；笃实，艮象，二体相合离象，故又言"辉光日新"。

张惠言：艮成终始，故"笃实"。既济体两离坎。

尚秉和：刚健笃实，谓乾。辉光谓艮。艮为日，故曰日新。

按："刚健笃实，辉光日新"是对大畜卦卦名的解释。

下卦乾阳刚气盈，所以系辞为"刚健笃实"。

上卦艮为"日"、为四时，所以系辞为"辉光日新"。

其德刚上而尚贤，能止健，大正也。

虞翻：健，乾。止，艮也。二五易位，故"大正"。旧读言"能止健"，误也。

来知德：刚上者，大畜综无妄，无妄下卦之震上而为大畜之艮也。上而为艮，则阳刚之贤在上矣，是尚其贤也。止健者，止居上而健居下，禁民之强暴也。此二者，皆大正之事，所以利贞。若以止健为止阳刚君子，则又非大正矣。

张惠言：大壮初升上，故"刚上"。艮为贤人。健止则必正。畜阳非止乾,故云误也。

尚秉和:艮为君子,故曰尚贤。

按:"其德刚上而尚贤,能止健,大正也"是对"利贞"的解释。

上卦艮为刚、为君子,所以系辞为"其德刚上而尚贤"。

艮为止,乾为健,能够静止以涵养天地正气,所以系辞为"能止健,大正也"。

"不家食,吉",养贤也。

虞翻:二五易位成家人,今体颐养象,故"不家食,吉,养贤也"。

来知德:养贤者,食禄以养贤也。

张惠言:颐《象》曰"圣人养贤以及万民",谓艮为"贤人"。乾下养上,故此体颐为养贤也。

尚秉和:艮为君子,故曰尚贤,曰养贤。

按:"养贤也"是对"不家食,吉"的解释。

上卦艮为君子、为朝廷,君子在朝廷谋事,所以系辞为"养贤也"。

"利涉大川",应乎天也。

来知德:应天者,下应乎乾也。天者,时而已矣,既负蕴畜之才,又有乾健之力,所以当乘时而出,以济天下之险难也。惟刚上则贤人在上,故能尚贤,故能成艮而止健,故能兑口在外卦而食禄于外,故能六五得中而应乎乾。此四者,皆卦综刚上之功也。

张惠言：天德定既济。二升五，则上亦变，故"涉大川"。震为"应"也。

尚秉和：五天位，上孚于五，故曰应乎天。

按："应乎天也"是对"利涉大川"的解释。

九三爻与六五爻互卦为震，震为动，上九爻为天，感天而动，所以系辞为"应乎天也"。

《象》曰：天在山中，大畜；

来知德：天者一气而已，气贯乎地中，天依乎地，地附乎天，云雷皆自地出。故凡地下空处深处皆是天，故曰"天在山中"。

张惠言：阳光皆天也。山畜天阳，故能生万物。

按："天在山中，大畜"是从天文学、地理学的角度解释卦象。

下卦乾为天，上卦艮为山，山能涵养天地正气，所以系辞为"天在山中，大畜"。

君子以多识前言往行，以畜其德。

虞翻：君子谓乾，乾为言，震为行，坎为识，"乾知大始"，震在乾前，故"识前言往行"。有颐养象，故"以畜其德"矣。

来知德：多识，即大畜之意，乃知之功夫也。古圣贤之嘉言善行，皆理之所在，皆古人之德也。君子多识之，考迹以观其用，察言以求其心，则万理会通于我，而我之德大矣，此君子体大畜之功也。中爻震足，行之象；兑口，言之象。

张惠言：此象不取。"乾为言"，似非也。当是"震为言为行"，传写误耳。萃五下之复二，则上成坎。复下震也，息二又震也，至三乃成乾。乾前有二震。萃坎临之，故"多志前言往行"也。德，阳也。

尚秉和：识，《论语》：女以为多学而识之者欤？注：识，记也。乾为前、为言、为行、为德。艮止于下，故多识前言往行，以畜其德。艮为君子。

按：能够效法大畜卦的人被称为"君子"。

下卦乾为"言"、为"行"，乾盈为多，乾在下卦，为过往之意，所以系辞为"君子以多识前言往行"。

上卦艮为蓄养，下卦乾为"德"，所以系辞为"以畜其德"。

初九：有厉，利已。

来知德：乾三阳为艮所畜，故内外之卦各具其义。内卦受畜，以自止为义，以阴阳论，若君子受畜于小人也。外卦能畜，以止人为义，以上下论，若在位之禁止强暴也。《易》主于变易，所以取义不穷。已者，止也。厉者，不相援而反相挤排，危厉之道也。

初九阳刚乾体，志于必进，然当大畜之时，为六四所畜止，而不得自伸，故往则有危，惟止则不取祸矣，故教占者必利于止也。

张惠言：已，上也。初应四，二正，四体坎，故"有厉"。

初本复爻，"出入无疾"，故"利已，不犯灾也"。

尚秉和：厉，危也。已，止也。初有应，似利往，然二三皆阳，遇敌，故曰有厉。初勿用，故利已。言往应四则有灾也。旧解皆不知有厉之故在二三，于是虞氏命二变成坎，四在坎体，以取灾象。经义之晦，至于如此，真可叹也！

按：初九爻与六四爻阴阳相应，九二爻与六四爻互卦为兑，兑为毁折，所以系辞为"有厉"。

初九爻潜龙勿用，所以系辞为"利已"。

《象》曰："有厉，利已"，不犯灾也。

虞翻：谓二变正，四体坎，故称灾也。

来知德：灾即厉也，止而不行，则不犯灾矣。

张惠言：坎为"灾"。

尚秉和：不犯灾，释利已之故也。灾即厉，指二三。

按："不犯灾也"是对"有厉，利已"的解释。

九二爻与六四爻互卦为兑，兑为毁折，初九爻不硬性前往，避免毁折，所以系辞为"不犯灾也"。

九二：舆说輹。

虞翻：萃坤为车、为輹，坤消乾成，故"车说輹"。腹或作"輹"也。

来知德：乾错坤为舆，舆之象也。中爻兑为毁折，脱輹之象也。舆赖輹以行，脱则止而不行矣。

九二亦为六五所畜，以有中德，能自止而不进，故有舆说輹之象。占者凡事不冒进，斯无尤矣。

张惠言：说，读如脱。二为萃息之主，故特取此象。不言其变正应五者，方言阳息于初，三爻互明之。

尚秉和：伏坤为舆，震为輹。二应在五。五震体，乃舆在内，輹在外，故曰舆说輹。车之行全恃輹，輹脱则车不能行，二承乘皆阳，阳遇阳则窒，故有是象。旧说以二应五，便谓利涉大川指二者，非也。如二能利涉，焉有此象哉？

按：下卦乾与坤旁通，坤为"舆"，九三爻与六五爻互卦为震，震为"輹"，九二爻与六四爻互卦为兑，兑为毁折，所以系辞为"舆脱輹"，意思是说车辆承载太重，车轮的辐条断了。

《象》曰："舆说輹"，中无尤也。

来知德：惟有中德，故无妄进之尤。

张惠言：二得中，之正得位，故"无尤"。

尚秉和：然爻辞无吉凶，无咎悔，故《象》曰中无尤。言无尤之故，以得中也。

按："中无尤也"是对"舆脱輹"的解释。

九二爻居中位，避免过错，所以系辞为"中无尤也"。

九三：良马逐，利艰贞。

虞翻：乾为良马，震为惊走，故称"逐"也。谓二已变，三在坎中，故"利艰贞，吉"。

来知德：此爻取蕴蓄之义。乾为良马，良马之象也。中爻震为作足之马，乾马在后追逐，震马之象也。两马因震动而追逐，遇艮止不得驰上，利艰贞之象也。良马逐者，用功如良马追逐之速也,即九三"终日乾乾,夕惕若"之意。艰者,艰难其思虑,恐其失于太易也。贞者,贞固其作为,恐其失于助长也。九三以阳居健极,当大畜之时,正多识前言往行,用功不已之时也,故有良马追逐之象。

张惠言: 息至三乾成,乾既成,则四五二阴速反,震亦成。

尚秉和: 乾为良马,震为逐。三多惧,故利艰贞。

按: 下卦乾为"良马",九三爻与六五爻互卦为震,震动为"逐",所以系辞为"良马逐"。

上卦艮为止,艮山为天险,遇山而止,所以系辞为"利艰贞"。

日闲舆卫,利有攸往。

虞翻: 离为日。二至五体师象。坎为闲习,坤为车舆,乾人在上,震为惊卫,讲武闲兵,故曰"日闲舆卫"也。

来知德: 中爻兑口,乾为言,曰之象也。乾错坤,舆之象也。阴爻两列在前,卫之象也。《考工记》车有六等,戈也、人也、殳也、戟也、矛也、轸也,皆卫名。曰者,自叹之辞。闲者,习也,习其车舆与其防卫也。闲习有优游自得之意。曰闲舆卫者,自叹其当闲与卫也。言当此大畜之时,为人所畜止摧抑,果何所事哉?亦惟自闲舆卫,以求往乎天衢耳。舆者,任重之物。卫者,应变之物。以人事论,君子不当家食,以一身而任天下之重者,舆也;当涉大川,以一身而应天下之变者,卫也。必多识前言往行之理,畜其刚健笃实之德,以德为车,以乐为御,忠信以为甲胄,仁义以为干橹,涵养于未用之时,以待时而动,此闲舆卫之意也。闲舆卫,又利艰贞之象也。旧注以不相畜而俱进,殊不知卦名大畜,下体非自止则蕴畜也,无进之意。盖观"童牛之牿",则知当"有厉,利已"矣;观"豮豕之牙",则知当"舆说輹"矣;观"何天之衢",则知用功,当"良马逐"矣。所以《小象》言"上合志",所以当取蕴畜之义。唯蕴畜方能畜极而通何天之衢。

然犹恐其过刚锐进,惟当艰贞,从容以待时,故又有"日闲舆卫"之象。如是,自然畜极而通,"利有攸往"矣。故教戒占者必当如此。

张惠言:利二变也。乾成则二变,天道也。乾为"人"。萃坤为乾人在车上。

尚秉和:乾为日。《尔雅·释诂》:闲,习也。《诗·秦风》:游于北园,四马即闲。《传》亦训闲为习。震为舆卫。曰闲舆卫者,言车马已闲习,利于行也。三临重阴,故行利。

按:"闲"是训练的意思。下卦乾为"日",九三爻震为作训,每天训练不停,所以系辞为"日闲舆卫"。

震为动,所以系辞为"利有攸往"。

《象》曰:"利有攸往",上合志也。

虞翻:谓上应也。五已变正,上动成坎,坎为志,故"利有攸往,与上合志也"。

来知德：上合志者，谓上九之志与之相合也。三与上九情虽不相孚，然皆居二体之上，其志皆欲畜极而通，应与相合，所以利有攸往。

张惠言：上动，与三皆体坎，为"合志"。

尚秉和：三遇重阴，阳遇阴则通，故曰上合志。上谓四五。此与升初六之上合志同。初六之上谓二三，阴遇阳则通，与阳遇阴同也。虞翻谓上为上爻。故《易》本一失，说无不误。

按："上合志也"是对"利有攸往"的解释。

九三爻与六四、六五爻阴阳相通，畅行无阻，所以系辞为"上合志也"。

六四：童牛之牿，元吉。

虞翻：艮为童。五已之正，萃坤为牛。牿谓以木楅其角。大畜，畜物之家，恶其触害。艮为手、为小木，巽为绳，绳缚小木，横着牛角，故曰"童牛之牿"。得位承五，故"元吉"而喜。喜谓五也。

来知德：童者，未角之称。牿者，施横木于牛角以防其触，即《诗》所谓"楅衡"者也。此爻变离，离为牛，牛之象也。艮本少，又应初，童牛之象也。变离错坎，牿之象也。艮手，中爻震木，手持木而施之角，亦牿之象也。

六四艮体居上，当畜乾之时，与初相应，畜初者也。初以阳刚居卦之下，其势甚微，于此止之，为力甚易，故有牿童牛之象。占者如此，则止恶于未形，用力少而成功多，大善而吉之道也，故元吉。

张惠言：萃艮也。四在巽也。萃坤在艮，故曰"童牛"。养物者必去其害，"豮豕"亦是也。此大畜艮也。艮巽在坤上。消息之义主于二阴畜阳，阴见于巽，故五变而巽得畜阳，故坤元疑于四也。畜阳者，阳毓阴中，坤之游魂，故畜乾，而象取坤牛也。姤巽未成，故曰"童牛"。乾坤相合，得巽而定，故曰"告"。萃息乾而反于坤，故五又象"豮豕"。

尚秉和：《释文》：童牛，无角牛也。按《太玄·更》次五云：童牛角马，不今不古。即谓牛无角也。牿，《释文》云：陆作角，刘云牿之言角也；《九家》作告，云牛触，角著横木，所以告人。按刘、陆作角者是也。牿、角音同通用。艮为牛，（象失传，详《焦氏易诂》。）艮少，故为童牛。而艮为角，四居艮初，有若初生之角，言小牛角初生也。四应初，故吉。

按：上卦艮为"童牛"，九三爻与六五爻互卦为震，震为木，艮为止，用木头限制牛角，所以系辞为"童牛之牿"。

六四爻居正位，与初九爻阴阳相应，所以系辞为"元吉"。

《象》曰：六四元吉，有喜也。

虞翻：得位承五，故"元吉"而喜。喜谓五也

来知德：上不劳于禁制，下不伤于刑诛，故可喜。四正当兑口之悦，喜之象也。

张惠言：四本小畜，阳少不能凝元，得五易二，始能有元也。"喜"谓五阳，即五云庆。贾注云："凡言喜庆，皆阳爻。"

尚秉和：应在初阳，故有喜。（卢浙云：《说文》：牿，牛马牢。牛在牢则范而不越，故吉。于艮止义亦合。）

按："有喜也"是对"六四元吉"的解释。

六四爻与初九爻阴阳相应，阳为喜，所以系辞为"有喜也"。

六五：豮豕之牙，吉。

虞翻：二变时，坎为豕，剧豕称豮，令不害物。三至上体颐象，五变之刚，巽为白，震为出，刚白从颐中出，牙之象也。动而得位，"豮豕之牙，吉"。

来知德：本卦大象离，离错坎，豕之象也。五变，中爻又成离矣。豮者，辖也，腾也，乃走豕也，与"童牛之牿"一句同例。"童"字与"豮"字同，"牿"字与"牙"字同。中爻震足性动，豮之象也。牙者，《埤雅》云"以杙系豕也"，乃杙牙，非齿牙也。杜诗"凫雏入桨牙"，坡诗"置酒看君中戟牙"，荆公"槎牙死树鸣老乌"，《阿房赋》"檐牙高啄"，又将军之旗曰牙，立于帐前，谓之牙帐。《考工记·轮人》"牙也者，所以为固抱也"，所以蜀人呼棹牙、橯牙、床牙，则牙字古今通用，非齿牙也。《诗》"椓之丁丁"，丁丁，杙声也，以木入土，所以有声也。今船家系缆桩谓之欙，亦曰杙牙者，桩上权牙也。盖以丝系矢曰弋，故从弋，所以绳系木曰杙。变巽为绳，系之象也。巽木，杙之象也。言以绳系走豕于杙牙也。旧注因宫刑，或曰辖刑，遂以为去其势，但天下无啮人之豕，所以此豮字止有腾字意，无辖字意。牛、马、豕皆人之畜者,故大畜并言之。

六五以柔中居尊位,当畜乾之时,畜乎其二者也,故有豮豕之牙之象。占者如此,则强暴梗化者自屈服矣,故吉。

张惠言:不更取坤者,二五易位也。豕去雄称"豮"。大畜息阳至五而反于坤,故取豮豕之象。

尚秉和:《尔雅·释兽》:豕子猪豶豶。注云:俗呼小豮猪为豵子。是豮豕为小豕。艮,少象也,二兑为牙,五应之,故曰豮豕之牙,言小豕初生牙也。按艮为黔喙,兽之黔喙者莫过于豕,疑艮或有豕象,又姤以巽为豕,大畜三至五伏巽,或仍以巽为豕也。(李鼎祚深知豮豕二字皆由象生,然求之不得,谓五应二,二坎爻为豕,非。又卢浙云:《埤雅》,以杙系豕,谓之牙。牙者,系之者也。系而不去,故吉。亦与艮止义合。)

按:"豮豕"就是指小猪。九三爻与上九爻互卦为离,离与坎旁通,坎为猪,上卦艮为少,所以取象为"豮豕"。九三爻与上九爻互卦为颐,六五爻为颐中牙所在的位置,所以系辞为"豮豕之牙"。意思是说小猪的乳牙不锋利。

六五爻顺承上九,所以系辞为"吉"。

《象》曰:六五之吉,有庆也。

虞翻:五变得正,故"有庆也"。

来知德:庆即喜,但五君位所畜者大,故曰庆,即"一人有庆"也。

张惠言:喜庆一也。

尚秉和：六五承阳，故有庆。晋六五、睽六五皆上承阳，皆曰往有庆。兹与之同。

按：“有庆也”是对“六五之吉”的解释。

六五爻顺承上九，阳为喜，所以系辞为“有庆也”。

上九：何天之衢，亨。

虞翻：何，当也。衢，四交道。乾为天，震艮为道，以震交艮，故“何天之衢，亨”。上变坎，为亨也。

来知德：此畜极而通之义。何，胡可切，音荷，儋也，负也。儋即担字，杨子“儋石”是也。《诗》“何蓑何笠”，皆音荷。《灵光赋》“荷天衢以元亨”、《庄子》“背负青天”皆此意。郑康成亦言“肩荷”，是也。上阳一画，象担；二阴垂鞞于两边，有担挑之象，言一担挑起天衢也，即陈白沙所谓“明月清风作两头，一挑挑到鲁尼丘”也。因卦体取此象，无此实事，金车、玉铉之类是也。上为天位，天之象也。四达谓之衢。艮综震为大涂，衢之象也。以人事论，天衢乃朝廷政事之大道也，观《小象》曰“道大行”可知矣。

畜之既久，其道大行，正不家食，担负庙廊之重任；涉大川，担当国家之险阻，此其时矣，故有何天衢之象。占者得此，亨可知矣。

张惠言：何，读如负何之何。二五未变之象。交于天道，故变坎定既济。

尚秉和：艮一阳在上为天。又为背，故曰何。艮为道路，故曰何天之衢。《左传》昭二年：尸诸周氏之衢。注：衢，道也。又《尔雅·释宫》：四达谓之衢。何天之衢者，言阳在上，不为所畜，通达之甚。《象》曰道大行，亦释衢为道。大行即谓其通达。虞翻释何为当。王弼竟释何为何乃，朱子取之，益非。盖皆以天衢如何负何为疑。岂知《易》辞皆摄取象之精神，而不能执其解，执则《易》辞无一可通。

　　按：上卦艮为天门，九三爻与六五爻互卦为震，震为天路，四通八达，所以系辞为"何天之衢，亨"。

《象》曰："何天之衢"，道大行也。

　　虞翻：谓上据二阴。乾为天道，震为行，故"道大行也"。

　　来知德：道大行者，不家食，涉大川，无往而莫非亨也。"道"字即"衢"字。

　　张惠言："道大行"，故能变既济。

　　尚秉和：艮为天。《易林》豫之旅云：入天门。随之蹇云：戴瓶望天。皆以艮为天。

　　按："道大行也"是对"何天之衢"的解释。

　　上卦艮为天道，所以系辞为"道大行也"。

二七　颐卦

䷚艮上震下

颐：

　　来知德：颐，口旁也。口食物以自养，故取养义。为卦上下二阳,内含四阴,外实内虚,上止下动,故名为颐。《序卦》:"物畜,然后可养,故受之以颐。"所以次大畜。

张惠言:消息卦,与大过旁通,即坎离之象也。坤入于乾,历豫、小畜、萃、大畜、蹇、睽而阴阳合于大过、颐。大过体复一爻,阳伏巽中,颐通大过,巽伏震初,姤于是生。颐者,养也。大小,畜之盛也。候在十一月。天地合,故成既济。

尚秉和:郑玄曰:颐者,口车辅也。震动于下,艮止于上,口车动而上,因辅嚼物以养人,故谓之颐。按《左传》:辅车相依。注:辅,辅颊;车,牙车。凡物入口,牙车载之,故曰车。辅在上不动,车在下动而上,故曰因辅嚼物。颐上艮,辅也,不动者也。下震,牙车也,动而上,因辅以嚼物者也。故郑释最得卦义。

按:"颐"是卦名,卦象由上艮下震构成。《周易·序卦传》言:"物畜,然后可养,故受之以颐。颐者,养也。"颐卦上卦艮为止,下卦震为动,牙床上下咬合,所以卦象被命名为"颐"。

颐卦与大过卦旁通。

贞吉。

虞翻:晋四之初,与大过旁通,"养正则吉"。谓三爻之正,五上易位,故"颐,贞吉"。

张惠言:颐通大过,反巽为震。"晋四之初"者,晋乾游魂卦也。成既济定。"反复不衰",谓上下如一。八卦皆阴阳之合,终则又始,故"反复不衰"。乾归魂于离,而息坎出震。坤归魂于坎,而息离姤巽。坎离,剥复之合也。大过积坎,颐积离。阴道重,故大过。颐为夬、姤合。小过内离外坎,中孚内坎外离,二卦消息之并,故泰否之合。八卦同义也。博异解。

尚秉和:颐能养人,故贞吉。

按:上卦艮为静止,下卦震为阳动,静止以涵养阳气,所以系辞为"贞吉"。

观颐,自求口实。

虞翻:"反复不衰",与乾、坤、坎、离、大过、小过、中孚同义,故不从临、观四阴二阳之例。或以临二之上,兑为口,故有"口实"也。离为目,故"观颐",观其所养也。或以大过兑为口,或以临兑为口,坤为自,艮为求。"口实",颐中物,谓其自养。

来知德:本卦大象离目,观之象也。阳实阴虚,实者养人,虚者求人之养。自求口实者,自求养于阳之实也。震不求艮,艮不求震,惟自求同体之阳,故曰"自求"。爻辞见之。

张惠言:晋离也。晋离四之初,上成艮,艮为贤人,是以离目下观养贤。颐自晋来,息大过,故取兑口为象。异解。"自养"谓三之正,五上易位,坤虚正则实。郑玄、刘表并以下动上止象颐,故名"颐"。虞既取兑为口,则颐非象。颐直取养义耳。至噬嗑取颐中有物,乃是因颐卦为象,非颐卦本象颐也。鼎注云"六十四卦,独鼎言象",明颐非象矣。

尚秉和：艮为观，为求。震为口，坤为物，故曰口实。实者，食也，言口合物以自养也。虞翻谓离为目，郑玄谓二五皆离爻，故能观。岂知艮一阳在上为光明、为目、为观，（象失传，详《焦氏易诂》。）不必用卦变及爻位也。

按：颐卦卦象为大象离，离为目，所以取象为"观颐"。

上卦艮为"自求"，下卦震为口实，所以系辞为"自求口实"。

《象》曰："颐贞吉"，养正则吉也。

张惠言：《杂卦》言："颐，养正也。"彼注云"谓养三五。五之正为功，三出坎为圣，与'蒙以养正圣功'同义"。

按："养正则吉也"是对"颐贞吉"的解释。

上卦艮为静养，下卦震为正气，静养能涵养正气，所以系辞为"养正则吉也"。

"观颐"，观其所养也。

来知德：释卦辞，极言养道而赞之。观其所养者，观其所以养人之道正不正也，指上下二阳也。

张惠言：谓以下养上。艮为养贤。

按："观其所养也"是对"观颐"的解释。

上卦艮为养，下卦震为所养，所以系辞为"观其所养也"。

"自求口实"，观其自养也。

来知德：观其自养者，观其求口实以自养之正不正也，指中间四阴也。本卦颐原从口,无养德之意,惟颐养得正,则养德即在其中矣。

张惠言:谓三五正坤实。

按:"观其自养也"是对"自求口实"的解释。

上卦艮为自,下卦震为生,所以系辞为"观其自养也"。

天地养万物,圣人养贤以及万民。

虞翻:乾为圣人,艮为贤人,颐下养上,故"圣人养贤"。坤阴为民,皆在震上,以贵下贱,大得民,故"以及万民"。

张惠言:颐坤,大过乾,震生,巽长,艮山,兑泽,坤为"万物",山泽之物,无不生长。大过体复一爻,故为"圣人",谓初也。以初养艮。震谓初。四贵降初,为"下贱"。

尚秉和:天地谓初上。坤为万物、为民,艮为君子、为贤。伏乾为圣人。

按:上九爻为天,初九爻为地,天地之间,四阴为万物生,所以系辞为"天地养万物"。

能够效法天地的人被称为"圣人"。上卦艮为贤人,下卦震为万民,所以系辞为"圣人养贤以及万民"。

颐之时大矣哉!

来知德:不但养人自养,以至天地、圣人养万物、养万民,无非养之所在,故曰"颐之时大矣哉",与大过、解、革同。

张惠言:颐时,天地合,日月望,阴阳往来,物所以生,故"大"也。

按：上卦艮为冬终，下卦震为春始，天地之间，四时往来，万物生生不息，所以系辞为"颐之时大矣哉"。

《象》曰：山下有雷，颐；

张惠言：雷伏山下，天地以阳养万物。

按："山下有雷，颐"是从天文学、地理学的角度解释卦象。

上卦艮为山，下卦震为雷，山下雷动，阳气始生，所以系辞为"山下有雷，颐"。

君子以慎言语，节饮食。

来知德：帝出乎震，万物得养而生。成言乎艮，万物得养而成。君子慎言语以养其德，节饮食以养其体。言语、饮食，动之象；慎也、节也，止之象。此处方说出养德。

张惠言："君子"谓初乾，震也。震为"言"，艮为"慎"，"慎言语"也。大过兑口，坤虚无实，艮为"节"，故"节饮食"也。惠征士以"君子"谓三正体坎，震象也。

尚秉和：艮为君子。震为言、为食。正反震言语相背，有相讼意，慎则讼息。饮食者人之所欲。震为口，正反艮手相对，有争意，节则饮食平。慎与节皆艮止象。此《易》用覆象，最为神妙之语。旧说惟《易林》能阐其义。（说《焦氏易诂》。）

按："君子以慎言语，节饮食"是从卦象引申出来的人文思想。

能够效法颐卦的人被称为君子。上卦艮为"慎"，下卦震为"言语";艮为"节",震为"饮食",所以系辞为"君子以慎言语,节饮食"。

初九:舍尔灵龟,观我朵颐,凶。

虞翻:晋离为龟,四之初,故"舍尔灵龟"。坤为我,震为动,谓四失离入坤,远应多惧,故"凶"矣。

来知德:大象离,龟之象也。应爻艮止中空,灵龟止而不食,服气空腹之象也。朵者,垂朵也。震反生,朵之象也。垂下其颐以垂涎,乃欲食之貌也。尔者,四也。我者,初也。灵龟以静止为养,朵颐以震动为养,故尔四而我初。大象离目,又观之象也。

初九阳刚,乃养人者也,但其位卑下,不能养人及民,又乃动体,当颐养之初,正上止下动之时,惟知有口体之欲,舍六四而不养,故有"舍尔灵龟,观我朵颐"之象。饮食人贱,凶之道也,故其占如此。

张惠言:朵,动貌。四多惧。"朵颐"谓初,"尔"谓四也。四求从养,不足贵,故"凶"。

尚秉和:离为龟,以刚在外。艮亦刚在外,故颐、损、益皆以艮为"龟"。此其义,唯《易林》知之。屯之震云:龟鳖列市。以震互艮为龟。泰之节云:龟厌河海。以节互艮为龟。虞翻用卦变,以晋离为龟。《易》取象无此迂曲也。初爻艮覆,故曰舍尔灵龟。朵,《释文》云动也。人食物则颐动。初应在四,四当颐中,故曰观我朵颐。言初当位,拥有群阴,贞静自养,斯亦足矣;乃舍其自有之灵宝,而窥观他人之宠禄,(四艮体,艮为贵为官。)则躁竞贻讥,而殃咎或至,故曰凶。按初当位有应,前临重阴,阳遇阴则通,本无凶理。随初出门有功,益初利用为大作,其证也。此则凶者,以艮震相反覆,内动外止,故宜静不宜动。屯初利居贞,是其义也。屯初至五,亦颐也。由此悟随初有功者,以外兑,兑悦震喜。益初利用为大作者,以外巽,同声相应。故皆动而吉。独屯初利居贞,以外坎,坎为险难,故宜贞定。其故全在外卦。颐外艮,艮止,故不宜动。旧解皆不详凶之故何在,则易理失传,不能观其会通也。

按:上卦艮为"龟",龟在外,所以系辞为"舍尔灵龟"。

下卦震为饮食、为"朵颐",所以系辞为"观我朵颐"。

初九应当含藏不动,妄动则为"凶"。

《象》曰:"观我朵颐",亦不足贵也。

来知德:饮食之人则人贱之,故不足贵。

张惠言:初下养贤,四在艮,故为初所养,阴非贤人,故"不足贵"。

尚秉和:言初本可贵,反因妄动而不足贵也。

按:"亦不足贵也"是对"观我朵颐"的解释。

初九贵在含藏,为饮食之欲所诱惑,妄动则不贵,所以系辞为"亦不足贵也"。

六二:颠颐,拂经于丘颐。

来知德:颠者,顶也,指外卦也。拂者,除也,去也,违悖之意。诸爻皆求养于同体之阳,不从应与,故有颠拂之象。颠颐者,求养于上也。拂经者,违悖养于同体之常经也。山阜曰丘。土之高者,艮之象也。于丘颐者,求养于外,即颠颐也。

张惠言:颠,马蹶也。三变,二在坎为马,乘刚,故"颠"。江承之云:拂经,反常,谓五失位也。五失位而承于上,体艮,半山为丘,义在养上,非能应二,故曰"拂经于丘颐"。

尚秉和:颠与阗通。《礼·玉藻》:盛气颠实。注:颠,读为阗。而阗与真通。《前汉·游侠传》:人无贤不肖阗门。注:阗与真字同。真,塞也。三四五皆阴,故曰真颐。丘,《前汉·息夫躬传》:寄宿丘亭。师古云:丘,空也。经,常;拂,违也。丘颐,空颐。盖颐以空为用,今乃真塞,违颐之常,故曰真颐,拂经于丘颐。

按:"颠"是指山巅,上卦艮为山,所以系辞为"颠颐"。

六五爻居山丘之中,艮为丘,取象为"丘颐"。六二爻与六五爻无感应,所以系辞为"拂经于丘颐"。

征凶。

来知德:凶者,求食于权门,必见拒而取羞也。六二阴柔,不能自养,必待养于阳刚。然震性妄动,不求养于初,而求养于外,则违养道之常理,而行失其类矣。故教占者当求养于初,若于丘颐,不惟不得其养,而往则凶也。故其象占如此。

张惠言:二征则"凶"。

尚秉和:前得敌,故征凶。其以颠颐拂经为句,或以拂经于丘为句者,非。

按:下卦震为动,六二爻妄动则失去中正之位,前行遇阴有凶患,所以系辞为"征凶"。

《象》曰:六二征凶,行失类也。

来知德:养道各从其类,二三养于初,四五养于上,今二颠颐,往失其类矣,故曰"失类"。曰"行"者,震足之象也。

张惠言:"类"谓应,二当待五正。

尚秉和:二无应,前遇重阴,阴遇阴则窒,故曰征凶。阴阳相遇方为类,今六二不遇阳,故曰失类。象义如此明白,乃二千年易家皆以阴遇阴为类,于是《文言》之各从其类,坤《象传》之乃与类行,《系辞》之方以类聚,及此皆失解。与朋友同。(说详《焦氏易诂》。)

按:"行失类也"是对"六二征凶"的解释。

六二爻与初九爻阴阳相通为"类",六二爻妄动,离初九而去,所以系辞为"行失类也"。

六三:拂颐,贞凶。

虞翻:三失位体剥,不正相应,弑父弑君,故"贞凶"。

来知德:拂颐者,违拂所养之道,不求养于初,而求养于上之正应也。贞者,正也。上乃正应,亦非不正也。六三阴柔不中正,本乃动体,至三则动极而妄动矣,故有拂颐之象。占者得此,虽正亦凶。

张惠言:体"剥床以肤"。上三皆不正。"贞"谓三动也。"由颐",主上。上正五,而三变应之,则定既济。上未变,而三先变,动无所应,虽正犹凶。

尚秉和:吴先生曰:拂颐,犹不可口也。贞,占也。

按:下卦震为动,六三爻阴居阳位不正,违背颐养之道,所以系辞为"拂颐"。

六三爻居群阴之间,大凶之象,所以系辞为"贞凶"。

十年勿用,无攸利。

虞翻:坤为十年,动无所应,故"十年勿用,无攸利"也。

来知德:十年者,中爻坤土之成数也。勿用者,不得用其养也。口容止,所以下三爻养于动者皆凶,上三爻养于止者皆吉。至于十年之久,理极数穷,亦不可往,其凶至此。

张惠言:坤为"用",云"勿用",故知谓动也。三道大悖,虽变犹凶。十年数极,上变则利。

尚秉和:坤为十年,三不当位,承乘皆阴,故十年不用,无攸利也。按三有应,阴得阳应多吉,此独不吉者,以四五得敌,应上甚难,故曰无攸利。

按:六三爻居坤卦之间,坤为十年,所以系辞为"十年勿用"。

六三爻本来与上九爻阴阳相应,但居坤阴之间,无所作为,所以系辞为"无攸利"。

《象》曰:"十年勿用",道大悖也。

虞翻:弑父弑君,故"大悖"也。

来知德：震为大涂，道之象也。大悖即拂颐。

尚秉和：艮震皆为道路，乃艮震上下象皆相反，故曰道大悖。《玉篇》：悖，逆也。言艮震皆有覆象相逆也。（艮震皆为道，乃上卦覆震，与下震相逆；下卦覆艮，与上艮相逆。象下一悖字，寻味无穷。）

按："道大悖也"是对"十年勿用"的解释。

下卦震为道始，上卦艮为道终，六三爻居上下之间，违背天地始终之道，所以系辞为"道大悖也"。

六四：颠颐，吉。

虞翻：晋四之初，谓三已变，故"颠颐"。

来知德：颠者，顶也，与六二同。颠颐者，求养于上也。吉者，得养道之常经也。六四当颐养之时，求养于上，故有颠颐之象，吉之道也，故占者吉。

张惠言：晋四本坎也，三变又为坎，故象颠而易马。屯四亦三变而乘坎马。

尚秉和：六二无应，以阴穴实颐，故凶。六四有应，实颐以阳，故吉。

按：上九爻为颠，上卦艮为颐，所以系辞为"颠颐"。

六四爻居正位，恪守颐养之道，所以系辞为"吉"。

虎视眈眈，其欲逐逐，无咎。

虞翻：与屯四乘坎马同义。坤为虎，离为目。眈眈，下视貌。逐逐，心烦貌。坤为吝啬，坎水为欲，故"其欲逐逐"。得位应初，故"无咎"。

来知德：艮为虎，虎之象也。天下之物自养于内者莫如龟，求养于外者莫如虎。龟自养于内，内卦初舍之，故凶。虎求养于外，外卦上施之，故吉。爻辞之精至此。眈者，视近而志远也。变离目，视之象也。应爻初为地位，虎行垂首，下视于地，视近也；而心志乃求养于天位之上，志远也，故以"眈"字言之。视，下卦"眈"也；志，上卦"眈"也，故曰"眈眈"。阴者，人欲之象也。下卦二阴，欲也；上卦二阴，欲也。人欲重叠，追逐而来，故曰"逐逐"。眈者，四求养于上也。逐者，上施养于四也。然四求养于上，上施养于四，四得所养矣，故又有视眈欲逐之象。以求养而得逐逐之欲，似有过咎矣。然养得其正，故占者不惟吉，而又无咎也。

张惠言：视初。应初之专。二无应，故"颠颐"而"凶"。四有应，故"颠颐"而"吉"。与五易位。三成离，故不系四于坎，与二异也。

尚秉和：艮为虎、为视。眈眈，视貌。《说文》云：视近志远。坤为欲。逐逐，言所欲在初，乃为二三所阻，不能遽遂其欲，故逐逐不已。

按：上卦艮为"虎"、为"视"，六四爻在艮卦下位，所以系辞为"虎视眈眈"。

六四爻与初九爻阴阳相应，下卦震动为欲望丛生，所以系辞为"其欲逐逐"。

六四爻居正位，所以系辞为"无咎"。

《象》曰:颠颐之吉,上施光也。

虞翻:谓上已反三成离,故"上施光也"。

来知德:施者,及也,布散惠与之义。详见乾卦"云行雨施",言上养及于四也。光者,艮"笃实光辉,其道光明也"。变离日,亦光之象也。

张惠言:"上"谓五,正三成离,故"施光"。

尚秉和:初阳应四,故曰上施光。三有应不当位,故凶。四当位有应,故吉。然四虽有应,为二三所隔,难以下施,故须初上施而吉也。

按:"上施光也"是对"颠颐之吉"的解释。

上卦艮为"颠"、为"光",所以系辞为"上施光也"。

六五:拂经,居贞吉。

虞翻:失位,故"拂经"。无应顺上,故"居贞吉"。艮为居也。

来知德:拂经者,五与内卦为正应,亦如二之求养于上,违悖养于同体之常道也,故二五皆言"拂经"。居者,静以守之也。贞者,求养于同体之阳,乃任贤养民之正道也。吉者,恩不自出而又能养人也。六五居尊,能自养人者也,但阴柔不正,无养人之才,又与内卦为正应,亦有拂经之象。然养贤及民,君道之正,故教占者顺以从上,守此正道则吉。

张惠言:居则贞而吉,义在养贤。自我往曰"涉"。五宜变,当从上反,不可自五往,亦养贤之义。

尚秉和：拂经，王注作拂颐。五不当位，故拂颐。居，安也。安居五位，顺上承阳，故贞吉。

按：六五爻不当位，与下无应，所以系辞为"拂经"。

六五爻居中，顺承上九爻，上卦艮为"居"，所以系辞为"居贞吉"。

不可涉大川。

虞翻：涉上成坎，乘阳无应，故"不可涉大川"矣。

来知德：不可涉大川者，言不可自用以济人也。涉川必乾刚，五柔，故不可涉。不可不量己之力而当济人之任也。

张惠言：阳谓上。

尚秉和：若下涉坤水，阴遇阴则窒，故不可也。

按：六五爻与六三爻互卦为坤，坤为"大川"，上卦艮为止，六五爻不可有所作为，所以系辞为"不可涉大川"。

《象》曰：居贞之吉，顺以从上也。

来知德：中爻坤顺，故曰顺，言顺从上而养人也。

张惠言："顺"谓坤。

尚秉和：上阳，故当顺从。

按："顺以从上也"是对"居贞之吉"的解释。

坤为"顺"，六五爻顺承上九爻，阴顺阳，所以系辞为"顺以从上也"。

上九：由颐，厉，吉。

虞翻：由，自，从也。体剥居上，众阴顺承，故"由颐"。失位，故"厉"。以坤艮自辅，故"吉"也。

来知德：由者，从也。九以阳刚居上位，是天下之养皆从上九以养之也。厉者，上而知君赖我以养也，则恐专权僭逼，而此心无一事之或忽；下而知民由我以养也，则常握发吐哺，而此心无一时之或宁，此上九之所谓"厉"也。故戒之以厉，而后许之以吉也。上九以阳刚之德居尊位，六五赖其贤以养人，故有由颐之象。然位高任重，必厉而后吉。

尚秉和：由，自得也。义详豫九四。九四下乘重阴，故曰由豫；此亦下乘重阴，故曰由颐。然高居万民之上，恐逸豫随之，故振厉方吉也。

按："由"是自得其乐的意思。上九爻居天极之位，众阴顺承，所以系辞为"由颐"。

上九爻居亢龙之位，所以系辞为"厉"。

上卦艮为止、为终，知止知终，才能避免亢龙之患，所以系辞为"吉"。

利涉大川。

虞翻：之五得正成坎，坎为大川，故"利涉大川"。

来知德：凡《易》言涉大川取乾者，以卦德也。以乾天下至健，德行恒易以知险也，需、同人、大畜是也。取水木者，以卦体也。涣、蛊、未济、谦或取中爻，或取卦变是也。取中虚者，以卦象也，益、中孚、颐是也。五不可涉大川，上九利涉大川，方见五赖上九以养人。即天下有险阻，亦可以济之而不失其养也，其占又如此。

尚秉和：坤为大川,阳遇阴则通,故利涉大川。此与五爻旧解所以全误者,一由坤水象失传,必用虞翻再三变之法,始得坎为大川;二由类字失诂,故不知利涉不利涉之故何在也。

按：上九爻在坤卦之上,坤为"大川",上九爻宜与六三爻相交,下降渡过大川,所以系辞为"利涉大川"。

《象》曰："由颐,厉,吉",大有庆也。

虞翻：变阳得位,故"大有庆也"。

来知德：得所养,下之庆,亦君上之庆,故大。

张惠言：之五,故"得位"。

尚秉和：大有庆,谓上九乘重阴。

按："大有庆也"是对"由颐,厉,吉"的解释。

上九爻与六三爻阴阳相应,上下易位,变为明夷卦䷣,明夷卦九三爻与上六爻有一阳来复之象,所以系辞为"大有庆也"。

二八　大过卦

䷛兑上巽下

大过：

来知德：大过,大者阳也,阳过于阴也。乾坤也、坎离也、山雷也、泽风也,此八卦也。乾与坤错,坎与离错,泽风与山雷相错,风泽与雷山相错,六十四卦惟此八卦相错,其余皆相综。泽本润木之物,今乃灭没其木,是大过矣。又四阳居中过盛,此所以名大过也。不然,四阳之卦亦多,何以不名过? 因其居中,相聚而盛,所以得名也。《序卦》:"颐者,养也,不养则不可动,故受之以大过。"所以次颐。

张惠言:消息卦,义具颐。名大过者,《杂卦》曰:"大过,颠也。"圣人取为棺椁之象,盖乾老坤生,故"大者过也"。不言死,阳无绝也。初体复一爻,阴凝乾,继世承祀。候在十月。卦取二正成咸,阴阳感也。爻"过以相与",女妻有子续阳之义。

尚秉和:过,失也。谓中四阳隐于阴中,失其用也。

按:"大过"是卦名,卦象由上兑下巽构成。《周易·序卦传》言:"不养则不可动,故受之以大过。"大过卦上卦兑反为巽,上下为相对之巽卦,巽为阴柔之木,本末根基不稳,中间栋梁有倾覆的危险,所以卦象被命名为"大过"。

大过卦与颐卦旁通。

栋桡。

虞翻:大壮五之三,或说三之五,栋桡谓三。巽为长木称栋,初上阴柔本末弱,故"栋桡"也。

来知德:梁上屋脊之木曰栋,所以乘椽瓦者也。木曲曰桡。本末弱而栋不正,有如水之曲也。椽垂𥱼,以渐而下曰宇。此卦大象坎,坎为栋,坎主险陷,桡之象也。又为矫鞣,亦桡曲之象也。若以理论,本弱则无所承,末弱则无所寄附。此卦上缺下短,亦有桡之象。

　　张惠言：四阳二阴之卦，例由大壮来，"或兑三之初"者，坤尽于夬，至大过而生姤，夬兑下成巽，坤之始终也。此与颐旁通，不言者，略也。《系辞传》"藉用白茅"，"苟错诸地而可"，注以颐坤为地。本，初。末，上。桡，下屈也。兑，反巽也。两巽相承，故全卦象"栋"而本末弱。栋独在三者，下巽本体，任重，三居上下之际，故不胜而桡也。上巽反承，在三为下"桡"，在四则为上"隆"，下桡必倾，上隆犹可任。

　　尚秉和：《说文》：栋，极也。《尔雅》：栋谓之桴。郭璞云：屋脊也。《易林》以坎为栋，为屋极。大过本大坎也，坎以中爻为栋，大过以三四为栋。桡，《释文》云：曲折也。兑毁折，巽陨落，故栋桡。

　　按：上卦兑反卦为巽，巽为柔弱之木，上下巽木根基不稳，中间栋梁弯曲、倾覆，所以系辞为"栋桡"。

利有攸往，亨。

　　虞翻：谓二也。刚过而中，失位无应，利变应五，之外称往，故"利有攸往，乃亨"也。

　　来知德：既栋桡矣，而又利有攸往，何也？盖桡以成卦之象言，"利有攸往，亨"则以卦体、卦德之占言。

　　张惠言：《彖》曰"大者过"，谓二失位，故知"往"谓二。虽过而中。

　　尚秉和：以易理言，阴承阳则利。利有攸往，应指初。升初六曰允升，曰上合志。大过初与升初同，而四有应，故往利也。虞翻知阳爻无利往者，乃谓二变应五，故利往。

如虞说,《传》云栋桡本末弱,本谓初,初亦失位可变也,尚何弱之有哉? 乃自宋朱震以来即承其说,甚矣其不思也!

按:下卦巽为"利",九三爻与九五爻互卦为乾,乾为天行,巽为天命,上卦兑为悦,顺天命而行则有喜悦相伴,所以系辞为"利有攸往,亨"。

《彖》曰:大过,大者,过也。

虞翻:阳称大,谓二也。二失位,故"大者,过也"。

张惠言:大过体坎,二为主。

尚秉和:大过过字,《彖传》未明释。后儒或以过往为说,(先天位兑左巽右,中过乾。)或以过盛为说,(此说尤不协,四阳五阳卦多矣,胡此独盛?)皆有可疑。愚按《太玄》拟大过为失,言四阳为阴所锢,失其用也,故汉人皆谓大过为死卦。《易林》明夷之大过云:言笑未毕,忧来暴卒。又大壮之大过云:道绝不通,商旅失意。又既济之大过云:身加槛缆,囚系缚束。《太玄》又拟为剧。剧,甚也,病也,皆谓阴大贼阳,阳失其用。与《易林》说合若符契。

按:"大者,过也"是对卦名"大过"的解释。

大过卦中间四阳爻太盛,本末柔弱不能承载,所以系辞为"大者,过也"。

"栋桡",本末弱也。

来知德:以卦体、卦德释卦名、卦辞而叹其大。阳大阴小,本卦大者过,故名大过。本谓初,末谓上。弱者,阴柔也。古人作字,本末皆从木来,木下加一画阳,取根株回暖,故为本;木上加一画阳,取枝叶向荣,故为末。

张惠言:"本末"谓初上,阴柔,故"弱"。

按:"本末弱也"是对"栋桡"的解释。

"本"指初六爻,"末"是上六爻,本末虚弱,难以负担中间的栋梁,所以系辞为"本末弱也"。

刚过而中,巽而说行,利有攸往,乃亨。

虞翻:"刚过而中",谓二。说,兑也,故"利有攸往"。大壮震五之初,故"亨"。与遁同义。

来知德:刚过者,四阳也;而中者,二五也。虽三四亦可言中,故复卦四曰"中行",益卦三四皆曰"中行"也。巽而悦行者,内巽而外行之以悦也。若以人事论,体质本是刚毅,足以奋发有为,而又用之以中,不遇于刚;德性本是巽顺,足以深入乎义理,而又行之以和,不拂乎人情,所以利有攸往,乃亨。

张惠言:以其得中,又"巽而说行",故"利",变应五也。"说行"者大壮震为"行"。大壮四失位,为二阴所伤,五之初,阳得位,阴不能伤,二变应之,其亨宜矣。遁二消阳,子弑其父,三来之二成讼,弑逆不行,失位终凶,复变应五,故同义也。

按:"刚过而中,巽而说行"是对"利有攸往,乃亨"的解释。

四阳爻居中,所以系辞为"刚过而中"。

下卦巽为顺,上卦兑为悦,中间四阳爻互卦为乾,乾为天行,顺天而行则有喜悦,所以系辞为"巽而说行"。

大过之时大矣哉!

虞翻:"国之大事,在祀与戎","藉用白茅",女妻有子,继世承祀,故"大矣哉"。

来知德:大过之时者,言人于大过之时,行大过之事,适其时,当其事也。如尧、舜禅受,汤、武放伐,虽过其事而不过乎理是也。盖无其时不可过,有其时无其才亦不可过,故叹其大与颐、解、革同。

张惠言:自坤尽入乾,历豫、小畜、萃、大畜、蹇、睽而入大过。乾精凝坤,乾老坤孕,故"女妻继世"。坤为鬼,故巽"白茅承祀"。此大过消息之义。

尚秉和:卦气图,大过十月卦。闭塞成冬,故曰大过时。

按:大过卦与坎卦相似,坎为冬,中间四阳爻为大,寒冬之时又蕴含着生机,所以系辞为"大过之时大矣哉"。

《象》曰:泽灭木,大过;

张惠言:兑,泽。巽,木。木,水所生,而水或灭木,木不得地也。阳,阴所牝,而阴终消阳,阳不得位也。大过,阳之终,君子知微,故发"独立不惧"之义。

尚秉和:不曰泽中有木,而曰泽灭木,此汉人死卦之说所由来也。

按:"泽灭木,大过"是从地理学的角度解释卦象。

上卦兑为泽,下卦巽为木,泽水淹木,所以系辞为"泽灭木,大过"。

君子以独立不惧,遁世无闷。

虞翻:君子谓乾初。阳伏巽中,体复一爻,潜龙之德,故称"独立不惧"。"忧则违之",乾初同义,故"遁世无闷"也。

来知德:上一句大过之象,下二句大过之行,非达则不惧,穷则无闷也。穷亦有独立不惧之时。不惧者,不求同俗而求同理,天下非之而不顾也。无闷者,不求人知而求天知,举世不见知而不悔也。此必有大过人学问,义理见得明;有大过人操守,脚根立得定,方干得此事。

张惠言:复初也。方消,故不言圣人。巽,坤阴之始也。阴始著,则阳始消,故初阳伏入巽下。

尚秉和:灭者人之所惧,君子则独立不惧。巽为寡,故曰独。乾为惕,故曰惧。兑悦,故不惧。阳陷阴中,阴伏不出,故曰遁世。遁世宜有忧矣,乃君子则遁世无闷,以兑悦在终也。《大象》每反以见义,此亦其一也。

按:"君子以独立不惧,遁世无闷"是从卦象引申出来的人文思想。

大过卦初六爻与九五爻互卦为姤,姤卦为小人道长、君子道消之象,上卦兑为喜悦,所以系辞为"君子以独立不惧,遁世无闷"。

初六:藉用白茅,无咎。

虞翻:位在下称藉,巽柔白为茅,故"藉用白茅"。失位,咎也。承二过四,应五"士夫",故"无咎"矣。

来知德:藉者,荐也,承荐其物也。因上承四刚,故曰藉。茅者,草也。巽阴木,为茅,故泰卦变巽曰茅,否卦大象巽亦曰茅。巽为白,白茅之象也。无咎者,敬慎不败也。

初九当大过之时,阴柔已能慎矣。又居巽体之下,则慎而又慎者也。亦如物不错诸地而有所藉,可谓慎矣。而又藉之以茅,茅又用夫白,白则至洁之物矣,是慎之大过者也,故有此象。然慎虽大过,以其居大过之初,虽大过而不过,故占者无咎。

张惠言:初过应五,义具二也。承二应五,所谓"藉"也。

尚秉和:藉,荐也。凡以物承物曰藉。《曲礼》:执玉,其有藉者则裼,无藉者则袭。注:藉,藻也。疏:执玉必有藻以承玉。巽为伏,初在下,故曰藉。巽为白,为茅。茅柔物,初阴,故曰藉用白茅。又祭时藉茅于地,用以缩酒。而巽为漏,(井九三瓮敝漏。)于象尤切。

按:下卦巽为茅,初六爻为白茅,顺承阳爻,所以系辞为"藉用白茅"。

初六爻顺承九二爻,与九四爻阴阳相应,所以系辞为"无咎"。

《象》曰:"藉用白茅",柔在下也。

来知德:阴柔居巽之下。

张惠言:"初"为下。

尚秉和：初柔在下，承阳，故无咎。

按："柔在下也"是对"藉用白茅"的解释。

初六爻为"柔"，在下位，所以系辞为"柔在下也"。

九二：枯杨生稊，老夫得其女妻，无不利。

虞翻：稊，稚也。杨叶未舒称稊。巽为杨，乾为老，老杨故枯，阳在二也。十二月时，周之二月。兑为雨泽，枯杨得泽复生稊。二体乾老，故称"老夫"。女妻谓上兑，兑为少女，故曰"女妻"。大过之家，"过以相与"，"老夫得其女妻"，故"无不利"。

来知德：巽为杨，杨之象也。木生于泽下者杨独多，故取此象。杨乃木之弱者，四阳之刚皆同为木，但二五近本末之弱，故以"杨"言。曰"枯"者，取大过乎时之义，故二五皆言"枯"也。至三四则成乾之坚刚，故言"栋"。稊，木稚也。二得阴在下，故言"生稊"。稊者，下之根生也。五得阴在上，故言"生华"。生华者，上之枝生也。根生则生生不息，枝生则无生意矣。下卦巽错震，长男也，老夫之象，故称老夫。老夫者，再娶女之夫也。应爻兑，兑乃少女也，女妻之象，故称女妻。女妻者，未嫁而幼者也。九五兑错艮，少男也，士夫之象，故称士夫。士夫乃未娶者。应爻巽为长女，老妇之象也，故称老妇。老妇者，已嫁而老者也。周公爻辞，其精至此，旧注不知象，以二、五皆比于阴，殊不知九二下卦反称老夫，九五上卦反称士夫，近初者言老，近上者言少，说不通矣。

九二阳刚得中,当大过之时,而应于少女,故取诸物有枯杨生稊、取诸身有老夫得其女妻之象,可以成生育之功矣,故占者无不利。

张惠言:木近泽是"杨"也。乾至大过,嬗阴,故"枯",遘阴,故又"生稊","生华"。二五爻独以爻当月者,大过时重阴始,故阳义全。二体临,五体夬也。二无应,今过应上,"生稊"之象。杨少则"稊"而老则"华",故上为"稊",初为"华"。初过四应五,上过三应二,是谓"过以相与"。

尚秉和:巽为杨、为陨落、为枯。《易林》泰之咸云:老杨日衰,条多枯枝。噬嗑之否云:朽根枯树。是以咸、否互巽为枯也。稊,郑作荑,木更生。按《诗·卫风》:手如柔荑。《传》云:如荑之新生。然则荑为木新生之条。盖稊、荑同字。《庄子·知北游》云:在荑稗。《释文》云:荑本又作稊,是其证。乾为生,巽为木,巽柔,故曰枯杨生稊。伏震为老夫,巽为女妻。女妻者,少妻。二下孚于阴,故无不利。巽为利也。《易林》遇震即曰老夫,遇巽即曰少妻、曰少姬,本此也。(详《焦氏易诂》。)虞翻以乾老为枯,岂知乾实虽老不枯。又以乾老为老夫,兑为少女,剙二应上、初应五之例,以圆其说。是贞悔不必拘,而应与常例可破也!乃清儒翕然从之,异已!(只俞樾以虞说为不通,知用旁通,打破二千年之谬误,为功甚伟。特又以大过二五与颐二五相升降以取象。岂知巽即为少妻,兑即为老妇,《易林》有明征,不必如是穿凿也。故夫象一失传,虽以俞氏之深识旁通,且洞明阳顺阴逆之理,亦无如何也。)

按:下卦巽为"枯杨",九二爻与九四爻互卦为乾,乾为生,所以系辞为"枯杨生稊"。

乾为"老夫",巽为长女,九二爻与初六爻阴阳相交,所以系辞为"老夫得其女妻"。九二爻居中,与初六爻相交,下卦巽为"利",所以系辞为"无不利"。

《象》曰:老夫女妻,过以相与也。

虞翻:谓二过初与五,五过上与二,独大过之爻得过其应,故"过以相与也"。

来知德:此庆幸之辞,言阳方大过之始,得少阴以之相与,则刚柔相济,过而不过,可以成生育之功矣,故占者无不利。

张惠言:初比二,而二使之过与五。上比五,而五使之过与二。初本应四,四"不桡乎下",故过与五。上本应三,三"不可有辅",故过与二。

尚秉和:过以相与,言其不当,非谓初可过四应五,二可过五应上也。

按"过与相与也"是对"老夫女妻"的解释。

九二爻阳居阴位不正,与初六爻阴阳相交,所以系辞为"过与相与也"。

九三:栋桡,凶。

来知德:变坎为栋,又木坚多心,栋之象也。因坎三、四皆以栋言,因巽二、五皆以杨言,文王栋桡,本末皆弱;周公栋桡,因初之弱。九三居内卦,下阴虚弱,下虚弱则上不正,故有栋桡之象。占者之凶可知矣。

尚秉和:初爻本弱,故栋桡。

按:下卦巽为木,九三爻为"栋",初六爻阴柔,不能负重,所以系辞为"栋桡"。

九三爻阳居阳位不正,所以系辞为"凶"。

《象》曰:栋桡之凶,不可以有辅也。

虞翻:本末弱,故桡。辅之益桡,故"不可以有辅"。阳以阴为辅也。

来知德:同体之初,虚弱无辅助也。

张惠言:"阴"谓上。

尚秉和:上虽有应,然四五皆阳,得敌,九三不能应上,故曰不可以有辅。辅,佐助也。

按:"不可以有辅也"是对"栋桡之凶"的解释。

九三爻虽然与上六爻阴阳相应,但四周都是阳爻,闭塞不通,所以系辞为"不可以有辅也"。

九四:栋隆,吉。

虞翻:隆,上也。应在于初。已与五意在于上,故"栋隆,吉"。

来知德:变坎,亦有栋象。隆者,隆然而高起也。上虚下实,则有所承载,故有栋隆之象。占者固吉矣。

张惠言:桡之反。反比上为巽,故"栋隆"之象。

尚秉和:巽为高,四居巽上,故曰栋隆,吉。

按：下卦巽为高，九四爻在巽卦之上，所以系辞为"栋隆"。

上卦兑为悦，所以系辞为"吉"。

有它吝。

虞翻：失位，动入险而陷于井，故"有他吝"。

来知德：它者，初也。三四皆栋，四居外卦，阴虚在上，非如三之阴虚在下也。然下应乎初，若以柔济之，则过于柔矣，其栋决不能隆，吝之道也，故又戒占者以此。

张惠言：二失位，"利有攸往"，四亦失位，变则成井，故戒其不可变也。然九二不取利正之义，则四"有它"亦谓不可与初耳。注似非也。

尚秉和：有它吝者，言四应在初，四若它往应之，则为二三所忌，而致吝矣。四与三不同，三与初同体，本弱无如何。若四只不与初应，则吉也。

按："它"是指初六爻，下卦巽为蛇，蛇为"它"。九四爻与初六爻阴阳相应，以初六为根基则有麻烦，所以系辞为"有它吝"。

《象》曰：栋隆之吉，不桡乎下也。

虞翻：乾为动直，远初近上，故不桡下也。

来知德：因外卦虚在上，实在下，所以不桡，故曰"不桡乎下也"。不可以有辅者，下虚故也。不桡乎下者，下实故也。

张惠言：自二至四乾成，故能"不桡"。初承二三，应五;上应二,比五四,其位然也。

尚秉和:不桡乎下,即不应初。

按:"不桡乎下也"是对"栋隆之吉"的解释。

九四爻不下降与初六相应,固守此位,所以系辞为"不桡乎下也"。

九五:枯杨生华,老妇得其士夫。

虞翻:阳在五也。夬三月时,周之五月。枯杨得泽,故"生华"矣。老妇谓初,巽为妇,乾为老,故称"老妇"也。士夫谓五,大壮震为夫,兑为少,故称"士夫"。

来知德:兑综巽,又杨之象也。生华者,杨开花则散漫,终无益于枯也。老妇、士夫,详见九二爻下。九五以阳刚应乎过极之长女,乃时之大过而不能生育者也,故有枯杨生华,老妇得其士夫之象。

张惠言:五为"杨",犹四栋皆取反巽也。或者初巽"老妇"为"枯杨","得士夫"为"生华"。巽长女,故象已嫁为"妇"。巽入乾体,故初亦"老"。五阳必取"大壮震为夫"者,兑本女也。然则二亦以大壮乾为老夫,注略耳。

尚秉和:兑为反巽,故仍曰枯杨。兑为华。《易林》否之咸云:华落实槁。以咸上兑为华。需之剥云:老妇亡夫。以剥伏兑为老妇。又否之中孚:老妾据机,以中孚下兑为老妾,伏艮为士夫,故曰老妇得其士夫。

按:下卦巽为"枯杨",上卦兑为"华",所以系辞为"枯杨生华"。

兑为"老妇"，九五爻为"士夫"，上六爻凌驾于九五爻之上，所以系辞为"老妇得其士夫"。

无咎，无誉。

虞翻：五过二，使应上；二过五，使取初。五得位，故"无咎"；阴在二多誉，今退伏初，故"无誉"。体姤淫女，故"过以相与"，使应少夫。《象》曰："亦可丑也。"旧说以初为女妻，上为老妇，误矣。马君亦然。荀公以初阴失正当变，数六为女妻；二阳失正，数九为老夫；以五阳得正位不变，数七为士夫；上阴得正，数八为老妇。此何异俗说也？悲夫！学之难。而以初本为小，反以上末为老。后之达者，详其义焉。

来知德：占者得此，揆之于理，虽无罪咎，而老妇反得士夫，亦非配合之美矣，安得又有誉哉？故其象占如此。

张惠言：巽为"退伏"，非由二退也，但以数多少为老少。

尚秉和：五比阴志行，故无咎；下无应，故无誉。虞翻以五应初，巽为老妇，《易》无此例也。盖《易》有伏象，伏即旁通，即对象，人知之。而旁通之原理，鲜能明之。《文言》云：旁通情也。情者，感也，言阴阳不能相离也。故夫茅茹坤象也，泰初爻亦言之；云雨坤坎象也，小畜亦言之。（否初言茅茹，小过言云雨，则用正象。）《易林》本之，正伏象常不分。略如见一男子，可推知其家必有妇；见一妇人，可推知其家必有夫也。然非以夫为妇，以妇为夫，使男女无别也。《易》系辞取象可用伏，而义则正也。彼夫王引之讥虞翻用旁通,致阴阳无别,是皆于"旁通情"情字失诂,故于易理隔阂如斯也。大过老夫、士夫皆在对象,而自荀、虞以来,皆苦于本象求之,胡有得乎?

按:九五爻居正位,所以系辞为"无咎"。

上卦兑为暗昧,所以系辞为"无誉"。

《象》曰:"枯杨生华",何可久也?

虞翻:乾为久,枯而生华,故不可久也。

来知德:何可久,言终散漫。

按:"何可久也"是对"枯杨生华"的解释。

上卦兑为毁折,所以系辞为"何可久也"。

老妇士夫,亦可丑也。

虞翻:妇体姤淫,故"可丑也"。

来知德:亦可丑,言非配合。言且不惟不能成生育之功,而配合非宜,亦可丑也。

尚秉和:匹配失宜,故可丑。

按:"亦可丑也"是对"老妇士夫"的解释。

老妇居上,士夫在下,上下失位,匹配失宜,所以系辞为"亦可丑也"。

上六:过涉灭顶,凶,无咎。

虞翻:大壮震为足,兑为水泽。震足没水,故"过涉"也。顶,首也。乾为顶,顶没兑水中,故"灭顶凶"。乘刚,咎也,得位,故"无咎"。与"灭耳"同义也。

来知德:顶者,首也。变乾为首,顶之象也。当过之时,遇兑泽之水,过涉之象也。泽水在首,灭没其顶之象也。以二阴爻论之,初"藉用白茅",大过于慎者也,以其居卦之初,故不凶而无咎。上"过涉灭顶",大过于济者也,以其居卦之终,故有凶而无咎。

上六处大过已极之时,勇于必济,有冒险过涉之象。然才弱不能以济,故又有灭顶之象。过涉灭顶,必杀身矣,故占者必凶。然不避艰险,慷慨赴死,杀身成仁之事也,故其义无咎。

张惠言:涉者,之过也。谓大过之时,乾没于阴。噬嗑上九坎水自下没上,故曰"灭耳"。与此"灭顶"相似。噬嗑由否之泰,消息卦否上不反坤弑父弑君,故曰"何校灭耳,凶"。此本大壮,阴伤阳,五已之初,而上阴灭乾,故"凶"。与"灭耳"同义。然大过之时,坤生乾没,上妻二生子,得位续阴,非其咎也。

尚秉和:乾为首,故为顶;泽水在上,故灭顶。与比之无首义同也。灭顶则死,故凶。大过之为死卦在此。然上六当位有应,凶则有之,咎则无也,故《象》曰不可咎。

按:上卦兑为泽,九五爻为顶,水淹没头颅,所以系辞为"过涉灭顶,凶"。

上六爻居正位,与九三爻阴阳相应,所以系辞为"无咎"。

《象》曰:过涉之凶,不可咎也。

来知德:无咎者,上六本无咎也。不可咎者,人不得而咎之也。以人事论,过涉之凶,虽不量其浅深以取祸,然有死难之节而无苟免之羞。论其心不论其功,论是非不论利害,人恶得而咎之?

张惠言:大过宜凶,非阴之咎。

尚秉和:不可咎,言致命遂义,杀身成仁,属于天者虽凶,而咎则未有也。

颐、大过四象,在先天处四隅,而包天地水火于其中。天地水火四正卦,上经首尾也。而即列于离坎之前,以结上经,最耐寻味。

按:"不可咎也"是对"过涉之凶"的解释。

上六爻与九三爻阴阳相应,应当上下易位才能避免"过涉灭顶"之"凶",所以系辞为"不可咎也"。

二九　坎卦

坎上坎下

坎:

来知德:坎为水者,四阴,土坎也;二阳,坎中之水也。天一生水,所以象水也。上坎下坎,故曰重险。《序卦》:"物不可以终过,故受之以坎。"所以次大过。

张惠言:乾二五之坤,阳陷阴中,故名曰"坎"。于消息卦乾尽入坤,三息会离,乾五征坤成坎,阳得其常,故曰"习坎"。坎,方伯之卦也。初六冬至,上六惊蛰。卦辞取二正为比，阳初息卦爻二不变，阳微未出坤也，至上仍取二变。

按："坎"是卦名，卦象由上坎下坎构成。《周易·序卦传》言："物不可以终过，故受之以坎。坎者，陷也。"坎卦上下卦皆为坎卦，卦象为一阳陷于二阴之中，寸步难行，所以卦象被命名为"坎"。

坎卦与离卦旁通。

习坎，有孚，

虞翻：乾二五之坤，与离旁通。于爻观上之二。习，常也；孚，信，谓二五。水行往来，朝宗于海，不失其时，如月行天，故习坎为孚也。

来知德：习，重习也。坎，坎陷也。其卦一阳陷于二阴之中，此坎陷之义也。九二、九五中实，有孚之象。

张惠言：乾归大有，坤二五乃交乾而为离，离息成坎，日月会壬。二阳卦例。八纯卦唯坎加习者，嫌阳陷险非正，故明之，阳息阴中，是其常也。重亦常义，故《象》曰"重险"。坎在天为月，在地为水。水之潮汐，应月之行，故以明坎之"有孚"。

尚秉和：《归藏》曰荦。李过曰：荦者，劳也。以万物劳于坎也。黄宗炎曰：物莫劳于牛，故从牛。按，《说文》：荦，驳牛也。坤为牛，阳入坤中，色不纯，故曰荦。而牛为物之最劳者，故取于驳牛。《周易》名坎，则取于陷险二义。上下坎，故曰习。罗汝怀云：习当为褶。《礼·玉藻》：帛为褶。注：衣有表里而无著也。《急就篇》注：褶，谓重衣。皆重复之义。而褶又假袭。《礼》:裼袭。《书》:卜不袭吉。故习当作袭。《彖》曰重险,《象》曰水洊至,即释习坎之义。自注有便习之说,后儒多从之。夫谙练于行事,此事理之常,岂有谙练于行险者哉? 按,罗说是也。《彖传》《象传》皆有明释。王注及《正义》诂为便习,此所以有野文之讥也。孚,信也。有孚,谓二五居中遇阴,阳孚于上下阴也。旧解不知孚之故在阳遇阴,故说皆不当。

按:上下卦重叠成坎,所以系辞为"习坎"。

九二爻、九五爻阳陷阴中,居中诚信,所以系辞为"有孚"。

维心亨,行有尚。

虞翻:坎为心。乾二五旁行流坤,阴阳会合,故"亨"也。行谓二,尚谓五也。二体震为行,动得正应五,故"行有尚,往有功也"。

来知德:维者,系也。尚者,有功可嘉尚也。身在坎中,所可自主者,独此心耳。人之处险,占得此者,能诚信以维系于其心,安于义命而不侥幸苟免,则此心有主,利害祸福不能摇动,是以脱然无累而心亨矣。由是洞察时势,惟取必于理而行之,故可出险有功,所以行有尚。陷于坎中而刚中之德自若,维心亨之象。

张惠言:阳在中。"旁行"者,四周行于六十四卦。重险则陷,故二宜之正。

尚秉和:坎为心。亨,通也。心亨亦谓二五,《传》所谓刚中也。行有尚,则专谓五。五往外得尊位,故曰有尚,曰有功。

按:坎为水、为心,水性流通,上下心意相通,所以系辞为"维心亨"。

九二爻与六四爻互卦为震,震为行,六三爻与九五爻互卦为艮,艮为成功,上下心意相通,行动就会成功,所以系辞为"行有尚"。

《象》曰:"习坎",重险也。

虞翻:两象也,天险地险,故曰"重险也"。

来知德:以卦象、卦德、卦体释卦名、卦辞而极言之。上险下险,故曰"习坎"。

张惠言:五,天位。二,地位。

按:"重险也"是对"习坎"的解释。

坎为险,上下坎象重叠,所以系辞为"重险也"。

水流而不盈,行险而不失其信。

虞翻:信谓二也。震为行,水性有常,消息与月相应,故"不失其信"矣。

来知德:水流不盈者,足此通彼,未尝泛滥而盈满也。行险即水流,以其专赴于壑,故曰行险。行此险陷,未尝失其不盈之信,是天下之有孚者莫过于水矣,故教占者有孚。

张惠言:盈,溢也。谓五艮为止,水流不溢。

尚秉和:水流若盈,则非坎矣。既曰坎,则不盈也。坎为失,为信,阳居中,故不失其信。

按:"水流而不盈,行险而不失其信"是对"有孚"的解释。

坎为水,水性流通,所以系辞为"水流而不盈"。

坎为险,九二爻与六四爻互卦为震,震为行,六三爻与九五爻互卦为艮,艮为时,应时而动,所以系辞为"行险而不失其信"。

"维心亨",乃以刚中也。

来知德:刚中者,二五阳刚在内,则以理为主,光明正大,而无一毫行险侥幸之私,所以亨也。故蒙卦、比卦皆坎,皆曰"以刚中"。

张惠言:谓二五。

按:"乃以刚中也"是对"维心亨"的解释。

九二爻、九五爻阳刚居中,所以系辞为"乃以刚中也"。

"行有尚",往有功也。

虞翻:功谓五。二动应五,故"往有功也"。

来知德:心亨则洞见乎事机之变,自可以拯溺亨屯,出险而有功也。盖存主乎内者,理不足胜私;则推行于外者,诚必不能动物,故刚中则心亨,心亨则往有功而出险矣。此内外功效之自然也。

按:"往有功也"是对"行有尚"的解释。

九二爻与六四爻互卦为震,震为"往",六三爻与九五爻互卦为艮,艮为成功,所以系辞为"往有功也"。

天险,不可升也;

虞翻:谓五在天位,五从乾来体屯难,故"天险,不可升也"。

来知德：天险者，无形之险也。坎，月之象。错离，日之象。中爻震，雷之象。错巽，风之象。日月风雷，故曰天险。不然，天苍然而已，何处有险？因卦中有天象，所以言天险也。

尚秉和：五天位，居坎中，故曰天险。艮为天，艮止，故不可升。

按：上卦坎为险，险在天位，所以系辞为"天险"。

九五爻与六三爻互卦为艮，艮为止，所以系辞为"不可升也"。

地险，山川丘陵也；

虞翻：坤为地，乾二之坤，故曰"地险"。艮为山，坎为川，半山称丘，丘下称陵，故曰"地险，山川丘陵也"。

来知德：地险者，有形之险也。四坤土，地之象也。中爻艮土山，丘陵之象也。本卦坎，川之象也。

尚秉和：二地位，居坎中，故曰地险。艮为山、为丘陵，坎为川，故曰山川丘陵也。

按：下卦坎为险，险在地位，所以系辞为"地险"。

六三爻与九五爻互卦为艮，艮为山、为丘陵，坎为川，所以系辞为"山川丘陵也"。

王公设险以守其国，

虞翻：王公，大人，谓乾五。坤为邦。乾二之坤成坎险，震为守，有屯难象，故"王公设险以守其国"，离言"王用出征以正邦"是也。

来知德：设者，置也。设险者，置险也，无形而欲其有形也。大而京师都会，则披山带河，据其形胜以为险也。小而一郡一邑，则筑城凿池，据其高深以为险也。此则在人之险，因无形而成有形，欲其与天地同其险者也。九五居尊，王公之象也。中爻艮止，守之象也。坤土中空，国之象也。故益卦三阳三阴而曰"为依迁国"。

尚秉和：震为王公。艮为国、为守。

按：九二爻与六四爻互卦为震，震为"王公"，下卦坎为险，六三爻与九五爻互卦为艮，艮为"守"、为"国"，所以系辞为"王公设险以守其国"。

险之时用大矣哉！

来知德：时用者，时有用也。险之为用，上极于天，下极于地，中极于人，故以"大矣哉"赞之。与睽、蹇同。

张惠言：自离成坎。兑秋震春，坎冬离夏，因时设险，故曰"时用"。

尚秉和：艮为时。

按：上下卦均为坎险。九二爻震行为用，九五爻艮为时，有天险，有地险，人居天地之间，时时处处充满坎险，善于因时用险，所以系辞为"险之时用大矣哉"。

《象》曰：水洊至，习坎；

来知德：洊，再至也。下坎，内水之方至也。上坎，外水之洊至也。水洊习，则恒久而不已，是天下之有恒者莫如水也。

张惠言：剥复相嬗，如水续流。陆绩云：水再至通流，不舍昼夜。有似于习，故君子象之，以常习教事，如水不息。

尚秉和：洊，再也。重坎，故曰再至。

按："水洊至，习坎"是从天文学、地理学的角度解释卦象。

上下坎水相续，川流不息，所以系辞为"水洊至，习坎"。

君子以常德行，习教事。

虞翻：君子谓乾五，在乾称大人，在坎为君子。坎为习、为常，乾为德，震为行，巽为教令，坤为事，故"以常德行，习教事"也。

来知德：君子体之，常德行者，以此进德也；习教事者，以此教民也。德行常则德可久，教事习则教不倦。

张惠言：惠征士云："五坎不盈，德盛而业未大，故称'君子'。"观巽也。坎会乾出震，"常德行"也；变观，"习教事"也。

尚秉和：艮为君子。震为德行、为言，故曰教。习则教不已，而德行有常矣。

按："君子以常德行，习教事"是从卦象引申出来的人文思想。

能够效法坎卦的人被称为"君子"。九二爻与九五爻互卦为颐,阳气生长为"德行"、为"常",君子居则修身养德,所以系辞为"君子以常德行,习教事"。

初六:习坎,入于坎窞,凶。

虞翻:习,积也。位下,故习。坎为入,坎中小穴称窞。上无其应,初二失正,故曰"失道凶"矣。

来知德:窞者,坎中小坎,旁入者也。水性本下,而又居卦之下,坎体本陷而又入于窞,则陷中之陷矣。

初六阴柔,居重险之下,其陷益深,故有在习坎而又入坎窞之象。占者如是,则终于沦没而无出险之期,凶可知矣。

张惠言:自阳德言,则"习"为"常"。自险势言,则"习"为"积"。两坎之下,是坎中之窞。明"求小得"亦"失道"故也。

尚秉和:《说文》:窞,坎中更有坎。王肃云:坎底也。《字林》云:坎中小坎,一日旁入。案王肃说是也。初居坎之最下,故入于坎底。

按:初六爻居上下坎卦之下,所以系辞为"习坎"。

初六爻在坎卦最下的位置,所以系辞为"入于坎窞"。

初六爻阴居阳位不正,所以系辞为"凶"。

《象》曰:习坎入坎,失道凶也。

虞翻:上无其应,初二失正,故曰"失道凶"矣。

来知德:刚中,维心孚,出险之道也。今阴居重险之下,则与"刚中,维心孚"相反,失出险之道矣,所以凶。

张惠言："习坎",其位也。"入坎",其"失道"也。阳为道,初失位,故曰"失道"。

尚秉和：震为大涂,故曰道。初于震无应,故曰失道凶。

按："失道凶也"是对"习坎入坎"的解释。

九二爻与六四爻互卦为震,震卦阳气生长为道,初六爻失位无应,所以系辞为"失道凶也"。

九二：坎有险,求小得。

虞翻：阳陷阴中,故"有险"。据阴有实,故"求小得"也。

来知德：曰有险,则止于有险而已,非初与三入坎窞之甚矣。中爻震错巽,巽为近市利,求得之象也。故随卦中爻巽亦曰"随有求,得"。变坤,阳大阴小,求小得之象也。

九二处于险中,欲出险而未能,故为坎有险之象。然刚虽得中,虽亦有孚维心,但在险中,仅可求小得而已,若出险之大事,则未能矣,故其象占如此。

张惠言：谓在坎,不能自出险中,故曰坎而又有险,谓上更遇坎也。据初阴,阳为"实",阴为"小"。

尚秉和：二失位,故有险。阴为小。二居中,孚于上下阴,故曰求小得。

按：九二爻阳陷阴中,所以系辞为"坎有险"。

九二爻下乘初六,上承六三,阴爻为小,阴阳相通,所以系辞为"求小得"。

《象》曰：“求小得”，未出中也。

来知德：未出险中。

张惠言：动应五，则出险中。

尚秉和：《象》曰未出中，言五无应，故曰未出。有应则上升五而当位，所得大矣。

按：“未出中也”是对“求小得”的解释。

九二爻居中，在二阴之间，所以系辞为“未出中也”。

六三：来之坎坎，险且枕，

虞翻：坎在内称来，在坎终坎，故“来之坎坎”。枕，止也。艮为止。三失位，乘二则险。

来知德：之者，往也。来之者，来往也。内外皆坎，来往之象也。下坎终而上坎继，坎坎之象也。故乾九三曰“乾乾”。中爻震木横于内，而艮止不动，枕之象也。险且枕者，言面临乎险而头枕乎险也。六三阴柔，又不中正，而履重险之间，故其来也亦坎，往也亦坎，盖往则上坎在前，是前遇乎险矣；来则下坎在后，是后又枕乎险矣。

张惠言：三无应，来就下坎而终坎，故“来之坎坎”。人卧则枕，故“枕”为止。

尚秉和：三居上下坎之间，来内为坎，之外亦坎，故曰来之坎坎。《孟子》：狗彘食人食而不知检。赵岐云：检，敛也。又《释名》云：枕，检也，所以检项也。然则枕与检义同。检且枕，仍承来之坎坎言，言内外俱受检制。既检且枕，仍与初爻之入坎窞同。

按:下卦坎为"来",上卦坎为"之",所以系辞为"来之坎坎"。

下卦坎为险,六三爻与九五爻互卦为艮,艮为枕,所以系辞为"险且枕"。

入于坎窞,勿用。

虞翻:承五隔四,故"险且枕,入于坎窞"。体师"三舆",故"勿用"。

来知德:初与三皆入坎窞,而二止言有险者,二中而初与三不中正也。勿用者,言终无出险之功,无所用也。前后皆险,将入于坎之窞而不能复出,故有此象。占者得此,勿用可知矣。

张惠言:初在重坎之下,"坎窞"也。三下就坎,则既险矣,且上就艮,则在坎之下,而亦入于"坎窞"也。脱"尸"字。

尚秉和:夫前检后枕,来往既陷于险境,其不能用也必矣,故曰勿用。

按:六三爻在上下坎之间,所以系辞为"入于坎窞"。

六三爻与九五爻互卦为艮,艮为止,所以系辞为"勿用"。

《象》曰:"来之坎坎",终无功也。

来知德:处险者,以出险为功,故曰"终无功",与"往有功"相反。

张惠言:艮为"终"。"功"谓五。三不能承五,在坎终坎其道也。亦体师三"师或舆尸，大无功也"。

尚秉和：勿用，故曰无功。艮为枕。《易林》需之大壮云：婚姻配合，同枕共牢。大壮通观，以艮为枕。坤众，故"同枕"。

按："终无功也"是对"来之坎坎"的解释。

六三爻与九五爻互卦为艮，艮为"终"、为"功"，六三爻"勿用"，所以系辞为"终无功也"。

六四：樽酒、簋贰、用缶。

虞翻：震主祭器，故有"樽簋"。坎为酒。簋，黍稷器。三至五，有颐口象，震献在中，故为"簋"。坎为木，震为足，坎酒在上，樽酒之象。贰，副也。坤为缶，礼有副樽，故"贰用缶"耳。

来知德：四变，中爻离巽，巽木离中虚，樽之象也。坎水，酒之象也。中爻震竹，簋乃竹器，簋之象也。缶，瓦器，所以盛酒浆者。比卦坤土中虚，初变震，有离象，故曰"缶"。离卦"鼓缶"，此变离，故曰"缶"，《汉书》"击缶而歌乌乌"。贰者，副也，言樽酒而簋即副之也。言一樽之酒，二簋之食，乐用瓦缶，皆菲薄至约之物也。

张惠言：敬则用"祭器"，此非祭礼。《周礼》："旅人为簋。"簋，以瓦为之，亦缶类，坤象。震为稷，为黍稷也。震为"献"，在颐中。下坎也。君尊有豊，以木为之，若豆而卑。言震为足者，以其在下。玄酒也。燕礼，君尊瓦大两，有玄酒。坎坤际乾，四上承五，刚柔之交。"尊酒"，飨礼。

"簋",食礼。"贰用缶",燕礼也。

尚秉和：坎为酒，震为尊，故曰尊酒。震为簋。簋，祭器，以盛黍稷。中爻正覆震，故曰簋贰。贰、二同。《曲礼》：虽不贰辞。注：贰谓重殽。此簋贰与损之二簋同。缶，《说文》：瓦器。簋贰用缶者，言用瓦簋。《周礼》：瓬人为簋。疏：祭宗庙用木簋，今用瓦，祭天地尚质，器用陶匏。《郊特牲》亦云：器用陶匏，象天地之性。王夫之谓缶，瓦也，与《礼经》合，得其义矣。

按：六四爻与九二爻互卦为震，震为"樽"，盛酒的器具；上卦坎为"酒"，所以系辞为"樽酒"。

震为"簋"，盛食物的陶器。敬酒之后，祭献食物，所以系辞为"簋贰"。

震为"缶"，一种瓦制的打击乐器，震为动，所以系辞为"用缶"。

纳约自牖，终无咎。

虞翻：坎为纳也。四阴小，故"约"。艮为牖，坤为户，艮小，光照户牖之象。"贰用缶"，故"纳约自牖"。得位承五，故"无咎"。

来知德：纳约自牖者，自进于牖下，陈列此至约之物，而纳进之也。在墙曰牖，在屋曰囱。牖乃受明之处，变离，牖之象也。此与"遇主于巷"同意，皆其坎陷艰难之时，故不由正道也。盖"樽酒，簋贰，用缶"，见无繁文之设。纳约曰自，见无傧介之仪。世故多艰，非但君择臣，臣亦择君，所以进麦饭者不以为简,而雪夜幸其家以嫂呼臣妻者不以为渎也。修边幅之公孙述,宜乎为井底蛙矣。

六四柔顺得正,当国家险难之时,近九五刚中之君,刚柔相济,其势易合,故有简约相见之象。占者如此,庶能共谋出险之计,始虽险陷,终得无咎矣。

张惠言:谓四顺承五也。飨食之礼,宾席牖间,至燕,正臣礼不敢烦亵尊者,为苟敬,席于阼阶之西,北面,故"贰用缶",则"内约自牖"矣。

尚秉和:约,神约也。《周礼·秋官·司约》:掌六约,治神之约为上,治民之约次之。爻辞言尊簋,则祭神也,故知此约为神约。注:神约,命祀郊社群望及祖宗也。《汉书·高帝纪》:约先入关者。注:约,要也。《吕览·淫辞》:秦赵相与约。注:约,盟也。艮为牖,震为言,故曰纳约自牖。言诏明神而要誓,荐其盟祝之载辞于牖下也。又《春官·祖祝》:作盟诅之载辞,以叙国之信用。坎为信,故要誓于神也。四承阳当位,故无咎。艮为终,故曰终无咎。酒、缶、牖、咎为韵。

按:震为言,艮为纳、为牖,牖是指窗户。在窗户下结下盟誓,所以系辞为"纳约自牖"。

六四爻居正位,顺承九五爻,所以系辞为"无咎"。

《象》曰:"樽酒簋贰",刚柔际也。

虞翻:乾刚坤柔,震为交,故曰"刚柔际也"。

来知德:刚五柔四。际者,相接际也。五思出险而下求,四思出险而上交,此其情易合,而礼薄亦可以自通也。

尚秉和:四承阳,故曰刚柔际。际,《说文》:会也。

按:"刚柔际也"是对"樽酒簋贰"的解释。

九五爻为"刚",六四爻为"柔",六四爻顺承九五,所以系辞为"刚柔际也"。

九五:坎不盈,祗既平,无咎。

虞翻:盈,溢也。艮为止,谓"水流而不盈"。坎为平。祗,安也。艮止坤安,故"祗既平"。得位正中,故"无咎"。

来知德:祗,水中小渚也,《诗》"宛在水中坻"是也。坎不盈者,坎水犹不盈满,尚有坎也。平者,水盈而平也。坻既平,将盈而出险矣。坎不盈者,见在之辞。坻既平者,逆料之辞。言一时虽未平,将来必平也。无咎者,出险而太平也。

九五犹在险中,以地位言,故有坎不盈之象。然阳刚中正,其上止有一阴,计其时亦将出险矣,故又有坻既平之象。若未平,未免有咎,既平则无咎矣,故占者无咎也。

张惠言:谓坤为坎也。

尚秉和:坎不盈,义见前。祗,京、虞作禔,曰安也。郑云当作坻,小丘也。按《易》字不能定者,当定之以象。郑于复卦无祗悔,训祗为病,兹又训为坻,诚以坎不盈与祗既平为对文,则祗为实字无疑。又五为艮主爻,艮山,故曰坻。而坻与氏通。《说文》:氏,巴蜀名山。岸协之堆,旁箸欲落堶者,曰氏。氏崩,声闻数百里。扬雄赋:响若氏隤。

而《文选·解嘲》作坁隤。应劭云：天水有大阪，名曰陇坁。韦昭云：坁音若是理之是。是坁与氏通。俞樾云：祇既平，即氏隤之氏。氏隤即平矣。古本《易》盖止作氏既平，后人误加示耳。案郑诂为坁，盖即疑祇为氏，俞说正与郑合。而韦昭音坁为是。由是证祇、坁、褆音皆由氏得，从氏者误也。王引之谓郑作宛在水中坁之坁为误，岂知郑并未作坁。坁，《毛传》云：小渚。《释水》云：小洲曰渚。兹曰小丘，明非渚也。以郑作坁与《解嘲》同，与《说文》同也。不然，郑岂不知仍诂为病，使前后一律哉？坎为平，故曰坁既平。坎不盈为一事，坁既平又为一事，上下对文。诂祇为安者固非。仍诂为病，于象虽合，于义未安也。

　　按：水性流动，所以系辞为"坎不盈"。

　　"祇"与"坁"通。九五爻与六三爻互卦为艮，艮为山、为坁，指山坡，所以系辞为"祇既平"。

　　九五居中正之位，所以系辞为"无咎"。

《象》曰："坎不盈"，中未大也。

　　虞翻：体屯五中，故未光大也。

　　来知德：中者，中德也。未大者，时也。中德虽具而值时之艰，未大其显施而出险也。

　　张惠言：屯五："屯其膏，施未光也。"以在坎中成既济，体离则光大也。

　　尚秉和：阳陷阴中，虽得中而未光大。

　　按："中未大也"是对"坎不盈"的解释。

九五爻居中，阳气尚微弱，所以系辞为"中未大也"。

上六：系用徽纆，寘于丛棘，

虞翻：徽纆，黑索也。观巽为绳，艮为手，上变入坎，故"系用徽纆"。寘，置也。坎多心，故"丛棘"。狱外种九棘，故称"丛棘"。二变则五体剥，剥伤坤杀，故"寘于丛棘"也。

来知德：系，缚也，徽、纆皆索名，三股曰徽，二股曰纆。此爻变巽，其为绳，又为长，徽纆之象也。寘者，置也，囚禁之意。坎为丛棘，丛棘之象也。今之法门，囚罪人之处，以棘刺围墙是也。言缚之以徽纆，而又囚之于丛棘之中也。

张惠言：《说卦》坎"于木为坚多心"。于经无考，未知虞所据。观上为二，故取二变为象。

尚秉和：刘表云：三股为徽，两股为纆，皆索名，以系缚罪人。虞翻云：徽纆，黑索也。徽纆之象，虞用卦变。以观巽为绳，非也。盖坎为矫揉，物之能矫揉者，莫过于绳，故以徽纆取象。坎为棘，上坎下坎，故曰丛棘。置、示通，《周礼·朝士》郑司农注，及《穀梁》宣二年范宁注引，皆作示于丛棘。而《诗·鹿鸣》：示我周行。郑则云示当作寘。寘，置也。置于丛棘，旧解皆谓以黑索系罪人，置于狱，或议于九棘之下也。

按：上卦坎为绳索、为丛棘，所以系辞为"系用徽纆，寘于丛棘"，意思是说陷于牢狱之中。

三岁不得，凶。

虞翻：不得，谓不得出狱。艮止坎狱，乾为岁，五从乾来,三非其应,故曰"三岁不得,凶"矣。

来知德:三岁不得者,言时之久而不得脱离也。坎错离,三之象也。上六以阴柔居险之极,所陷益深,终无出险之期,故有此象。占者如此,死亡之祸不能免矣,故凶。

尚秉和:三岁不得,言三年不得出也。茹敦和云:坎为三岁。

按:坎与离旁通,离数三,坎为牢狱,所以系辞为"三岁不得"。

上六爻阴乘阳,所以系辞为"凶"。

《象》曰:上六失道,凶三岁也。

来知德:道者,济险之道,即"有孚维心,以刚中也"。今阴柔失此道,所以有三岁不得之凶。

张惠言:谓变观,上阳为"道",故"失道"。

尚秉和:上六应在三,三震为道。乃三不应上,故曰失道。

案上以丛棘为狱者,虞说也。虞谓狱外种棘。张惠言以不知所本而疑之矣。以《周礼·秋官·朝士》为本,使公卿议于九棘之下而定罪者,郑说也。然不曰九棘,而曰丛棘。文王演《易》之时仍殷制,殷是否有三槐九棘之制不可知,则亦可疑也。况爻词曰三岁不得,不得者,不能遂其愿也。《象》曰上六失道,失道者,言所为不当也。不当,故不得。于入狱词意皆不合。按《列子·说符篇》:臣有所与共担缥薪菜者,曰九方皋。是徽缥可以约薪菜。扬雄《酒箴》

云：子犹瓶矣，居井之湄，不得左右，牵于繘徽。是徽繘可为井索。胡为必束缚罪人？若以丛棘为疑，《诗》云：园有棘，其实之食。又云：墓门有棘，斧以斯之。是棘常生于墓门及园囿。《羽猎赋》：斩丛棘，夷野草。《吴志·诸葛恪传》：升山赴险，抵突丛棘。是丛棘常生于山林。安在必为狱？故《易林》需之坎云：凿井求玉，非卞氏宝；名因身辱，劳无所得。上二句谓所施不得地，释置于丛棘及失道之义也。下二句谓徒劳无功，释置于丛棘，三岁不得之义也。依《易林》此释，似言徽繘所以系物，然施于丛棘，则权杈刺激，难于施设，故久不得。不得之故，则由于所置失道也。如是，则不得与失道之故，与上文皆协洽矣。徽繘，皆绳索名耳，系物之用甚多，必谓专系罪人，无乃执乎！

　　按：九五爻与六三爻互卦为艮，艮为道，上六爻阴乘阳，悖逆天道，会招致三年的祸患，所以系辞为"上六失道，凶三岁也"。

三〇　离卦

离上离下

离：

　　来知德：离者，丽也，明也。一阴附丽于上下之阳，丽之义也。中虚，明之义也。离为火，火无常形，附物而明，邵子所谓"火用以薪传"是也。《序卦》："坎者，陷也。陷必有所丽,故受之以离。"火中虚而暗,以其阴也;水中实而明,以其阳也。有明必有暗,有昼必有夜,理之常也,所以次坎。

张惠言:坤二五之乾,阴离于阳,故名"离"。离者,丽也。于消息卦为乾之舍,谦、师、比三息而乾坤合于离。与坎旁通,离阴丽坎阳也。方伯卦,初九夏至,上九白露,变正坎。

按:"离"是卦名,卦象由上离下离构成。《周易·序卦传》言:"陷必有所丽,故受之以离。离者,丽也。"离卦上下卦皆为离卦,一阴陷二阳之中,阴附丽于阳而得明,所以卦象被命名为"离"。

离卦与坎卦旁通。

利贞,亨。

虞翻:坤二五之乾,与坎旁通。于爻遁初之五,柔丽中正,故"利贞,亨"。

来知德:六二居下离之中则正,六五居上离之中则不正,故利于正而后亨。

张惠言:二阴卦例。"中正"谓五伏阳。乾尽归离而出于坎。坤者,乾之牝,离之阴离乎坎之阳也。坤二五之乾,而凝元在二,乾二五之坤,而出坎在五,故二"元吉"而五"利贞"。五正,则二体皆变成坎,故下云"畜牝牛"。

尚秉和:乾交坤为坎,坤交乾为离。坎为隐而离则明矣。凡相对之卦,其义皆对。二五中正,故利贞。二五丽于阳中,故亨。

按:六二、六五爻居二阳之间,所以系辞为"利贞"。

下卦离为日,上卦离为日,天地之间太阳周而复始地运行,所以系辞为"亨"。

畜牝牛,吉。

虞翻:畜,养也;坤为牝牛;乾二五之坤成坎,体颐养象,故"畜牝牛,吉"。俗说皆以离为牝牛,失之矣。

来知德:牛顺物,牝牛则顺之至也。畜牝牛者,养顺德也。养顺德于中者,正所以消其炎上之燥性也,故吉。

张惠言:唯坎中正,故能丽坤。

尚秉和:坤为牛,离得坤中爻,故亦为牛。俞云:《说文》,牝,畜母也。牝牛即母牛。虞翻谓以离为牝牛为俗说,岂知《左传》昭五年明云纯离为牛。由是证虞翻未见《左氏》。

按:六二爻、六五爻涵养于二阳之间,阴为"牝牛",所以系辞为"畜牝牛"。

阴附阳,居中位,所以系辞为"吉"。

《彖》曰:离,丽也。日月丽乎天,百谷草木丽乎土。

虞翻:乾五之坤成坎为月,离为日,"日月丽天"也。震为百谷,巽为草木,坤为地,乾二五之坤成坎震体屯,屯者,盈也,"盈天地之间者唯万物",万物出震,故"百谷草木丽乎土"。

来知德:释卦名义并卦辞。五为天位,故上离有日月丽天之象,此以气丽气者也。二为地位,故下离有百谷草木丽土之象,此以形丽形者也。离附物,故有气有形。

张惠言:丽,附着之意。阴必附于阳,故乾合坤元而为离。五伏阳出,上先成坎。下仍本离。乾为"天"。坎震。离巽。

尚秉和:五为天位。离日兑月,(象失传,详《焦氏易诂》。)皆在五,故曰日月丽乎天。《礼·王制》:邮罚丽于事。注:丽,附也。言日月附于天也。二四互巽,为百谷,为草木,而二为地位,故曰丽乎地。(从王肃不作土。)

按:"离,丽也。日月丽乎天,百谷草木丽乎土"是对卦名"离"字的解释。

"离"是附丽的意思。离卦与坎卦旁通,离为日,坎为月,所以系辞为"日月丽乎天"。

六二爻与九四爻互卦为巽,巽为"百谷"、为"草木",六二爻居地位,所以系辞为"百谷草木丽乎地"。

重明以丽乎正,乃化成天下。柔丽乎中正,故亨。是以"畜牝牛,吉"也。

虞翻:两象,故重明。正谓五阳,阳变之坤来化乾,以成万物,谓离日"化成天下"也。柔谓五阴,中正谓五伏阳,出在坤中,"畜牝牛",故"中正"而"亨"也。

来知德:重明者,上离明,下离明也。上下君臣皆丽乎正,则可以化成天下而成文明之俗矣。柔丽乎中正者,分言之,六五丽乎中,六二丽乎中正也;总言之,柔皆丽乎中正也。惟其中正,所以利贞而后亨。惟柔中正而后亨,所以当畜牝牛,养其柔顺中正之德,而后吉也。

张惠言:"两象",离坎也。离日坎月,为"重明",所谓"明两作"。"阳变之坤"谓坤二五之乾,以离乾五。坤为"化",故曰"化乾"。化坎由离,此以上指释"利贞"也。

尚秉和:两象,故重明。万物得日以化成。

按:"重明以丽乎正,乃化成天下。柔丽乎中正,故亨。是以'畜牝牛,吉'也"是对卦辞的解释。

上下卦离日相继为正,阳光普照大地,万物得以生长,所以系辞为"重明以丽乎正,乃化成天下"。这是"利贞"的大义所在。

六二爻与六五爻居中,阴阳相交,阴顺阳,所以系辞为"柔丽乎中正,故亨"。这是"亨"的大义所在。

《象》曰:明两作,离;

虞翻:两谓日与月也。乾五之坤成坎,坤二之乾成离,离、坎,日月之象,故"明两作,离"。作,成也。日月在天,动成万物,故称"作"矣。或以日与火为"明两作"也。

来知德:作者,起也。两作者,一明而两作也。言今日明,明日又明也。

张惠言:离以丽乾为义,故"明两作"谓"日月"。

按:"明两作,离"是从天文学的角度解释卦象。

上有天日高照,下有大地文明,所以系辞为"明两作,离"。

大人以继明照于四方。

虞翻：阳气称大人，则乾五大人也。乾二五之光，继日之明；坤为方，二五之坤，震东兑西，离南坎北，故曰"照于四方"。

来知德：继明，如云圣继圣也。以人事论，乃日新又新，缉熙不已也。照于四方者，光被四表也。大人，以德言则圣人，以位言则王者。其所谓明者，内而一心，外而应事接物，皆明也。是以达事理，辨民情，天下之邪正得失皆得而见之，不必以察为明，而明照于四方矣。重明者，上下明也。继明者，前后明也。《象》言二五君臣，故以重明言之。《象》言"明两作"，皆君也，故以"继明"言之。

张惠言：坎月。坎震。离兑。

尚秉和：向明而治，故曰大人。重明，故曰继。

按："大人以继明照于四方"是从卦象引申出来的人文思想。

能够效法离卦的人被称为"大人"。上下卦皆为离，所以取象为"继明"。离卦与坎卦旁通，离位南，坎位北，言南北，则东西亦涵盖在内，所以系辞为"以继明照于四方"。

初九：履错然，敬之，无咎。

来知德：履者，行也，进也。错者，杂也，交错也。《诗传》云："东西为交，邪行为错。"本爻阳刚，阳性上进；本卦离火，火性炎上，皆有行之之象，故曰履。又变艮，综震足，亦履之象也。艮为径路，交错之象也。然者，语助辞。错然者,刚则躁,明则察,二者交错于胸中,未免东驰西走,惟敬以直内,则安静而不躁妄,主一而不过察,则敬者医错之药也,故无咎。无咎者,刚非躁,明非察也。

初九以刚居下而处明体,刚明交错,故有履错然之象,惟敬则无此咎矣,故教占者以此。

张惠言:坎震为足,初在其下,震履未成,故"错然"也。错,杂也。乾五未出,诸爻皆不能变,唯二凝元,有阳义,则下三成乾,乾为"敬"。四恶人,初变应四,则见侵,故"敬之,无咎"。

尚秉和:王注:错然,敬慎之貌。处离之始,故宜慎所履,以敬为务。避其咎也。按初为震爻,震为履。错然,盖又有郑重不苟之意,故曰敬。以"敬之"连"无咎"读者,非。

按:初九爻与六二爻阴阳相交,所以系辞为"履错然"。

阴在上,阳在下,初九爻居正位,所以系辞为"敬之,无咎"。

《象》曰:履错之敬,以辟咎也。

来知德:避者,回也。敬则履错之咎,皆回避矣。

张惠言:"咎"谓四。初不变,辟之。

按:初九爻甘居六二爻之下,所以系辞为"履错之敬"。

初九爻以贵居下贱之位,是为了避免过错,所以系辞为"以辟咎也"。

六二:黄离,元吉。

来知德:黄,中色。坤为黄。离中爻乃坤土,黄之象也。离者,附丽也。黄离者,言丽乎中也,即柔丽乎中正也。以人事论,乃顺以存心而不邪侧,顺以处事而不偏倚是也。吉者,无所处而不当也。八卦正位离在二,故元吉。

六二柔丽乎中而得其正,故有黄离之象。占者得此,大吉之道也,故元吉。

张惠言:坤六五也。体"黄裳",故"黄离"。凝乾之元,故"元吉"。

尚秉和:坤色黄,离得坤中爻,故曰黄离。得中,故大吉。

按:六二爻居中正之位,得光明之体,所以系辞为"黄离,元吉"。

《象》曰:"黄离,元吉",得中道也。

来知德:得中道,以成中德,所以凡事无过不及而元吉。

张惠言:"中"谓二。乾为"道"。

按:"得中道也"是对"黄离,元吉"的解释。

六二爻居中正之位,离日为阳光大道,所以系辞为"得中道也"。

九三:日昃之离,不鼓缶而歌,

来知德:变震为鼓,鼓之象也。离为大腹,又中虚,缶之象也。中爻兑口,歌与嗟之象也。缶乃常用之物,鼓缶者,乐其常也。凡人歌乐必用钟鼓,琴瑟则非乐其常矣。若王羲之所谓"年在桑榆,赖丝竹陶写",即非乐其常矣。盖丝竹乃富贵所用之物,贫贱无丝竹者,将何陶写哉?故鼓缶而歌者,即席前所见之物以鼓之,乃安其常也。重离之间,前明将尽,后明当继之时也,故有日昃之象。然盛衰倚伏,天运之常,人生至此,乐天知命,鼓缶而歌,以安其日用之常分可也。此则达者之事。

张惠言:兑为西,巽为入,故"日昃"。离为大腹,"缶"象也。坎三当艮为手,震为"笑言",则"鼓缶而歌"也。

尚秉和:三居离终,故曰日昃,故《象》曰不可久。此爻全用伏象,伏震为鼓、为缶、为歌。盖三居下卦之终,时已迟暮,故曰不鼓缶而歌。《诗》:坎其击缶。缶固古乐也。

按:下卦离为日,九三爻与六五爻互卦为兑,兑为西,太阳西斜,所以系辞为"日昃之离"。

下卦离为"缶",兑为毁折、为言,所以系辞为"不鼓缶而歌"。

则大耋之嗟,凶。

来知德:人寿八十曰耋。喜则歌,忧则嗟,嗟者歌之反。若不能安常以自乐,徒戚戚于大耋之嗟,则非为无益,适自速其死矣,何凶如之? 故又戒占者不当如此。

张惠言:三不能变,则下体成乾,乾为老。三乾尽体大过死,故"大耋"也。巽呼号,兑口舌,故"嗟"矣。

尚秉和:伏艮为坚,故《易林》常以艮为寿、为老。《释言》:耋,老也。而三居互艮之初,艮为大耋,言不及时行乐,则将有衰老之嗟也。震为乐,震反为艮则嗟矣。此与中孚六三之或鼓或罢,或泣或歌,皆正覆象并用,与《杂卦》

震起艮止、兑见巽伏之义同也。而能识此旨者,在古则《左传》,在西汉则《易林》,后则无知者。

按:九三爻与六五爻互卦为兑,兑为毁折、为嗟叹,太阳西斜为老,所以系辞为"则大耋之嗟,凶"。

《象》曰:"日昃之离",何可久也。

来知德:日既倾昃,明岂能久?

按:"何可久也"是对"日昃之离"的解释。

太阳西斜,盛极而衰,所以系辞为"何可久也"。

九四:突如其来如,焚如,死如,弃如。

来知德:突者,灶突也。离中虚,灶突之象也。突如其来如者,下体之火如灶突而炎上也。火性炎上,三之旧火既上于四,而不能回于其三,四之新火又发,五得中居尊,四之火又不敢犯乎其五,上下两无所容,则火止于四而已,故必至于焚如死如成灰弃如而后已也。如者,语助辞。此爻暴秦似之。秦法如火,始皇,旧火也,二世,新火也,故至死弃而后已。坎性下,三在下卦之上,故曰来,此来而下者也。火性上,四在上卦之下,故曰来,此来而上者也。来而下,必至坎窞而后已;来而上,必至死弃而后已。

四不中正,当两火交相接之时,不能容于其中,故有此象,占者之凶可知矣。

张惠言:突,逆子也。次四当震为长男,坎为中男,艮为少男。四未能变,乘乾。三男皆逆乘父,故"突如"。上下之交,故"来如"。在二火间,故"焚如"。体大过,故"死如”。二已正体乾,乾为野,大过棺椁象毁,四在野上,故弃不葬。

尚秉和:九四虽失位,然其凶不至如此之甚。盖此爻之义,仍取覆象。自覆象失传,故说者皆莫明其故。离二至四巽,巽顺;三至五巽覆,即不顺矣。兑刚卤,故突如其来如。突与云同,亦作㐬。《说文》云:不顺忽出也,从倒子,《易》曰突如其来如,不孝子突出,不容于内也。㐬亦作㐬者。《说文》㐬下云:或从倒古文子,即《易》突字。按古文子作⿱㐅丿,倒之即为㐬。惠栋校《集解》,竟改为㐬。然《说文》明曰即《易》突字,是古本《易》作突,与今同。改作㐬,非也。巽覆,故不顺;子体倒,故曰不孝子,不孝子无所容于世。体离,故焚如。兑毁折,故死如,弃如。《说文》:弃,捐也,从㐬。㐬,不孝子也。故《匈奴传》:王莽造焚如之刑。如淳云:焚如死如弃如者,谓不孝子也。不畜于父母,不容于朋友,故烧杀弃之。按如淳及许慎之说,皆与《象传》无所容义合,盖古义如此也。

按:上卦离为火,火性炎上,所以系辞为“突如其来如”。

九四爻比邻兑口,兑为毁折,离为火,大火烧毁一切,所以系辞为“焚如,死如,弃如”。

《象》曰:“突如其来如”,无所容也。

来知德:三爻上而不能反,三不能容也。五中尊而不敢犯,五不能容也。

张惠言:四恶人无所容,故"焚""死""弃"也。

按:"无所容也"是对"突如其来如"的解释。

九四爻置身于火海之间,所以系辞为"无所容也"。

六五:出涕沱若,戚嗟若,吉。

虞翻:坎为心,震为声,兑为口,故"戚嗟若"。动而得正,尊丽阳,故"吉"也。

来知德:涕,沱貌。离错坎,涕若之象也;又加忧,戚之象也。中爻兑口,嗟之象也。出涕沱若者,忧惧之征于色也。戚嗟若者,忧惧之发于声也。二、五皆以柔丽乎刚,二之辞安,五之辞危者,二中正,五不正故也。

六五以柔居尊而守中,有文明之德,然附丽于刚强之间,若不自恃其文明与其中德,能忧惧如此,然后能吉。戒占者当如此。

张惠言:自目曰"涕"。离为目,由离出坎,象水出目,故"出涕沱若"。坎震。离兑。

尚秉和:目汁出曰涕。五离为目,兑为雨水,(夬九三:往遇雨。革《传》:水火相息。)水出自目,故曰涕沱。沱,《说文》:水别流,言涕被面而支溢也。清儒皆以伏坎为涕,于卦象之神妙全失。兑口为嗟若者,语辞。象本不吉,然而云吉者,以丽于阳中也。

按:上卦离为目,六五爻与九三爻互卦为兑,兑为泽,泪流满面,所以系辞为"出涕沱若"。

兑为口、为毁折,面有悲戚,哀叹不已,所以系辞为"戚嗟若"。

六五爻居中,顺承上九爻,所以系辞为"吉"。

《象》曰:六五之吉,离王公也。

来知德:王指五,公指上九。离王公者,言附丽于王之公也。王与公相丽,阴阳相资,故吉。不言四者,四无所容,而上九能正邦也。

张惠言:"王公",乾五大人也。

尚秉和:乾为王为公,谓四上。

按:"离王公也"是对"六五之吉"的解释。

上卦离为日、为"王公",六五爻顺承上九爻,所以系辞为"离王公也"。

上九:王用出征,有嘉折首,

虞翻:王谓乾。乾二五之坤成坎,体师象,震为出,故"王用出征"。首谓坤二,五来折乾,故"有嘉折首"。

来知德:王指五,离为日,王之象也。用者,用上九也。五附丽于上九,用之之象也。有嘉者,嘉上九也,即"王三锡命"也。"折首,获匪其丑",即可嘉之事也。离为戈兵,变为震动,戈兵震动,出征之象也。王用上九专征,可谓宠之至矣。为上九者,若不分其首从而俱戮之,是"火炎昆冈",安得可嘉?又安得无咎哉?折首者,折取其魁首,即"歼厥渠魁"也。

张惠言:离之二五也。伏阳出,先折二五,故曰"折首"。二五曾折乾者,故谓之"首"也。阳为"嘉"。

尚秉和:此与大有、鼎上九义同也。大有上九云:自天右之,吉无不利。鼎上九云:大吉。盖大有、鼎中爻皆不利。凡中爻不通利者,上九必利。大畜中爻为艮所畜,至上九忽亨,则以上九高出庶物,不为所畜也。大有、鼎、离与大畜理同也。茹敦和云:离有征伐象。明夷九三曰:南狩,得其大首。晋上九曰:维有伐邑。皆为离上爻。盖一阳突出兑说之上,而兑为斧钺,离为甲兵,故曰王用出征。兑为毁折,乾为首。先儒皆谓坎折坤,则离亦折乾也,(皆以中爻。)故离有杀象,既济云东邻杀牛是也。折首,谓杀敌。于思泊云:虢季盘,折首五百,执讯五十,不嫚殴,女多禽折首,执讯。征之金文,皆谓杀敌,非谓魁首。按于说是也。

按:上卦离为"王"、为戈兵,所以系辞为"王用出征"。

六五爻与九三爻互卦为兑,为"折首",所以系辞为"有嘉折首"。

获匪其丑,无咎。

虞翻:丑,类也。乾征得坤阴类,乾阳物,故"获非其丑,无咎"矣。

来知德:获匪其丑者,执获不及其小丑,即"胁从罔治"也。乾为首,首象阳,丑象阴。明夷外卦错乾,故曰"大首"。本爻乾阳,且离为上稿,折其首之象也。本卦阳多阴少,阴乃二五君臣,无群小之丑,获匪其丑之象也。无咎

者,勇足以折首而仁及于小丑也。"王用出征有嘉"一句,
"折首"一句,"获匪其丑"一句。

上九以阳刚之才,故有王用出征有嘉之象。又当至明
之极,首从毕照,故又有出征惟折其首,不及于丑之象,乃
无咎之道也,故其象占如此。

张惠言:谓五阳既出,初、三、四、上皆变而为坤,故曰
"阴类"。

尚秉和:匪与分古通。《周礼·地官·廪人》:以待国
之匪颁。注:匪读为分。获匪其丑者,谓匪颁所获丑虏于
有功,以为奴隶也。

按:六五爻为"匪"、为"丑",上九爻以刚制六五之阴,
所以系辞为"获匪其丑"。

上九爻阳乘阴,所以系辞为"无咎"。

《象》曰:"王用出征",以正邦也。

虞翻:乾五出征坤,故"正邦也"。

来知德:征之为言正也,寇贼乱邦,故正之。

张惠言:坤为"邦"。

尚秉和:征,正也。折首获丑,皆正邦之事。邦象未
详,诸家皆以坤为邦。按三至五伏艮,艮为邦。

按:"以正邦也"是对"王用出征"的解释。

六五爻阴居天子位不正,上九爻阳制阴,所以系辞为
"以正邦也"。